REVUE FRANÇ
DE
PSYCHANALYSE

Résister

1

2025 TOME LXXXIX

MARS

puf

Sommaire

RUBRIQUES

Revue de la littérature

Psychanalyse et médecine ancienne

REVUES

Revue des revues

Revue des livres

Éditorial

Au départ, il s'agissait d'explorer cette notion freudienne, la *résistance*, qui a été présente dès la mise au point de la technique des associations libres, et qui a accompagné l'œuvre tout au long de son développement, tout en occupant une place centrale dans la technique du traitement : pour certains courants psychanalytiques, l'*analyse des résistances* est même considérée comme le cœur de la pratique thérapeutique.

Toutefois, dès l'argument, nous nous sommes aperçus qu'on ne touche pas sans conséquences – pas à notre époque, en tout cas – une notion qui s'est particulièrement anoblie au fil des décennies. Les auteurs qui nous ont fait l'amitié de nous soumettre leurs articles ont su explorer, au-delà de la notion technique de résistance, d'autres aspects du mot qui nous touchent tout autant, dans un monde qui s'éloigne d'une pensée proprement psychique du psychisme, avec ses mots, ses images et ses affects, pour succomber aux charmes d'une conception assimilant le cerveau à l'ordinateur. Univers dans lequel la psychanalyse détonne et dérange, lorsqu'elle n'est pas ignorée : à la résistance *à* la psychanalyse répond la résistance *de* la psychanalyse en temps d'adversité.

Le présent numéro rend compte de cette *autre* résistance, plus encore que de la résistance en tant que terme technique. Et comme pour compléter cette perspective, c'est un dossier sur les rapports entre psychanalyse et histoire qui est proposé ; la psychanalyse pensant l'histoire, et la pensée de l'histoire se mêlant à ce que la psychanalyse nous dit de l'histoire, entre répétition à l'identique ou remémoration plus ou moins déformée, l'une comme l'autre parlant autant du passé que du présent.

Comme toujours, le numéro est complété par nos rubriques, avec cette fois-ci une revue de la littérature, toujours utile sur le plan didactique, sur une question clinique très actuelle, et une étude comparative des positions freudiennes et hippocratiques sur la virginité.

Vassilis Kapsambelis
Directeur de la Revue française de Psychanalyse.

THÈME : RÉSISTER

Argument

« Résister »

Marcela MONTES DE OCA [*], Hélène SUAREZ LABAT [**]

Marcela Montes de Oca – 18 boulevard de la Bastille, 75012 Paris – mmdeoca@orange.fr

Hélène Suarez Labat – 6/14 rue Leibnitz, 75018 Paris – suarezlabath@hotmail.com

El sueño de la razón produce monstruos [1].
Francisco de Goya y Lucientes, 1797, *Los Caprichos.*

Le mot résister est enraciné dans l'histoire humaine, il s'agit d'un mouvement de révolte conduit par les hommes et les femmes qui entrent en résistance, contre un envahisseur, contre un dictateur, contre une emprise totalitaire d'où qu'elle vienne. L'éventail du mot résister est vaste, entre collectif et individuel. Christophe Dejours (2015) a exploré cette dimension dans le monde du travail. Résister à la tyrannie qui s'abat sur le collectif engage la fidélité aux idéaux et le combat pour conserver la liberté de penser. Mais on peut aussi résister au changement, à la nouveauté pour le meilleur ou pour le pire.

La polysémie du mot résister convoque aussi la résistance immunologique aux maladies ainsi que la capacité régénérative des organismes face aux agressions des tissus et des organes. Dans les dérèglements immunitaires auto-immuns, où le système immunitaire s'attaque à l'organisme lui-même, ou dans le développement anarchique des cellules dans les cancers, l'articulation avec une dimension psychique à l'œuvre a été explorée par les psychosomaticiens psychanalytiques de l'école de Chicago et de l'école psychosomatique de Paris.

Le mot est aussi enraciné dans la psychanalyse, son histoire, sa théorie et sa pratique.

Laurence Kahn (2018) a étudié les modifications de la théorie analytique par l'*Ego psychology* qui voulait contrecarrer le déroutement des mots de la psychanalyse (comme pulsion par exemple) par la langue du troisième Reich. Chez les analystes émigrés aux USA, il s'agissait de renforcer le moi pour résister au dérèglement de la pensée et à la distorsion de la réalité, au prix cependant d'une modification profonde de la théorie psychanalytique.

---

* Pédiatre, psychiatre et psychanalyste, membre de la Société Psychanalytique de Paris

** Psychanalyste, membre titulaire-formateur SPP, Professeure associée, Laboratoire Psychologie Clinique, Psychopathologie, Psychanalyse, Institut de Psychologie, Université Paris Cité, F-92100 Boulogne-Billancourt, France.

1. « Le sommeil de la raison engendre des monstres ». Dans *Les Caprices* (1796-97), dessins de Francisco Goya y Lucientes (1746-1828).

Comment penser le mouvement de résistance dans la cure ? Vaincre la résistance en psychanalyse fut perçu par Freud comme un processus libérateur d'énergie positive. Cependant, le concept a évolué chez Freud et les post-freudiens. Inhérent au processus thérapeutique, les résistances (du ça, du moi, du surmoi) du côté de l'analyste et de l'analysant, ne peuvent plus être considérées uniquement comme faisant obstacle au processus analytique, mais la condition de l'acte analytique. Pour Catherine Chabert, le « non » du patient, de l'analyste, est un condensé des voies multiples. « La négation pourrait rassembler à la fois le refus, la résistance et la condition de l'acte analytique » (2003, p. 132-133).

Dans les Études sur L'hystérie (1895), Freud observe les puissants effets de la résistance contre la mise en sens des motifs cachés. Les résistances sont nourries chez les patientes par le refoulement qui isole du réseau associatif, par la poussée de la sensation et ses irruptions somatiques qui empêchent la patiente de parler. Face à l'échec thérapeutique de la suggestion et de l'hypnose, Freud préconise de vaincre la résistance par un travail psychique tourné vers les associations libres et l'analyse des rêves. Dans l'*Interprétation du rêve* (1900), il affirme que tout ce qui interrompt la progression de l'interprétation est une résistance. L'oubli des rêves s'explique par l'action de la censure, le travail de déplacement, de condensation et de figuration qui masquent la relation entre les pensées latentes et les contenus manifestes des rêves.

Freud est revenu à plusieurs reprises sur le jeu de patience de l'analyste face aux résistances du patient qu'il lui faudra combattre pas à pas pour accéder aux motifs inconscients, aux associations de pensées érotiques. Dans *Remémoration, répétition et perlaboration* (Freud, 1914g/1981, p. 114), il constate que (nommer) la simple communication des résistances aux patients ne suffit pas et peut même les accentuer. La compréhension ou l'acceptation intellectuelle ne garantissent pas la levée du symptôme. Comme Freud, Donald W. Winnicott et Wilfred R. Bion insistent sur l'importance d'un « état de patience » nécessaire aussi bien à la création qu'à l'interprétation. Par ailleurs, Freud va distinguer le transfert « positif » de sentiments tendres éventuellement conscients et le transfert « négatif », véritable résistance, un transfert hostile qui peut agir silencieusement et entraver la cure. Freud souligne : « Plus la résistance sera grande, plus la mise en acte (la répétition) se substituera au souvenir » (*ibid.*, p. 109-116). Échapper aux souvenirs et à la douleur de la perte, serait-ce s'échapper du domaine intermédiaire créé par le transfert ?

Deuil et Mélancolie (1915) introduit la dimension économique de la résistance avec une libération des pulsions destructrices particulièrement redoutables dans la mélancolie. La somatisation serait une troisième « solution » contre la souffrance psychique de la perte d'un objet (Smadja, 2013).

Dès la 7e conférence d'*Introduction à la psychanalyse* (1916-1917), Freud constate dans les névroses, les résistances à renoncer à la maladie, aux symptômes névrotiques, une lutte pour ne pas guérir et amorce déjà la deuxième topique d'*Au-delà du principe du plaisir* en 1920, du masochisme érogène et de la pulsion de mort.

Dans *Le Moi et le Ça* (1923), Freud observe que la réaction thérapeutique négative survient de façon paradoxale alors que le patient progresse, phénomène que Melanie Klein a confirmé dans *Envie et gratitude* en l'attribuant à l'envie envers les objets primaires. Elle a approfondi le rôle du clivage freudien et le jeu réciproque des identifications projectives et introjectives aux objets primaires dans le développement de la personnalité. En absence de perlaboration de la réaction thérapeutique négative, le modèle du rêve associatif et de la mentalisation est remplacé par les passages à l'acte, les décharges motrices et les manifestations somatiques.

Dans « Résistances à la psychanalyse » (1925), Freud présente la mise en perspective du changement et ses résistances chez l'enfant qui crie à la vue de l'étranger, chez le croyant qui salue d'une nouvelle prière chaque nouvelle journée, chez le paysan qui refuse d'acheter une faux, outil qui était inutilisé par ses parents. Un caractère commun est attribué à ce malaise chez les trois protagonistes : il s'agit de la dépense psychique exigée par l'investissement du nouveau. Freud ajoute : « Il y aurait une belle étude à faire sur la réaction de l'âme à la nouveauté en soi » (Freud, 1925c/1985, p. 175), la nouveauté résidant dans l'expression du changement.

La résistance est examinée du point de vue dynamique dans *Inhibition, symptôme et angoisse* (1926). Elle nécessite un contre-investissement, une dépense d'énergie permanente et coûteuse pour le psychisme. Freud identifie trois résistances procédant du moi, il s'agit du refoulement, du transfert (considéré par Freud comme la plus forte des résistances) et des bénéfices cherchés dans la maladie. Deux autres résistances provenant du ça sont à l'œuvre, la compulsion de répétition et celle qui revient au surmoi à travers le sentiment de culpabilité. Le transfert est un témoin du processus de répétition, puissant levier de résistance au changement, le transfert n'est donc pas seulement un élément de lutte contre la résistance, mais également un effet de cette résistance (Widlöcher, 1970, p. 104).

Selon quels modes les résistances au changement de l'analysant s'infiltrent-elles dans le transfert ? Maurice Bouvet s'est intéressé à l'emploi de la résistance dans la relation d'objet transférentiel, celle de la résistance *du* transfert chez l'hystérique, celle de la résistance *au* transfert chez l'obsessionnel (1967, p. 236). Bouvet a développé les variations du cadre, leurs limites et leurs indications pour vaincre les résistances et élargir les indications de la psychanalyse pour des cas réfractaires. Les impasses dans lesquelles les résistances s'engouffrent incitent à en repenser l'analyse et l'interprétation et mènent aux variations du cadre : groupe, psychodrame, relaxation corporelle, etc.

Qu'en est-il du contre-transfert de l'analyste ? Freud alerte sur les dangers du contre-transfert, mais c'est Sandor Ferenczi, qui par sa « méthode active », l'étudie et y décèle un potentiel positif pour la cure. L'importance de l'analyse constante du contre-transfert chez l'analyste et de son impact sur la cure fut étudiée par Paula Heimann au tout début des années 1950. À la même époque, Heinrich Racker a différencié les formes du contre-transfert en écho aux résistances du patient, notamment véhiculées par le masochisme qui se diffuse dans la relation analytique par des voies inconscientes. Willy et Madeleine Baranger (1961/1985) vont théoriser une collusion inconsciente des résistances entre l'analyste et l'analysant pouvant constituer un bastion, source d'impasse dans la cure.

Dans une étude sur l'analyse des résistances, Guy Rosolato (1979, p. 200) a souligné combien une approche dogmatique et rigide des résistances empêchait de prendre en compte la nature des résistances, la structure du patient et entravait le processus analytique. S'abstenir de prendre en compte le transfert négatif est à la source des transferts idéalisants du type décrit par Heinz Kohut (*La psychologie du self*, 1971).

Confronté à des patients résistants à la cure, Bion (1959/2013) a repéré les parties de la personnalité qui attaquent les liens principalement par le biais d'une identification projective, ayant pour but l'évacuation des aspects inacceptables du psychisme et de toute interprétation. Il tente de comprendre la résistance chez l'analysant (borderline et psychotique) et surtout chez l'analyste et il observe que dans l'évolution du transfert chez certains patients psychotiques, l'analyste est souvent vécu comme un objet envahissant et vampirisant.

Dans *Jeu et réalité* (1971), Winnicott consacre un texte aux différences entre la valeur défensive des rêveries (nommées défenses maniaques dans son texte de 1935) et les rêves. Rêveries compulsivement défensives, aucunement source de créativité, menant à l'impasse perlaborative, sans valeur poétique.

Les cures des états-limites ont favorisé l'étude de la résistance qui s'est déployée selon plusieurs élaborations dont la position phobique centrale (Green, 2002). Entre acceptation et ruse des limites, la force de la résistance inhérente à la modification du moi s'avère être une résistance à l'intériorisation des transferts du passé et de ceux qui émergent au présent dont le cadre et l'analyste sont les dépositaires (Green, 2012, p. 23-28). L'anti-analysant assidu décrit par Joyce Mc Dougall en serait-il un des modèles ? Un processus qui n'advient jamais plongerait-il l'analysant et l'analyste dans l'indifférence à la douleur psychique de l'analysant ? Elle rapproche ces patients de la résistance narcissique des névroses caractérielles (Abraham, 1919).

Jean-Luc Donnet a interrogé la fonction des émergences humoristiques dans l'abord des résistances au-delà d'une dimension séductrice. Il a qualifié l'humour comme « l'essence du surmoi qui recouperait les moyens par lesquels les résistances du surmoi peuvent être élaborées dans la séance » (2012, p. 206). De même, les interprétations psychodramatiques pour confondre le clivage le plus souvent post-traumatique peuvent-elles décomposer les résistances ?

Selon quelles voies les résistances chez l'enfant (et l'adolescent) en séance se manifestent-elles ? Par un refus de jouer ? De dessiner ? Par la recherche de co-excitation ? Ou plus généralement par un évitement de la relation, vécue comme une intrusion ? Chez l'adolescent (e), quelles en sont les nouvelles voies d'expressions ? entre révolte et repli ? entre activité et passivité ? vers des luttes contre les nouvelles liaisons entre masculin et féminin, créatrices de nouvelles identifications ? Dans la dynamique transférentielle, la résistance est dans un jeu subtil, à la fois une protection et une source d'inhibition. À cela s'ajoutent la résistance des parents et l'héritage transgénérationnel éventuellement traumatique. Dans les psychothérapies parents-bébé, l'extrême sensibilité du tout-petit « aux états affectifs profonds des adultes pousse à l'émergence d'interactions et d'interventions qui ont valeur d'interprétation » (Debray, 1993, p. 39). À l'analyste de savoir s'il convient de les amplifier ou de les modérer.

Le travail des résistances, le travail des transferts seraient-ils toujours à redécouvrir, à définir en séance ?

Toutefois, les intrications entre processus psychiques et réalités historiques et socio-économiques demeurent complexes et indissociables. La résistance à la psychanalyse est-elle le marqueur d'une évolution sociétale ? Le déni de la vie psychique de soi, de l'autre, au profit de la recherche d'une « objectivité », d'une pseudo-rationalité rassurante mais réductrice prévaut aujourd'hui. Ce déni de la vie psychique, n'« engendre-t-il pas des monstres », le retour du refoulé des pulsions destructrices ? Le déni des réalités historiques et socio-économiques n'engendre-t-il pas aussi des monstres ? Comment résister ? Par un travail de culture ? Par une résistance politique ?

Références bibliographiques

Abraham K. (1919/1965). Une forme particulière de résistance névrotique à la méthode psychanalytique. *Œuvres complètes II* : 64-69. Paris, Payot.

Baranger W. et M. (1961/1985). La situation analytique comme champ dynamique. *Rev Fr Psychanal 49*(6) : 1543-1571.

Bion W.R. (1959/2013). Attacks on Linking. *Psychoanal Quarterly 82*(2) : 286-300.

Bouvet M. (1967). La relation d'objet. *Œuvres psychanalytiques 1.* Paris, Payot.

Chabert C. (2003). *Féminin mélancolique.* Paris, Puf.

Debray R. (1993). Le fonctionnement psychique et l'interprétation lors des consultations de la triade père/mère/bébé. *Rev Fr Psychanal 57*(1) : 21-39.

Dejours C. (2015) *Le choix. La souffrance au travail n'est pas une fatalité.* Paris, Bayard.

Donnet J.-L. (2012). L'humour et la séance. *Rev Fr Psychanal 76*(5) : 1649-1658.

Freud S. (1914g/1981). Remémoration, répétition et perlaboration. *La technique psychanalytique* : 105-115. Paris, Puf.

Freud S. (1925c [1924]/1985). Résistances à la psychanalyse. *Résultats, Idées, Problèmes II* : 125-134. Paris, Puf.

Green A. (2002). La position phobique centrale. *La pensée clinique* : 149-186. Paris, Odile Jacob.

Green A. (2012). Le cadre psychanalytique. Son intériorisation chez l'analyste et son application pratique. *La clinique psychanalytique contemporaine* : 5-29. Paris, Ithaque.

Kahn L. (2018) Ce que le nazisme a fait à la psychanalyse. Paris, Puf.

Klein M. (1952 /1988). The origins of Transference. *Envy and gratitude* : 48-56. London, Virago.

McDougall J. (1972). Un anti-analysant en analyse. *Rev Fr Psychanal 36*(2) : 167-184.

Rosolato G. (1979). L'analyse des résistances. *Nouv Rev Psychanal 20* :183-214. Paris, Gallimard.

Smadja C. (2013). Deuil, mélancolie et somatisation. *Rev Fr Psychosom 44*(2) : 7-24.

Widlöcher D. (1970). *Freud et le problème du changement*. Paris, Puf.
Winnicott D.W. (1971/1986). Dreaming, Fantasying and Living. *Playing and Reality* : 31-43. London, Penguin Books.

Toute référence à cet article doit être indiquée comme suit : Montes de Oca M., Suarez Labat H. (2025). Argument. « Résister ». *Rev Fr Psychanal 89*(1) : 9-14

Lycanthropie et résistance au soin. Le levier thérapeutique d'un travail sur le symbolique

Cécile PRUDENT *, Benjamin LEVY **

Cécile Prudent – 228 chemin de Morgiou, 13009 Marseille – cecile.prudent@gmail.com

Benjamin Levy – 13 rue Eugène Gibez, 75015 Paris – benjamin.levy@outlook.fr

Article reçu le 16/02/2024 – accepté le 02/08/2024

TITLE – *Lycanthropy and resistance to treatment. The therapeutic lever of work on the symbolic*

ABSTRACT – Based on the case history of Melanie, a patient who has been resistant to treatment for many years, the author examines in this article the processes of change that can be envisaged in melancholia. Establishing a bond of trust during therapeutic sessions on a long-term basis – albeit initially difficult because of the ambivalent treatment of the object in melancholia – appears to be a solution. The author shows that the transference relationship with the patient in analysis is a tool for accessing processes of change at the levels of instinctual drive dynamics, identifications and capacities for symbolization. In Melanie's case, the idea of metamorphosis into a wolf (lycanthropy), and the dream activity associated with it, are used as a therapeutic lever for opening up a transformation of the psychic economy and inaugurating the beginnings of a structuring relationship with the forbidden, lack and repression.

KEY WORDS – melancholia, lycanthropy, resistance, transference, metamorphosis, process of change.

> L'animalité apparaît sous forme d'identifications non humaines, éventuellement déshumanisantes, dont il faudra montrer, d'un point de vue éthique, la potentialité paradoxalement symboligène et humanisante.
>
> Simone Korff-Sausse, *Les identifications déshumanisantes : l'animalité dans la vie psychique et la création artistique.*

Au moment où je [1] commençais mes entretiens avec elle, Mélanie était une jeune femme âgée de 24 ans. Hospitalisée sous contrainte depuis une dizaine

* Psychologue clinicienne au sein de l'établissement S.M.R. pédiatrique de Val Pré Vert, Mimet (13105). Docteur en psychologie clinique, Marseille.

** Pratique privée, Paris. Docteur en psychologie. Psychanalyste. Chargé d'enseignement à l'École des psychologues praticiens de Paris.

1. La première auteure.

d'années (nous y reviendrons), elle mettait les équipes soignantes en grande difficulté. Plusieurs diagnostics figuraient dans son dossier, mais jamais la valence mélancolique n'avait été évoquée. Je n'observais aucune manifestation d'empathie à son égard de la part des soignants. Au contraire, sa personne paraissait n'engendrer que du désarroi et du rejet. Sa résistance aux soins, ses comportements violents et provocateurs se trouvaient au centre de la représentation que les autres avaient d'elle. À cette étape de son parcours, et sans que Mélanie en soit bien consciente, encourager l'ambivalence d'autrui à son propre égard semblait être l'effet qu'elle-même recherchait.

Avant que j'accepte d'être chargée de son suivi, je connaissais déjà cette patiente pour l'avoir aperçue à plusieurs occasions dans le centre hospitalier où elle recevait des soins depuis de nombreuses années. Je me souviens très clairement de notre première rencontre, une dizaine d'années auparavant, et de sa façon de se présenter à moi : « J'vais bientôt me transformer en loup-garou mangeur de chair humaine, je vais bientôt me transformer, j'vais commettre un meurtre, personne ne pourra l'empêcher, je boirai tout le sang que je pourrai et j'adorerai ça », affirmation suivie d'un cri de loup qui semblait exprimer une pulsionnalité crue par le biais d'une oralité sexualisée.

Cette façon d'être engendrait la peur, la fascination ou le dégoût d'autrui, ce qui, par rebond, provoquait la plupart du temps une forme de rejet. La pilosité de cette jeune femme étant très développée, elle la soulignait encore et la mettait en valeur en retroussant été comme hiver ses pantalons jusqu'au genou. Sa petite taille contrastait avec la saillance de sa musculature. Ses bras, ses épaules et même son visage étaient couverts de cicatrices et de traces de brûlures, stigmates de la violence subie dans ses premières années et de celle qu'elle continuait à s'infliger à elle-même. Mélanie exposait aux regards ce corps meurtri et velu. Elle avait notamment l'habitude de se revêtir de brassières qui mettaient comme en évidence la haine reçue et la souffrance éprouvée à même le corps.

Mélanie vivait à l'hôpital psychiatrique depuis la fin de son adolescence. À l'âge de 4 ans, elle avait révélé un inceste commis sur elle par son père. Elle avait alors été placée en famille d'accueil, où son frère aîné était déjà hébergé, afin de le protéger, lui aussi, des violences et des séquestrations commises par le père. Sa mère, furieuse, lui avait fait porter la responsabilité de l'incarcération suivie du décès de son père et l'avait violemment qualifiée de *démon* alors que Mélanie, fuguant du foyer où elle était accueillie, venait à peine de la retrouver. À cette même période, sa mère avait déposé un sachet de médicaments sur la table de sa cuisine, invitant Mélanie à les consommer pour mettre fin à ses jours. Ces médicaments, Mélanie les avait avalés, et c'est à sa sortie d'un coma de plusieurs jours qu'elle avait été admise pour la première fois en psychiatrie. Quant à sa mère, elle s'était suicidée très peu de temps après leur dispute, faisant porter la culpabilité de sa mort à sa fille. La violence meurtrière, sous sa double forme d'horreur : infanticide et matricide, était donc au premier plan de la psychopathologie de Mélanie, car le déroulé des événements la rendait, à ses yeux, responsable de la mort de sa mère, alors même que celle-ci venait de tenter de la tuer.

La résistance à l'analyse

Sur le dossier médical de Mélanie, les diagnostics de *sociopathie*, d'*état-limite* et de *psychopathie* alternaient en fonction des périodes et du médecin. Le dossier infirmier décrivait une personne *manipulatrice* et *perverse*. Peu de confiance semblait accordée à ses possibilités de guérison.

En ce qui me concerne, dès nos premières rencontres, outre sa façon de se présenter pour le moins particulière, son niveau relativement élevé d'intelligence et de lucidité sur l'institution m'avait interpellée. Comme je pouvais m'y attendre, Mélanie paraissait pourtant animée de la ferme intention de me mettre en échec, moi aussi. Nos séances commencèrent et elles furent rythmées par ses changements d'humeur. Elle y mettait un terme au bout de quatre à six minutes d'entretien, et cela pendant de nombreuses semaines, lorsqu'elle n'omettait pas tout simplement de se présenter. Elle s'attaquait ainsi à l'objet analyste, probablement persuadée de le détruire *in fine*. Mais, à chaque nouveau rendez-vous, je revenais, espérant que le cadre régulier et bienveillant lui permettrait d'intérioriser qu'elle ne me détruirait pas malgré l'ingéniosité de ses tentatives inutiles.

Durant les premières semaines, Mélanie clôturait certaines séances par un claquement de porte, m'exhortant de « ne plus revenir », car elle « arrêtait la thérapie ». Elle m'appelait ensuite par téléphone pour s'excuser. La résistance s'exprimait à travers ce transfert ambivalent : il présentait une alternance entre la destruction et la réparation qui mettait en tension ma capacité de survivance (Winnicott, 1963). Ce schéma n'avait de cesse de se répéter et je ne parvenais pas à nous décaler de lui. À la suite de ses actes violents réitérés, Mélanie fut placée à l'isolement, mais je parvins, bien que difficilement, à obtenir de la part du psychiatre référent de poursuivre tout de même le travail. Cette situation dura plusieurs semaines pendant lesquelles je me rendais sur un rythme hebdomadaire dans la petite pièce d'isolement, conservant ainsi la régularité des séances, en m'asseyant près d'elle. Les entretiens purent donc se poursuivre.

À la suite de cette période, les résistances furent en partie levées, et une alliance thérapeutique parvint à s'instaurer. Mélanie avait cru en ma sincérité et en l'empathie que je pouvais lui témoigner dans ce contexte difficile d'enfermement, ce qui lui avait permis, dans le transfert, d'acquérir un sentiment de soi plus stable (Winnicott, 1975).

Si toutefois les résistances de Mélanie avaient enfin commencé d'être levées lors de nos entretiens, elle entretenait toujours des relations ambivalentes avec les autres soignants. Oscillant entre l'amour et la haine, elle pouvait séduire une infirmière puis, éconduite, menacer de la violer. La répétition de ce scénario bloquait Mélanie dans une temporalité mortifère.

Jacques Vargioni écrit que l'objet mélancolique est choisi pour son caractère « déceptif » (2014, p. 1690). Il fige le sujet dans un « temps circulaire », « sans futur et sans passé ». Dans une tentative de réappropriation de l'amour dont fut investi cet objet, nier sa perte serait la seule solution envisageable pour le moi, mais le même auteur souligne que cette dynamique peut conduire au développement d'addictions substitutives – notamment des « addictions orales » (*ibid.*). Cette stratégie conduit de façon inéluctable vers la persistance d'un destin mélancoliforme : l'objet « ne peut que faire d'incessants retours, telle une matière fossile, mais radioactive » (*ibid.*). Preuve en serait chez Mélanie le contraste entre les plaintes, lors de nos entretiens, concernant les actes commis par sa mère et les moments où elle évoquait cette dernière avec tendresse, envahie d'un douloureux sentiment de culpabilité et se souciant des peines qu'elle avait pu lui causer. Les reproches que Mélanie aurait souhaité adresser à l'objet perdu semblaient basculer vers son moi, selon un mécanisme décrit par Freud dans *Deuil et mélancolie* (1916-17g [1915]/ 2000).

Après quelques mois d'entretiens menés en face-à-face dans un bureau du service de psychiatrie fermé, Mélanie obtint des autorisations de sortie limitées au périmètre de l'hôpital. Il s'agit d'un établissement pavillonnaire situé au milieu d'un parc agréablement aménagé. Au départ, Mélanie me raccompagnait en direction de la sortie de l'hôpital. La brutalité de l'acte de séparation semblait avoir en partie disparu, mais cette épreuve demeurait néanmoins vécue avec difficulté, accompagnée de longs monologues sur *le pas de la porte.* Ces temps passés en extérieur sont progressivement apparus comme essentiels, propices à l'expression et à l'élaboration au point que, de façon très naturelle, il devint habituel que les entretiens thérapeutiques se tinssent dans le parc. La mise en mouvement du corps permettait visiblement de remettre aussi son psychisme en mouvement. Ce fut un tournant décisif dans l'analyse. Nous marchions côte à côte, Mélanie se laissant aller à parler en mobilisant moins de résistance. Peu à peu, elle se mit à exprimer un panel d'émotions plus diversifié qu'auparavant. Elle ne ressentait plus seulement de la haine, elle manifestait également de la peur pour moi, la peur qu'il m'arrive quelque chose (un accident sur la route en venant, l'agression d'un patient), au point de devenir protectrice, comme pour protéger la petite fille qu'elle avait été – et qui n'avait pas reçu de protection. C'est après de longues promenades dans le parc qu'elle se permit d'évoquer l'inceste et l'effroi qu'il provoquait encore en elle. Elle ne se remémorait que des sons ; les sensations restaient inaccessibles. Lui revenaient en mémoire des sortes d'hallucinations, de bruits de marteau-piqueur, représentations sonores qu'elle avait associées à la violence de l'effraction vécue. Toutefois le déni de l'inceste qui avait opéré durant les premiers mois de l'analyse, tant du côté de Mélanie que du mien, en raison de l'effroi qu'il provoquait, pouvait laisser la place à la mise en mots.

Cette technique permit de ménager son impulsivité ainsi que sa tendance à la destructivité et de passer d'une position mélancolique à une amorce de position endeuillée, traduisant une séparation en devenir (Freud, 1916-17g [1915]/2000).

La lycanthropie et son lien à la mélancolie

En 1563, le médecin Jean Wier décrivit la lycanthropie comme un phénomène morbide provenant d'un dérèglement de la vie imaginaire. Néanmoins son ouvrage intitulé *Cinq livres de l'imposture et tromperie des diables* s'avère plus complexe qu'on ne le dit communément. Bien qu'il s'opposât avec âpreté et courage aux excès de l'Inquisition, Jean Wier était loin de nier que le diable jouât un rôle dans la vie des supposés « loups-garous ». Satan en personne était censé prendre avantage de la complexion mélancolique des personnes lycanthropes pour manipuler leurs songes et leur donner la conviction erronée qu'elles se transformaient en loups. Pour Wier, les personnes lycanthropes étaient donc des mélancoliques trompés par le démon qui profitait de leur mal pour les induire en erreur. Le diable était décrit comme un « physicien des songes », un « illusionniste » : comme plusieurs auteurs avant lui, Wier affirmait que « les fantasmes diaboliques naissent de la manipulation, par Satan, de la fantaisie ou des sécrétions humorales de l'homme » (Maus de Rolley, 2005, § 34).

On sait toutefois que Wier prit la défense de certaines femmes accusées par l'Inquisition d'être des sorcières en soulignant le caractère illusoire (hallucinatoire) des méfaits dont elles s'auto-accusaient. En déclarant que la croyance en ces méfaits était le fruit d'une imagination mélancolique déréglée par Satan (et en affirmant qu'il en allait de même dans la croyance à la transformation d'une personne en loup), il soulignait que ces phénomènes n'avaient rien à voir avec la réalité (Wier, 1563/1569). À sa façon, Wier contribua donc à ce que l'on cesse de croire aux crimes des sorcières autant qu'à ceux des loups-garous.

Ce n'est pas ici le lieu de nous étendre sur la postérité dans le discours médico-psychiatrique – entre le XVIe et le XXe siècle – des liens tissés par Wier entre mélancolie et lycanthropie. Ces termes apparaissent sous la plume d'auteurs aussi éloignés l'un de l'autre que Robert Burton (1577-1640) et Philippe Pinel (1745-1826). Puisque chaque période historique confère à ces mots une signification légèrement différente de la précédente, une étude séparée serait requise si nous voulions suivre les méandres de leurs évolutions respectives. Autorisons-nous donc à effectuer un bond par-dessus les siècles et rappelons que, dans le sillage de l'invention freudienne, la psychanalyse se pencha sur les mêmes questions. En 1916, Karl Abraham semble avoir été le premier à mettre en lumière l'existence de liens entre la lycanthropie et « l'introjection de l'objet d'amour ». Dans son *Examen de l'étape prégénitale la plus précoce du développement de la libido* (1916/1966), Abraham proposa de relier à la mélancolie les délires à thématiques lycanthropiques dans lesquels un patient allègue sa métamorphose en loup. Il indiquait alors que cette thématique délirante traduirait des « souhaits cannibaliques », ceux d'être « transformé en une bête dévoreuse d'hommes ».

Dès sa lettre du 31 mars 1915 adressée à Freud après lecture d'une première version de *Deuil et mélancolie*, Abraham avait plaidé en faveur d'une « tendance cannibale » dans « l'identification mélancolique » (2006, p. 378-379). À cette occasion, il avait décrit l'ambivalence amour/destruction dans ce type d'identification et observé, dans la clinique, à la fois « l'angoisse des mélancoliques de mourir de faim » et un second symptôme qu'est « le refus de nourriture ». Selon lui, ces traits témoignaient du fait que, dans la mélancolie, le rapport à la nourriture (« manger ») avait « pris la place de l'amour ». Ainsi, les patients refusant de s'alimenter rejetaient selon Abraham leurs pulsions refoulées. S'adressant à Freud, il ajoutait :

> À titre de curiosité significative, je fais mention d'une locution que des psychiatres un peu rudes avaient coutume d'adresser [...] à des patients qui étaient supposés se faire à eux-mêmes des reproches délirants [...] : « Qu'avez-vous donc fait, auriez-vous par hasard dévoré des petits enfants ? » (*ibid.*, p. 379).

Dans sa théorie de la mélancolie, Abraham insista sur la dimension sadique orale qui résultait selon lui d'un mode d'identification archaïque procédant par voie d'*incorporation* (dévoration). Ce mécanisme identificatoire perpétuait selon lui un haut degré d'ambivalence et de culpabilité à l'égard de l'objet ingéré. Aussi Abraham voyait-il dans le processus mélancolique une « audacieuse polyphonie des objets internes dans l'exercice des auto-reproches » (Ithier, 2004). L'ambivalence aurait pour principe l'incorporation des objets internes et le mélancolique s'en trouverait prisonnier parce que cette incorporation véhicule à la fois une « preuve d'amour » et « une destruction » (Abraham, 2006, p. 378).

Dans la situation clinique étudiée, la culpabilité de Mélanie semblait pour l'essentiel orientée vers sa mère, ce qui nous conduit à penser qu'elle restait prisonnière d'un deuil inélaborable. L'intolérable perte de l'objet avait provoqué son incorporation, synonyme d'intégration dans le moi. Cette étape semble avoir été suivie d'un reflux de la libido sur le moi, afin de ne plus perdre l'objet maternel incorporé. Le type de transfert dans lequel je me trouvais prise au début de l'analyse, oscillant entre attaques et réparations, est un indicateur clinique d'un mode d'investissement objectal écartelé entre l'amour et la destruction, à l'instar de ce qu'a décrit Abraham.

Il semble que la valence mélancolique – à travers les auto-reproches du type *démon, diable* – soit le fait des attaques sadiques du surmoi maternel incorporé. Le phénomène de lycanthropie, quant à lui, se substituerait plutôt à une valence maniaque classique : d'une part dans la mesure où cette métamorphose en loup relève d'un pacte onirique (nous y reviendrons) et d'autre part parce que ce loup en lequel Mélanie disait se métamorphoser avait besoin de consommer de la *chair humaine*. Or c'est bien pendant ses phases maniaques, comme le souligne André Green (1993), que la personne mélancolique introjecte la toute-puissance de l'objet.

Nous venons de le préciser, la métamorphose en loup-garou s'était, selon la patiente, opérée par le rêve. Le rêve est le vecteur de la symbolisation, *gardien du sommeil*, selon la célèbre formule de Freud (1900a/2003). Cependant, il pouvait s'agir aussi d'une forme de rêverie, car Mélanie n'était pas certaine qu'elle dormait réellement au moment des faits ; peut-être somnolait-elle simplement, et il est donc difficile de trancher. En tout état de cause, la métamorphose dans le registre onirique nous semble avoir possédé une valeur symboligène et c'est bien cela que nous allons tenter de démontrer. On souscrit ce faisant à la proposition de Korff-Sausse et l'on reprend son programme lorsqu'elle annonce : « L'animalité apparaît sous forme d'identifications non humaines, éventuellement déshumanisantes, dont il faudra montrer, d'un point de vue éthique, la potentialité paradoxalement symboligène et humanisante » (2005, p. 88). Le rêve de métamorphose a constitué pour l'analyse de Mélanie un levier conséquent, puisqu'il était sa première tentative spontanée de représentation, elle qui, habituellement, privilégiait l'agir ; sur cette base, le travail de représentation et d'identification dans le transfert a pu s'établir.

Le rêve de métamorphose

Mélanie voit passer, dans l'entrebâillement de la porte de sa chambre, un être mi-humain mi-loup, très effrayant, très grand, voûté, avec de longs poils bruns. Cette partie du rêve semble porter sur le fantasme ou une figuration de la scène primitive entre dedans et dehors (*la porte de la chambre*) et sur la séduction active du père comme dans le modèle du féminin mélancolique de Catherine Chabert (2003). Chabert écrit dans *La femme qui avance* :

> Le féminin mélancolique se caractérise par un mode de traitement particulier de la sexualité et plus particulièrement des fantasmes originaires [...] des fantasmes de séduction, mais aussi de fantasmes de scène primitive et de castration. De façon concomitante, il se caractérise également par un mode de traitement singulier de la perte d'objet (2003, p. 166).

Vient ensuite la seconde partie du rêve qui signe la métamorphose. Sous une table de cuisine, une petite fille avec de longs cheveux fait réciter à Mélanie une prière satanique et promettre allégeance au diable. Cette petite fille peut représenter son *double* au sens que Freud donne à ce mot en 1919 dans son texte sur l'inquiétante étrangeté. Freud définit alors le double comme une « assurance contre la disparition du moi » (p. 236), et d'autre part comme une « instance capable de traiter le reste du moi comme un objet » (p. 237). Dans le rêve, la référence à la pulsionnalité orale, avec le détail précis de *la table de la cuisine*, fait peu de doute. La référence au *diable* auquel allégeance est faite semble renvoyer aux attaques sadiques du surmoi maternel incorporé dans le moi.

L'image du double est enfin susceptible de renvoyer par voie d'illustration imageante à la régression de la libido de Mélanie sur son moi. Ce passage du rêve se comprendrait alors comme un pacte que Mélanie noue avec son propre double « satanique » contenant tant bien que mal ses pulsions peu maîtrisées, non enveloppées par une image corporelle stable et perçues comme démoniaques.

Toutefois ce pacte est strictement limité car, à l'envers du manuscrit que tient la petite fille dans le rêve, il est indiqué que Mélanie a interdiction de dévorer de la *chair humaine*. Une limite est ainsi posée, mais de façon équivoque, puisqu'elle continue de jouer sur les potentialités orales cannibaliques de la jeune femme.

Mélanie me confia qu'à la suite de ce rêve, elle acquit la certitude de s'être métamorphosée en loup-garou. Elle affirma toutefois devoir désormais se tenir à *ce pacte*, ce qui signifiait qu'inconsciemment un interdit était posé quant au fait de dévorer l'objet d'amour et donc de le détruire. La particularité de cette situation tient au fait que la certitude d'une métamorphose animale s'accompagne ici d'une humanisation des pulsions. C'est précisément à cette période-là qu'un lien de confiance commença à s'établir avec cette patiente grâce à la poursuite des entretiens. À travers l'image du pacte onirique pourrait émerger une métaphore dotée d'une fonction symbolisante qui rendrait le manque supportable. Dans *L'Inquiétante étrangeté*, Freud établit un lien entre la castration et le dédoublement. Il écrit :

> La création d'un tel dédoublement pour se garder de l'anéantissement a son pendant dans une mise en scène de la langue du rêve qui aime à exprimer la castration par redoublement ou multiplication du symbole génital (Freud, 1919h/1996, p. 237).

Dans le rêve de Mélanie, les deux fonctions de conservation du moi décrites par Freud semblent sollicitées, à savoir : le dédoublement et l'expression de la castration dans une mise en scène onirique à travers laquelle est posé un interdit. L'obligation de *ne pas manger de chair humaine* indique une limite et paraît inaugurer un nouveau mode de refoulement.

La symbolisation par la métamorphose

Le contrat passé entre son moi et ce que nous supputons être son double dans le rêve nous enseigne beaucoup à propos de Mélanie, tant par la morbidité identificatoire du pôle dit diabolique (révélant l'action sous-jacente d'un surmoi sadique archaïque) que par sa valeur interdictrice/castratrice : ne pas commettre le crime de dévoration. Le paradoxe mélancolique classique – qui rendait douloureux le transfert en début d'analyse – selon lequel l'acte d'amour conduit à la destruction est déplacé vers un nouvel énoncé contradictoire que l'on pourrait formaliser ainsi : « J'ai fait allégeance au diable et je me suis transformée en loup-garou, mais j'ai par ailleurs fait un pacte qui m'interdit de dévorer de la chair humaine. »

L'allégeance au diable correspondrait selon Chabert (2003) à une régression narcissique devant la perte soudaine de l'objet, perte elle-même produite par la séduction active du père dans la scène primitive. Cette scène primitive est représentée dans la première partie du rêve qui se déroule sur le seuil de la chambre, où Mélanie voit passer un être à moitié bestial ; cependant le pacte avec le double, stipulant de ne pas dévorer l'objet d'amour, correspond à un aménagement du moi et a tout l'air d'une tentative de sauvetage inespérée. Dans ce qui donne l'impression d'être un nouveau paradoxe, mais ne l'est pas réellement, la métaphore de la castration est opérante. L'interdit est bien posé à un niveau symbolique. Ce pacte n'est pas un paradoxe car il est structurant.

Dans les situations mentionnées par Abraham (1916/1996), où le patient refuse de s'alimenter dans la réalité, le processus est à coup sûr morbide parce que potentiellement mortel pour le patient. Il s'agit d'un refus de détruire l'objet d'amour en le dévorant, mais cette dynamique tend, *in fine*, vers l'abaissement des pulsions jusqu'à l'extinction totale. Avec Mélanie, au contraire, c'est un processus progrédient qui est observé. L'opération de déplacement-condensation du rêve semble avoir permis de positionner dans la sphère symbolique le refus de s'alimenter (*de dévorer*) et le destin de la pulsionnalité orale s'en trouve forcément modifié.

Discussion

Dans la lycanthropie, la position maniaque classique possède une fonction antidépressive. Elle peut se substituer à une métamorphose éprouvée dans la chair même du patient et touchant à son image corporelle. La manie possède alors une fonction de conservation du moi. Sur le versant mélancolique, en revanche, le manque constitutif du féminin reste intolérable (Chabert, 2003 ; Chevalier, 2014).

Dans le cas clinique de Mélanie, une forme d'interdit structurant a tout de même pu être posée à travers la métaphore du pacte. L'interdit de dévorer et de détruire l'objet d'amour – sans avoir pour autant à se passer de manger dans la réalité, contrairement aux patients lycanthropes qu'Abraham mentionne – véhicule une symbolisation primaire de la castration. L'espace du manque est ainsi entrouvert. Ce rêve s'est révélé être un support précieux au travail de représentation au sein de l'analyse car il a permis d'aborder une réalité jusque-là niée et destructrice.

Dans la lycanthropie au sens classique du terme, la pulsionnalité orale et le fantasme cannibale se déploient dans le réel puisque le patient est bel et bien censé se mettre à consommer de la chair humaine ; ce qui est alors dans le réel n'est pas symbolisable. Mais dans la lycanthropie de Mélanie, à travers l'idée de pacte, la métamorphose en loup entre dans un mouvement métaphorique et symboligène permettant à l'appareil psychique de juguler la pulsionnalité orale sadique et de tolérer l'interdit. Il semblerait que quelque chose du manque ait pu s'inscrire de la sorte, en dépit d'une scène primitive fantasmée insupportable, et plutôt déstructurante. Cela ouvre à la découverte d'un autre destin pour les pulsions.

Conclusion

Mélanie est sortie de l'hôpital dans l'année qui a suivi la cure et a obtenu un appartement thérapeutique assorti d'un suivi en CMP. Son inscription dans la réalité paraît de plus en plus assurée. La thématique délirante associée au diable est moins bruyante et surtout, l'interdit de la dévoration est bien opérant depuis car Mélanie ne l'a jamais remis en question. La remise en mouvement de son psychisme à travers notre travail de co-élaboration, notamment par nos discussions dans le parc de l'hôpital, paraît avoir créé un espace de pensée et de vie. Un dégagement de la position mélancolique initiale, ambivalente et morbide, semble avoir eu lieu durant son analyse, en particulier à travers le travail de symbolisation onirique. Il a permis un investissement objectal sur un autre mode que l'amour/destruction de l'objet et cela a été vecteur de résilience pour Mélanie. S'y ajoutent de nouvelles identifications à travers un travail de transfert/contre-transfert qui lui aura permis d'intégrer quelque chose de l'ambivalence de l'objet et de commencer à tolérer la différence. Il nous a semblé utile de partager cette expérience afin de mettre en évidence tout l'intérêt d'une élaboration du matériel psychique délivré à travers la thématique délirante dans la psychose. S'en saisir comme une base de travail avec nos patients permet d'accéder à certains rudiments de symbolisation et, de là, aux processus de changement [2].

Références bibliographiques

Abraham K., Freud S. (2006). *Correspondance complète 1907-1925*. Paris, Gallimard.

Abraham K. (1916/1966). Examen de l'étape prégénitale la plus précoce du développement de la libido. *Œuvres complètes 2* : 231-254. Paris, Payot.

Chabert C. (2003). *Féminin mélancolique : une introduction*. Paris, Puf.

Chabert C. (2003). La femme qui avance. *Féminin mélancolique* : 159-181. Paris, Puf.

Chevalier F. (2014). Mademoiselle Else : la jeune fille, le désir et la mort 1. *Clin Lacan 25*(1) : 47-66. DOI : https://doi.org/10.3917/cla.025.0047.

Freud S. (1900a/2003). *L'interprétation du rêve. OCF.P*, IV. Paris, Puf.

Freud S. (1916-17g [1915]/2000). Deuil et mélancolie. *OCF.P*, XIII : 259-278. Paris, Puf.

Freud S. (1919h/1996). L'inquiétante étrangeté. *OCF.P*, XV : 149-188. Paris, Puf.

Green A. (1993). *Le travail du négatif*. Paris, Éditions de Minuit.

Ithier B. (2004). Heurs et malheurs du modèle mélancolique. *Rev Fr Psychanal 68*(4) : 1097-1112. DOI : https://doi.org/10.3917/rfp.684.1097.

Korff-Sausse S. (2011). Les identifications déshumanisantes : l'animalité dans la vie psychique et la création artistique. *Rev Fr Psychanal 75*(1) : 87-102. DOI: https://doi.org/10.3917/rfp.751.0087.

Maus de Rolley T. (2005). La part du diable : Jean Wier et la fabrique de l'illusion diabolique. *Tracés. Rev Scienc hum 8* : 29-46. DOI : https://doi.org/10.4000/traces.2143.

Vargioni J. (2014). Le ravissement ou l'actuel de la scène mélancolique. *Rev Fr Psychanal 78*(5) : 1690-1695. DOI : https://doi.org/10.3917/rfp.785.1690.

Wier J. (1563/1569). Préface. Dans *Cinq livres de l'imposture et tromperie des diables, des enchantements et sorcelleries* (Traduit par Jaques Grévin). Paris : Jacques Du Puys (Repéré en ligne : http://catalogue.bnf.fr/ark:/12148/cb34569943z).

Winnicott D.W. (1963). Dependence in infant care, in child care, and in the psycho-analytic setting. *Int J Psychoanal 44*(3) : 339-344.

Winnicott D.W. (1971/1975). *Jeu et réalité*. Paris, Gallimard.

TITRE – *Lycanthropie et résistance au soin. Le levier thérapeutique d'un travail sur le symbolique*

RÉSUMÉ – À travers le récit de cas de Mélanie, une patiente résistante aux soins depuis de nombreuses années, nous étudions dans cet article les processus de changement envisageables dans la mélancolie. L'établissement d'un lien de confiance grâce à la poursuite sur

2. Je remercie Thomas Rabeyron de m'avoir aiguillée tout au long de la thérapie analytique de Mélanie.

le long terme d'entretiens thérapeutiques – bien que difficile au départ en raison du traitement ambivalent de l'objet dans la mélancolie – apparaît comme une issue. Nous montrons que la relation transférentielle avec le patient est dans l'analyse un outil permettant d'accéder à des processus de changement au niveau de la dynamique pulsionnelle, des identifications et des capacités de symbolisation. Chez Mélanie, l'idée de métamorphose en loup (lycanthropie) et l'activité onirique qui s'y rattache sont utilisées comme un levier thérapeutique ouvrant la voie à une transformation de l'économie psychique, jusqu'à inaugurer une ébauche de rapport structurant à l'interdit, au manque et au refoulement.

MOTS-CLÉS – mélancolie, lycanthropie, résistance, transfert, métamorphose, processus de changement.

TÍTULO – *Licantropía y resistencia al tratamiento. La palanca terapéutica de un trabajo sobre lo simbólico*

RESUMEN – A través del relato centrado sobre Mélanie, paciente resistente a los tratamientos desde hace muchos años, estudiamos en el artículo los procesos de cambio posibles en la melancolía. El establecimiento de un vínculo de confianza mediante la continuación durante un largo período de consultas terapéuticas – aunque difíciles al principio a causa del tratamiento ambivalente del objeto en la melancolía – se manifiesta como una salida. Mostramos que la relación transferencial con el paciente es en el análisis una herramienta que permite el acceso a procesos de cambio al nivel de la dinámica pulsional, de las identificaciones y de las capacidades de simbolización. En Mélanie, la idea de metamorfosearse en lobo (licantropía) y la actividad onírica son utilizadas como palanca terapéutica que da apertura a una transformación de la economía psíquica, hasta dar cabida a un bosquejo de relación estructurante de lo prohibido, de la falta y de la represión.

PALABRAS CLAVES – melancolía, licantropía, resistencia, transferencia, metamorfosis, proceso de cambio.

Toute référence à cet article doit être indiquée comme suit : Prudent C., Levy B. (2025). Résistances en psychanalyse. Lycanthropie et résistance au soin. Le levier thérapeutique d'un travail sur le symbolique. *Rev Fr Psychanal 89*(1) : 15-25

Les interventions ratées

Dinah ROSENBERG [*]

8 rue Jonas, 75013 Paris – dinah.rosenberg@orange.fr

Article reçu le 19/03/2024 – accepté le 22/04/2024

TITLE – *Failed interventions*

ABSTRACT – This article examines the analyst's resistance in the treatment using the example of a clinical situation in which this resistance manifests itself in the twofold difficulty of remaining silent and intervening in a precise and concise manner. This case is examined in connection with a review of some of Freud's interventions with the Rat Man, as they appear not in the published case but in the diary of the treatment. The analyst's difficulty is then seen as an attachment to a theory or construction underlying the intervention that avoids transference storms and functions for the analyst like a typical dream with no real associations. The ability to dream, interpreted as a capacity to be alone in the presence of the patient, may be found in a moment of humour outside the session for the analyst, allowing the advent of a more flexible analytic superego. The beginnings of a possible interpretation can be found in the silence that had been avoided.

KEY WORDS – resistance, typical dream, countertransference, silence Rat man, intervention.

« L'intention de se suicider est chez lui chose sérieuse, et seules deux considérations l'en détournent. L'une d'elles est qu'il ne supporte pas de se représenter sa mère trouvant son cadavre ensanglanté. [...] La deuxième considération, chose étrange, je l'ai oubliée. » « Je n'ai pas mentionné trois souvenirs se rapportant à sa quatrième année [...] C'est curieux, je ne sais pas avec certitude s'il s'agit là de ses souvenirs à lui. » Ces deux phrases extraites du *Journal de l'analyse de l'Homme aux rats* (Freud, 1907/2000, p. 105) montrent Freud au travail, soumis à son propre refoulement.

Ernestine est cadre dans une grande entreprise, militante végane, en proie à des obsessions de vérification et parfois à une grande détresse. En fait de rats, elle se donne pour mission de défendre « même les souris » et voue une haine tenace aux utilisateurs de pièges et de mort aux rats. La vision lancinante de la mise à mort de la souris, scène où la patiente me semble être à la fois la souris assassinée

[*] Psychanalyste, membre de la SPP.

et la meurtrière sadique, est longtemps restée pour moi une énigme. Et souvent j'oublie qu'elle a une sœur…

Malgré une amélioration symptomatique, je me heurtais au début de cette cure à une difficulté à intervenir de façon concise, produisant ce que je ressentais comme des interventions ratées. Une réflexion sur le mode d'intervention de Freud avec l'homme aux rats et ce qu'il peut indiquer de son contre-transfert m'a accompagnée pour tenter de penser la résistance qui sous-tend ces interventions, et permet ici de poursuivre cette réflexion en préservant la confidentialité.

Les interventions ratées

Je prenais la parole avec une idée assez nette et aboutissais à une formulation confuse qui me conduisait à m'expliquer trop longuement. Tout en parlant, je m'accusais : « C'est confus, embrouillé, didactique, enfermant, bavard, pas analytique, tu t'embourbes, mais pourquoi ne peux-tu pas te taire ? » Assez systématiquement, j'oubliais après la séance ce que j'avais dit, il ne me restait que l'insatisfaction. Qu'est-ce qui pousse donc à s'exprimer de façon trop brouillonne puis trop didactique ? Je n'ai pas directement exposé une théorie à ma patiente, mais dès que l'intervention devient didactique, elle est forcément en appui sur une théorie sous-jacente ou sur une construction implicite. L'explication du transfert protège-t-elle de sa virulence ? Quels sont la fonction et l'objet de l'auto-reproche ?

Un grand homme ou un criminel

À plusieurs reprises, Freud se lance dans des exposés théoriques, et des débats avec Ernst, son patient : « Ce concept de résistance je le lui avais exposé au début de cette heure » (Freud 1907/2000, p. 15) ; « je profite de cette circonstance pour lui donner le premier aperçu des présuppositions de la thérapie psychanalytique » (Freud, 1907/2000, p. 22 *sq*), aperçu donnant lieu à un long exposé théorique… On peut s'interroger sur la fonction de ces interventions, alors qu'il ne s'agit pas « d'emporter la conviction » du patient (Freud, 1909d/1998, p. 27). C'est un préalable au fait que le patient supporte la souffrance du transfert : « La première partie de notre tâche d'assistance consiste en un travail intellectuel auquel nous invitons le patient à participer. Nous savons bien que ce premier genre d'activité a pour but de nous frayer la voie vers une autre tâche plus ardue dont il convient, même durant le travail préliminaire, de ne pas oublier le côté dynamique » (Freud, 1940a [1938]/2010). La difficulté est que cette « participation » à un « travail intellectuel » commun fait participer à une séduction elle aussi commune. Freud le perçoit quand il demande sur un mode dénégatif à son patient, après de longues discussions, de « confirmer que ce n'est pas [lui] qui [l'a] amené sur le sujet de son enfance ni sur celui de la sexualité » (Freud, 1909d/1998, p. 28). Même si les thèmes ne sont pas directement amenés par l'analyste, montrer un savoir impose une forme de suggestion. C'est en fin de cette même séance qu'il ajoute, « mais c'est le moment maintenant d'abandonner la théorie et de retourner à l'observation de soi et aux souvenirs » (Freud, 1907/2000, p. 85). Dès la séance suivante, pourtant, il écrit :« En m'entretenant avec lui, je lui fais remarquer que logiquement il doit se considérer comme entièrement irresponsable » (Freud, 1907/2000, p. 89). Cesser de « s'entretenir » avec le patient et de penser « logiquement » ne semble pas si facile… Durant la même période, Freud « ne peut [s']empêcher » (Freud 1907/2000, p. 101) d'énoncer une construction. Qu'est ce qui pousse à ces interventions et les rend si difficiles à retenir ?

L'explication fait écho à la tendance d'Ernestine à transformer l'analyse en introspection un peu cérébrale ponctuée de violentes crises de larmes, mais risque d'encourager cette intellectualisation. Le plaisir du débat entre Freud et son patient devient la forme atténuée de l'amour et de la haine de transfert, mais en évite l'épreuve. J'ai l'impression que j'évite de soumettre Ernestine à mon silence. Paradoxalement, la liberté proposée par le silence de l'analyste et la règle fondamentale se transforme en forçage, comme si je l'obligeais à parler, à tout réussir toute seule, à bien travailler sans soutien, comme elle a cru devoir le faire pour sa mère, à la fois idéalisée et haïe.

Dans l'après-coup de l'interprétation des vœux de mort du patient envers son père mais dont Freud est sans doute aussi l'objet et peut-être l'auteur, le patient évoque sa rage d'enfant insultant son père après avoir été puni : « Toi, lampe ! toi serviette ! » Le père, probablement séduit, en a conclu que cet enfant deviendra « ou bien un grand homme ou bien un grand criminel » (Freud, 1907/2000, p. 107). Est-ce Freud comme père qui se sent attaqué et séduit, ce père qu'il est lorsque le patient lui livre plus tard les fantaisies les plus crues concernant sa fille ? Est-ce Freud comme fils qui se reconnaît, lui qui s'est vu prédire un grand avenir, qui se voyait en Hannibal, dont le père a dit « ce garçon ne deviendra rien de bien » (Freud, 1900a [1899]/2003, p. 229-230, p. 233-235, p. 255), et qui a montré sur l'Acropole que devenir un grand homme suppose d'être un criminel (Freud, 1936a/1995) ?

La dimension économique

Dès la première séance, l'homme aux rats fait référence à l'ami qui le rassure, et au jeune homme qui l'a trahi, comme un appel et une question à son analyste. Et dès l'énoncé de la règle fondamentale, il est aux prises avec une excitation massive et demande que Freud lui fasse grâce de la description du supplice. Cette demande d'exception se retrouve quand il évite de dire le nom de la dame vénérée, excitant la curiosité de Freud, et quand il voudrait éviter de raconter ses fantaisies au sujet de la fille de son analyste. On peut imaginer que les explications visent à refroidir cette charge pulsionnelle. La règle dit que l'analyste s'offre à entendre et n'en a pas peur ; l'exposé théorique colmate la brèche ainsi ouverte. Dès la description du supplice, Freud se retrouve en position de double excité amené à « deviner » qu'il s'agit de la dame vénérée. Il ajoute : « Nous nous interrompons pour échanger des propos sur les idées obsédantes » (Freud, 1907/2000, p. 45). « Échanger des propos » permet de réduire cette excitation, celle de l'analyste autant que celle du patient.

La séduction narcissique

Freud et son patient échangent des compliments discrets ou moins discrets. On ne sait s'ils sont des gratifications narcissiques, des tentatives de réparation face à des agressions, des façons d'amadouer l'agresseur (comme juste après que le patient appelle Freud « mon capitaine »), des tentatives de séduction : « Je lui fais compliment de la clarté avec laquelle il exprime ces états » (Freud, 1907/2000, p. 73), le patient « loue discrètement son analyste » (*ibid.*, p. 53), mentionne sa lecture de *l'Interprétation des rêves* (*ibid.*, p. 75). De façon intéressante, ces points sont omis par Freud dans le texte publié. L'intelligence et le débat théorique ne sont sans doute pas étrangers à cette forme de séduction.

La forme de mes reproches au sujet des interventions ratées montre leur caractère narcissique puisqu'il n'y est nullement question de la patiente, « je » suis bavarde, « je » suis une mauvaise analyste, etc. Ernestine, dans ses moments de détresse, suscitait des sentiments maternels avec lesquels j'ai lutté en me soumettant à un surmoi analytique sourcilleux, de même qu'Ernestine, bonne élève et toujours « comme il faut », se soumettait à l'ordre de sa mère. Elle semblait également se soumettre à mes interventions, les attendre, chercher à les comprendre absolument. On ne sait plus bien si c'est la part tyrannique de mon surmoi ou du sien qui agit. L'urgence à parler est-elle une urgence à être une bonne mère présente ou à se séparer ? S'agit-il d'incarner une domination qui impose mes vues sur elle ou de l'éviter par la formulation qui manque de clarté ?

Ernestine vivait des moments de désespoir, de honte et de dévalorisation qui contrastaient avec l'efficacité qu'elle montrait dans son travail exigeant. Cette dépréciation visait précisément une de ses qualités, son attention obsessionnelle aux moindres détails, car elle jugeait que l'immense coût en angoisses de cette minutie la rendait inapte à exercer ses responsabilités. Contre toute évidence, elle attribuait à sa hiérarchie un tel jugement. C'est quand je me retenais de la consoler qu'elle obtenait une intervention ratée. Il s'agissait d'intervenir, je dirais presque pour dire n'importe quoi et manifester ma présence, et montrer que je n'avais « aucun penchant pour la cruauté » (Freud, 1907/2000, p. 43). La honte passe alors d'elle à moi : Ernestine se sent insatisfaisante comme patiente, incapable de « parler comme il faudrait », je me sens décevante comme analyste au regard d'un idéal d'interventions concises et bien ciselées.

Paul Denis (2010, p. 31) souligne le paradoxe qui veut que l'analyste doive se conduire dans la cure à la fois en objet du mouvement libidinal du patient et en « anti-objet » qui s'y dérobe. L'intervention didactique serait-elle un surinvestissement d'une fonction d'anti-objet liée à une difficulté à occuper cette place ? Cela indiquerait alors surtout à quel point je suis prise dans la relation d'objet d'amour et de haine, à quel point j'y réponds et y résiste. Je dis de haine en référence à la haine dans le contre-transfert de Winnicott (1958 [1947]/1969), où il compare les nombreuses raisons qu'a l'analyste de haïr son patient à celles qu'a la mère de haïr son bébé. Comme la mère, l'analyste risque de contre-investir la haine et de ne lui trouver aucune issue, autre que celle masochique d'essayer d'être une mère parfaite. Paul Denis (2010, p. 50) montre que « sur [...] le pôle anti-objet de la fonction analytique, la tentation n'est plus d'élire le patient comme objet mais d'établir avec le patient une situation de pure analyse, d'analyse idéale [...] un tel projet résulte de la survivance trop active chez lui d'un transfert idéalisant [...]. L'analyste s'applique alors à n'être qu'un anti-objet [...] une telle entreprise peut constituer pour le patient une sorte de séduction narcissique ».

Face au risque d'une telle séduction et de l'idéalisation, le caractère brouillon de mes interventions peut être paradoxalement considéré comme protecteur. Raté pour raté, faute de me taire ou de trouver une formulation satisfaisante, le caractère confus de l'intervention m'a évité d'incarner d'une autorité idéale, très vite rapportée chez Ernestine à une mère omnipotente. La limite de ma puissance se manifestait dans le désordre de la formulation.

Le silence et le typique

Face aux questions du patient sur l'ambivalence, Freud « [croit] nécessaire de lui donner un fragment de la théorie ». Puis il répond « en citant la règle : lorsque quelqu'un pose une telle question, c'est qu'il tient la réponse toute prête et n'a qu'à continuer à parler » (Freud 1907/2000, p. 81) ; et en effet le facteur sexuel arrive. Pourquoi citer la règle ? Pourquoi répondre ? Quand est-il impossible de laisser le silence ? Au début de la cure d'Ernestine, les silences étaient lourds et ponctués de larmes. J'ai éprouvé le besoin de manifester ma présence et mon investissement et de lui épargner un silence où résonnait une exigence. Le silence est une ouverture quand devient interprétable le fait qu'il soit vécu comme une privation. L'intolérance au silence manifeste le contre-transfert particulier souligné par Pontalis, qui conduit « à édifier plus qu'une "construction", une "théorie" de son patient », voire à « la compulsion à théoriser » (Pontalis, 1977, p. 230), et même à théoriser sans le savoir en séance.

Freud (1907/2000 p. 83) ajoute que « ce conflit entre la sensualité et l'amour filial est finalement tout à fait typique ». Le typique fait-il tiers quand la séance est saturée par le meurtre et le sexuel ? La théorie de la méthode remplacerait alors le tiers normalement porté par la méthode. Le caractère trop typique pousse Freud à faire confirmer à son patient qu'il ne lui a pas imposé une telle interprétation et à se dire qu'il est temps d'abandonner la théorie.

Typique sonne comme ces rêves typiques à propos desquels les associations font défaut. La référence à la théorie, à l'explication du transfert plutôt qu'à son épreuve, intervient face à des représentations si chargées que les associations de l'analyste et du patient manquent. Freud propose la théorie comme interprétation symbolique et la dénégation ou le refus comme voie de sortie. L'épreuve du transfert plus tard permettra à ces idées de faire retour. L'intervention influencée par un modèle sous-jacent voit trop clair. C'est sans doute ce qui pousse à la rendre confuse. La clarté des constructions opère comme un rêve typique en séance, devant lequel, plus tard, Freud conseille la patience : certains rêves doivent demeurer « intraduisibles » (Freud 1923b/1991, p. 169). En effet, « même si, grâce à son propre entraînement, on arrive à comprendre de nombreux rêves, à l'interprétation desquels le rêveur a fourni peu de contributions [...] on se fera scrupule d'imposer au patient ce que l'on a supposé » (Freud, 1925b/1992, p. 179) – scrupule éthique lié au danger de la suggestion et scrupule technique qui interdit de traduire pour ne pas figer les associations ; on est alors aux « limites de l'interprétabilité » (Freud, 1925b/1992, p. 177). Comme lors d'une interprétation de rêve, le symbole « donne tout à voir sans que les conflits liés à l'émergence perceptive ne se fassent sentir. De ce point de vue, il ne donne rien à voir. [...] Le propre du symbole est que, dans la cure, il ouvre toujours la voie à la constitution d'une masse à deux : ce que révèle son envers, c'est-à-dire la part qu'il s'apprête à prendre dans la suggestion » (Kahn, 2012, p. 100). Il me semble que même si je me suis abstenue d'explications théoriques, j'ai été prise dans un mouvement typique et explicatif. Le travail du contre-transfert aurait pour but de permettre à l'analyste de rêver des rêves analysables au sujet du patient. Pour rêver, il faut dormir, tolérer le silence, pouvoir être seule en présence de la patiente, s'isoler de la foule à deux, penser par-devers soi, jouer avec ses propres pensées.

Je me suis pourtant bien morigénée

La difficulté à me taire venait de ce que le silence semblait froidement condamner ce qu'elle vivait comme son incapacité à « parler comme il faudrait ». Parler comment, à qui, de quoi ? C'était le silence d'un tyran forçant aux aveux. La rigueur qui me reproche la forme inadéquate de mes interventions, leur manque de précision et oblige à une formulation idéale, peut trouver sa source (aussi...) dans l'intransigeance du surmoi de ma patiente, mais risque de s'imposer à elle et d'exiger de sa part une conduite de parfaite analysante toujours capable d'associer sans silence et de formuler ses pensées avec un surcroît de clarté et d'intellectualisation. Laurence Kahn met en garde contre la contribution des attentes de l'analyste à « un supplément de déformation du transfert », de sorte que l'habile introspection d'Ernestine peut être « le produit conjoint du fantasme [du] patient et de [son] désir de satisfaire [son] analyste » (Kahn 2012, p. 32).

Pour pouvoir me taire, il fallait que la liberté offerte par le silence m'apparaisse à nouveau comme une ouverture plutôt que comme une injonction. Quand les auto-accusations de bavardage ont laissé la place à l'étonnement de ne pas arriver à me taire malgré ma décision, je me suis surprise à me dire « je me suis pourtant bien morigénée ! » Ce terme étonnant évoque *Les fourberies de Scapin* où l'un des pères accuse l'autre de n'avoir pas bien morigéné son fils. Dans la tyrannie des pères, je retrouve mes auto-reproches. Mes interventions relèvent-elles de la phobie d'emprise ? L'humour de Molière mobilise en moi un surmoi protecteur dont Ernestine semble manquer. Paul Denis (2010, p. 41) associe la capacité de l'analyste à se dérober aux sollicitations, à la tendresse parentale de la période de latence. L'intervention explicative qui la convainc prive Ernestine du désaccord et de la révolte, mais aussi de recevoir une réponse tendre à ce désaccord, agissant à revers l'emprise de la mère exigeante et silencieuse que je crains d'exercer. J'arrive alors à retrouver le plaisir à penser seule en sa présence, une attitude plus silencieuse et des interventions plus souples. De ce silence émerge un mouvement de défi, l'incapacité à « parler comme il faut » devient un silence buté, mon cabinet est trop loin et le métro l'épuise, l'analyse est trop chère… L'ambivalence à l'égard de la sœur que j'oubliais prend une place importante.

L'auto-reproche a été la première manifestation d'une pensée de moi à moi en présence d'Ernestine. Dans ce silence où je me retrouve, Ernestine retrouve ses autoérotismes autour de la rénovation de son appartement. Elle peut être seule en ma présence et me laisser seule avec elle. Ses larmes changent de tonalité, son humour apparaît, malgré des moments impressionnants de régression quand les choses semblent aller « trop bien ».

Sur mon âme

Dès le début de sa cure, l'homme aux rats déploie avec incrédulité ses vœux de mort à l'égard de son père en dépit de l'amour qu'il lui porte. Ces souhaits sont complétés (punis) par des idées suicidaires, cependant que Freud note que le nom de la dame vénérée reste mystérieux, jusqu'à agir et demander une photo. Trop parler, est-ce une version atténuée de l'agir ? Un peu plus tard Ernst évoque sa masturbation quand il est en proie à une émotion esthétique, et la promesse d'y renoncer « sur le salut de [son] âme ». L'expression « sur mon âme » avait été employée par sa mère (pour interdire au patient de rejoindre la dame), et par sa sœur. « Sur mon âme » rapproche la dame qu'il ne nomme pas, la mère et la sœur et amène le patient à développer la séparation entre la femme aimée (la mère) et la femme coïtée (la prostituée)… à ceci près que les émotions esthétiques le mènent tout droit à la masturbation. Freud « ne peut s'empêcher » de construire que le père a interdit la masturbation sous peine de mort, entraînant en retour les vœux de mort du patient. C'est alors que le patient évoque le suicide. Freud oublie la deuxième raison qu'il a d'y renoncer – la première étant le chagrin de sa mère – et a l'impression que le souvenir de la mère éplorée consolée par le père serait celui d'un autre patient. Un déjà vu qui lui appartient ?

Freud poursuit au sujet du doute et de l'oubli : « Ces deux derniers points […] sont intimement liés. Ces souvenirs sont effectivement les siens et le motif que j'avais oublié est que sa sœur lui dit un jour […] : « Sur mon âme si tu meurs je me tue. » Les deux fois il s'agit donc de la mort de la sœur. (Oublié cela à cause de mes propres complexes.) » (Freud 1907/2000, p. 105). Qu'est-ce qui a tant troublé Freud ? Il ne s'agit pas de faire son analyse, ce qui n'est pas tant interdit qu'impossible en l'absence justement de transfert, mais un tel trouble ne se comprend qu'en relation à toute la cure (le début et ce qui suit, dans un va-et-vient typique du mouvement de l'analyse), et à tout ce que nous savons de Freud, qu'il a parfois analysé bien des années plus tard. La sœur étant vraiment morte, elle est la preuve de la toute-puissance des pensées meurtrières. Et c'est au sujet de sa mort et non de celle du patient que la mère est « éplorée » et que le père la console. Le patient enchaîne à la séance suivante avec la pensée qu'il a eue lors de son premier coït que pour un tel plaisir on pourrait « faire n'importe quoi », par exemple tuer son père ! Et il se souvient de sa rage d'enfant à l'égard de ce père et de la prédiction selon laquelle il sera un grand homme ou un criminel (Freud, 1907/2000). L'oubli de Freud est pris dans son intense participation à la curiosité concernant la dame vénérée et intimement associé à la mère et à la sœur morte. De quel genre de scène primitive Freud est-il le protagoniste ? Quel est le lien avec l'autre scène transférentielle, où sa propre fille est prise dans les fantasmes sexuels les plus crus du patient ? Comme Freud avec Ernst, je me retrouve avec Ernestine au cœur d'une scène violente qui peine à se déployer tant elle et sa mère (et moi ?) sont collées tant par la haine que par l'amour.

La dame

L'irritation croissante de Freud concernant le secret sur l'identité de la dame est essentielle, et peut être le patient l'a-t-il perçue quand il le maintient à toute force. Si la curiosité est un moteur essentiel chez Freud, la curiosité sexuelle est aussi l'un des premiers sujets abordés par le patient. En maintenant un secret, il fait perdurer ce qui s'est mis en place d'emblée : il enjoint Freud de deviner ses pensées, comme Freud a promis d'essayer de le faire pour lui faciliter le récit du supplice, mais aussi comme il désirait-craignait autrefois que ses parents ne le fassent. Freud avec les explications théoriques et les constructions semble à la fois deviner et tenter de l'éviter puisqu'il demande à son patient de confirmer qu'il ne l'a mené ni vers le sexuel ni vers l'infantile. Cette pénétration est l'enjeu d'une excitation mutuelle qui se retrouve dans le bras de fer au sujet du nom de la dame. Dire ce nom, c'est la partager avec Freud dans une sorte de rapprochement par dame interposée, c'est lui « abandonner sa réserve à son sujet ». Dire ce nom, c'est la rendre présente dans la séance. Dire le nom de ses proches a été difficile pour Ernestine, il fallait m'en tenir à distance. Comme Ernst, elle croyait que sa mère lisait ses pensées. Freud précise que l'incohérence des propos du patient s'atténue quand il consent à nommer la dame. Nommer ses objets d'amour permet au discours de s'incarner, patient et objets sont plus réels, patient et analyste moins isolés hors du monde.

S'il est une dame dont le nom est singulièrement absent, c'est la mère de l'homme aux rats. Quand la mère éplorée et la sœur morte sont mentionnées,

Freud est confus « à cause de ses propres complexes ». Comment ne pas penser aux souhaits fratricides de Freud, au frère mort, mais aussi aux souvenirs de sa mère, et à son idée libératrice à la mort de sa mère qu'il peut enfin se permettre de mourir (Freud-Ferenczi, 1920-1933, p. 449) ? Freud est-il alors contraint de réagir par les explications pour retrouver une position de surplomb paternel ? La mère éplorée, occupée par le deuil de sa fille, est aveugle à son fils, ne lui donne plus cet amour infini et cette confiance dans la vie que Freud a reçu. Évite-t-il de rencontrer, voire d'incarner cette mère-là en amenant la théorie et en resexualisant le rapport à la dame ? Mais la mère éplorée en deuil d'un enfant est-elle aussi la sienne ? Le consolateur est-il le père ou le fils survivant ? Cette séquence précède des fantasmes sexuels et violents du patient au sujet de la fille de Freud, fantasmes par lesquels il cherche à l'atteindre et à l'atteindre comme père soucieux de sa fille plus que du patient (comme la mère éplorée ?). Ces fantasmes bruyants contrastent avec le silence sur la mère du patient, silence qui n'est pas commenté par Freud. Ce silence fait-il écho au silence que Freud évite en séance dans ce début de cure, au silence que j'ai évité aussi ?

Je vois peu à peu apparaître la figure du père d'Ernestine à la réputation sulfureuse, disparu de sa vie à la naissance de sa sœur. Oublier la sœur, c'est oublier cette perte. Avec l'intervention ratée et la manifestation de ma présence, je lui évite l'excitation de l'absence et le triomphe de penser que, mieux que sa mère elle aurait pu le garder, je m'évite et je lui évite de prendre un rôle dans la scène de la mise à mort de la souris traquée, excitée, émerveillée par un homme sadique et ivre de colère.

Éloge du bourbier

Un oubli, comme celui de Freud ou le mien, interdit de se laisser guider par le travail inconscient de séance et oblige à l'interroger activement. Le travail *de* contre-transfert inconscient et permanent s'observe par ses produits déformés, d'abord méconnus comme tels (fatigue, plaisir…) puis perçus. L'écoute en égal suspens s'en remet à ce travail silencieux. Mais le sentiment répété de « rater » des interventions, des oublis importants obligent à un travail *du* contre-transfert pour renoncer à l'acte, à l'interprétation, aux satisfactions inconscientes trouvées dans la cure, regagner la neutralité et permettre un déplacement. Ce travail « plonge dans la résistance » de l'analyste (Freud, 1914g/2005), dans le temps long de la perlaboration, détail par détail, retour après retour des mêmes enjeux transférentiels. Le transfert ne s'interprète, dit Freud (1913c/2005), que lorsqu'il devient résistance. Le contre-transfert se repère lorsqu'il devient résistance… Son interprétation intervient *après-coup*, soudainement, après un échange, en passant par l'écrit, ou comme ici quand un texte y fait fortement écho, si elle intervient… Les « propres complexes » de l'analyste, apparus – ou pas – lors de son analyse personnelle sont mis en jeu. Paul Denis (2010, p. 35-54) conçoit le contre-transfert et en particulier un transfert surmoïque sur l'analyse comme un destin du transfert idéalisant de l'analyste sur son propre analyste ; c'est « l'avenir d'une désillusion » transférentielle rendant tyrannique le surmoi analytique. L'analyste évite de « jeter à la tête du patient » (Freud, 1913c/2005) ses constructions ; le patient, lui, ne s'en prive pas au risque de soumettre son analyste à une interprétation sauvage. Grande est alors la tentation d'annuler ce patient, de l'oublier, de le confondre ou de participer avec lui à l'évitement.

Si la résistance de l'analyste peut prendre la forme toute petite de l'intervention ratée, on peut espérer que de ce bourbier, de la capacité à s'embourber, émerge quelque chose, ici le silence et avec lui la désidéalisation et la possibilité de résister à l'emprise maternelle jusqu'à l'apparition de l'absence du père. Ni Ernestine, ni moi, ni sa mère ne sommes idéales, toutes trois un peu sales. Mais alors la montagne de l'idéal peut accoucher d'une souris, toute petite mais vivante.

Références bibliographiques

Denis P. (2010). *Rives et dérives du contre-transfert.* Paris, Puf.

Freud S. (1900a [1899]/2003). L'interprétation du rêve. *OCF.P*, IV. Paris, Puf.

Freud S. (1907/2000). *L'homme aux rats, journal d'une analyse.* Paris, Puf.

Freud S. (1909d/1998). Remarques sur un cas de névrose de contrainte. *OCF.P*, IX : 132-214. Paris, Puf.

Freud S. (1913c/2005). Sur l'engagement du traitement. *OCF.P*, XII : 161-184. Paris, Puf.

Freud S. (1914g/2005). Remémoration, répétition et perlaboration. *OCF.P*, XII : 185-196. Paris, Puf.

Freud S. (1923b/1991). Remarques sur la théorie et la pratique de l'interprétation du rêve. *OCF.P*, XVI. Paris, Puf.

Freud S. (1925b/1992). Quelques suppléments à l'ensemble de l'interprétation du rêve. *OCF.P*, XVII. Paris, Puf.

Freud S. (1936a/1995). Lettre à Romain Rolland (un trouble du souvenir sur l'Acropole). *OCF.P*, XIX : 325-338. Paris, Puf.

Freud S. (1940a [1938]/2010). Abrégé de psychanalyse. *OCF.P*, XX : 225-305. Paris, Puf.

Freud S. et Ferenczi S. (1920-1933 /2000). *Correspondance 1920-1933. Les années douloureuses.* Paris, Calmann-Lévy.

Kahn L. (2012). *L'écoute de l'analyste de l'acte à la forme.* Paris, Puf.

Pontalis J.-B. (1977). *Entre le rêve et la douleur.* Paris, Gallimard.

Winnicott D.W. (1958 [1947]/1969). La haine dans le contre-transfert. *De la pédiatrie à la psychanalyse* : 72-82. Paris, Payot.

TITRE – *Les interventions ratées*

RÉSUMÉ – Cet article interroge la résistance de l'analyste dans la cure à partir de l'exemple d'une situation clinique où cette résistance se manifeste par une double difficulté à garder le silence et à intervenir d'une façon précise et concise. Ce cas est interrogé en regard d'une revue de certaines interventions de Freud avec l'homme aux rats, telles qu'elles apparaissent non dans le cas publié, mais dans le journal de la cure. Cette difficulté de l'analyste est alors vue comme un arrimage à une théorie ou à une construction sous-jacente à l'intervention qui évite des orages transférentiels et fonctionne pour l'analyste à l'instar d'un rêve typique sans associations véritables. La capacité à rêver, interprétée comme une capacité à être seul en présence du patient, peut se retrouver à la faveur d'un moment d'humour hors séance pour l'analyste permettant l'advenue d'un surmoi analytique plus souple. La difficulté trouve un début d'interprétation possible dans ce qu'amène le silence qui avait été évité.

MOTS-CLÉS – résistance, rêve typique, contre-transfert, silence, Homme aux rats, intervention.

TÍTULO – *Las intervenciones fallidas*

RESUMEN – El texto interroga la resistencia del analista en la cura a partir del ejemplo de una situación clínica en el que la resistencia se manifiesta por la doble dificultad de mantener el silencio y de intervenir de manera precisa y concisa. Se interroga el caso a través de la revisión de ciertas intervenciones de Freud en el hombre de las ratas, tal como aparecen no en el caso publicado, sino en el diario de la cura. Esa dificultad del analista es vista pues como una aproximación a una teoría o a una construcción subyacente de la intervención que evita perturbaciones transferenciales y funciona para el analista como un sueño típico sin verdaderas asociaciones. La capacidad de soñar, interpretada como la capacidad de estar solo ante el paciente, puede vislumbrarse como un momento de humor para el analista fuera de la sesión que posibilita el advenir de un superyó analítico más suave. La dificultad encuentra el comienzo de una interpretación posible y lo conduce al silencio que había sido evitado.

PALABRAS CLAVES – resistencia, sueño típico, contratransferencia, silencio, Hombre de las ratas, intervención.

Toute référence à cet article doit être indiquée comme suit : Rosenberg D. (2025). Les interventions ratées. *Rev Fr Psychanal 89*(1) : 27-37

Créer… Résister ? Réflexions encouragées par un tableau de Z. Mušič

Armelle HOURS *

3 place des Cordeliers, 69002 Lyon – dr.armellehours@orange.fr

Article reçu le 24/06/2024 – accepté le 02/08/2024

TITLE – *Creating… Resisting? Reflections stimulated by a painting by Zoran Mušič*

ABSTRACT – Can art play this crucial role in resisting barbarity? Resistance in the field of creation is directed not only towards restoration and transformation, but also continuity. Drawing on a painting by Z. Mušič, "We are not the last T.8", we will examine the power(s) of the work. First, we will look at the history of this painting. This work can be seen as a creative work, as a testimony, and as a warning. We will then look at how the work also has the possibility of showing what cannot be said. We will then attempt to identify the virtues of the work in terms of intersubjective space. The artist plays a part, then, not only in finding and rediscovering creativity and re-establishing historical continuity, but also in restoring the knot between individual and collective destinies. The work of the artist is thus equivalent to the work of civilization.

KEY WORDS – collective trauma, art, creation, resistance, intersubjectivity, civilization.

Dans l'histoire humaine nous dépendons tous les uns des autres, et nul, pas même la personne la plus isolée d'entre nous ne peut survivre sans l'aide des autres.
Paul Auster, *Baumgartner*.

C'est en déambulant dans le parcours de l'exposition consacrée aux formes de la ruine (Lyon, Musée des Beaux-Arts, 2023-2024, Ramond et coll., 2023) que l'idée de ce questionnement a pris sa source. La première partie de cette exposition dédiée au statut de la ruine, à sa temporalité, à la place de la mémoire et de l'oubli, à son esthétique, a représenté un parcours de visite assez habituel. En bonne place figuraient les tableaux célèbres de Hubert Robert (Hersent, 2019), un spécialiste en somme. Ceux-ci ont proposé à mon sens une perspective réconfortante sur cette

* Psychiatre, psychanalyste, membre de la Société Psychanalytique de Paris, de l'International Psychoanalytical Association, et du Groupe Lyonnais de Psychanalyse Rhône-Alpes.

possibilité de renouveau autour de ce qui a disparu. La ruine pouvant alors attester de la préservation d'une trace. En œuvrant d'une certaine façon à cette forme de continuité certainement apaisante, semblant aller de soi, la ruine trouve sa place, sa fonction. La seconde partie de cette exposition a offert soudain une transition assez brutale à cette pérégrination. Tout à coup, alors que l'on se pense à l'abri dans le musée, voilà que l'actuel surgit dans toute son horreur, celle des catastrophes, de la destructivité de l'homme, de sa barbarie. L'histoire, cette fois-ci, l'Histoire récente de l'humanité, s'apparente à un temps qui ne passe pas. Subitement, je suis saisie particulièrement par cette toile, que je pense avoir déjà vue. Sidérée, c'est difficile de qualifier exactement ce qui se passe alors. Cela s'apparente non seulement à une forme d'angoisse, de désespoir, mais aussi à quelque chose qui ressemble à une implication assez directe, c'est mon affaire. Je suis soudain concernée. J'éprouve. En continuant la visite, je ressens le besoin de retourner voir cette œuvre qui a imprimé en moi quelque chose de particulier. Je me sens comme accrochée à cette vision. Ce que je distingue à première vue, dans cette composition en clair-obscur, ce sont trois corps décharnés, mais peut-être plus ? Sont-ils seulement trois ? Sont-ils plus nombreux ? Ils sont étendus, sûrement morts ou peut-être en train de mourir ? En rentrant chez moi, je me renseigne sur ce tableau de Zoran Mušič, réalisé en 1972, intitulé : *Nous ne sommes pas les derniers, T. 8*.

Mue par le besoin de savoir, de connaître, je regarde ensuite les images de cette toile disponible sur le Web, et je suis à nouveau frappée. Cette fois-ci, c'est une certaine pâleur de la toile qui me heurte. Cette perception contraste avec mon souvenir. Les variations de couleur de rouges ont laissé une trace vive dans ma mémoire. Comment se fait-il que le photographe ait pu dénaturer à ce point la toile, pensais-je ? Je retourne une fois encore à cette exposition, et là, je m'aperçois avec étonnement que les dénaturations ont eu lieu dans mon regard, dans ma perception. Les couleurs vives sont venues sans doute signifier l'impact très fort que cette toile a eu sur moi, ce qu'elle a révélé, au sens photographique du terme. Quelque chose de très vif s'est imprimé en moi, pouvant peut-être représenter peut-être le paradoxe de cette œuvre, sa vitalité. Garder la trace. Ne pas faire disparaître le souvenir. C'est ce message tacite qui semble s'être imposé au contact de cette œuvre. Il s'est produit chez moi une forme de reviviscence, peut-être à l'instar de cette lutte nécessaire quand la déliquescence menace. Lorsque la trace ne peut s'inscrire, les dangers qui guettent sont indéniables. On assiste notamment à un temps qui ne passe pas, avec des conséquences délétères tant à un niveau individuel que collectif. Le clinicien le sait bien, il appréhende les ravages pour la psyché de la force de ce type d'entraves. « Quand l'histoire est morte, le temps suspendu, rien ne démarre, ne prend corps, la répétition s'emballe » (Ledoux, 1989, p. 222).

Cette réflexion va s'installer de fait dans ce champ de l'espace culturel qui, grâce aux artistes, peut rester un espace vivant et créatif, tel que Winnicott le définit (1972). D'autre part, il est certain que les questions du trauma, comme celles de la catastrophe, seront également tout à fait centrales dans cette réflexion. Le trauma collectif, au moment même où son impact aboutit au péril de l'humain, menace inévitablement aussi l'esprit de l'humain. Au sein de cet espace culturel, en quoi les œuvres d'art peuvent-elles être assimilées à un point d'ancrage ? Comment l'Art peut-il assurer ce rôle déterminant du côté d'une position de résistance face à la barbarie ? Le terme de « résistance » appartient à un champ sémantique très large. Il est utilisé par les scientifiques dans des disciplines variées, tout autant en physique, en biologie, que dans les sciences humaines. C'est bien un enjeu essentiel du processus analytique que celui de la transformation de la *résistance-obstacle* en *résistance-utile* pour préserver la vivacité de la psyché. Les acceptions de ce mot « résistance » sont en effet nombreuses. Ce terme peut évoquer la longue durée, la solidité, la force, mais aussi l'obstacle, la défense, la désobéissance, le refus. Dans le cheminement qui va suivre, il s'agira avant tout de s'appuyer sur cette dernière acception. La résistance qui se développe dans le champ de la création se dirige non seulement vers la restauration, la transformation, mais aussi en direction de la continuité. À l'appui de ce tableau-là de Zoran Mušič, nous essaierons d'examiner le(s) pouvoir(s) de l'œuvre. Les témoins sont sollicités, et ainsi, ils peuvent retrouver une fonction de garant. L'artiste participe alors non seulement à la créativité trouvée/retrouvée (Brun, 2018 ; Roussillon, 2021), au rétablissement de la continuité historique, mais aussi à la restauration du nouage entre le destin individuel et le destin collectif, c'est-à-dire qu'il se dirige chemin faisant en direction d'une altérité réhabilitée.

Le contact avec l'œuvre *Nous ne sommes pas les derniers, T. 8* [1], de Mušič

« Cette toile, intitulée *Nous ne sommes pas les derniers, T. 8*, dit la menace d'une infinie catastrophe, mais aussi la résistance de l'homme à la disparition de sa propre image » (Deyriès-Henry, 2007). Zoran Mušič, peintre et graveur italo-slovène, est né en 1909 à Gorizia-Bukovica à la frontière italo-slovène. Il est décédé à Venise en 2005. Accusé d'appartenir à la résistance à la suite de son refus de s'engager dans la SS, il est déporté à Dachau de novembre 1944 à avril 1945. Sortant de ce trou noir des camps, il retourne en Italie. Essayant d'oublier l'horreur et pour renouer avec sa période artistique antérieure sans y parvenir vraiment, il peint des paysages dalmates, des scènes de la vie quotidienne. Les souvenirs traumatiques du temps de son enfermement dans le camp de concentration de Dachau n'apparaissent d'abord pas directement dans son travail artistique, mais seulement sous forme d'allusions fugaces. Les reliefs paraissent hantés (Watt, 2023). C'est seulement à partir du début des années 70, soit vingt-cinq ans après cette période de captivité dans les camps, qu'il réalise cette série d'œuvres, gravures et peintures, qu'il nomme *Nous ne sommes pas les derniers*. Ce temps de latence a

1. Acrylique sur toile, de dimensions 113,5 cm sur 146 cm, l'œuvre a rejoint aujourd'hui les collections du Centre Pompidou. (don de E. Estorik, 1978).

été indispensable pour que le travail d'élaboration voie le jour. Dans cet après-coup, la force d'évocation en a été décuplée, comme le souligne avec justesse Isabelle Maître-Lewy-Bertaut (2022). Ces œuvres-là, de cette même série, ont été créées grâce aux dessins esquissés par l'artiste dans la hâte et la fébrilité, pendant sa période de captivité. Ces esquisses rapidement croquées, puis consignées dans un petit carnet ont sans doute permis, à la fois que ces visions d'horreur n'échappent pas à la mémoire, et à l'artiste de survivre. *Nous ne sommes pas les derniers T. 8*, fait partie de cette série. Comme nous venons de l'envisager plus haut, cette œuvre-là offre un chemin vers la trace, plus précisément vers l'indicible de la trace. « Les corps remontent enfin à la surface » (Watt, 2023, p. 426).

Ainsi que Freud le propose à de nombreuses reprises, l'appréciation d'une œuvre passe par la sensorialité sollicitée chez l'observateur, l'amateur d'art, ouvrant sans doute *sur ce mode de communication plus originelle, archaïque*, subsistance de l'évolution phylogénétique, dont Freud parle quand il étudie le phénomène de télépathie (Freud, 1933a/1995). Il a déjà proposé de considérer que ce contact avec l'œuvre d'art (Freud, 1914b/2005) fait surgir ce qui était dans l'ombre dans la psyché de l'artiste. Cependant, que se passe-t-il au juste dans la psyché de l'observateur, ne s'offre-t-elle pas parfois comme une scène ? (Hours, 2024). À l'instar de ce qui peut se passer dans la cure sur le champ transféro-contre-transférentiel, les éprouvés au contact, les affects qui surgissent peuvent devenir *partagés*, et pourraient ainsi se transformer en un *instrument de connaissance* (Parat, 2013). On peut considérer que ce travail artistique impose une forme de connaissance, de reconnaissance. Il correspond à une œuvre de résistance contre ce processus d'effacement qui agit la plupart du temps de pair avec l'entreprise de destruction massive. Sur la toile, la trace se trouve réanimée d'une façon magistrale. La véracité de l'expression du mortifère se reçoit alors comme un témoignage authentique de ce qui a vraiment eu lieu, et comme l'annonce prémonitoire de désastres à venir. *Nous ne sommes pas les derniers*. Le paradoxe de l'œuvre, c'est sûrement cette vérité qui fait de la mort une circonstance *vivante*. « Le mort saisit le vif » (Barazer, 2024, p. 148). Les anthropologues le savent, la présence humaine se trouve confirmée au moment où les sépultures sont découvertes. Enterrer le mort à travers un cérémonial, c'est en quelque sorte « finir le mort » (Le Fur, 2024, p. 45), cela autorise la processualité du deuil à se mettre en place. Zoran Mušič, comme l'a souligné Maître Lewy Bertaut (2022), offre par son travail, une sépulture à tous ces humains anonymes décimés par la barbarie nazie.

Montrer ce qui ne peut se dire [2] : tenter de résister à l'anéantissement ?

La puissance indéniable de l'image a été très précisément décrite par Philippe Descola, qui souligne notamment que l'image peut mener une existence autonome,

2. Formulation que François Laplantine emprunte à Wittgenstein (Laplantine, 2007).

n'étant pas un objet réel, elle peut faire écho au réel. Ainsi, nous propose-t-il, l'image est susceptible de conduire l'imagination à compenser le décalage avec le réel en lui insufflant une vie illusoire (2021, p. 556). Convoquée très régulièrement dans les processus de deuil, cette proximité de l'image avec les enjeux de survie est elle aussi indéniable. Le langage de l'image, celui de l'origine (Bietling, 2007), préserve la mémoire des fondements. L'image, nous le savons, a une vertu de relance, de relai, au moment où la psyché pourrait se trouver en panne, en difficulté. C'est dans cet axe-là que Jean-Claude Rolland a développé une grande partie de son œuvre. Son dernier ouvrage, paru en 2023, en témoigne tout particulièrement. En mettant en avant cette *compulsion de représentation*, il installe ce large champ de la créativité, de la création, au sein de cette articulation image/mot. « L'image est toujours reviviscence de l'objet perdu et l'imageant représente la force pulsionnelle portant l'image pouvant aller jusqu'à ressusciter intégralement le modèle qui l'a inspiré (2023, p. 21) ». Puis, plus loin, dans le même ouvrage, il propose : « Pour se déprendre du destin de l'Idéal, le contenu idéique de l'image doit trouver le langage, c'est l'image qui ne laisse pas sa place à la langue qui fait l'inanalysable » (*ibid.*, p. 222).

Le tableau de Zoran Mušič par la force de son évocation est un travail de mémoire. Il ouvre la voie de la parole sur ce qui a vraiment eu lieu, et qui, sans cela, aurait bien pu disparaître de la mémoire de l'humanité ? « S'il s'agit d'extermination de l'humanité et non pas des humains, l'oubli de l'extermination fait partie de l'extermination » (Godart cité par Fedida et coll., 2007, p. 23.) « Les morts sont exigeants, nous dit aussi Fédida, ils demandent d'être assurés d'une sépulture qui appartienne à la substance de l'homme, au matériau de l'homme » (Fedida et coll., 2007, p. 76). Dans les contextes de disparition, notamment dans les contextes politiques, comme le montre avec acuité Alejandro Rojas Urrego, si la trace disparaît, l'oubli guette, le processus de deuil se fige : « Lorsque des êtres proches sont disparus, dans le sens donné ici au mot "disparition", l'une des plus grandes sources de douleur est celle de l'absence de toute trace : il n'y a pas de récit en l'absence de témoins ou par crainte de représailles ; aucune marque d'une accusation quelconque ; aucun registre officiel qui mentionne une arrestation ; aucun indice administratif d'une admission dans un service d'urgence ; aucun groupe armé – régulier ou irrégulier –, personne, ne revendique l'enlèvement du disparu ; aucun corps n'est retrouvé » (2024, p. 85).

Montrer ce qui ne peut se dire, pour peut-être ensuite, pouvoir dire ce qui ne peut se montrer, et sans aucun doute, afin de ne pas laisser l'oubli renforcer les effets de l'extermination massive. À propos de cette série de tableaux *Nous ne sommes pas les derniers* de Zoran Mušič, l'horreur serait-elle au service de l'art ? se questionne Maître Lewy Bertaud (2022). Ne pourrions-nous pas nous demander également si ce ne serait pas plutôt l'art, ou plus précisément, comme pour ce tableau de Mušič, l'artiste lui-même, qui se met au service de l'horreur dans ces contextes-là ? L'œuvre, par la puissance de son interpellation, exige la présence de témoins, de tiers, ceux-là mêmes dont la place a été antérieurement bannie. Elle résiste de ce fait à l'anéantissement du souvenir. Elle procède de ce travail de mémoire qui, de ce fait, devient un travail de véritable transformation. Comment dépasser les affres de l'indicible ? C'est le péril même de la créativité quand elle s'installe sur ces terrains-là de l'extrême. La partie n'est jamais gagnée. Dans certains cas, c'est, semble-t-il, une bien délicate question qui se formule. Comment trouver le terrain d'expression qui permette à la fois de montrer, et de résister à l'anéantissement, sans y contribuer ? Comment l'artiste parvient-il à ne pas être emporté par cette mécanique infernale du *déshumain* qui pourrait à son tour l'aspirer ? Parfois, en effet, le créateur au contact de l'horreur, peut se trouver lui-même, non seulement pris par la sidération, mais aussi englué par l'emballement de la destructivité, caractérisant assez bien le destin des traumas collectifs pouvant tout à fait s'apparenter à une traversée de sables mouvants. À ce moment-là nous pourrions sans doute considérer que l'atrocité endosse une fonction de contamination qui pourrait s'apparenter à une forme de corruption.

« La guerre, ça faisait pourrir sur place les âges et les distances », assène Céline dans ces lignes publiées à titre posthume (2022, p. 144.). « La guerre, je vous l'affirme à table, c'est pour toujours. Cette guerre, c'est la guerre des générations, voilà ce que c'est, il faut comprendre, tout comprendre en somme c'est la guerre normale, celle qui ne finira jamais. Nous y voilà. C'est la guerre que tous les hommes réclament depuis qu'ils sont sur terre. Qu'on l'organise ! Qu'on en meure ! Qu'on se taise ! J'en ai assez » (*ibid.*, p. 180). Une telle noirceur pourrait être l'indicatrice de cette tournure de la contagion à laquelle la barbarie assigne. En envahissant la psyché de l'auteur, elle colonise le champ de la langue. Pourtant, par instants, l'écrivain tenterait-il de résister ? « On a sa poésie quand même du moment qu'on vit encore » (*ibid.*, p. 296), assure-t-il en substance, comme pour chercher à calmer le jeu mortifère.

En revenant à ce tableau de Zoran Mušič, nous pouvons nous demander si cette vision de l'horreur se trouve probablement elle aussi nuancée par le surgissement de cette vérité de l'expression, quand bien même elle concerne la mort. Ces corps décharnés, sans vie, tas de cadavres, se réaniment sous le pinceau de l'artiste, pour lancer un véritable appel au secours à l'humain, comme s'il s'agissait de hurler à qui voudrait bien l'entendre que la solidarité a furieusement besoin de reprendre ses marques.

L'œuvre exige à son tour un *travail de culture*

« La question décisive pour le destin de l'espèce humaine me semble être de savoir si et dans quelle mesure son développement culturel réussira à se rendre maître de la perturbation apportée à la vie en commun par l'humaine pulsion d'agression et d'auto anéantissement », avertit Freud dans son essai sur le malaise dans la culture (Freud, 1930 [1929]/1994, p. 333). Comment faire en sorte que le réel de l'horreur ne reste pas lettre morte ? Lancinante question. L'Art va-t-il pouvoir déjouer le destin de la destructivité ? Ne s'agirait-il pas seulement de résister aux effets de la destructivité, non pas seulement immédiats, mais aussi à distance, qui œuvrent à bas bruits, dans l'après-coup. À savoir, dans le contexte des traumas collectifs, ces impacts ont lieu sur la trace, à l'instar des effets de la crypte sur la psyché (Abraham et Torok, 1999). Les trous de la mémoire collective pourraient bien être responsable de répercussions sur *l'enveloppe collective*, un peu à la manière des escarres sur la peau, c'est-à-dire qu'ils pourraient se comprendre comme la manifestation d'un mortifère actif, un mortifère dévastateur. « La vocation nazie est l'œuvre de mort sur la mort. Même l'assassinat ne suffit plus, les morts ne sont jamais assez disparus, c'est cette extravagante vocation nazie à défaire l'humanité, non seulement en ne laissant aucune trace, mais en faisant disparaître tout reste » (Fédida, 2007, p. 21). Dans ces conditions, le travail de culture se trouve être ce travail de reconstruction au cours duquel apporter ce soin, panser ces dégâts de l'extermination, les penser, c'est en quelque sorte œuvrer à la restauration de l'altérité menacée. Bien au-delà de la dimension de la sublimation inhérente à chaque œuvre d'art, ce travail de culture en se liant au travail de mémoire engage un processus qui dépasse le seul contexte de l'artiste, comme de celui de son œuvre.

Jacques Grison est né à Verdun. Il est photographe. Il est à la recherche des traces, de signes. Il traque les indices pouvant permettre de ne pas céder à cette aspiration que représente la disparition. Son travail, un travail de *rémanescence*, s'apparente à une quête devant les restes laissés par l'humain dans ces contrées de catastrophe. Ce néologisme de *rémanescence* est le titre même de l'exposition qui a eu lieu en 2023 au TNP à Villeurbanne. Il propose une contraction des termes : *réminiscence- rémanence- essence et naissance.* Le travail de Grison permet tour à tour de faire exister les présences muettes et les cris des absents. Il s'est intéressé conjointement à la désolation des champs de bataille, en particulier autour de Verdun, et au vécu asilaire, c'est-à-dire à ce qui s'est passé dans ces lieux où la psyché humaine se trouve en perdition. La sensorialité du visible et de l'invisible s'explore dans son œuvre à travers la possibilité de *révélation* inhérente à l'outil photographique. Cette exploration a lieu là encore conjointement chez l'artiste, et chez les visiteurs, vers qui l'œuvre, en définitive, s'adresse. Devant ce tableau-là de Zoran Mušič, il ne s'agit pas non plus simplement de l'éprouvé d'un seul observateur en passant, d'une seule observatrice que j'ai été à un moment donné, c'est bien évidemment la communauté humaine qui se trouve là directement interpellée. Les observateurs ne doivent pas se dérober. Interpellés chacun à cet endroit où les destins individuels et collectifs se sont entrechoqués, ils peuvent comprendre, ils ont à entendre cette impérieuse nécessité du travail de culture. Dans cette perspective, l'artiste réclame le collectif. Ce « *Nous* » du titre de la série de tableaux l'affirme. « Nous sommes groupes, et en raison de cette groupalité, nous devenons sujets *singuliers pluriels* » (Kaës, 2013, p. 61). L'humain *au pluriel* se trouve donc engagé dans ce travail de culture, comme nous venons de le voir qui s'apparente à un acte de résistance pour la société des hommes. Le travail créatif de transformation œuvre pour le sauvetage de la trace, du souvenir. En interpellant un tiers, on peut considérer qu'il rétablit la mémoire vive. Il s'agit véritablement d'un travail de liaison, offrant une possibilité de contrer les ravages sur le collectif de la catastrophe. Au cours de l'expérience artistique, on peut considérer que ce travail de culture se situe donc de chaque côté de l'œuvre d'art, à la fois chez le créateur, et chez celles et ceux qui la *réceptionnent*. Le travail de culture équivaut alors à un travail de civilisation. Comme au sein des institutions en péril, ce travail a bien pour vocation d'arrimer la destructivité à l'appui du passage par le groupe (Gaillard, 2023) afin, à la fois de relever l'humain, et du même coup, de retrouver le chemin de la pensée.

En dépit de son jeune âge, pressentant le danger à venir à travers les non-dits, Fritz, ce jeune adolescent autrichien, questionne ses correspondants dans ces lettres datant de 1937. Ces lettres ont été confiées au CHRD (Centre d'Histoire de la Résistance et de la Déportation) à Lyon. Dans cette correspondance, le jeune homme interroge activement sur ce qu'il perçoit des changements qui menacent l'Autriche (Traverse Hours, 2017). Son questionnement est déjà une position de résistance. Le danger est double. C'est à la fois l'horreur qui menace, mais aussi et surtout l'impossibilité de la penser, comme Little l'a bien démontré dans ce roman magistral, *Les Bienveillantes*(2006).

« Nous reconnaissons comme culturelles toutes les activités et valeurs qui sont profitables à l'homme en ce qu'elle met la terre à son service, le protège contre la violence des forces de la nature, etc. » (Freud, 1930a/1994, p. 277). Quelle que soit sa forme, la culture peut constituer un rempart face à la barbarie, quand bien même celui-ci arrive dans l'après-coup de la catastrophe. C'est le cas en particulier dans ce tableau de Zoran Mušič, comme nous venons de le découvrir. Cette toile se visite à la fois comme un travail de création, un témoignage, et comme une alerte pour l'avenir, ainsi que le titre de la série dont il fait partie l'annonce avec prémonition. L'œuvre devient alors cette interface où la résistance doit reprendre ses marques. Ici, cette forme de résistance pour la communauté, en empruntant les voies de la créativité, avoisine indéniablement ainsi celles d'une intersubjectivité fortifiée. L'œuvre reconstruit en quelque sorte cette articulation de l'individu vers le groupe, à l'endroit même où celle-ci s'est trouvée dévastée. Il s'agit bien d'une entreprise de réarrimage. « Ce remplacement de la puissance de l'individu par celle de la communauté est le pas décisif » (Freud, 1930a/1994, p. 282). Le rôle de l'artiste est fondamental pour la préservation de l'humain, c'est à dire pour garantir sa survie face aux manifestations de l'inhumain – dont la menace reste malheureusement toujours très actuelle –, c'est indiscutable. L'*expérience* culturelle permet que le jeu trouve/retrouve ses marques. En résistant tout autant à la menace de la disparition qu'à celle de la contagion, voire de la corruption, nous venons d'envisager en quoi l'espace culturel peut favoriser ce maillage intrapsychique/intersubjectif, et ainsi, est susceptible d'offrir cette ouverture indispensable à la vivacité de la pensée. Le travail du psychanalyste s'apparente lui aussi à un travail de résistance, en particulier dans les cliniques dites difficiles, tout spécialement au moment où la destructivité risque de s'emballer. Pour ne pas courir les risques ni de finir sous la poussière d'une vitrine d'un cabinet de curiosité ni de partir vers la dérive de la dénaturation, *de la pensée sans fiction* (Khan, 2018), la psychanalyse a la possibilité d'arrimer ses ancrages sur l'espace culturel, afin de *résister*, en s'inscrivant durablement elle aussi, dans ce large champ du travail de culture.

Références bibliographiques

Abraham N., Torok M. (1999). *L'écorce et le noyau.* Paris, Flammarion.

Barazer C. (2024). Être l'autre. *Bull SPP 2024/1.*

Bietling H. (2007). *La vraie Image. Croire aux images.* Paris, Gallimard.

Brun A. (2018). *Aux origines du processus créateur.* Toulouse, Éres.

Céline L.-F. (2022). *Londres.* Paris, Gallimard.

Descola P. (2021). *Les formes du visible.* Paris, Seuil.

Deyries Henry D. (2007). *Collection art moderne – La collection du Centre Pompidou, Musée national d'art moderne.* Dans B. Leal (dir.). Paris, Centre Pompidou.

Fedida P. et coll. (2007). *Humain/ Déshumain.* Paris, Puf.

Freud S. (1914b/2005). Le Moïse de Michel Ange. *OCPF,* XII : 127-160 Paris, Puf.

Freud S. (1930a [1929]/1994). Le malaise dans la culture. *OCF.P,* XVIII : 243-333. Paris, Puf.

Freud S. (1933a [1932]/ 1995). 30e leçon: rêve et occultisme. *OCF.P,* XIX : 112-139. Paris, Puf.

Gaillard G. (2023). « Travail de culture » : de la cure et de quelques autres espaces. *Coq Héron 255*(4) : 94-99.

Hersent N. (2019). https://gallica.bnf.fr/blog/15072019/hubert-robert-le-peintre-des-ruines?mode=desktop

Hours A. (2024). Au contact d'une œuvre, émergences de l'identification. Présentation conférence de la FEP. Florence, mars 2024, à paraître dans *Rev Fr Psychanal.*

Kaes R. (2013). *Un singulier pluriel.* Paris, Dunod.

Kahn L. (2018). *Ce que le nazisme a fait à la psychanalyse.* Paris, Puf.

Laplantine F. (2007). Penser en images. *Ethnologie Française 37*(1) : 47- 56.

Ledoux M.-H (1989). *Conceptions psychanalytiques de la psychose infantile.* Paris, Puf.

Le Fur Y. (2023). Autres formes de la ruine ; Dans S. Ramond, A. Schnapp et coll. *Formes de la ruine.* Catalogue de l'exposition : 45-55. Paris, Lienart.

Little J. (2006). *Les Bienveillantes.* Paris, Gallimard,

Maître Lewy Bertaut I. (2022). Sur les pas de Zoran Music. Lieux du traumatisme et lieux de création. *Coq Heron 251*(4) : 42-46.

Parat C. (2013). L'affect partagé. *Rev fr Psychosom 44*(2) : 167-182.

Ramond S., Schnapp A. et coll. (2023). *Formes de la ruine,* catalogue de l'exposition. Paris, Lienart.

Rojas Urrego A. (2024). La hantise de l'oubli. *Présent Psychanal 11*(1) : 79-98.

Rolland J.-C. (2023). *Aux sources de l'inspiration, l'écrivain, le poète, le peintre, le graveur, face à l'inconscient.* Paris, Ithaque.

Roussillon R. (2021). *L'art psychanalyste.* Paris, Puf.

Traverse Hours A. (2017). *Les lettres de Fritz.* Lyon, Césura.

Winnicott D.W. (1971/1975). *Jeu et réalité* (traduit par C. Monod et J.-B. Pontalis). Paris, Gallimard.

Watt P. (2023). Zoran Mušič. Dans Ramond S., Schnapp A. et coll. *Formes de la ruine,* catalogue de l'exposition : 425-426. Paris, Lienart.

TITRE – *Créer… Résister ? Réflexions encouragées par un tableau de Z. Mušič*

RÉSUMÉ – L'art peut-il assurer ce rôle crucial du côté d'une position de résistance face à la barbarie ? La résistance dans le champ de la création se dirige non seulement vers la restauration, la transformation, mais aussi la continuité. À l'appui d'un tableau de Z. Mušič, *Nous ne sommes pas les derniers T. 8*, nous examinerons le(s) pouvoir(s) de l'œuvre. D'abord, nous nous pencherons sur l'histoire de cette toile-là. Cette œuvre se visite, à la fois comme un travail de création, comme un témoignage, et comme une alerte. Nous nous pencherons ensuite sur la possibilité qu'a l'œuvre de *montrer ce qui ne peut se dire.* Ensuite, nous tenterons de repérer les vertus de l'œuvre du côté de l'espace intersubjectif. L'artiste participe alors, non seulement à la créativité trouvée/retrouvée, au rétablissement de la continuité historique, mais aussi à la restauration du nouage entre les destins individuels et collectifs. Le travail de l'artiste équivaut ainsi à un travail de civilisation.

MOTS-CLÉS – trauma collectif, art, création, résistance, intersubjectivité, civilisation.

TÍTULO – *¿Crear… Resistir? Reflexiones* apoyadas en *un cuadro de Zoran Mušič*

RESUMEN – ¿Puede el arte jugar un papel crucial junto a una posición de resistencia frente a la barbarie? La resistencia en el dominio de la creación no solo apunta a la restauración, a la transformación, sino también a la continuidad. Apoyándonos en un cuadro de Z. Mušič, “No somos los últimos”, examinaremos el poder y poderes de la obra. Primero, consideraremos la historia del lienzo. La obra se visita al mismo tiempo como un trabajo de creación y como un testimonio y una alerta. Luego nos concentraremos en la posibilidad que tiene la obra de mostrar aquéllo que no se puede decir. Seguidamente, trataremos de vislumbrar las virtudes de la obra desde el espacio intersubjetivo. El artista participa entonces, no solo en la creatividad encontrada/reencontrada, del restablecimiento de la continuidad histórica, sino también en la restauración del enlace entre los destinos individuales y los colectivos. El trabajo del artista equivale pues a un trabajo de civilización.

PALABRAS CLAVES – trauma colectivo, arte, creación, resistencia, intersubjetividad, civilización.

Toute référence à cet article doit être indiquée comme suit : Hours A. (2025). Travail de mémoire. Créer… Résister ? Réflexions encouragées par un tableau de Z. Mušič. *Rev Fr Psychanal 89*(1) : 39-48

L'écriture de la pensée postcoloniale. Esquisse d'une réflexion sur le négatif entre-mères

Yan BYLON *

53 rue Magenta, 86000 Poitiers – yan.bylon@gmail.com

Article reçu le 12/06/2024 – accepté le 08/08/2024

TITLE – *The writing of postcolonial thought. Outline of a reflection on the negative dimension between-mothers*

ABSTRACT – The author is interested in the writing of postcolonial thought in so far as it explores a negative dimension in cultural affiliation. Drawing on the writings of an analysand who was heir to the colonial slave trade that are based on two crimes against humanity – the genocide of Caribbean Amerindians and the trade in black slaves deported from Africa – he raises three issues: making it possible for ancestors to inherit, dislodging the taboos of postcolonial ties and the *Weltanschauung* of the descendants of the colonial slave trade in the West Indies. His writing is accompanied by the writings of Caribbean thinkers such as Hannibal Price, Paulette Nardal, Jean-Price Mars, Aimé Césaire and Frantz Fanon to reflect on the conflict of those who were colonized in their quest to subjectivize the colonial slave drama. The author invites us to think about the violence between slave and master and the challenge of denouncing it prior to its enunciation through writing in order to conquer the capacity to love the history of unburied ancestors.

KEY WORDS – writing, inheritance, unconscious alliance, slavery, colonial.

> L'esclavage n'est pas mauvais pour l'esclave seulement.
> Il est également funeste, il l'est peut-être plus, au maître.
> Il est un obstacle au bonheur de l'un et de l'autre.
>
> Hannibal Price, *De la réhabilitation de la race noire par la République d'Haïti.*

La problématique de l'obstacle au bonheur entre l'esclave et le maître telle que posée par Hannibal Price (1893/2012, p. 85), figure emblématique en Haïti, soulève le double enjeu d'un négatif et d'une négation qui seraient relatifs à l'irruption de la violence coloniale – instituée, légalisée et codifiée historiquement – dans

* Psychologue clinicien. Docteur en psychologie clinique et psychopathologie, UR RPpsy-CAPS, Université de Poitiers.

l'histoire subjective, intersubjective et dans le destin pulsionnel des sujets descendants respectivement de l'un et de l'autre. Je propose d'interroger le statut psychique de cet obstacle du point de vue de sa générativité et des conditions de son actualisation, voire de son inscription en tant qu'événement psychique par un travail de penser des descendants de la colonisation esclavagiste. Didier Anzieu avait suggéré que l'inscription des événements psychiques dans « le Penser » comportait un enjeu de « générativité » (1994/2013, p. 23). La pensée postcoloniale, serait-ce ce mouvement qui d'un surgissement dans la subjectivité après-coup, et sous un saisissement affecté, fait de l'objet colonial le lieu psychique d'un penser puis, sous la plume d'une écriture, met en scène un singulier jeu verbal de représentations pour dire mais également faire savoir et faire hériter *à propos de* l'objet. J'envisagerai donc l'écriture de la pensée postcoloniale comme une activité du moi-pensant qui se soucie du devenir de son peuple, qui se réfère à la mémoire des ancêtres victimes sans sépulture et qui se situe dans des enjeux transgénérationnels, d'affiliation culturelle et de transmission de l'affect. Cela pour penser la blessure coloniale infligée intentionnellement à la généalogie de la culture d'une partie de l'espèce humaine et qui recouvre deux crimes contre l'humanité : le génocide des caraïbes et la traite des esclaves déportés d'Afrique.

Faire hériter les ancêtres : l'écriture comme mémorial

Ma démarche de réflexion s'inscrit dans ce que Janine Altounian (2015) a appelé une écriture d'analysant et dévoile l'élaboration de l'analysant caribéen sur son héritage traumatique de la colonisation esclavagiste aux Antilles et pour qui les ancêtres esclavagisés sont tous morts sans sépulture. Les œuvres desdits « intellectuels colonisés », selon une formule de Frantz Fanon (1961/2011), accompagneront ma réflexion et ne pourront qu'insister sur l'enjeu singulier et groupal par lequel l'objet colonial peut être psychiquement travaillé et élaboré. Mon écrit s'inscrit dans ce champ en reconnaissant notamment un élément biographique qui m'est singulier, celui d'avoir grandi dans une maison coloniale sur une île marquée par l'esclavage. La maison est ce dont on hérite au moins en souvenirs et par la psychanalyse, un processus des plus singuliers vise à s'approprier subjectivement sa maison, son moi, ainsi que son organisation. Pourtant, s'il est un adage connu affirmant que le moi n'est point maître en sa maison (Freud, 1916-1917/2000, p. 295), cela reste des plus complexe pour penser la conflictualité psychique inconsciente lorsque dans l'histoire collective et ancestrale qui a nourri ce moi-là, il y avait bien un maître en la demeure. Dire cela revient à considérer la fonction du lieu de l'héritage sur l'organisation de la pensée et donc ce qui fait malaise subjectif et intersubjectif entre la scène fantasmatique et les signes d'une réalité de l'histoire coloniale collective. C'est alors considérer le malaise contemporain issu du fantasme d'esclave organisé par une réalité postcoloniale.

Mon énoncé s'appuie essentiellement sur ce que je tire de l'analyse – ayant pour lieu le territoire français continental – où les enjeux de transfert entre l'analysant caribéen et l'analyste blanc non-caribéen m'ont révélé l'injonction brûlante et l'énigme des affects d'un lien à élaborer entre deux langues, le créole et le français, vers la potentialité d'une désaliénation commune et partagée dans ce lien. J'admettrai que « Traduire un trauma collectif, c'est en effet se l'approprier en sujet, en un sujet qui, dans et par une écriture dans la langue du *pays d'accueil* des rescapés, parvient à instituer son héritage en objet à aimer. Traduire son héritage au monde des *non-exterminables* d'ici, exprimer sa dette envers les survivants à la mort de là-bas, c'est pouvoir hériter d'eux et pouvoir aimer ce qu'ils ont transmis, pouvoir les aimer » (Altounian, 2015, p. 3). J'envisage alors la potentialité subjectivante par la voie d'un « amour décolonial » (Sandoval, 2000), cette véritable méthodologie de la pensée des descendants pour conquérir la capacité d'aimer l'histoire de leurs ancêtres. Néanmoins, s'il est une particularité de la psychanalyse qui est de favoriser les conditions d'émergence du sujet pour qu'il puisse sainement aimer et travailler, un obstacle de taille concerne le rapport au travail. Historiquement, il rappelle le lien violent d'asservissement où l'esclave devait être au travail pour le maître et pour un système donné, légalisé et codifié. Les modes de travail psychique de la pensée postcoloniale n'excluent donc point la conflictualité qui nous vient des racines d'un lien qui réduisait l'être à la chose utilisable : la propriété d'un propriétaire. L'activité de la pensée postcoloniale confronte alors à une collusion des scènes et produit un espace expérientiel entre-deux-scènes : la scène fantasmatique et la scène de l'histoire collective des violences coloniales en appui sur des éléments de réalité. J'ai par ailleurs nommé le fantasme d'esclave et la réalité postcoloniale. Par fantasme d'esclave, j'entends le scénario imaginaire par lequel le sujet héritier mobilise son désir à l'égard du vécu de ses ancêtres sans sépultures. Ce désir comporte l'enjeu de chercher l'amour de l'histoire de son peuple martyr pour la porter avec dignité, et Fanon de suggérer « les intellectuels colonisés, ne pouvant faire l'amour avec l'histoire présente de leur peuple opprimé, ne pouvant s'émerveiller de l'histoire de leurs barbaries actuelles, ont-ils décidé d'aller plus loin, de descendre plus bas et c'est, n'en doutons point, dans une allégresse exceptionnelle qu'ils ont découvert que le passé n'était point de honte mais de dignité, de gloire et de solennité » (1961/2011, p. 592). Il en est de même avec Jean Price-Mars, médecin et ethnologue haïtien, qui écrit : « De grâce, mes amis, ne méprisons plus notre patrimoine ancestral. Aimons-le, considérons-le comme un bloc intangible. Répétons plutôt la fière apostrophe que le vieux barde met dans la bouche d'un habitant de l'Olympe : "Il n'y a rien de laid dans la maison de mon père" » (1928/2009, p. 237).

Un tel mouvement recouvre une intentionnalité vers la dignité retrouvée et vers la récupération du pouvoir d'aimer face au fait colonial. Il reste à ajouter que ce fantasme entretient une forme de résistance qui trouve l'essentiel de sa plainte dans la dénonciation d'une expérience vécue de la réalité de l'esclave. Celle où « le nègre, qui n'a jamais été aussi nègre que depuis qu'il est dominé par le Blanc, quand il décide de faire preuve de culture, de faire œuvre de culture, s'aperçoit que l'histoire lui impose un terrain précis » (Fanon, 1961/2011, p. 593). Ce fantasme recouvre donc la haine de la violence passée articulée à l'amour pour les ancêtres victimes et une résistance à l'affect d'angoisse. Il s'agit de « l'angoisse nègre » (Césaire, 2004, p. 11) qui traduit la « crainte pour l'avenir de son peuple », la « gesticulation d'une mélancolie » ainsi qu'une « détresse ». C'est donc dans cet entre-deux-scènes que se met en jeu ledit malaise antillais qui est au fond le « mémorial d'un impensable », c'est-à-dire « la mémoire de ce qui n'est pas arrivé au sujet lui-même, ou ce qui n'a pas laissé de trace dans sa mémoire » (Kaës, 1989, p. 174). Cet événement le précède et il lui appartient comme la connaissance d'un fait originaire auquel il est lié par sa place générationnelle de non-exterminable. La mémoire doit alors défaire l'écart catastrophique entre le sujet et ses ancêtres pour ne pas les laisser dans l'oubli. Si tel était le cas, il reproduirait la pensée du maître, à savoir le déni de l'humain, soit la négation radicale de l'être, et risquerait un nouveau meurtre de ses ancêtres. En outre, la pensée postcoloniale ne tend pas uniquement à faire savoir mais à faire des héritiers par sa générativité et la construction d'un patrimoine. Elle participe à déconstruire la négation qui a institué que l'esclave ne pouvait avoir d'héritiers. En l'occurrence dans le Code noir sous l'édit du roi Louis XIV et préparé par Colbert, dans l'article 28 (code de 1685) et dans l'article 22 (code de 1724) jusqu'à l'abolition de 1848.

Il a donc été institué dans l'histoire d'un peuple qu'un autre peuple arraché à sa mère serait chose et qu'en tant que chose il n'hériterait de rien. C'est ce rien institué, ce trou intentionnel, que l'écriture de la pensée postcoloniale tente d'investir de son affect pour penser l'obstacle au bonheur du colon et du colonisé. Loin d'assigner à l'identité, cette écriture tend plutôt à permettre un travail de pensée sur les ruptures identitaires causées par le fait colonial esclavagiste. Elle vise une possibilité de vivre ensemble en se reconnaissant mutuellement comme sujets. Cette reconnaissance suppose de placer au centre le travail de l'horreur afin de continuer de faire culture. Elle rappelle que l'horreur constitue l'humain (Vignar, 1989, p. 50), et ne pas la penser nous risque à sa résurgence. Je propose donc l'idée selon laquelle l'écriture de la pensée postcoloniale met au travail le négatif scellé dans le lien entre la culture nationale et l'ancrage local d'un peuple colonisé. Autrement qu'une résistance à la cure, la complexité de cette écriture comporte ici le double enjeu de constituer des héritiers pour les ancêtres défunts et de traduire au monde le cloaque colonial de l'alliance inconsciente entre les sujets caribéens et les sujets non caribéens du territoire hexagonal. En rappelant que l'alliance inconsciente s'actualise « d'un signe, d'un indice, d'une marque ou d'un symptôme qui, à l'insu de ses sujets, « signale » ce dont le pacte défensif assure la défense. Un des sujets du lien en devient le porte-symptôme, le porte-rêve ou le porte-parole » (Kaës, 2009/2014, p. 223), que nous signale donc l'écriture de la pensée postcoloniale sur la colonisation esclavagiste ?

Déloger les tabous : une réalité psychique du lien postcolonial

Un élément vise la mise en lumière d'une réalité psychique inconsciente du lien postcolonial pour en défaire les tabous. En soulignant le problème d'un double narcissisme, pour le colonisé comme pour le colon tous deux enfermés dans leur condition, Fanon (1952/2011, p. 65) entendait que « seule une interprétation psychanalytique du problème noir peut révéler les anomalies affectives responsables de l'édifice complexuel ». Il y a une expérience culturelle complexe à penser et à faire exister comme lot commun et partagé. Si Fanon soulignait la dimension affective, c'est qu'il y a l'enjeu que chacune et chacun puisse y mettre et y énoncer sous un discours espéré vivant ce qui de son *affect postcolonial*, viendrait d'une part témoigner des irreprésentés d'une violence historique ; d'autre part, faire lieu de deuil à la mémoire des innommés torturés et défunts de ces violences : le génocide des Amérindiens des Caraïbes (les Kalinagos ou Caraïbes) et la traite des esclaves noirs déportés d'Afrique. L'enjeu complexuel énoncé par Fanon invite à souligner la fonction d'un dés/organisateur psychique dans nos liens postcoloniaux entre la Caraïbe et l'Hexagone. En répondant vivement à Octave Mannoni sur le complexe d'infériorité, Fanon pensait l'enjeu d'un résultat processuel économique et d'intériorisation. Il n'assignait pas la question de l'aliénation du colonisé à une dimension individuelle, mais plutôt sous l'angle d'une « sociogénie » (1952/2011, p. 66). Cela soulève au fond l'identification au discours du maître puis du colon (Benkorba, 1999, p. 21), si bien que dans le lieu de l'aliénation le fait colonial exige d'être institué et intériorisé comme tabou pour le colonisé lui-même. La souffrance est ainsi d'origine sociale et sa dimension subjective tient à la répression de toute tentative de différenciation identitaire sous la domination de la langue du maître. La langue se veut ainsi pour censure de l'être et de l'affect.

À Haïti, Price avait mis l'accent sur le destin des liens entre l'esclave et le maître. Si dans l'asservissement il n'était pas demandé à l'esclave de fournir un travail intelligent, c'est que « tout réveil de l'intelligence chez l'esclave serait fatal au maître. Une telle société entre en décadence au moment même de sa formation parce qu'elle porte en elle-même un élément de décomposition, de mort » (1893/2012, p. 86). La pensée caribéenne et intellectuelle du XXe siècle comporte elle-même ces éléments de décomposition dans le lien et de mort à traduire par la parole et par l'écriture sur l'histoire culturelle. Elle porte la trace coloniale intériorisée à exprimer et à faire hériter non plus comme tabou. Sa réception dans l'espace social et politique fait alors craindre et soulève l'angoisse. D'une part, c'est un tabou en tant qu'il comporte une « charge dangereuse » (Freud, 1912-1913/1998) qui évoque la mort, l'horreur et fait craindre de répandre un effet de contagion. D'autre part, cela révèle que l'angoisse du colon est éveillée par l'expression libératrice de l'angoisse du colonisé. Dans la mesure où le maître a fait de l'esclave l'objet de sa jouissance sous un sentiment phallique, toute résistance et rébellion du colonisé risque la castration du maître et l'effondrement de sa domination. Si le marronnage est un exemple, faut-il rappeler aussi les scènes historiques dans les colonies où les maîtres n'ont jamais été tranquilles, car les esclaves n'ont jamais accepté leur condition. L'angoisse du colon c'est que le colonisé le castre par ses actes, sa parole et son Je. Guillaume Surena, psychanalyste antillais, rappelle ainsi : « Pendant l'esclavage le fait d'être entouré de dizaines, voire de centaines d'hommes noirs experts au coutelas, rompus à la science du poison, a été pour les seigneurs des îles et leur famille, source de cauchemars, de frayeurs, de violence contre leur esprit » (Surena, 1999, p. 37).

J'en reviens donc au destin pulsionnel mortifère entre le colonisé et le colon. Il recouvre le tabou d'un *dire* sur la violence coloniale. Outre les violences infligées aux colonisés, le colonial comporte aussi les interdits fondamentaux bafoués par le colon que sont le meurtre et l'inceste. Pour les Antilles françaises, on peut envisager les rejetons de ce tabou sous l'angle d'une alliance défensive, scellée par la suite des abolitions, des décrets et des politiques d'assimilation d'après-guerre. Autrement dit, un pacte dénégatif au sens de « ce qui est voué à n'être pas, ou a minima à être dénié par contrat inconscient entre les sujets pour que le lien s'organise » (Kaës, 1993) et qui institue le lien sur le fondement de son cloaque originel. L'obstacle du colonial requiert ainsi d'être situé et pensé de façon contemporaine dans une expérience culturelle, c'est-à-dire « ce lieu où mettre ce que nous trouvons » (Winnicott, 1971/1975, p. 184), des deux côtés du lien, pour traduire à l'humanité la résistance au cloaque en héritage légué par la colonisation esclavagiste et pour faire l'expérience commune et désaliénante de cet obstacle. L'œuvre de Fanon a tenté de secouer un tel lien, d'une part pour en révéler l'existence, d'autre part pour en préciser les enjeux psychiques. « Je veux vraiment amener mon frère, Noir ou Blanc, à secouer le plus énergiquement la lamentable livrée édifiée par des siècles d'incompréhension », disait Fanon (1952/2011, p. 67). Une telle écriture, valant étude clinique tel que le reconnaît le psychiatre martiniquais, est révélatrice d'un « sujet-héritage » de la colonisation esclavagiste en tant qu'il est « porteur de l'inscription psychique de cette mémoire » (Lesel, 1999, p. 11) et fait l'expérience de cette inscription dans un lieu donné.

Avant Fanon, il est possible de citer Paulette Nardal, martiniquaise, femme de lettres, ainsi que ses sœurs, dont l'engagement et l'œuvre littéraire, notamment avec la création et l'édition de *La Revue du Monde noir*, sont venus secouer « le joug colonial » (Achille, 1994, p. X) entre les Antilles et l'Hexagone. La revue avait pour but de donner un lieu pour que les intellectuels noirs du monde puissent publier leurs œuvres et créer un lien intellectuel et moral. Paulette Nardal indiquait la mesure à laquelle les questions coloniales étaient taboues, notamment à la Martinique, « ces questions ne provoquaient, chez les jeunes comme chez les vieux, aucune résonance profonde » (1932, p. 343). Les sœurs Nardal ont ainsi fait œuvre de culture en créant les conditions de retrouvailles des dispersés du colonialisme et de ce qui permettrait de tisser les voies énonciatrices de leur réhabilitation identitaire. Comme le rappelle Louis Thomas Achille, elles rassemblèrent dans leur salon, le *salon de Clamart*, « des descendants des Africains déportés au Nouveau Monde et dispersés sous une demi-douzaine de bannières nationales européennes » (1994, p. IX). En cela, l'engagement littéraire de Nardal a pris la fonction de défaire l'errance identitaire et le vide de résonance interne laissés par l'histoire coloniale esclavagiste en rassemblant, dans un lieu de dire adressé au monde, l'esprit des descendants. Il fallait viser cette résonance interne, déloger le stigmate colonial enfoui, afin d'éveiller ce qu'elle a appelé « la conscience de race » (1932, p. 343). Une notion dont on retrouve l'influence dans le terme de « racialisation de la pensée » chez Fanon (1961/2011, p. 594). Chez Nardal comme chez Fanon, l'irruption du colonial dans l'éveil de la conscience trouve sa résonance dans la confrontation au territoire qui a colonisé leur terre. De la sorte, l'appréhension de l'objet colonial s'est vue connotée par la manière de vivre le fait colonial, sous une expérience conditionnée à un contexte sociopolitique donné, jusqu'à constituer une véritable « *Weltanschauung* d'un peuple colonisé », c'est-à-dire la conception du monde en appui sur l'expérience vécue du colonisé (Fanon, 1952/2011, p. 153).

La *Weltanschauung* du colonisé : l'expérience vécue entre mères

Si la *Weltanschauung* d'un peuple colonisé renvoie à la conception du monde en partie à l'appui d'une expérience vécue, cela fait qu'une telle expérience est au moins relative au lieu et à l'époque où elle est éprouvée. Par exemple, c'est le cas des multiples œuvres publiées dans la revue de Paulette Nardal qui, dans le Paris d'entre-deux-guerres, pensaient une identité nègre, une culture nègre, une pensée nègre littéraire et scientifique, face à une France qui montrait sous une érection phallique les apports de la colonisation avec l'Exposition coloniale internationale de Paris à Vincennes en 1931. L'émergence du Penser sur cette identité nègre était fonction de l'expérience que l'Antillais pouvait faire du lieu de son colonisateur. L'écriture de Nardal en témoigne : « La conscience de race s'était éveillée chez certains Antillais, mais il leur avait fallu pour cela s'éloigner de leur petite patrie. Le déracinement qu'ils ressentirent dans la métropole où le Noir n'a pas toujours joui de la considération qu'on semble lui témoigner depuis l'Exposition coloniale, leur avait fait, en dépit de leur formation latine, une âme nègre » (1932, p. 343). Il en est de même avec le témoignage de Fanon dans *L'expérience vécue du Noir* : « J'arrivais dans le monde, soucieux de faire lever un sens aux choses, mon âme pleine du désir d'être à l'origine du monde, et voici que je me découvrais objet au milieu d'autres objets » (1952/2011, p. 154). Ces auteurs énoncent sur la rencontre et la découverte potentielle d'un objet qui, sous une réflexion dans l'environnement, renvoie le stigmate, l'étrangeté dans le lieu et dans le lien, l'assignation à une identité niée et le risque de s'y découvrir comme la chose objet du regard de l'autre. Sans fatalité, la découverte n'est point vaine, il faut la dénoncer et chercher à l'énoncer. L'enjeu du narcissisme que Fanon avait d'ailleurs évoqué commence certainement là, dans un mouvement de collage à l'identité de colonisé pour possiblement s'en décoller plus tard et se représenter la réalité psychique du lien postcolonial.

En effet, une fois arrivé sur le sol continental, le regard que l'Antillais porte sur lui-même se heurte à la réalité d'un malaise du lien entre les deux mères culturelles auxquelles il est lié et rattaché : l'ancrage local caribéen que j'appelle *mère ancrage*, et la « culture nationale » ou « la mère coloniale » comme l'appelle Fanon (1961/2011, p. 593). Il se trouve alors porté par l'enjeu de dénoncer et d'énoncer ce qui dans cet entre-deux-mères affecte, fait énigme puis fait signe du conflit psychique pour lequel une forme d'expression est requise. Problème de méthode entend-on lorsque « les masses colonisées » (Fanon, 1961/2011, p. 590) s'insurgent des signes d'origine sociale qui rappellent à chaque subjectivité la scène historique du maître et de l'esclave. C'est bien là, dans cet espace entre mère ancrage et mère coloniale, que se logerait la violence originaire issue de l'arrachement des *zansèt* ou *gangan* (*ancêtres*, en langue créole) à une troisième mère, ancestrale (le continent africain), et fait craindre pour le sujet caribéen le risque d'un autre arrachement à sa « matrice territoriale et psychique » (Altounian, 1993, p. 907), ici l'ancrage local caribéen. Cela m'amène alors à souligner que l'angoisse nègre dont parle Césaire relève mieux d'une angoisse d'arrachement que d'une angoisse de perte ou d'abandon. Pour perdre, faut-il déjà avoir rencontré, or c'est justement la rencontre avec l'ancestralité arrachée et la généalogie effondrée qui est cherchée. L'écriture de la *weltanschauung* de l'Antillais comporte ainsi un rôle figural de l'objet colonial qu'elle prétend explorer avec un pouvoir identificateur fort de générativité. De la sorte, elle fait parler l'angoisse d'entre-mères comme affect de fond à d'autres affects postcoloniaux qu'on pourrait reconnaître sous la colère, la détresse, la douleur, l'amertume, la lassitude, la honte, l'amour… entre la mère ancrage et la mère coloniale. Ce faisant, c'est une écriture qui procède par « identifications angoissées » (Altounian, 1993, p. 900) face à l'enjeu de déracinement qui se trouve aux sources de la conscience du colonial dont témoigne Nardal, Césaire, ou Fanon. En effet, il s'agit de l'actualisation de l'arrachement inaugural dans l'expérience vécue de déracinement. Partir loin de la mère ancrage n'est pas sans affects, et il faut parfois l'enjeu d'un retour au pays pour s'en rendre compte, tel énonce l'écriture poétique de Césaire (1983, p. 22) : « Partir… j'arriverais lisse et jeune dans ce pays mien et je dirais à ce pays dont le limon entre dans la composition de ma chair : “J'ai longtemps erré et je reviens vers la hideur désertée de vos plaies”. » Je soulignerais dans l'enjeu des allers-retours transatlantiques entre-mères l'étendue d'une mélancolie des eaux profondes océaniques d'où crient les âmes de celles et ceux qui périrent dans la traversée ou qui s'apprêtaient à périr ailleurs, amoncelés dans les bateaux négriers qui ont transporté l'arrachement. Je ne peux cependant manquer de reconnaître que l'angoisse nègre répondait aux enjeux du XXe siècle qui ont évolué jusqu'à notre époque actuelle. Qu'en est-il alors aujourd'hui ?

Si l'angoisse porte au fond sur un arrachement, il m'apparaît que sa forme d'expression la plus actuelle se trouve dans une crainte de l'effacement du lieu. C'est-à-dire la crainte que ce lieu devienne étranger à la subjectivité du sujet qui est parti trop longtemps, et lui fasse craindre d'errer de ses racines, car elles ne lui sont plus représentables, a minima du fait du cadre socio-politique et du système de noms qui lui permettent ou non de désigner et de signifier sa différence, la violence et son lieu à l'appui du droit. Cette angoisse d'effacement du lieu n'a de réelle fonction qu'en rapport avec l'actualisation, sur la scène du fantasme, du scénario où une mère en tue une autre, la mère coloniale face à la mère ancrage, en appui sur des éléments de réalité portés par le social et la loi. La trajectoire politique et législative de la culture nationale est alors révélatrice des conditions dans lesquelles il est possible de subjectiver le colonial. Si l'angoisse d'effacement s'articule au fantasme d'un nouveau meurtre colonial, elle pousse à ce que le cloaque soit sur la scène, à révéler les déchets et la part non symbolisée du lien. La pensée postcoloniale signale alors la structure d'un lien fait des restes irreprésentés des violences coloniales esclavagistes, de l'immondice qu'elles convoquent, de l'horreur qu'elles rappellent, de la mort qu'elles ont donnée et de la destruction qu'elles ont causée. Une intention de différenciation culturelle est alors portée. Si on reconnaît que « la culture rend possible l'accès à la symbolisation : précédant chaque sujet individuel, elle prédispose l'espace potentiel du symbolique » (Kaës, 1987, p. 18), cette intention tendrait-elle vers une symbolisation de l'identité culturelle, ou vers une résistance à celle-ci ? Et d'ailleurs, résister s'oppose-t-il ici à symboliser ? L'écriture de la *weltanschauung* des intellectuels caribéens du XXe a bien révélé cette demarche de différenciation culturelle. Elle s'est accompagnée des combats politiques visant la départementalisation des lieux dans une quête d'égalité qui reconnaisse l'identité culturelle des uns et des autres, et non l'assimilation qui signifierait la renonciation à l'identité (Césaire, 2004, p. 10). Pourtant l'angoisse postcoloniale demeure et laisse penser que ce dont il s'agit pour les sujets du lien, c'est un conflit d'affiliation culturelle, muet de désaveu ou conscient à vif, entre la mère ancrage et la mère coloniale, en considérant la part de violence historique et le scénario du meurtre colonial sur lequel il porte en partie.

En guise de conclusion

Aux termes de cette esquisse de réflexion advient donc le temps de conclure. Toutefois, l'écriture de la pensée postcoloniale vise l'ouverture au dialogue sur le négatif de nos liens. En tant que mémorial, elle soulève l'affect et tend à conquérir la capacité d'aimer l'histoire des ancêtres pour prendre plaisir à la rencontrer. Bien qu'elle rappelle la violence originaire de nos liens postcoloniaux, elle participe à créer ce lieu potentiel où chacun peut tendre à dire « la maison de mes ancêtres n'est point désaffectée ». Encore faut-il se risquer à rencontrer l'affect et l'héritage dont il se fait le signe, si cela est possible.

Références bibliographiques

Achille L.T. (1992). Préface. Dans *La Revue du Monde noir. 1931-1932. Collection complète n°1 à 6*. Paris, Jean-Michel Place. https://gallica.bnf.fr/ark:/12148/bpt6k32946v/f7.item

Altounian J. (1993). « Transferts » déculturants et inconvenance culturelle. *Rev Fr Psychanal 57*(3) : 899-915.

Altounian J. (2015). *De la cure à l'écriture. L'élaboration d'un héritage traumatique*. Paris, Puf.

Anzieu D. (1994/2013). *Le Penser. Du Moi-peau au Moi-pensant*. Paris, Dunod.

Benkorba A. (1999). L'image du noir dans la littérature et représentation de soi. *Mibi 2* : 14-23.

Césaire A. (1983). *Cahier d'un retour au pays natal.* Paris, Présence africaine.
Césaire A. (2004). Paroles de Césaire. Entretien. Dans M.K. Tshitenge Lubabu (dir.) *Césaire et nous. Une rencontre entre l'Afrique et les Amériques au XXIe siècle* : 8-13. Bamako, Cauris Éditions.
Fanon F. (1952/2011). Peau noire, masques blancs. *Œuvres* : 47-252. Paris, La Découverte.
Fanon F. (1961/2011). Les Damnés de la terre. *Œuvres* : 419-682. Paris, La Découverte.
Freud S. (1912-1913/1998). Totem et tabou. *OCF.P*, XI : 189-385. Paris, Puf.
Freud S. (1916-1917 [1915-1917]/2000). 18e Leçon. La fixation au trauma, l'inconscient. *OCF.P*, XIV : 283-295. Paris, Puf.
Kaës R. (1987). La troisième différence. *Rev Psychothér Psychanal Groupe 9-10* : 15-30. Doi : 10.3406/rppg.1987.968
Kaës R. (1989). Ruptures catastrophiques et travail de la mémoire. Dans J. Pujet (dir.) *Violence d'État et psychanalyse* : 168-204. Paris, Dunod.
Kaës R. (1993). *Le Groupe et le sujet du groupe.* Paris, Dunod.
Kaës R. (2009/2014). *Les alliances inconscientes.* Paris, Dunod.
Lesel L. (1999). De l'esclavage à la liberté ou de l'ex-clivage au sujet divisé. *Mibi 2* : 11-13.
Nardal P. (1932). Éveil de la conscience de race. *La Revue du Monde noir 6* : 343-349. https://gallica.bnf.fr/ark:/12148/bpt6k32946v/f361.item#
Price H. (1893/2012). *De la réhabilitation de la race noire par la République d'Haïti.* Port-au-Prince, Fardin.
Price-Mars J. (1928/2009). *Ainsi parla l'oncle. Essais d'ethnographie.* New-York, Parapsychology Foundation.
Sandroval C. (2000). *Methodology of the Oppressed.* Minneapolis, University of Minnesota Press.
Surena G. (1999). Traumatisme béké, traumatisme nègre. *Mibi 2* : 32-46.
Vignar M. (1989). Violence sociale et réalité dans l'analyse. Dans J. Pujet (dir.) *Violence d'État et psychanalyse* : 41-66. Paris, Dunod.
Winnicott D.W. (1971/1975). *Jeu et réalité.* Paris, Gallimard.

TITRE – *L'écriture de la pensée postcoloniale. Esquisse d'une réflexion sur le négatif entre-mères*

RÉSUMÉ – L'auteur s'intéresse à l'écriture de la pensée postcoloniale en tant qu'elle met au travail un négatif dans l'affiliation culturelle. En appui sur une écriture d'analysant héritier de la colonisation esclavagiste reposant sur deux crimes contre l'humanité que sont le génocide des Amérindiens des Caraïbes et la traite des esclaves noirs déportés d'Afrique, il soulève trois enjeux : faire hériter les ancêtres, déloger les tabous du lien postcolonial et la *weltanschauung* des descendants de la colonisation esclavagiste aux Antilles. Son écriture s'accompagne des écrits de penseurs caribéens tels que Hannibal Price, Paulette Nardal, Jean-Price Mars, Aimé Césaire ou encore Frantz Fanon, pour penser le conflit du colonisé en quête de subjectivation du drame colonial esclavagiste. L'auteur invite alors à penser la violence entre l'esclave et le maître, son enjeu de dénonciation vers l'énonciation par l'écriture pour conquérir la capacité d'aimer l'histoire des ancêtres sans sépulture.

MOTS-CLÉS – écriture, héritage, alliance inconsciente, esclavage, colonial.

TÍTULO – *La escritura del pensamiento poscolonial. Esbozo de una reflexión sobre lo negativo entre-madres*

RESUMEN – El autor se interesa por la escritura del pensamiento poscolonial ya que retrabaja un negativo en la afiliación cultural. Tomando como apoyo una escritura de analisante heredero de la colonización esclavista que se fundamenta en dos crímenes contra la humanidad como son el genocidio de los amerindios del Caribe y la trata de esclavos deportados de África, se apunta a tres desafíos: hacer heredar a los antepasados, extirpar los tabúes del vínculo poscolonial y la *Weltanschauung* de los descendientes de la colonización esclavista de las Antillas. El texto se acompaña de los escritos de pensadores caribeños como Hannibal Price, Paulette Nardal, Jean-Price Mars, Aimé Césaire y también Frantz Fanon, para pensar el conflicto del colonizado en búsqueda de subjetivación del drama colonial esclavista. El autor invita pues a pensar la violencia entre el esclavo y el amo, el desafío de denuncia hacia la enunciación a través de la escritura a fin de conquistar la capacidad de amar la historia de los antepasados sin sepultura.

PALABRAS CLAVES – escritura, herencia, alianza inconsciente, esclavitud, colonial.

Toute référence à cet article doit être indiquée comme suit : Bylon, Y. (2025). L'écriture de la pensée postcoloniale. Esquisse d'une réflexion sur le négatif entre-mères. *Rev Fr Psychanal 89*(1) : 49-59

L'entrée en résistance

Pourquoi la psychanalyse serait-elle concernée par la résistance ?

Christophe DEJOURS *

39 rue de la Clef, 75005 Paris – chdejours@free.fr

Article reçu le 07/08/2024 – accepté le 20/08/2024

TITLE – *Why would psychoanalysis be concerned by resistance?*

ABSTRACT – Resistance is understood here as a posture, or even a practice, of refusing to collaborate with an anti-democratic regime. In clinical practice, it is often in relation to work that the question of resistance arises in the treatment: ambivalence towards "ethical suffering", when the patient, under the pressure of the new managerial domination, finds him or herself obliged to lend their support to practices that moral sense disapproves of. The psychic risk involved is first of all to compromise the ethical conditions of sublimation and to damage the entire psychosomatic economy. The ambivalence between resisting or submitting can be worked through, provided that we look back at the conditions of early childhood that were imposed on the child, either of having had to enter into conflict with the other adult who tolerated him or her (the core of autonomy), or, on the contrary, or of having had to capitulate under the effect of the adult's violence ("predisposition" to voluntary servitude).

KEY WORDS – democracy, resistance, work, sublimation, ethical suffering, war neurosis.

Introduction

La Résistance dont il est question dans le titre de cet article n'est pas la résistance au sens freudien, mais au sens politique du terme. En fin de parcours seulement sera évoqué le rapport entre les deux formes de résistance. Avant d'aborder la question soulevée par le titre, il semble nécessaire de préciser pourquoi la Résistance [1] au sens politique peut être envisagée comme une question actuelle et

---

* Psychiatre, psychanalyste. Membre titulaire formateur de l'Association Psychanalytique de France.

1. Dans ce texte la résistance au sens freudien sera écrite avec un r minuscule, la résistance au sens politique du terme avec un R majuscule.

pas seulement par référence à la Résistance à l'occupation nazie pendant la dernière guerre en France. Elle l'est pour ceux qui pensent que la démocratie est d'ores et déjà moribonde, et que cette situation résulte de la mise en œuvre méthodique de nouveaux dispositifs de domination mis au point par la politique néolibérale au cours des trente dernières années.

Si la démocratie se définit comme un régime politique où le peuple se gouverne soi-même (Stiegler et Pebarthe, 2023), force est de reconnaître que nous ne sommes plus en démocratie, parce qu'à l'exception des citoyens dotés d'une grande fortune, il n'est plus possible pour les citoyens ordinaires de se faire entendre par les institutions politiques, en particulier par l'État. Mais pas uniquement par l'État. Dans les partis politiques, il n'y a plus de place non plus pour la discussion politique. La démocratie n'est pas pour eux un souci. Ils sont essentiellement occupés par le clientélisme, c'est-à-dire par les moyens de recueillir des voix aux élections, quelles qu'elles soient, quitte à tromper le client par des déclarations mensongères et par la propagande. Leur objectif principal, voire unique, est de gagner par ces voix des places à l'Assemblée nationale et dans l'appareil exécutif, c'est-à-dire d'exercer le pouvoir et la domination sur le peuple, ce qui n'est rien d'autre que tourner le dos à la démocratie.

Pendant ce temps, en France, l'autorité judiciaire s'affaiblit, parce qu'elle est intentionnellement étouffée par les sous-effectifs de magistrats et de greffiers. De ce fait, le travail judiciaire se dégrade en qualité et les magistrats croulent sous le stock d'affaires en attente, en dépit de la pression inouïe exercée par la hiérarchie sur les cadences de travail (Appel de 3 000 magistrats et greffiers, *Le Monde* 23 novembre 2021). L'État de droit est menacé d'abord par la dégradation de la qualité du travail judiciaire. Mais de surcroît une grande partie du personnel politique déclare vouloir en finir avec le pouvoir des juges et se débarrasser de l'État de droit. De l'autre côté, les dérives de la pratique policière en France sont reconnues par tous les commentateurs jusques et y compris au niveau européen. Toutefois malgré l'intensification des méthodes de contrôle, de surveillance et de répression de la population, le pouvoir est incapable de contenir la montée en puissance des processus de radicalisation antidémocratiques, qui se développent dans certaines zones du territoire depuis longtemps abandonnées par les institutions républicaines. Que la politique néo-libérale soit incapable de contenir les processus de radicalisation, de violence et de haine, cela signifie que lesdits processus pénètrent dans ce qui reste des institutions : l'école est déstabilisée, nombre de professeurs sont gagnés par la peur. Les responsables des collectivités territoriales le sont aussi. Et du côté des institutions, en de nombreux endroits sur le territoire national, la pratique de la démocratie est devenue impossible (Vervisch, 2024). La bataille pour l'école publique est d'ores et déjà perdue.

Mais qu'entend-on par démocratie ? La « démocratie représentative », c'est-à-dire la démocratie réduite aux bulletins de vote et à la chasse clientéliste dont il a été question précédemment, dissimule l'effacement de la démocratie. Ce n'est pas la première fois dans l'Histoire. Car c'est bien par les élections que triomphent souvent les régimes autoritaires, illibéraux, voire totalitaires.

De tout cela nous avons tous une connaissance, indéniablement. La démocratie est défaite, mais beaucoup d'entre nous, en particulier dans la classe moyenne, feignons de l'ignorer, fermons les yeux et plus généralement faisons tout ce qui est possible pour n'y pas penser, malgré les éclaboussures qui nous touchent parfois de près, comme les meurtres des professeurs Samuel Paty et Dominique Bernard, ou les démissions de 1 293 maires entre juin 2020 et avril 2023.

La défaite de la démocratie se traduit au niveau de la vie quotidienne par l'expérience que nous faisons tous de l'appauvrissement du lien social. Là où ce dernier n'est pas intégralement défait, la vie sociale est encore possible. Là où il n'y en a plus se forment des masses, au sens freudien de masses inorganisées (Freud, 1921c/1991), avec l'installation concomitante de zones abandonnées à la domination par des groupes factieux.

Pour ceux qui ne veulent pas arrêter de penser se pose inévitablement la question de la Résistance au régime néo-libéral. La déstructuration du lien social a été voulue par ce dernier qui a non seulement nié son rôle dans la formation d'une société [2], mais a réussi à le neutraliser en profondeur, grâce à des méthodes qui seront examinées un peu plus loin.

Démocratie et psychanalyse

Mais peut-on seulement aborder ces questions du point de vue de la psychanalyse ? Tout ce qui vient d'être ici rappelé semble bien loin de la pratique analytique. Il s'agit là, en effet, de la *réalité matérielle* et concrète de la société. Or le cadre analytique, dont l'analyste se porte garant, enjoint au patient de laisser ce monde à l'extérieur du dispositif divan-fauteuil, afin de ménager un espace entièrement réservé à la *réalité psychique*. Dans cette première approche du problème, force est de reconnaître que le dispositif analytique réplique le clivage entre connaissance de la réalité matérielle du monde social et politique d'un côté, réalité psychique de l'autre. Et l'on ne peut pas remettre en cause ce clivage sans remettre en cause la pratique de la psychanalyse elle-même.

Je vais pourtant critiquer cette position conventionnelle en affirmant que, bien que j'adhère à la règle, au cadre et au dispositif freudiens de la psychanalyse, je soutiens que la question de la démocratie s'invite quand même dans l'espace de la séance, en passant par la réalité psychique.

---

2. Thatcher M. (1987) : « *There's no such thing as society* », c'est la formule par laquelle la pensée néo-libérale déclare qu'elle veut en finir sur le plan théorique avec la théorie sociale et la sociologie, d'une part ; sur le plan pratique avec toutes les formes de collectifs et de coopération pour n'avoir affaire qu'avec des « individus responsables », d'autre part. Ce programme s'est traduit par la disparition de la sociologie des disciplines officiellement enseignées à l'université en Grande-Bretagne. La déstructuration des solidarités n'a été obtenue que dans les années 2000, grâce au tournant gestionnaire et à la formation de la « gouvernance par les nombres » à l'intérieur de l'entreprise privée d'abord, au New Public Management dans le secteur public, ensuite.

Mais pour ce faire, il faut revenir à ce qu'on entend par démocratie. La démocratie est d'abord une théorie du gouvernement des hommes, au moins depuis Platon et Aristote. Si l'on s'en tient à cette théorie et à ses avatars de Rousseau à Kant en passant par Machiavel et Hobbes, il n'y a pas de place pour une discussion directe avec la psychanalyse. En effet, la seule discussion possible entre la philosophie politique et la psychanalyse ne porte pas sur la théorie du gouvernement. Elle ne peut que se limiter à la discussion sur la conception de l'être humain qui est sous-jacente à chacune de ces théories philosophiques et politiques. Et il est vrai que la psychanalyse a beaucoup à dire tant sur la conception rousseauiste de l'être humain, que sur celle de Machiavel ou de Hobbes. Mais cette discussion « anthropologique » reste loin de la théorie politique.

Pour un certain nombre d'auteurs, et je me range à leur côté, la démocratie ne se réduit pas à la *théorie* du gouvernement des hommes. La démocratie est peut-être d'abord et avant tout une *pratique*. Ce qui signifie que la démocratie ne se décide pas et ne s'impose pas au peuple par le haut. Il n'y a de démocratie que pour autant que fonctionnent dans le peuple des *pratiques démocratiques*. Pratiquer la démocratie ne se décrète pas. La pratique de la démocratie n'est pas non plus un don des dieux. La pratique repose sur des habiletés spécifiques, qu'il faut apprendre à mettre en œuvre. Et ces pratiques sont fort éloignées de la voix réduite à un bulletin de vote, et de la démocratie représentative. La pratique de la démocratie exige un apprentissage, et les conditions de cet apprentissage ne sont rien d'autre que la condition sine qua non de la démocratie.

Le philosophe qui a poussé le plus loin l'analyse de ces conditions est John Dewey. Selon lui, le lieu central d'apprentissage de la démocratie est l'école et plus généralement l'éducation et l'instruction au sens noble de ces termes (Dewey, 1916/2011, p. 289-291). De mon point de vue, il existe un autre lieu d'apprentissage de la démocratie : le monde du travail. Dewey s'est également intéressé au monde du travail et lui a accordé une place importante (Renault, 2012, 2022). Mais selon moi, c'est le travail qui est le lieu fondamental d'apprentissage et de transmission des pratiques démocratiques [3] : ce que je soutiens dans la thèse dite de « la centralité politique du travail » (Dejours et Deranty, 2010). Cette thèse, issue de la psychodynamique du travail, est aujourd'hui discutée par plusieurs auteurs (E. Renault, F. Fischbach, J.-P. Deranty, G. Perez, C. Pagès, A. Cukier, K. Genel, N. Smith, E. Donaggio, G. Cavallo, A. Luchetti, P. Moynot). Pour être plus précise, cette thèse ne dit pas que le monde du travail est le lieu principal d'apprentissage de la démocratie, uniquement. Car le travail peut au contraire être le lieu d'apprentissage de pratiques antidémocratiques. La thèse soutient plutôt *qu'il n'y a pas de neutralité politique* du travail. Il peut générer le meilleur : la démocratie, ou le

3. L'éducation et l'instruction portées par l'école passent par une organisation du travail. Y inscrire la volonté de former les enfants, voire les étudiants, aux pratiques de la démocratie, cela passe inévitablement par une remise en cause de *l'organisation du travail* dans les institutions scolaires et universitaires décidée et imposée par l'État aux enseignants. La lutte pour les pratiques de la démocratie dans l'enseignement, c'est-à-dire dans le travail vivant des professeurs, précède donc la lutte pour une éducation où la transmission des habiletés démocratiques à la jeunesse pourrait être mise en œuvre.

pire : la tyrannie et la servitude volontaire. Tout dépend de *l'organisation du travail* (Dejours, à paraître).

Or cette organisation du travail a connu des transformations majeures au cours des trente dernières années. Elles sont connues sous le nom de *tournant gestionnaire.* Naguère, l'organisation du travail était l'apanage des ingénieurs dans l'industrie, des gens de métier ailleurs. Les uns comme les autres ont perdu leurs positions. Les gestionnaires, en effet, n'ont aucune formation ni connaissance dans les sciences du travail. Et pour diriger et contrôler le travail, ils ont introduit plusieurs dispositifs [4] dits de « management » (Dejours, 2003, 2020, 2021b) dont l'articulation aboutit à une méthode de direction connue sous le nom de « gouvernance par les nombres » (Supiot, 2017). Cette gouvernance a des effets délétères sur la santé mentale qui ont été décrits de longue date par la psychodynamique du travail (Dejours, 2019a, 2019b).

Souffrance au travail et réalité psychique

Beaucoup de patients nous parlent de leur travail, peut-être même le font-ils tous. Souvent ils disent sur le divan leur souffrance au travail, parfois au contraire ils parlent du plaisir éprouvé par le truchement du travail vivant qui est le leur. Face à des patients qui s'étendent longuement sur leur souffrance en rapport avec les contraintes qui leur sont imposées par l'organisation du travail, tous les analystes ne se positionnent pas de la même façon :

– pour certains, ces plaintes constituent une intrusion de la réalité matérielle du monde dans l'espace de la séance. Et ils pensent que la convocation par le patient de cette réalité matérielle est une forme classique de résistance (au sens freudien du terme) à l'analyse. De ce fait, ils gardent le silence en respectant le principe du refusement (Tessier, 2024), ou tentent parfois d'interpréter la défense sous-jacente ;

– pour d'autres analystes, au contraire, il faut écouter cette plainte comme une association libre justiciable comme toute association, d'une attention en égal suspens.

Il me semble que c'est la seconde position qui est la bonne. Pourquoi ?

Parce que, lorsqu'un patient parle de son travail vivant, il parle de l'un des deux destins principaux de la pulsion. Dans « Pulsions et destins de pulsions » (Freud, 1915c/1988), Freud évoque quatre principaux destins : le refoulement, le retournement en son contraire, le retournement contre la personne propre et la sublimation. Les quatre destins sont tenus par Freud pour des *défenses* contre la pulsion. Pourtant, il me semble que tous les mécanismes de défense n'ont pas tous le même statut au regard du moi (Anna Freud, 1936). Pour la plupart ils se payent d'un rétrécissement du moi. Sauf la sublimation qui, au contraire, aboutit à un

4. Ces dispositifs sont au nombre de cinq : évaluation individualisée des performances, qualité totale, standardisation des modes opératoires, frappe communicationnelle, déstructuration du droit du travail et précarisation de l'emploi.

élargissement du moi et de la subjectivité tout entière (Dejours, 2021). Je ne reprendrai pas tous les développements métapsychologiques résultant de la confrontation de la théorie de la sublimation (selon S. Freud) à la clinique et à la psychodynamique du travail vivant. Je ne retiendrai que deux points seulement :

– le premier, c'est l'importance de la sublimation au regard de la vie d'âme *(Seelenleben)* et plus largement de la santé mentale. La sublimation en effet draine une part importante de la libido, dont elle déleste l'économie sexuelle. Et l'on peut facilement reconnaître en clinique que le succès dans le registre de la sublimation est le plus souvent favorable à l'organisation de l'économie érotique, non seulement parce qu'elle la soulage d'une part des pulsions partielles qui autrement compromettraient la vie amoureuse, mais aussi parce qu'elle peut apporter d'importants bénéfices narcissiques. Et l'amour de soi est un élément clé du déploiement de l'économie érotique. Ces bénéfices psychiques de la sublimation pour le moi sont à ce point importants que pour nombre de patients dont la vie amoureuse est rendue difficile par la réalité d'une perte de l'objet d'amour, ou par des obstacles psycho-névrotiques rebelles, parviennent à maintenir une économie psycho-somatique stable durant toute une vie grâce aux investissements libidinaux placés dans la seule sublimation. C'est pourquoi le plaisir au travail est d'une telle importance pour la santé mentale de tout être humain. Raison de plus, pour l'analyste, d'accorder une écoute attentive à ce qui, dans la parole d'un patient en analyse, concerne la souffrance au travail. Cette dernière devrait d'abord être entendue comme une souffrance résultant de la menace pesant sur l'économie de la sublimation ;

– le second point sur lequel je pense utile d'insister est en rapport avec la définition même de la sublimation : « Renoncement à la satisfaction sexuelle de la pulsion au profit d'une activité en accord avec "notre échelle de valeurs sociale" » (Freud, 1933a [1932]/1995, p. 179). C'est dire que dans la sublimation il faut reconnaître une place revenant spécifiquement à la dimension *éthique*. Une longue discussion serait ici utile pour montrer que du point de vue métapsychologique, la sublimation ne peut pas se déployer sans appui sur des fondements axiologiques, stricto sensu.

La souffrance éthique

La souffrance au travail peut revêtir différentes formes (pathologies de surcharge, pathologies du harcèlement, pathologies résultant de la violence exercée par les destinataires des activités de service contre les personnels dans l'exercice de leurs fonctions…). L'une de ces formes cliniques est souvent sous-jacente à la plainte des patients à propos de leur travail : il s'agit de la « souffrance éthique », c'est-à-dire d'une souffrance électivement liée à un conflit éthique (Dejours, 1998). Elle ne cesse de s'étendre et de se diversifier avec le développement du management néo-libéral (Duarte, Dejours, 2019).

Cette souffrance commence pour un individu lorsqu'il consent à apporter son concours à des actes ou à des pratiques que le sens moral réprouve. C'est le cas pour le médecin qui consent à faire sortir un malade de l'hôpital pour respecter l'objectif de réduction de la durée de séjour, alors même qu'il pense par-devers lui que le patient ne devrait pas sortir. C'est le cas pour l'enseignant à l'université qui consent à dégrader la qualité de son travail et à maltraiter les étudiants en recourant aux cours on-line. C'est le cas pour le juge qui, sous la pression du chiffre et de l'objectif de « réduction du stock » de dossiers, accélère le rythme des audiences, maltraite les avocats et les justiciables, bâcle la rédaction de ses jugements et trahit la justice.

La souffrance éthique chez le patient en analyse se dit sous la forme de l'ambivalence. Se soumettre et consentir à participer à des pratiques que son sens moral réprouve ; ou au contraire refuser de se soumettre, c'est-à-dire entrer en Résistance au risque de représailles par le management qui vont du harcèlement au licenciement ou à la mise à pied pour faute professionnelle, sans indemnité et sans droit au chômage.

Dans le premier choix, il s'agit d'entrer en servitude volontaire, dans le second d'entrer en Résistance. L'enjeu dans les deux cas est *d'abord psychique* : acceptation ou refus d'abandonner l'investissement pulsionnel dans la sublimation ; *ensuite éthico-politique* : la servitude volontaire, c'est mettre son intelligence au service de la gouvernance néo-libérale ; la Résistance, c'est assumer les risques d'entrer en lutte contre le management néo-libéral.

Quelle que soit l'insistance du patient à obtenir de l'analyste un conseil ou une orientation, il n'est pas question pour ce dernier d'exposer ici un point de vue ou une opinion. Le problème pratique est tout autre : comment rendre possible au patient un travail de perlaboration de cette ambivalence entre servitude volontaire et Résistance ?

Perlaboration de l'aptitude à entrer en Résistance

À cette étape de la discussion, force est de reconnaître que la réalité matérielle de la société et des méthodes de gouvernance a bel et bien pris place dans la séance d'analyse parce qu'elle a engendré un rejeton qui siège dans la réalité psychique : la souffrance éthique. En quoi consiste alors la perlaboration de cette souffrance ? Si le psychanalyste se refuse à donner son opinion, il n'en va pas du tout de même pour les collègues de travail ni pour l'entourage. Nombre de collègues, la majorité le plus souvent, ont choisi la servitude volontaire parce qu'ils ont trop à perdre du côté des « intérêts du moi » (c'est-à-dire de la vicariance par le moi des motions d'auto-conservation). Quant à l'environnement dans la sphère privée, il arrive souvent qu'il prenne aussi le parti des collègues au nom du « réalisme économique ». Mais ce n'est pas toujours le cas et l'analyse de l'impact psychique de toutes ces relations fait partie de la perlaboration. Pourquoi ? Parce que quand collègues, conjoint(e) et amis conseillent au patient de « s'écraser » alors qu'il s'y refuse, ils aggravent, en fait, sa *solitude*. Solitude redoutable parce qu'elle peut rapidement tourner à la « *désolation* [5] ». Pour pouvoir entrer en Résistance, il va falloir au patient ne s'appuyer que sur l'autonomie de sa propre volonté, contre celle des autres. Si tel est bien le cas, cela implique qu'il dispose et peut user de ce que, dans la théorie éthique, on désigne sous le nom *d'autonomie morale subjective*. La perlaboration qu'accompagne alors l'analyste consiste à partir à la recherche des sources de cette autonomie. Et si l'on procède à ce travail, il faut effectivement aller chercher dans l'enfance du patient.

Avant d'aborder cette question, toutefois, il faut ici faire un détour par la philosophie sociale. En effet, la Résistance se joue dans un espace politique où le rapport de force entre l'individu et le management néo-libéral est massivement défavorable. On peut montrer à partir d'enquêtes sur les enclaves de Résistance au management néo-libéral qui se forment actuellement ici et là sur le territoire national (Duarte, 2019) que les habiletés dans la pratique de la Résistance ne sont pas vaines. Contrairement à ce que soutient la théorie de la démocratie délibérative (Habermas, 1981/1987), la délibération rationnelle ne se déploie pas que dans des espaces de délibération entre *égaux*. Même en position très asymétrique, ceux qui sont en position de « subalternité » parviennent, grâce à l'activité déontique (activité de production de règles de travail et de règles de métier), à obtenir des compromis en matière d'organisation du travail qui soient plus favorables à la qualité du travail et à la sublimation. Il y a toutefois pour cela des conditions qui seront précisées ultérieurement.

Psychanalyse de l'autonomie morale

Revenons au patient en souffrance éthique qui se retrouve seul à vouloir adopter une position de Résistance contre l'opinion de tous les autres. D'où lui vient cette autonomie morale subjective si rare et si fragile en général ? L'analyse psychodynamique suggère qu'elle trouve son origine dans le conflit qui oppose dès le début de la vie l'enfant et l'autre adulte. Je prendrai appui ici sur la théorie de la séduction généralisée (TSG) de Jean Laplanche. Dans cette théorie, ce dernier introduit le concept de Situation Anthropologique Fondamentale (SAF). Elle concerne la dissymétrie fondamentale entre la position de l'enfant à la naissance qui, ne possédant ni inconscient sexuel ni moi constitué, est en position passive face à celle de l'adulte qui a un inconscient sexuel. En raison de l'immaturité biologique de l'enfant, il lui faut, pour survivre, bénéficier des soins de l'autre adulte. À l'occasion de ces soins, l'adulte ne peut s'en tenir à des actes qui se situeraient exclusivement dans le registre instrumental, c'est-à-dire hygiéno-diététique. Les soins prodigués par l'adulte à l'enfant passent inévitablement par un

5. La « désolation » est la traduction proposée en français pour le terme de *loneliness* employé par H. Arendt, connotant l'effondrement du sol commun aux individus, caractérisant le monde ouvert à la pluralité des hommes, lequel est constitué par le sens commun de la justice.

corps-à-corps avec l'enfant (pour le porter contre soi, pour le nourrir, pour le laver…). Et ce corps-à-corps qui est fortement excitant pour l'autre adulte mobilise chez ce dernier des contenus sexuels venant de son propre inconscient qui contaminent le soin. Le soin contaminé sexuellement opère comme un message adressé à l'enfant que Laplanche désigne par le terme de « message compromis ». Comme ce message arrive à l'enfant par son corps, Laplanche introduit ici le concept d'« implantation » dans le « derme neurophysiologique » de l'enfant (1992/1997).

Commence alors le travail de traduction par l'enfant du message compromis. Traduction qui d'un côté contribue à former le moi (la traduction est une forme majeure de liaison de l'excitation), cependant que le reste non traduit demeure sous la forme d'un noyau d'excitation qui contribue à former l'inconscient sexuel refoulé de l'enfant.

La SAF est destinée à caractériser l'inégalité entre l'enfant et l'adulte. L'enfant qui n'a pas d'inconscient au départ ne peut pas faire autrement que de subir passivement l'implantation du message compromis par l'adulte, tandis que l'adulte a un inconscient sexuel et nolens volens implante la dimension sexuelle dans l'enfant. C'est donc bien l'adulte qui emmène l'enfant dans la sexualité humaine. Ce qui fait de lui un séducteur.

Mais la SAF, et là je fais un écart par rapport à Laplanche, implique de facto, aussi, qu'entre l'enfant et l'adulte existe un rapport de domination/soumission, et c'est aussi en cela que ce rapport est inégal.

Si l'on tient compte de ces deux dimensions de la SAF, on découvre que malgré l'inégalité entre eux, l'enfant entre très précocement dans un rapport conflictuel avec l'adulte. C'est souvent lui qui impose son rythme à l'adulte et c'est l'adulte qui devient dans une certaine mesure l'obligé de l'enfant. Se noue ici tout un tissu relationnel assez complexe où l'autre adulte qui apporte les soins est amené à faire des concessions et à chercher le compromis avec l'enfant. Ce dernier impose bientôt un certain nombre de contraintes à l'adulte et à son conjoint, éventuellement aux autres enfants. Se joue ici une forme de négociation entre l'enfant et la famille autour de la construction des règles qui structurent l'économie familiale : rythme sommeil-veille, régime alimentaire, temps pour jouer, partenaires des jeux, disponibilité des corps pour les soins, temps disponible pour le ménage…

De sorte que force est de reconnaître que dans l'ombre de l'économie familiale il y a bel et bien une place pour l'activité déontique (activité de production de règles de travail et de vie) où l'enfant, en position de faiblesse (SAF), obtient des concessions de la part des autres. Quelquefois au prix de conflits et de ce qui relève de l'apprentissage par l'enfant de la résistance au vouloir de l'adulte. Car l'enfant découvre en le testant inlassablement son pouvoir sur l'autre adulte. À ce point que parfois s'installe une véritable tyrannie domestique exercée par l'enfant.

Se trouvent ici définies les conditions d'apprentissage par l'enfant de l'activité déontique. Mais on n'en est ici qu'au stade du conflit, voire des rapports de force. L'autonomie morale subjective stricto sensu ne peut se construire que plus tard, à l'heure de la formation du sens moral chez l'enfant. Freud donne une version très spécifique de cette formation, en particulier à la fin du texte sur le « Malaise dans la culture ». L'enfant intérioriserait les interdits sociaux par l'entremise des parents, non pas grâce à une quelconque autonomie morale, mais en raison de sa crainte de perdre l'amour des parents (Freud, 1930 [1929]/1995) s'il ne respecte pas les valeurs et les interdits qu'ils énoncent. Autrement dit, le sens moral, tel que l'entend Freud, n'est pas forcément moral. Il est plutôt, dans cette conception, à l'origine des sentiments moraux (culpabilité, honte, besoin de punition) dont on sait qu'ils ne sont pas toujours moraux précisément, dans la mesure où ils sont souvent, au contraire, injustifiés moralement au point qu'ils puissent constituer les symptômes les plus prégnants d'une organisation névrotique de la personnalité. La formation des instances morales, au premier rang desquelles se trouve le surmoi, fait ainsi surgir des motions qui sont parfois immorales, allant jusqu'à la cruauté du surmoi contre le moi, comme dans la névrose de contrainte ou dans la mélancolie.

Patrick Pharo, étudiant en théoricien de la société la genèse du sens moral, s'attache à discuter avec précision le texte de Freud (Pharo, 1996). Et il en propose une autre généalogie. Le sens moral se constituerait lorsque l'enfant, au lieu d'adopter les interdits et les valeurs portées par l'adulte, s'en distancie pour faire un choix moral différent de ses parents. Cela survient lorsque l'enfant se rend compte que l'adulte lui-même ne respecte pas les interdits et les valeurs qu'il profère. Il dit qu'il ne faut pas mentir, mais l'enfant comprend que l'adulte ment. L'adulte soutient la valeur essentielle de la concorde, condamne toute forme de violence, mais l'enfant découvre qu'il frappe son conjoint, d'autres enfants de la fratrie, voire lui-même.

C'est alors par un travail psychique entièrement personnel que l'enfant, parfois victime d'injustices, se forge son propre point de vue moral. C'est le noyau de l'autonomie morale subjective, par laquelle l'enfant sort psychiquement de la dépendance affective à l'adulte. L'enfant s'autorise donc la désobéissance pour certaines règles, mais accepte aussi l'obéissance à d'autres règles édictées par les adultes du socius qu'il choisit de reprendre à son propre compte.

Tout ce qui vient d'être décrit sur la formation de l'autonomie morale subjective et l'apprentissage de la Résistance chez l'enfant par la voie de l'activité déontique à l'intérieur de l'économie familiale n'est possible que si, aux deux étapes de ce développement, la relation entre l'enfant et l'adulte a été placée sous le signe de l'orientation vers la concorde. Il s'agit là d'une notion assez lâche qui signifie essentiellement que dans la négociation des compromis qui se tissent entre l'enfant et la famille, il y a effectivement la recherche de modus vivendi privilégiant constamment la recherche de la concorde. Pour le dire autrement, cette dernière implique un effort durable des adultes pour conjurer la violence dans les rapports avec l'enfant. Et cette orientation est possible lorsque l'amour est au rendez-vous. Si face à la volonté parfois tyrannique de l'enfant, les adultes parviennent à contenir leur violence, *c'est parce qu'ils aiment l'enfant*. C'est la condition sine qua non de l'apprentissage par l'enfant du pouvoir de Résistance à cette domination qui est indissociable de la situation Anthropologique Fondamentale.

La tentation de la servitude volontaire

Cette condition n'est pas toujours remplie. Lorsque l'autre adulte n'aime pas l'enfant, il ne cherche pas le compromis, il use plutôt de sa violence sur l'enfant pour obtenir sa soumission. Dans ce cas, qui n'est pas rare, la violence contre le corps de l'enfant, avec ce qu'elle contient de motions pulsionnelles, voire compulsionnelles, venant de l'inconscient de l'adulte, entrave le travail de traduction, c'est-à-dire le refoulement traductif chez l'enfant. Pourquoi ? Parce que la réaction violente de l'adulte surcharge brutalement le moi de l'enfant par une excitation qui déborde toutes ses capacités de penser, c'est-à-dire qui empêche le travail de liaison qu'implique la traduction par l'enfant de ce qui lui arrive par l'adulte. Ces messages violents de l'adulte sont intraduisibles par l'enfant. De ce fait, ils barrent le chemin de la formation de la sexualité de l'enfant. Au lieu du refoulement traductif, on a affaire ici à une « proscription » qui, non seulement ne profite pas à la formation de l'inconscient sexuel refoulé, mais aboutit chez l'enfant à la formation d'un inconscient non refoulé : l'inconscient *amential*, où sédimente un mixte de peur et de destructivité. La formation de deux inconscients fort différents dans leur genèse aboutit à un clivage structural, dont la description est connue sous le nom de « topique du clivage [6] », laquelle constitue en quelque sorte une reprise métapsychologique du clivage décrit par Sandor Ferenczi (1932/1961).

La violence de l'adulte qui perturbe la communication entre l'enfant et l'adulte constitue ce qu'on désigne sous le nom « d'accident de la séduction ». Dans ce cas, l'implantation est remplacée par l'intromission (Laplanche, 1992/1997, p. 358).

Sur le plan symptomatique, les accidents de la séduction se manifestent par la formation chez l'enfant d'une *tendance à la soumission* et au *besoin de punition* (Dejours, 2022).

Nous sommes alors dans une configuration de l'économie psychique qui est aux antipodes de celle qui permet la formation d'une autonomie morale subjective et d'une aptitude psycho-affective à la Résistance à la domination. Les enfants qui ont été victimes des accidents de la séduction, à cause de leur tendance à la soumission, sont plutôt portés à devenir des collaborateurs du management néolibéral. Ils ne sont pas tentés par la Résistance, ils cèdent plus volontiers à la servitude volontaire.

Perlaborer la souffrance éthique dont il a été question, c'est la possibilité, pour le patient en analyse de retrouver non seulement l'amour dont il a bénéficié dans son enfance, mais de récapituler ce qu'il doit aux adultes qui ont pris soin de lui et qui l'ont éduqué. Car, à l'heure de la formation du sens moral, l'enfant a certes été capable de se distancier des interdits et des valeurs soutenues par les adultes, pour faire ses propres choix éthiques, mais il a aussi, pour d'autres interdits et valeurs, choisi de les reprendre à son compte et les a ainsi intégrés à son

---

6. Toutes ces notions sont développées dans Dejours (2001) et ont été reprises par Laplanche (2007a, b, c).

idéal du moi et aux fondements éthiques de son aptitude à la sublimation. La perlaboration de la souffrance éthique permet, lorsqu'elle est possible dans l'analyse, de surmonter dans une certaine mesure la solitude de l'entrée en Résistance, parce qu'elle lui permet de dé-traduire et re-traduire les messages qu'il a reçus des adultes de son enfance, et de renforcer par sa Résistance les liens qui le rattachent à eux.

À l'inverse, certains patients en analyse ne sont nullement tourmentés par la souffrance éthique, alors même que d'autres, confrontés aux mêmes injustices qu'eux face au management néo-libéral, seraient immanquablement rattrapés par l'ambivalence et la souffrance éthique. Ces patients imperméables à la souffrance éthique posent de tout autres problèmes pratiques à l'analyste. Car l'analyse tout entière risque de se trouver alors enrayée par une sorte de limitation du pouvoir d'aimer et d'être aimé – lourd héritage des accidents de la séduction – à laquelle se heurte le patient. Non seulement il se plaint de cette tendance à l'anhédonie, mais c'est parfois pour cette raison qu'il formule une demande d'analyse. Cette configuration met alors l'analyste aux prises avec le clivage du moi chez un patient qui s'avère particulièrement résistant à l'analyse. Mais cette fois la résistance en question est bel et bien une forme de la résistance au sens freudien du terme, et c'est même peut-être la forme la plus tenace parmi les différentes formes de résistance à l'analyse (Dejours, conférence APF, 2023).

Conclusion

Au terme de ce parcours, il me semble que la Résistance à la domination néolibérale est d'ores et déjà une question qui se pose dans la clinique ordinaire du psychanalyste. Le malaise dans la culture où il convient de reconnaître une place à la défaite de la démocratie se traduit, dans la réalité psychique des patients, par une forme particulière de malaise, que j'ai tenté d'identifier sous le terme de souffrance éthique. Les patients qui sont tourmentés par la question de la Résistance sont souvent ceux qui, sans avoir toujours connu une « enfance heureuse », ont en tout cas été aimés, par celles et ceux qui les ont soignés et élevés dans leur enfance. Si tant est qu'il soit possible, comme j'ai essayé de le montrer, de découvrir par l'analyse ce qui de leur enfance est en cause dans leur refus de la soumission, il paraît légitime d'admettre que la pratique de l'analyse dans le contexte politique actuel est effectivement concernée par la question de la Résistance aux nouvelles formes de domination introduites par le néo-libéralisme, en particulier dans la sphère du travail, où elles sapent pour beaucoup de nos patients les fondements éthiques de la sublimation avec des conséquences parfois dramatiques pour leur santé mentale et physique. Certains psychanalystes refusent d'entrer dans ces considérations au prétexte que toutes les questions sociales et politiques ressortissent à la réalité matérielle et qu'à ce titre elles doivent être résolument tenues à l'écart de la pratique analytique. Dans ce cas, la résistance à l'analyse, au sens freudien du terme, ne serait-elle pas plutôt du côté du psychanalyste ?

Freud s'est intéressé pourtant aux questions sociales et politiques et a beaucoup écrit à ce sujet : « Morale sexuelle civilisée et maladie nerveuse des temps modernes », « L'avenir d'une illusion », « Psychologie des masses et analyse du moi », « Pourquoi la guerre », « Actuelles sur la guerre et sur la mort », « Malaise dans la culture ». Sa démarche dans ces textes consiste à prendre appui sur ce qu'il a appris de la vie d'âme (*Seelenleben*) par sa pratique de l'analyse, pour tenter de comprendre la formation des masses, les menaces pesant sur la culture ou les raisons conduisant les humains à la guerre. Mais il n'a pas évoqué la façon dont ces considérations pourtant très approfondies pourraient, en retour, avoir des implications pour la pratique de l'analyse. Sauf dans un court moment, en 1919, à propos des névroses de guerre. De sorte que l'œuvre de Freud peut être invoquée pour maintenir l'étanchéité entre espace analytique et champ social et politique. À moins que précisément on ne revienne vers le texte de 1919 dont Christophe Demaegdt (2016) a donné une analyse approfondie. Il y montre que la voie alors dégagée par Freud plaçait au centre de la névrose de guerre un conflit interne au moi, entre deux moi : le moi guerrier et le moi pacifique. Ambivalence qui serait au principe de la formation d'une névrose. Mais un *conflit intra-moïque* comme origine d'une névrose, cela constituerait une exception au regard de *l'étiologie sexuelle* de la névrose que Freud a toujours soutenue. Ce serait peut-être pour cette raison qu'il n'aurait pas voulu poursuivre la recherche dans cette voie d'investigation et qu'il aurait emprunté une tout autre voie d'élaboration, celle de la pulsion de mort qu'il publie un an plus tard : « Au-delà du principe du plaisir », où le traumatisme (avec en arrière-fond celui de la guerre) est traité d'une manière totalement différente.

Pour pouvoir poursuivre la recherche ouverte par les névroses de guerre, il faut, selon Christophe Demaegdt, prendre en considération le fait que la guerre passe par une organisation du travail très structurée, et que le guerrier, de facto, est un homme au travail confronté à une organisation du travail, une hiérarchie, des chefs, une discipline. Et ceux qui font une névrose de guerre seraient peut-être victimes de la même ambivalence que ceux qui, par les temps qui courent, souffrent de souffrance éthique. La clinique et la psychopathologie du travail, dans cette perspective, forment un chaînon intermédiaire incontournable pour élucider l'étiologie des troubles psychiques en question. Tenter de rapatrier la question de la Résistance dans la pratique de la psychanalyse, c'est reprendre une idée abandonnée, certes, par Freud, mais dont il a bel et bien eu l'intuition et dont il est l'auteur à part entière.

Les problèmes psychopathologiques soulevés par l'entrée en Résistance sont en effet proches de ceux qui ont été identifiés dans les névroses de guerre et, a posteriori, ce n'est pas tellement étonnant. Moi-pacifique et moi-guerrier sont homothétiques avec le moi-Résistant et le moi-consentant. Poursuivre dans cette voie ne s'oppose pas à la conception freudienne de la psychanalyse, elle l'élargit plutôt. Cet élargissement, toutefois, n'est pas facile à faire pour les psychanalystes, parce qu'il alourdit encore la responsabilité et les difficultés que doivent déjà assumer celles et ceux qui sont engagés dans la pratique de ce « métier impossible » (Freud 1937c/2010).

Références bibliographiques

Dejours C. (1998). *Souffrance en France. La banalisation de l'injustice sociale.* Paris, Éditions du Seuil.

Dejours C. (2001). *Le Corps d'abord. Corps biologique, corps érotique et sens moral.* Paris, Payot.

Dejours C. (2003). *L'évaluation du travail à l'épreuve du réel. Critique des fondements de l'évaluation.* Versailles, Sciences en question, INRA Éditions.

Dejours C., Deranty J.-P. (2010). The Centrality of Work. *Critical Horizons 11* : 167-180.

Dejours C. (2019a). France-télécom-Orange. Déposition, 10 mai 2019, Tribunal judiciaire de Paris. *Travailler 42* : 193-213.

Dejours C. (2019b). La folie de la norme : de la norme à la crise. *Présent Psychanal 2* : 121-140.

Dejours C. (2020). Travail, précarisation et subjectivité. *Travailler 44* : 195-214.

Dejours C. (2021a). *Ce qu'il y a de meilleur en nous. Travailler et honorer la vie.* Paris, Éditions Payot.

Dejours C. (2021b). Postfazione alla nuova edizione italiana. Dans *L'ingranaggio siamo noi.* Milano Mimesis Edizioni.

Dejours C. (2023). *Des résistances internes à « l'esprit de Résistance ».* Conférence à l'APF septembre 2023.

Dejours C. (sous presse). Message intraduisible et buts du processus analytique. Dans C. Dejours et H. Tessier (dir.) *Actes des Journées Internationales Jean Laplanche, 2022, Vannes.* Paris, Puf.

Dejours C. (à paraître). *Pratique de la démocratie. Servitude volontaire, travail et émancipation.* Paris, Librairie philosophique Vrin.

Demaegdt C. (2016). *Actuelles sur le traumatisme et le travail.* Paris, Puf.

Dewey J. (1916/2011). *Démocratie et Éducation* : 289-291. Paris, Armand Colin.

Duarte A. (2019). Quand la coopération devient résistance : le cas d'un centre d'accueil de demandeurs d'asile. *Nouv Rev Psychosociolog 28* : 111-123.

Duarte A., Dejours C. (2019). Le harcèlement au travail et ses conséquences psychopathologiques : une clinique qui se transforme. *Evol psychiatr 84* : 337-345.

Ferenczi S. (1932/1961). Sprachverwirrung zwischen den Erwachsenen und dem Kind (Confusion de langue entre les adultes et l'enfant). *La Psychanalyse* (1961) ; *Œuvres Complètes IV,* Paris, Payot.

Freud A. (1936). *Le moi et les mécanismes de défense.* Paris, Puf.

Freud S. (1915c/1988), Pulsions et destins des pulsions. *OCF.P,* XIII : 163-188. Paris, Puf.

Freud S. (1921c/1991). Psychologie des masses et analyse du Moi, *OCF.P,* XVI : 1-83. Paris, Puf.

Freud S. (1930[1929]/1995). Malaise dans la culture. *OCF.P,* XVIII : 243-333. Paris, Puf.

Freud S. (1933a [1932]/1995). Nouvelle suite des leçons d'introduction à la psychanalyse. *OCF.P,* XIX : 85-268. Paris, Puf.

Freud S (1937c/2010). L'analyse finie et l'analyse infinie. *OCF.P,* XX : 13-55. Paris, Puf.

Habermas J. (1981/1987). *Theorie des kommunikativen Handelns.* Tr. fr *Théorie de l'agir communicationnel.* Paris, Fayard.

Laplanche J (1992/1997), Implantation, intromission. *La révolution copernicienne inachevée* : 355-358. Paris, Flammarion.

Laplanche J. (2007a). À partir de la situation anthropologique fondamentale. *Sexual : la sexualité élargie au sens freudien 2000-2006* : 95-108. Paris, Puf.

Laplanche J. (2007b). Trois acceptions du mot « inconscient » dans le cadre de la théorie de la séduction généralisée ». *Sexual : la sexualité élargie au sens freudien 2000-2006* : 195-214. Paris, Puf.

Laplanche J. (2007c). Inceste et sexualité infantile. *Sexual : la sexualité élargie au sens freudien 2000-2006* : 275-292. Paris, Puf.

Pharo P (1996). *L'injustice et le mal.* Paris, L'Harmattan.

Renault E. (2012). Dewey et la centralité du travail. *Travailler 28* : 125-148.

Renault E. (2022). *Le travail et ses problèmes. Biologie, sociologie et politique chez John Dewey.* Paris, Librairie philosophique J. Vrin.

Stiegler B., Pebarthe C. (2023). *Démocratie ! Manifeste.* Paris, Éditions Le Bord de l'eau.

Supiot A. (2017). *La gouvernance par les nombres.* Paris, Fayard.

Tessier H. (dir.) (2024). *Vocabulaire de Laplanche*, entrée « refusement ». Paris, Puf.

Vervisch G. (4 avril 2024). Lettre ouverte d'un professeur agrégé au lycée polyvalent Louis-Armand à Eaubonne dans le Val-d'Oise. https://www.marianne.net/agora/humeurs/gabriel-attal-qu-auriez-vous-fait-a-ma-place-un-prof-et-sa-conscience-face-aux-atteintes-a-la-laicite

L'appel de 3000 magistrats et d'une centaine de greffiers (23 novembre 2021). https://www.lemonde.fr/idees/article/2021/11/23/l-appel-de-3-000-magistrats-et-d-une-centaine-de-greffiers-nous-ne-voulons-plus-d-une-justice-qui-n-ecoute-pas-et-qui-chronometre-tout_6103309_3232.html

TITRE – *Pourquoi la psychanalyse serait-elle concernée par la résistance ?*

RÉSUMÉ – La résistance est entendue ici comme une posture, voire une pratique consistant à refuser de collaborer à un régime anti-démocratique. Dans la clinique, c'est souvent à propos du travail que la question de la résistance surgit dans la cure : ambivalence vis-à-vis de la « souffrance éthique », lorsque le patient, sous la pression de la nouvelle domination managériale, se voit contraint d'apporter son concours à des pratiques que le sens moral réprouve. Le risque psychique est d'abord de compromettre les conditions éthiques de la sublimation et de mettre à mal toute l'économie psychosomatique. L'ambivalence entre résister ou se soumettre peut être perlaborée, à condition d'aller chercher dans la prime enfance les conditions qui ont été faites à l'enfant, ou bien d'entrer en conflit avec l'autre adulte qui le tolérait (noyau de l'autonomie), ou bien au contraire d'avoir dû capituler sous l'effet de la violence de l'adulte (« prédisposition » à la servitude volontaire).

MOTS-CLÉS – démocratie, résistance, travail, sublimation, souffrance éthique, névrose de guerre.

TÍTULO – *¿Por qué la resistencia atañería al psicoanálisis?*

RESUMEN – Entendemos aquí la resistencia como un posicionamiento, incluso como una práctica que consiste en rechazar colaborar con un régimen antidemocrático. En la clínica, es a menudo en relación con el trabajo cuando el tema de la resistencia aparece en la cura: ambivalencia frente al "sufrimiento ético", cuando el paciente, bajo los efectos de la nueva dominación gerencial, se ve obligado a contribuir a prácticas que el sentido moral reprueba. El riesgo psíquico consiste ante todo en comprometer las condiciones éticas de la sublimación y deteriorar toda la economía psicosomática. La dicotomía entre resistir o someterse puede entrar en el trabajo elaborativo, solo si busca en la primera niñez las condiciones que se dieron en el niño o bien entrar en conflicto con el adulto que lo toleraba (núcleo de la autonomía), o bien por el contrario tener que capitular bajo el efecto de la violencia del adulto ("predisposición" a la servidumbre voluntaria).

PALABRAS CLAVES – democracia, resistencia, trabajo, sublimación, sufrimiento ético, neurosis de guerra.

Toute référence à cet article doit être indiquée comme suit : Dejours, C. (2025). L'entrée en résistance. Pourquoi la psychanalyse serait-elle concernée par la résistance ? *Rev Fr Psychanal 89*(1) : 61-76

La crainte de l'effondrement en psychiatrie : défenses et résistances

Cristelle LEBON [*], Andrey ANDRES [**] et Fanny MACCARIELLO-GARCIA [***]

Cristelle Lebon – 47 cours de la Liberté, 69003 Lyon – cristelle.lebon@gmail.com

Andrey Andres – 1 rue des Pins, 83130 La Garde – loutom@laposte.net

Fanny Maccariello-Garcia – 90 promenade de la Rambla, Quartier du Plan de la Mer, 83270 Saint-Cyr-sur-mer – fanny.maccariello@hotmail.fr

Article reçu le 01/07/2024 – accepté le 02/08/2024

TITLE – *The fear of breakdown in psychiatry: defences and resistances*

ABSTRACT – Based on a clinical study of institutional training, the authors raise questions about the state of French psychiatry. Demonstrating that professionals are suffering from a collective psychical breakdown that has already taken place, in the Winnicottian sense, without having been experienced, they argue that it is necessary to support a group process of symbolization within training settings. By analysing the defences and resistance to psychoanalysis in these spaces, they are able to call on underlying theoretical models (transitional analysis, the nostalgic-melancholic position and transitional subversion), while at the same time demonstrating the need to rely on the group nature of the analysts involved and their ability to re-establish links within the institutions. The construction of a framework that is no longer self-evident in a training practice that has become a clinical experience of trauma, is examined in the same way as the recourse to history, art and culture.

KEYWORDS – psychiatry, training, acrasia, institution, trauma, transitional analysis, resistance.

Et de longs corbillards, sans tambours ni musique,
Défilent lentement dans mon âme ; l'Espoir,
Vaincu, pleure, et l'Angoisse atroce, despotique,
Sur mon crâne incliné plante son drapeau noir.
Charles Baudelaire, *Les Fleurs du Mal.*

---

* Psychologue clinicienne, thérapeute familiale psychanalytique, formatrice, maître de conférences associée à l'Université Lumière Lyon 2, CRPPC, vice-présidente de l'ADTFA, membre de la SFTFP et de la SFPPG.

** Psychologue clinicienne, thérapeute familiale psychanalytique, responsable de la formation à l'ADTFA, présidente de Clinique et Créativité, membre de la SFTFP et d'ALPACE.

*** Psychologue clinicienne, thérapeute familiale psychanalytique, formatrice, trésorière de l'ADTFA.

L'état de la psychiatrie française évoque celui d'une mort annoncée (Appeau, 2004), d'une agonie (Cloës, 2011), ou d'un passage « de grave à catastrophique [1] ». Le soin y semble déserté comme le décrit Marie-José Del Volgo à l'hôpital public, « quand bien même on y mettrait plus de moyens, la catastrophe ne serait pas pour autant évitée ou réparée » (2022, p. 42). Les écrits sur cette « catastrophe » oscillent entre craindre qu'elle advienne et constater qu'elle a eu lieu. Des psychanalystes ont alerté sur le malaise de la psychiatrie (Sassolas, 2004), questionné ses capacités de résistance face au néo-libéralisme (Dejours, 2017). Ils pointent aujourd'hui ce qui risque d'être perdu (Golse, 2023).

À propos du documentaire *Averoes et Rosa Park* de Nicolas Philibert (2024), Charlotte Garçon des *Cahiers du cinéma*, disait [2] de l'hôpital psychiatrique filmé : « Il y a encore un reste d'écoute possible et de temps de soin. » Elle comparait la démarche du cinéaste à un tropisme : « aller voir ce qui marche encore, alors qu'on sait que la psychiatrie est ravagée en France. [...] Lui, c'est ce qui le fait tenir. »

Cliniciennes dans la psychanalyse de groupe et de famille et formatrices en institution, nous nous demandons, à chaque intervention en psychiatrie, ce qui fait tenir encore les équipes. S'agit-il d'une lutte contre un effondrement, si oui, reste-t-il des appuis ? Ou sommes-nous devant l'expression d'une crainte, d'un effondrement qui a déjà eu lieu (Winnicott, 1974), comme l'affirme Roland Gori sur le plan sociétal (2020) ? Nous cherchons dans nos propres supervisions groupales à restaurer nos socles communs car, comme l'ont montré Jean-Pierre Pinel et Georges Gaillard, les dispositifs d'interventions psychanalytiques en institution ne vont plus de soi (2020). Parfois proscrits par les directions hospitalières, ils peuvent aussi être permis à condition d'en voiler les enjeux, en déguisant des supervisions en « formations-actions ».

Cet article propose de prendre acte de l'effondrement en psychiatrie, des étapes de son advenue et de ses effets psychiques. Car soutenir un processus de symbolisation de l'effondrement permettra de situer notre positionnement du côté de « l'entrée en résistance » (Dejours, 2021). D'autre part, nous souhaitons questionner les résistances à la psychanalyse dans les interventions en psychiatrie : sont-elles les conditions d'un processus psychique groupal de traitement des effets de l'effondrement ? Nous invitent-elles à repenser nos dispositifs ? Il sera aussi question des conditions de notre créativité, pour continuer à intervenir dans des institutions vécues comme délabrées, au fond : qu'est-ce qui nous tient, à quoi tenons-nous ?

L'effondrement de la psychiatrie a déjà eu lieu

L'histoire de la psychiatrie est faite d'ombres et de lumières. L'histoire de Jean-Baptiste Pussin, inspirateur des aliénistes et celle de Philippe Pinel déchaînant

1. « *La situation de la psychiatrie en France est passée de grave à catastrophique* », tribune du 1er juillet 2020 dans *Le Monde*, par Jean de Kervasdoué (économiste) et Daniel Zagury (psychiatre).
2. Émission *Le masque et la plume* diffusée le 31 mars 2024 sur France Inter.

les aliénés après la Révolution française, précèdent la mouvance de la psychothérapie institutionnelle : prendre soin du collectif entre psychiatrie, psychanalyse et politique, après la Seconde Guerre mondiale et ses quarante mille décès de patients hospitalisés.

Si la période actuelle relève des temps sombres, on peut dater des années 1990, l'émergence d'un nouveau modèle en psychiatrie, construit à partir de ce que Pierre Delion nomme « une alliance objective » : « Les antipsychiatres donnaient de la voix contre l'hospitalisation, tandis que les technocrates étaient en train de chercher comment faire des économies » (2016, p. 236). Le modèle gestionnaire a fragilisé les institutions publiques et des réformes successives ont modifié l'hôpital. Appauvrissement des moyens humains et matériels, fermeture des petites structures par centralisation, la baisse du nombre de lits a limité l'accès au soin pour les patients. Les soignants, entre perte de sens, angoisse et épuisement, ont dû s'adapter aussi aux procédures « qualité » d'évaluation et d'accréditation, avec une menace permanente de fermeture. Pinel parle d'« une forme d'emprise qui convoque toujours une part de soumission aliénante et d'attaque de la créativité » (2015, p. 60). La tendance à la responsabilité individuelle et ses effets de désinstitutionnalisation ont attaqué le sentiment d'appartenance à une équipe : la fonction contenante de l'institution a failli (*ibid.*).

Pour Bernard Golse (2023), les « raisons d'un tel désastre » en pédopsychiatrie tiennent à l'évolution de la demande sociale, au paramètre économique, et à un consensus entre médias et grand public sur les questions de sexualité, de souffrance et de mort : la pédopsychiatrie en aurait rompu avec ses racines psychanalytiques. Ailleurs [3], Bernard Golse et Marie-Rose Moro pointent que la crise de la psychanalyse et de la psychothérapie aggrave de façon inédite l'effondrement de la pédopsychiatrie.

Christophe Dejours (2017) reprend la chronologie des dispositifs marquants du tournant gestionnaire en psychiatrie :

– Après la LOLF (2001) relative aux financements de la Sécurité sociale, la LOLF2 (2005) a renforcé le modèle de gestion par la performance : des crédits sont alloués sur indicateurs d'évaluation, donnant plus d'autonomie aux gestionnaires dans la répartition des budgets.

– La T2a3 (2007) a ancré la logique de tarification à l'acte dans la culture hospitalière : des gestes soignants sont devenus invisibles, faute de reconnaissance administrative et financière : accueil, interstices, présence aux séances non honorées, par exemple. Des cliniciens résistent par la recherche, pour rendre visibles les fonctions essentielles de « l'informel dans le soin infirmier », en appui sur des « données valides », et lutter contre la « déculturation de [ce] champ disciplinaire » (Lanquetin et Tchukriel, 2014, p. 186).

– La RGPP4 (2007), pour réduire la dépense publique, a diminué le nombre de fonctionnaires et restructuré les administrations.

---

3. *« La pédopsychiatrie ne veut pas mourir »*, tribune dans le journal *Libération* du 29 mars 2018.

– La loi HPST5 (2009) a réorganisé le système de santé en « communautés de territoires » reliant petites et moyennes structures à un centre de référence, dans une logique de gradation des soins.

– La MAP6 (2012) du « new public management » a introduit des modes de management utilisés dans le secteur privé, dans la gestion du personnel du secteur public.

Pour Dejours, ces dispositifs sont engagés dans une « lutte contre les métiers et la référence aux règles de travail » (2017, p. 41).

Ajoutons que les changements successifs opérés dans la formation initiale des agents hospitaliers les ont éloignés du sens du travail clinique : certaines formations continues ne sont plus le prolongement de bases déjà acquises et ont désormais à en poser les fondements. Pour Gori (2020), la tendance actuelle est d'aller toujours en avant et plus vite : « Il y a un effondrement de l'esprit critique, de la pensée, et c'est ainsi que la psychiatrie est transformée en "hygiène du corps social" et que sa valeur est réduite à la monnaie » (2020, p. 74). Si, comme il l'affirme, le spectre de l'effondrement hante nos civilisations, voyons maintenant ce que la clinique nous apprend de l'état psychique des professionnels de la psychiatrie.

Clinique de la formation en psychiatrie

Notre analyse s'appuie sur une quinzaine de formations dispensées dans diverses institutions psychiatriques de France ces quatre dernières années ; les établissements sont anonymisés tandis que le verbatim des participants est conservé, à partir des notes prises pendant les formations. Car, nous l'évoquions en introduction, les dispositifs d'intervention analytique institutionnelle tendent à se déguiser. Les hôpitaux psychiatriques qui sollicitent notre association n'ignorent pas son ancrage psychanalytique. Leurs demandes, sous forme d'appels d'offre ou parfois d'appels de détresse (Lebon, Taliana et Andres, 2024), nomment « formations-actions » des dispositifs relevant plus de l'analyse institutionnelle que de l'acquisition de savoirs, savoir-faire et savoir-être. Derrière les stratégies d'obtention de financement, facilitée pour des formations-actions et semée d'embûches pour des supervisions, se fait entendre la résistance des institutions psychiatriques pourtant demandeuses de soin. Elles se comportent comme le personnage incarné par Fabrice Lucchini dans *Paris*, de Cédric Klapisch (2008) : il consulte un psychanalyste tout en lui disant qu'il ne croit pas à sa méthode, qu'il ne se fie qu'à « du concret », avant de s'effondrer en larmes. Ces résistances influencent le rapport des professionnels aux espaces de « formations » : ils y viennent parfois avec méfiance ; certains les « boycottent », heurtés par la réponse institutionnelle à leur mal-être (mieux les former au lieu de les écouter). Enfin, certaines formations font vivre des injonctions paradoxales, comme celle-ci, sur la psychothérapie institutionnelle, qui s'ouvre sur ces échanges :

– Je viens pour donner du sens à ma pratique ; depuis quelque temps c'est compliqué : est-ce que c'est l'institution qui déconne ?

– Je viens pour cette formation, après je trouve ça un peu dingue. Non ?

– Cette formation a été demandée parce qu'on remarquait de la maltraitance, mais aussi des forces vives. Actuellement, c'est la mort de l'inter-secteur (pleurs). J'ai besoin de poser mes valises, c'est pour ça que je viens.
– J'ai vu cette formation, je ne peux pas passer à côté, mais comment l'hôpital peut proposer ça ? Moi je ne vois que des soignants qui passent leur temps sur leur portable.
– Au début, j'ai appris auprès de professionnels imprégnés de cette culture, quelque chose m'a été transmis. Là j'ai vu cette formation, j'étais étonné(e)... faut y aller ! Mais comment maintenir vivante cette capacité à donner du sens ?
– Je suis content(e) d'être là pour ne pas baisser les bras.
– J'ai choisi cette formation car mes collègues m'ont conseillé(e), je ne sais pas.
– Je suis infirmier(e) depuis 20 ans. Je n'ai pas d'attente, j'ai baissé les bras.

Perte du sens

L'impression de répondre à une injonction paradoxale est aussi, parfois, la nôtre : comment animer une formation sur la psychothérapie institutionnelle et apprendre, au 3e jour, que l'unité où travaillent des participants du groupe va être subitement fermée et que ceux-ci doivent, le jour même, partir plus tôt pour se rendre à une réunion d'urgence ? Entre sidération et peur d'être « dispatchés », ils dénonceront un décalage entre le discours et les actes.

Nous rencontrons des professionnels désorientés. Lors d'une formation sur le sens clinique en psychiatrie, une assistante sociale dit : « Cette formation me rassure sur ma place, je ne savais plus où me situer, soignante ou administrative ? » ; une psychologue associe sur la perte de la culture commune et la confusion ; une autre ajoute : « Je suis perdue, je ne suis plus missionnée. » Ailleurs, des psychiatres questionnent leur rôle : médecins ou thérapeutes ? Ils se demandent à quoi servent les médecins dans un service, après la pénurie médicale et la redistribution des postes vacants à des psychologues et des infirmiers.

Souffrance indicible

Parfois, la souffrance est palpable mais ne peut se dire. Dans ce groupe qui écoute les formatrices lui restituer des paroles énoncées le jour précédent, les commentaires sont hésitants. L'un se risque : « il y a une fragilité, les choses sont sur un fil, ça peut basculer, on sent la souffrance peut-être ? », et un autre s'exclame « ça transpire la souffrance ! ». Voici une séquence du jour précédent :

– Je suis accablé(e) et malheureux(se).
– Je pense à partir souvent.
– J'avais une appréhension de venir, c'est tellement difficile sur l'hôpital que j'avais pas envie que ça parte dans quelque chose de trop douloureux.
– Des fois, je fais un cauchemar : je me réveille et je suis le seul médecin de l'établissement, la journée va être longue.
– Pour moi c'est venir à reculons, souffrir au quotidien, tenir l'hôpital.
– Oui, ne pas laisser tomber l'hôpital.

Dans cet échange, la crainte de l'effondrement est déplacée sur le dispositif de formation : il faut « tenir l'hôpital », donc ne pas risquer de s'effondrer dans une formation dont l'intitulé invite à penser en groupe. Questionner ce qui s'est passé ou ce qui fait souffrir génère les mêmes difficultés : les professionnels peinent à comprendre ce qui leur est arrivé et restent parfois étrangers à leurs éprouvés. Des images corporelles expriment ce qu'ils vivent ; dans un groupe, une infirmière dit : « Mon corps s'écroule. Je compte partir », une autre enchaîne : « Quand je retourne en service, je suis écrasée. Si je parle de mes émotions en réunion, je vais être détruite ; c'est une machine à broyer ». Le groupe associe sur l'image d'une pieuvre, et chacun exprime sa façon de s'en défendre : « Par rapport à la pieuvre, j'ai décidé de me centrer sur moi, sur ma tâche. Ne plus penser. Le grand collectif, je n'y crois pas. Tout est faussé. L'avenir est sombre. »

Acrasie, fantasmes de mort et angoisses archaïques

Quand l'effondrement a eu lieu sans que le sujet soit là pour l'éprouver (Winnicott, 1974) se pose la question des défenses mobilisées : les soignants ont-ils dû se retirer de leur expérience subjective pour survivre, par clivage au moi (Roussillon, 1999) ? Sont-ils devenus les agents d'une « acrasie paresseuse » (Dejours, 2021), qui les protège, mais contribue à l'effondrement du collectif ? Ainsi cette psychiatre interrompt les échanges : « Mais pourquoi on s'oblige à penser autant ? Moi je n'éprouve aucune nostalgie ! Si on n'est pas content, on peut partir ! »

Les dispositifs de formation deviennent des espaces à symboliser, où les groupes tentent de se représenter ce qui leur est arrivé. L'effondrement se raconte sous forme d'impressions, comme dans cet échange entre médecins :

– C'est pas le modèle gestionnaire le problème dans nos institutions : j'ai l'impression que des choses sont détruites.
– L'outil a été détruit. C'est l'étape d'après. On avait dit que cela ne marcherait pas, et ça n'a pas marché.
– Il y a autre chose. Une époque de bascule, on dirait.
– On en est à mettre en place nous-mêmes des choses qu'on ne voulait pas.
– Il y a un truc qui est plus fort que nous.

Puis la mort apparaît dans les associations :

– Si on portait tous un petit bout de l'hôpital, on y arriverait. J'ai envie de m'inscrire dans un truc, sinon c'est mortifère.
– C'est quoi notre projet médical ? Les dissensions sont sur ça peut-être ?
– Est-ce qu'on porte tous un bout de l'hôpital ?
– Quand tu portes un cercueil y en a toujours un qui fait semblant de porter.
– Ça fait des gros bouts à porter. C'est lourd.

Ainsi le groupe se vit comme un cortège funèbre dont les médecins porteraient, chacun seul, les fragments d'un lourd corbillard. Leur capacité de rêverie est figée et la première nécessité consiste à s'auto-représenter cet état :

– Nos rêves se transforment en cauchemars.
– Nos rêves sont suspendus.
– On doit gérer la crise : y a pas de rêves dans la crise.

Des fantasmes de mort collective traversent les groupes, comme dans cette parole d'une éducatrice : « dans la constellation transférentielle, il y a beaucoup d'étoiles qui s'éteignent ». En deçà des fantasmes s'expriment des angoisses archaïques. Dans un groupe de cadres de santé, le vécu d'effondrement a fragilisé les enveloppes psychiques, au point de ne plus différencier les humains de l'établissement :

– L'hôpital s'effondre alors qu'on fait partie des murs. C'est ça qui est très douloureux.
– L'hôpital s'effondre alors que nous, on tient les murs !
Les décisions des chefs de service (maintenir ou « fermer » des lits) sont envahies par des fantasmes de meurtre mais aussi des angoisses liquéfiantes :
– C'est mieux d'être plusieurs pour plus de patients que seul pour moins de patients. Donc c'est mieux moins d'unités et plus de lits par unité.
– Mais si on fait ça, ça casse le secteur ! On est pris en conflit de loyauté.
– On fait ça pour protéger les équipes, pour pas qu'elles soient dissoutes. Là un service a fermé, les soignants ont été dispatchés, de manière non discutée et définitive. C'est une manière d'éclater des équipes.

Symboliser l'effondrement

Ainsi, nos accompagnements consistent, en articulation avec les thèmes de chaque formation, à soutenir les groupes dans un processus de symbolisation d'une catastrophe qui n'a pas encore été éprouvée : favoriser les capacités individuelles et groupales d'auto-représentation des angoisses et des défenses mobilisées. Les effets de la reprise de mouvements psychiques, gelés par la souffrance institutionnelle, se font entendre, comme chez cette psychologue au deuxième jour d'une formation : « Pour moi il y a quelque chose de difficilement symbolisable. Ça s'est mis en mouvement par une insomnie, une tachypsychie confuse. Il y a une ouverture, un ébranlement. » À l'instar des difficultés à représenter ce qui s'est passé en psychiatrie, les interventions psychanalytiques peuvent générer des impressions confuses sur ce qui est vécu dans le groupe :

– Quelque chose a bougé mais on n'arrive pas à repérer quoi.
– Cela a relancé notre désir, c'est revivifiant.
– Ça fait faire un pas de côté, prendre le temps de questionner, moins se braquer.

Retisser du lien

Dejours évoque la nécessité de créer des « enclaves de résistance » abritant des « pratiques de la démocratie de l'ombre » (2021, p. 62-63) : au sein même d'organisations contrôlées par un management néo-libéral, ces enclaves associent des « chefs » et des équipes dans la résistance. Car résister en psychiatrie consiste bien à retisser du lien entre tous les membres du collectif, cadres et directions comprises, et non à cliver les niveaux hiérarchiques. Les formations de référentiel psychanalytique ont cette fonction : soutenir la restauration d'une capacité de rêverie et d'un désir d'aller vers l'autre. Dans ce bilan de groupe se partagent les projets de chacun :

– Planter des graines chez les collègues. Peut-être en parler avec les médecins ? Ça m'a un peu ouvert les yeux cette formation. Au lieu de traîner ma désillusion, je vais peut-être raccrocher les wagons avec eux, rester dans la mouvance.
– Le dire aux autres. Transmettre, parler. Faire des petites choses et dire pourquoi on le fait. Ne pas faire le hérisson.
– Continuer à se former. Écrire sur notre pratique. Créer des groupes de travail clinique, partager des œuvres en équipe.
Ailleurs, des psychiatres tentent, en bilan, de représenter ce qui a eu lieu dans leurs liens :
– J'ai senti quand même un tissu, une trame collective, même dans les moments difficiles, ça donne de la force, ça apaise.
– Oui, j'ai ressenti une trame, un genre de tapis, de tissu.
– Ici c'était enveloppant, que ce soit dans un groupe où ça puisse… je sais pas, se vivre ?

Inspirés par la célèbre phrase d'André Ruffiot, « on est tissu avant d'être issu » (1981), nous considérons la potentialité dont sont porteurs les dispositifs psychanalytiques de formation en psychiatrie : restaurer le sentiment d'appartenance des professionnels à un collectif soignant, condition de survie à l'effondrement vécu. Nous devons « jouer » avec nos dispositifs, en repenser certains aspects en maintenant leurs fondamentaux. Au sortir d'une formation sur la psychothérapie institutionnelle, les échanges de clôture convergent vers l'expression de Jean Oury, « la moindre des choses » (2001) :

– Il faudrait conserver une éthique du désir.
– J'ai vu des petites flammes qui se ravivaient, j'ai pensé « c'est pas foutu non plus ».
– J'ai découvert le plaisir à travailler ensemble.
– « La moindre des choses », ça nous a vraiment embarqués !
– Ça nous a redonné envie de prendre soin des soignants.

Plus que des contenus, devenus parfois in-transposables dans le quotidien hospitalier, les formations peuvent transmettre un état d'esprit, un souffle de résistance appropriable par les équipes, vivier d'une (re)mobilisation de leur créativité.

« L'entrée en résistance » : modèles et points d'appui

Plusieurs modèles théoriques et historiques montrent les voies d'une résistance référée à la psychanalyse et, dans cette période inédite, il convient aussi d'inventer des modalités de réponse à la souffrance institutionnelle.

L'analyse transitionnelle en formation

Didier Anzieu (1979), se heurtant aux ébranlements du cadre psychanalytique avec des sujets aux pathologies limites, et sensible à la question des enveloppes psychiques, a créé l'analyse transitionnelle. L'attention se porte sur la construction d'un contenant sécure, avant de s'intéresser aux contenus. En effet, dans les interventions en psychiatrie, il devient difficile de commencer et de finir avec la totalité du groupe ; allées et venues, appels téléphoniques et SMS fragilisent le cadre tout en racontant, par l'agir, la fébrilité de l'enveloppe psychique institutionnelle. L'aléatoire et l'absence de continuité sont devenus le quotidien des professionnels et, par ce langage de l'agir, ils le « racontent ». L'agrippement à la sensation kinesthésique, comme survie au vécu de chute sans fin, peut être entendu comme le récit de leur façon de tenir. À l'écoute de ces formes de registre archaïque, les marges des dispositifs de formation peuvent s'élargir : nommer, avec tact, ces mouvements et leur valeur messagère, en tenant compte des injonctions institutionnelles. Quand un soignant commence une formation et, le lendemain, est rappelé sur son service, c'est que le cadre institutionnel ne garantit plus le respect du cadre de la formation ; celui-ci reste donc à construire en appui sur le processus groupal.

La position nostalgique mélancolique (Pinel, 2015)

Dans le modèle gestionnaire en institutions, les professionnels n'ont plus accès à un visage humain représentant les transformations imposées. La disqualification de l'ancien modèle et sa figure charismatique participe à « neutraliser les mouvements de résistance, de contestation et les manifestations d'agressivité adressées » (Pinel, 2015, p. 59). Sans visage pour incarner la violence subie, le groupe retourne la destructivité vers ses propres capacités à penser et à créer. Et les formateurs reçoivent les projections agressives des professionnels, comme dans ce groupe de médecins attaquant tous les apports théoriques proposés pour penser leur état : « Non, ça c'est dépassé ! », « Non, on n'en est plus là ! » Si, dans la cure, résister en disant « non » fait partie du processus thérapeutique (Chabert, 2003), le transfert est aussi à l'œuvre en formation : l'intervenant qui lui, a un visage, incarne un objet persécuteur à qui il devient possible d'adresser son désespoir et sa haine. Le « non », organisateur du développement psychique (Spitz, 1957), permet de sortir de la confusion en posant une frontière entre soi et l'autre.

Une clinique du traumatisme

Le modèle du traumatisme, au sens de l'expérience non-subjectivée d'un effondrement du contenant, avec perte de sens et de confiance dans les mondes interne et externe (Calamote, 2014), nous paraît ici central. Il y a effraction, le traumatisme déborde les capacités de représentation du sujet, comme l'écrit Sándor Ferenczi (1934) : « Le traumatisme est une impression qui n'est pas perçue. » Dans les formations en psychiatrie, des éprouvés émergent souvent sans représentation ; les impressions et sensations des formateurs sont les signes transférentiels que quelque chose se raconte, dans l'attente de pouvoir se représenter en images et en mots.

Histoires de résistances et subversion transitionnelle

Le « chantier » de réanimation psychique en psychiatrie est tel qu'il évoque des moments de l'histoire pouvant servir d'appuis, afin de ne pas sombrer dans la mélancolie. Sous l'occupation nazie, la Résistance s'est organisée sous forme de réseaux, peu à peu coordonnés de façon souterraine. Petites actions, sabotages, passages d'informations et sauvetages : la groupalité fut la condition de la liberté. Sarah Gomez nomme subversion transitionnelle cette forme insolite de résistance en institution. Rappelant les « marches des folles » à Buenos Aires depuis 1977, qui dénoncent chaque semaine les disparitions et tortures sous la dictature militaire, elle montre comment l'analyse des pratiques professionnelles dans une équipe de pouponnière a été le lieu d'une mise en marche résistante par des « aménagements espiègles » de la pratique du quotidien (2018, p. 69). Contournant des injonctions clivantes, ces professionnels ont recréé, par mille « petits » actes engagés, leur solidarité et le sens de leur pratique clinique. Que l'analyste-intervenant soit complice ou témoin d'une telle subversion, l'auteure montre qu'il ne s'agit pas ici de transgresser la loi mais bien de la rétablir.

Qui est l'ennemi ?

La crise en psychiatrie est complexe ; l'erreur serait de cliver les équipes des directions et cadres hospitaliers, car la souffrance est « à tous les étages ». La résistance à un oppresseur sans visage, dont René Kaës a montré « l'absence de répondant » (2012), passe, selon nous, par un travail de tissage de liens autour des interventions institutionnelles, avec l'ensemble des acteurs de la psychiatrie, dont les médecins, cadres de santé, responsables de formation continue, directeurs de services, etc. ; parfois même, invités en réunion de CME, nous accueillons des demandes encore balbutiantes mais aussi les résistances qu'elles soulèvent. Comme l'écrit Delion (2024), ce qui soigne c'est l'humanisation, dans une psychiatrie où l'ennemi serait le fonctionnement en faux-self auquel chacun peut se sentir poussé.

Créativité, art et culture

Enfin, soulignons le rôle central de l'art et de la culture en ces périodes troubles. Dans les formations, des supports artistiques peuvent initier les travaux de groupe. « Embrayeurs d'imaginaire » (Chouvier, 2019), ces extraits de BD, peintures ou courts-métrages, insufflent des représentations dans le vide de la pensée, font émerger des émotions du gel des affects. En décalant le propos, ces médiations rendent les angoisses du groupe tolérables, en plus de la prime de plaisir liée à la beauté de l'art. Inviter les professionnels à restituer leurs travaux sous une forme créative ouvre aussi des perspectives restauratrices : nous avons vu des psychiatres effectuer une « danse macabre » sur le morceau « *Stayin' Alive* », des agents hospitaliers questionner le sens de leur pratique sous forme de saynète humoristique, évoquer leur identité professionnelle par un acrostiche du mot « SOIGNANT » ou représenter leur souffrance au travail au moyen d'un découpage-collage. La capacité de régression vers l'infantile et le réveil d'une sensorialité source de plaisir sont les conditions de la créativité. Si le transfert délirant peut se mouvoir en transfert ludique (Resnik, 1994), il est nécessaire de soutenir, face à la « folie » institutionnelle, les retrouvailles du groupe avec le jeu, l'humour, le corps engagé dans l'action créatrice.

Conclusion

Entrer en résistance, dans les interventions en psychiatrie, demande d'accueillir les défenses de professionnels en état d'épuisement psychique et les résistances institutionnelles aux dispositifs psychanalytiques. Répondre à des appels d'offre de « formations-actions », consacrer de l'énergie à l'obtention de certifications « qualité » comme Qualiopi, afin de continuer à intervenir à l'hôpital : cela relève-t-il d'une *soumission à l'autorité* néo-libérale, d'une compromission ou d'une *collaboration* avec les logiques de l'oppresseur ? Résisterons-nous en désertant ?

Il semble qu'à l'heure où l'effondrement de la psychiatrie a déjà eu lieu, les dispositifs psychanalytiques institutionnels puissent rester vivants en appui sur les modèles de l'analyse mais aussi de la subversion transitionnelle. Leur portée pourra dépendre de la capacité des intervenants-analystes à résister, au sens historique, mais aussi à s'appuyer sur leurs groupalités encore étayantes afin d'élaborer les effets en eux de ces expériences dans les abîmes de la psychiatrie contemporaine.

> Le forestier : « Et si la société se nourrissait de ces pratiques de résistance ?
> Et si nous parvenions peu à peu, dans les souterrains de la pensée à plusieurs, à subvertir chacun le petit bout de monde qui nous entoure ? »
> Christophe Dejours et coll., *L'entrée en résistance.*

Références bibliographiques

Anzieu D. (1979). La démarche de l'analyse transitionnelle en psychanalyse individuelle. Dans R. Kaës (dir.), *Crise, rupture et dépassement* : 184-219. Paris, Dunod.

Appeau A. (2004). *Mort annoncée des institutions psychothérapiques.* Paris, L'Harmattan.

Calamote E. (2014). *L'expérience traumatique. Clinique des violences sexuelles.* Paris, Dunod.

Chabert C. (2003). *Féminin mélancolique.* Paris, Puf.

Chouvier B. (2019). Chapitre 3. Objet médiateur et groupalité. Dans A. Brun et B. Chouvier (dir.) *Manuel des médiations thérapeutiques* : 71-116. Paris, Dunod.

Cloës C. (2011). Que reste-t-il de la psychiatrie ou l'agonie programmée par la loi HPST… d'une philosophie du soin psychique ? *J Psychol 288.*

Dejours C. (2017). La psychiatrie résiste-t-elle au néo-libéralisme ? *Inf psychiatr 93* : 39-42.

Dejours C., Brisson A., Bodin J.-P. (2021). *L'entrée en résistance*. Aix-en-Provence, Éditions Azoé.

Delion P. (2016). *Mon combat pour une psychiatrie plus humaine*. Paris, Albin Michel.

Delion P. (2024). La psychiatrie est une médecine politique. *Carnet Psy 269* : 5-7.

Del Volgo M.-J. (2022). De la maltraitance au soin déserté. *Pratiques 99* : 40-42.

Ferenczi S. (1934/1982). Réflexions sur le traumatisme. *Psychanalyse 4 :* 139-147. Paris, Payot.

Golse B. (2023). *La pédopsychiatrie aujourd'hui. Ce que les enfants risquent de perdre*. Paris, Odile Jacob.

Gomez S. (2018). Se voir mourir et après… ? De la position mélancolique à la subversion transitionnelle, formes insolites de transformation de la déshumanisation aux confins de la conflictualité. *Canal psy 128* : 66-71.

Gori R. (2020). *Et si l'effondrement avait déjà eu lieu ? L'étrange défaite de nos croyances*. Paris, Les liens qui libèrent.

Kaës R. (2012). *Le mal-être*. Paris, Dunod.

Lanquetin J., Tchukriel S. (2014). Regards sur une clinique infirmière de la proximité. Dans M. Sassolas (dir.) *Défense de la clinique en psychiatrie* : 169-187. Toulouse, Érès.

Lebon C., Taliana N., Andrès A. (2024). La « fabrique de l'intermédiaire » en groupe de formation dans la psychiatrie d'aujourd'hui. *Divan Fam 52 :* 69-84.

Oury J. (2001). *La psychothérapie institutionnelle*. Paris, Éditions du Champ Social.

Pinel J.-P. (2015). La position nostalgique mélancolique, un interrupteur des processus de transmission du cadre et des dispositifs institutionnels. *Rev Psychothér Psychanal 65* : 55-68.

Pinel J., Gaillard G. (2020). *Le travail psychanalytique en institution : manuel de cliniques institutionnelles*. Paris, Dunod.

Resnik S. (1994). *Espace mental*. Toulouse, Érès.

Roussillon R. (1999). *Agonie, clivage et symbolisation*. Paris, Puf.

Ruffiot A. (1981). Appareil psychique familial et appareil psychique individuel. Hypothèse pour une onto-éco-genèse. *Dialogue 72* : 31-43.

Sassolas M. (2004). *Malaise dans la psychiatrie*. Toulouse, Érès.

Spitz R. (1957/1962). *Le non et le oui. La genèse de la communication humaine*. Paris, Puf.

Winnicott D.W. (1974). La crainte de l'effondrement. *Nouv Rev Psychanal 11* : 35-44.

TITRE – *La crainte de l'effondrement en psychiatrie : défenses et résistances*

RÉSUMÉ – À partir d'une clinique de la formation en institution, les auteures questionnent l'état de la psychiatrie française. Démontrant que les professionnels souffrent d'un effondrement psychique collectif qui a déjà eu lieu, au sens winnicottien, sans avoir été éprouvé, elles soutiennent la nécessité d'accompagner un processus groupal de symbolisation au sein des dispositifs de formation. L'analyse des défenses, mais aussi des résistances à la psychanalyse dans ces espaces, leur permet de convoquer des modèles théoriques étayants (l'analyse transitionnelle, la position nostalgique-mélancolique et la subversion transitionnelle), tout en montrant l'appui nécessaire sur la groupalité des intervenants-analystes et leur capacité à retisser du lien au sein des institutions. La construction d'un cadre qui ne va plus de soi, dans une pratique de formation devenue clinique du traumatisme, est interrogée au même titre que le recours à l'histoire, l'art et la culture.

MOTS-CLÉS – psychiatrie, formation, acrasie, institution, traumatisme, analyse transitionnelle, résistance.

TÍTULO – *El temor al derrumbe en psiquiatría: defensas y resistencias*

RESUMEN – A partir de una clínica de la formación en las instituciones, las autoras cuestionan el estado de la psiquiatría francesa. Al demostrar que los profesionales padecen un desmoronamiento psíquico colectivo que ya ha tenido lugar, desde una perspectiva winnicottiana, sin ser comprobado, ellas plantean la necesidad de acompañar un proceso grupal de simbolización al interior de los dispositivos de formación. El análisis de las defensas y también él de las resistencias al psicoanálisis en esos espacios, les permite convocar a modelos teóricos que apuntalan (el análisis transicional, la posición nostálgica-melancólica y la subversión transicional), y mostrar el apoyo necesario a la grupalidad de los ponentes-analistas y su capacidad para recomponer el vínculo al interior de las instituciones. La construcción de un marco ya desfasado, y una práctica de formación devenida clínica del traumatismo, son tratadas como así también el recurso a la historia, al arte y a la cultura.

PALABRAS CLAVES – psiquiatría, formación, acrasia, institución, traumatismo, análisis transicional, resistencia.

Toute référence à cet article doit être indiquée comme suit : Lebon, C., Andres A., Maccariello-Garcia F. (2025). La crainte de l'effondrement en psychiatrie : défenses et résistances. *Rev Fr Psychanal 89*(1) : 77-89

Jusqu'ici, tout va bien (sur la psychanalyse en institution)

Wilfried Morice*

22 rue Saint-Paul, 75004 Paris – wmorice@outlook.fr

Article reçu le 09/07/2024 – accepté le 05/08/2024

TITLE – *So far, everything is going well (on psychoanalysis in institutions)*

ABSTRACT – Referring to a personal experience of the violent rejection of psychoanalysis by an institution and to the general observation of its decreasing representation and influence in the spheres of care and academia, the author looks at the sources of this unleashing of destructiveness. The institution, at the crossroads of the individual and the collective spheres, is a privileged object of study. Although there are a considerable number of analysts practising in these institutions, authors tend to devote little attention to them. The attachment to the Freudian method, promoted and deployed from *The Interpretation of Dreams* onwards, of working against resistances and remaining subservient to the dimension of infantile sexuality, nonetheless provides a release from certain resistances, from which the analysts themselves are not immune. "Putting Freud to work", and particularly the contributions of *Civilization and its Discontents*, renews the observation that narcissism in its mortifying dimension is at the source of this destructive dynamic. The ways in which resistance is expressed in, to, of and by psychoanalysis and psychoanalysts can thus be described.

KEY WORDS – institution, resistance, narcissism, metapsychology, discontent.

Si, pour l'heure du moins, le cabinet du psychanalyste demeure préservé, il en va fort différemment des institutions qui se réfèrent à sa méthode. Chacun peut témoigner de violentes expériences de proscription de la psychanalyse d'institutions soignantes ou universitaires. L'état calamiteux de la psychiatrie publique fait l'objet d'une médiatisation soutenue. Le manque de moyens pécuniaires est invariablement mis en avant. Sans doute à raison. Mais nous soutenons que la perte de sens du soin est bien plus délétère. L'indigence conceptuelle et épistémologique sur laquelle reposent nombre de pratiques soignantes, de *dispositifs* et d'*orientations stratégiques* est en grande partie à l'origine de ce naufrage. Depuis les années 1960, « les recherches en neurosciences n'ont abouti, ni à la mise au

* Psychanalyste, médecin responsable du Centre Psychanalytique Smirnoff (Paris).

point d'indicateurs biologiques pour le diagnostic des maladies psychiatriques ni à de nouvelles classes de médicaments psychotropes » (Gonon, 2011, p. 56). Ainsi des équipes soignantes en dérive gèrent l'inflation alarmante de patients subissant une contention physique, tandis que le temps passé à alimenter l'insatiable *logiciel de gestion des patients*, fruit des exigences sécuritaires et normatives, vampirise la pratique. Face à cette faillite régressive de l'entendement, d'aucuns investissent le militantisme, l'action politique, d'autres le prosélytisme radiophonique. Ce n'est pas notre objet.

Aucune immunité à l'endroit de l'ubiquitaire refoulement. Il impose un incessant travail. La « méthode » de Jean Laplanche – « remettre Freud au travail, faire travailler (grincer éventuellement) son œuvre, en travaillant avec elle » (Dejours et Votadoro, 2016, p. 10) –, si elle n'apporte aucune garantie définitive, permet tout au moins d'éviter de s'engager *ab initio* dans le sillage d'une résistance, littéralement au fondement de toutes les autres. Celle-ci se manifestant depuis les débuts – cf. le conflit qui opposa Freud et Jung – consiste à lâcher sur la dimension du sexuel infantile. Une relecture de Freud s'impose donc. Il a laissé des ressources propres à penser les phénomènes culturels d'un pouvoir épistémique inégalé. Résister, dans ce cas, c'est se soustraire au précepte goethéen repris par Freud – « Ce que tu as hérité de tes pères, acquiers-le pour le posséder » (Freud, 1912-1913a/1998, p. 379) – et tenter de s'affranchir du parcours laborieux d'acquisition de la méthode freudienne. La lutte contre les résistances, celles inhérentes au matériau palpé et celles propres au travail de l'analyste – s'agissant de Freud, élaborées au travers de la rédaction de *L'interprétation du rêve* – engendre l'analyste. Aussi Laurence Kahn exprime-t-elle un regret : « Malheureusement, beaucoup d'analystes sont engagés dans des lectures post-freudiennes, oubliant les routes ouvertes par le retour à Freud des années 50 » (Kahn, 2005, p. 212). La référence abusive à un structuralisme langagier tenu pour alpha et oméga de l'inconscient en constitue l'illustration la plus répandue. De même, la captation étymologiquement immédiate, parfois en droite ligne transférentielle, de concepts issus de publications plus contemporaines, jugées avantageusement assimilables, procèdent volontiers de la résistance à l'œuvre freudienne, sa méthode et ses exigences. La fréquence d'une lecture de Winnicott tenant la dimension sexuelle à distance s'avère en cela fort représentative.

Résistance dans, résistance à, résistance de la psychanalyse

La résistance contracte des expressions variées qui se combinent et se renforcent. La clarté du propos requiert une exposition distincte.

La résistance, c'est d'abord la résistance *dans* l'analyse. Elle lui est consubstantielle. Elle œuvre dans la cure. Elle est ce que l'analysant oppose à l'accès à son inconscient par ses paroles et par ses actes. La règle fondamentale infère cette opposition à son mouvement et « Il n'est de résistance du patient qu'à l'insistance de l'analyse, insistance à ce qu'on ne s'en tienne pas là, à ce qui s'immobilise dans le symptôme, et particulièrement dans la cure à cette modalité de symptôme qu'est le transfert » (Favez, 1974, p. 199). Cette résistance est de la responsabilité de l'analyste et repose sur ce que l'on nomme sa technique analytique. Elle a progressivement été élaborée par Freud comme l'axe central du travail d'analyse, dans la pratique et la théorie de la pratique.

La résistance *à* la psychanalyse est permanente et manifeste. Freud dès 1910 s'est senti « obligé d'atténuer les espoirs. La société ne se hâtera pas de nous conférer de l'autorité, il faut bien qu'elle nous oppose une résistance, puisque nous adoptons à son égard une attitude critique. Ne l'accusons-nous pas, en effet, d'être, en grande partie, responsable de l'apparition des névroses ? Nous nous faisons un ennemi de l'individu auquel nous révélons ce qui est refoulé en lui et, de même, la société ne peut voir d'un bon œil que nous mettions à nu, sans nul égard, ses défectuosités et les dommages qu'elle cause. Parce que nous détruisons les illusions, on nous accuse de mettre en péril les idéaux » (Freud, 1910d/1953/1994, p. 30). Ladite société a déployé depuis, avec l'assimilation, un procédé plus insidieux que le refus véhément. Elle fonde sans doute la menace la plus considérable pour la psychanalyse, lui faisant perdre ses « crocs à venins », selon l'expression de Laurence Kahn. Ces stratégies d'évitement de l'irrecevable sont plurielles. Au rang desquelles s'inscrit la nébuleuse des thérapies verbales « inspirées par », mais déniant la considération de la dimension transférentielle. Le sort que réserve le discours courant au lexique psychanalytique occupe une place de choix. La vulgate freudienne constitue une véritable digestion. Les termes sont ponctionnés, vidés de leur acception première. *Œdipe* est métamorphosé en un petit garçon amoureux de sa maman et *hystérique* en une insulte.

Une résistance *de* la psychanalyse contre les résistances *à* la psychanalyse s'avère donc dialectiquement nécessaire. Un antagonisme à des forces extérieures qui peuvent la mettre en danger et auxquelles elle doit résister. De virulentes attaques émanant d'autres champs du savoir se font jour répétitivement (ouvrages, émissions de radio, documentaires). Le constat de l'actuelle et considérable vigueur de ces dernières suscite une indignation partagée. À cette émotion succèdent volontiers des rationalisations projectives. Des motifs socio-économiques, politiques sont alors incriminés. Certes, mais en demeurer à ces réactions outrées constituerait à coup sûr une modalité de résistance à apprécier en analyste ce qui est fondamentalement à l'œuvre. Ce serait contribuer au maintien à bonne distance des racines pulsionnelles du phénomène. Cela se publie pourtant et des amalgames entre militantisme politique et psychanalyse s'opèrent de plus en plus communément.

D'autres résistances doivent être considérées. Parmi elles, une résistance *de* l'analyse indispensable à sa survie, réfrénant sa propre entropie. Plus elle progresse vers l'originaire, plus la résistance s'exacerbe. Ainsi François Gantheret indique qu'« il n'est de résistance de l'analyse qu'à cette force d'inertie qu'elle rencontre. [...] L'analyse se ressource à sa résistance. » Il précise, « la nécessité intrinsèque d'une résistance de l'analyse "dès l'origine", une résistance de l'analyse à elle-même, comme "processus auto-immunitaire" d'emblée installé contre une autodestruction sans cesse menaçante » (Gantheret, 2002, p. 49).

Malaise dans l'institution

Institutions et psychanalyse marchent nécessairement de guingois. L'institution, « un mal nécessaire ! », disait J.-B. Pontalis. Nos associations analytiques de formation et de recherche ne donnent pas moins que d'autres prise aux résistances. Leur contribution au tournant, qui s'est opéré depuis les années 80, menant à la chute de l'influence de la psychanalyse et à la fin de la domination quasi exclusive du paradigme freudien doit être considérée. Le mouvement psychanalytique ressent le besoin légitime et nécessaire de s'encadrer, se faire connaître aux yeux du monde, conforter son sentiment interne d'existence, en répondant au souci de légitimer son corpus théorique et sa pratique et « espérer un surcroît d'autorité » (Freud, 1910d/1953/1994, p. 23). En s'instituant donc, le risque pour la psychanalyse n'est-il pas sa propre trahison ? Des temps favorables à son essor ont donné lieu à la promotion de champs d'application originaux et à de nombreuses nouveautés conceptuelles. Ce foisonnement serait-il paradoxalement et partiellement assimilable à une forme de résistance ?

La situation universitaire mériterait attention. Ce développement concernera toutefois la condition des institutions de soins psychiques. Leur variété de pratiques et d'approches théoriques ne sera pas envisagée, dans la perspective spécifique de démasquer le sexuel infantile là où il paraîtrait le plus absent. Singulièrement sujettes au déploiement de résistances à bas bruit, leur situation s'avère paradigmatique.

Du point de vue de l'institution, les rationalisations s'adossant à des considérations politiques, économiques ou sociologiques s'y trouvent en effet plus rétives à être débusquées, retorses à l'interprétation. La pratique de la cure s'origine d'un dispositif, celui que Freud institue, suspendant la rationalité usuelle au profit de l'attention flottante : « éviter de laisser s'exercer sur sa faculté d'observation quelque influence que ce soit et se fier entièrement à sa mémoire inconsciente » (Freud, 1912e/1953/1994, p. 62). Les *Conseils* sont explicites. Cependant, en institution, l'analyste est engagé dans une position intermédiaire. Il a davantage à se soucier des contingences matérielles et administratives (évaluations comptables, normes de sécurité et d'hygiène, etc.). Ces éléments donnent prise à la résistance. Car l'analyste, s'il évolue par essence dans une sphère d'inconfort, des pressions, des incitations extérieures rencontrant son trouble peuvent étayer des mouvements phobiques ou de réassurance narcissique. Du fait de ces rapports plus tangibles avec des éléments de la réalité, leur structure socialement et juridiquement reconnue, leurs usages (secrétaire, salle d'attente collective, locaux impersonnels), les institutions s'éloignent de l'intimité du cabinet de l'analyste et du sentiment d'étrangèreté qu'il génère. Ces éléments contextuels, plus habituels et potentiellement rassurants, sont propices à la fixation des résistances du fait de leur génie à investir toute aspérité du cadre et s'y fixer. Pour certains patients, le fait de s'adresser à une institution peut relever d'une stratégie défensive inconsciente. Il n'est pas rare, au moins en début de traitement, d'assister à des tentatives de latéralisation du transfert sur ce cadre spécifique. Dans un registre phobique, il peut être surinvesti en tant que garde-corps au colloque singulier avec l'analyste. Le secrétariat, les patients croisés peuvent constituer les destinataires privilégiés de ce qui s'énoncera ailleurs qu'en séance. Revendiquer la présupposée fonction soignante d'un établissement pour étayer une position passive ou victimaire constitue un autre exemple. De plus, les traitements menés en gratuité tiennent à distance les enjeux libidinaux autour du paiement. Les absences aux séances sont alors plus délicates à rapporter au cadre du travail. Maintenir un créneau non utilisé par le patient constitue, en cabinet, une question technique habituelle. Mais en institution, la voie est plus étroite. La résistance qui s'exprime à cet endroit peut rencontrer des éléments circonstanciels, tel un afflux de nouvelles demandes de traitement qui peuvent conduire l'analyste à céder plus aisément. Aussi, que penser par exemple d'un praticien qui n'exercerait qu'en institution ? Ne trouverait-il pas l'opportunité de détourner sur celle-ci son évitement de la conflictualité ? Enfin, plus retors et incontournables sont les phénomènes de dilution du contre-transfert négatif sur l'institution qui peuvent s'exprimer par des retards, des absences, l'induction de conflits dans une équipe ou de manière plus souterraine par un surinvestissement de tâches non cliniques, d'enseignement ou organisationnelles. Ils nécessitent un travail constant d'élaboration.

Une expérience clinique institutionnelle

Les références au champ des pratiques institutionnelles ne sont assurément pas des plus fréquentes dans la littérature psychanalytique, surtout au regard du nombre appréciable d'analystes y prenant part. Pourtant les textes « culturels de Freud sont de la manière la plus aiguë des textes cliniques » (Kahn, 2005, p. 212). L'expérience qui suit rallie cette logique. Elle ne rend pas compte, cela s'entend, de la variété des modes d'exercice et de références théoriques qui président en institution. Elle constitue fondamentalement une expérience clinique.

En moins d'une année, un établissement prenant en charge des enfants dans lequel nous exercions a vu sa pratique et ses fondements s'effondrer. Cette expérience, syntone au climat de scepticisme – voire de rejet – visant la psychanalyse, a vivement sollicité la réflexion qui suit. Face au brutal renforcement des résistances de cette institution, de ses dirigeants et de ses tutelles administratives, nous nous sommes particulièrement interrogées sur la part prise par ces résistances contre l'action de l'analyse en tant que pourvoyeuse d'un progrès dans la culture. Cet enjeu majeur nous a semblé dépasser les murs de l'institution, car notre outil princeps, l'activité interprétante, se trouve limitée, voire stérilisée dans ses effets par l'impossibilité d'en formuler quoi que ce soit (absence d'adresse, de demande et de souci de la vérité). Il s'agit pour l'analyste de demeurer confiant en sa méthode et, conjointement pour l'analyse, de ne pas s'en trouver affadie, détériorée, dénaturée. Résister, donc.

Créé en 1970, période d'effervescence créative, co-dirigé par un médecin psychiatre et psychanalyste et employant des psychanalystes à ce titre, il fonctionnait sur le modèle de la psychanalyse institutionnelle. Le départ en retraite du co-directeur a été l'occasion d'une modification de l'organigramme. Une nouvelle directrice revendiquant des « connaissances thérapeutiques » aussi bien qu'administratives, pour tout dire omnipotente, fut nommée par un conseil d'administration prônant des valeurs progressistes et se disant « favorable à la psychanalyse (!) ». Notons au passage la vigilance particulière qu'il s'agit d'observer vis-à-vis de ceux qui nous disent leur franche sympathie envers nos convictions, notre savoir et, dans le même mouvement, nous invitent à nous « moderniser », arguant d'un caractère jugé obsolète, désuet, de notre cadre. Qui n'a pas entendu « La psychanalyse c'est incontournable, c'est une richesse. Vive l'œcuménisme psychothérapeutique !... Mais une séance par semaine c'est bien suffisant, voyons ! Et votre file active, elle va devoir augmenter » ? Les directives qui ont alors pu être instaurées sont aujourd'hui communément bien identifiées. La répétitivité de leur scénario ne peut manquer de faire apparaître ce qu'elles doivent à la perversion. Ces dernières, sous couvert d'arguments comptables et de *rationalisation des procédures*, furent imposées sans élaboration ni concertation pluridisciplinaire parce que relevant, disait-on, de « l'urgence à répondre aux critères des accréditations ». Les conséquences sont inexorables, parmi lesquelles la souffrance au travail, en particulier pour les professionnels les plus engagés, souffrance liée à une perte de sens des pratiques alors brutalement établies plutôt qu'instituées selon le sens promu par François Tosquelles. L'interchangeabilité des intervenants étant promulguée, les éducateurs chargés d'exercer des « missions éducatives » – avec ce que cela suppose de négation du transfert – perdirent la constance relationnelle avec les patients. Les psychologues durent réaliser des évaluations, les psychiatres des prescriptions, ces dernières devant être majorées à fin de contention vis-à-vis de passages à l'acte de plus en plus violents et nombreux au sein de l'institution (le transfert, encore). S'ensuivit une multiplication des arrêts de travail puis des démissions, enfin le recrutement de professionnels dont la pratique préconisait le développement de stratégies adaptatives.

Freud, institutions, résistance et narcissisme

Freud a vigoureusement soutenu la création de cliniques psychanalytiques. Il ambitionne la mise en place de sanatoriums dès 1911. Il en a rapidement déterminé les intérêts. Ces établissements pourraient garantir l'indépendance de la jeune psychanalyse vis-à-vis de la médecine et de l'université qui lui sont alors surtout hostiles. Elles permettraient la formation d'un nombre plus conséquent d'analystes et l'accès aux traitements à une population plus large. S'il n'a pas spécifiquement théorisé la pratique psychanalytique en institution, l'apport freudien éclaire sans nul doute les phénomènes en jeu, pour peu, suivant son modèle, que l'on accepte de cheminer entre ses fulgurances et ses impasses pour se repérer dans un mouvement contre les résistances.

Quand il publie les *Trois essais sur la théorie sexuelle* en 1905, Freud prend le risque de bousculer les convenances. Promouvant la sexualité infantile au fondement de la vie psychique, la parution des *Trois essais* lui valut, selon Ernest Jones, injures et insultes. Pour autant, l'inassimilable, l'aspect scandaleux des *Trois essais* ne résident pas en la mise en avant des manifestations de la sexualité infantile : il n'y a « rien dans ce livre que n'aient su de tout temps parents, nourrices et éducateurs » (Gribinski, 1998, p. 11). Le scandale plus fondamental est ailleurs, la sexualité infantile que Freud met à jour qui est l'invention de la psychanalyse ne s'observe pas directement. Ce « sexuel de la sexualité infantile » (Suchet, 2024, p. 20) ne s'organise pas en un mouvement processuel d'intégration des différentes pulsions partielles, lequel centré par et sur les zones érogènes est tendu vers la sexualisation-désexualisation œdipienne et les sublimations qui s'ensuivent. L'analyse met à jour un autre aspect de la vie sexuelle, « un aspect violent et destructeur. Elle dénature en quelque sorte la sexualité infantile, elle dévoile qu'elle abrite dans son ombre un sexuel sauvage qui demeure, lui, en toute circonstance inacceptable. [...] Ce sexuel intraitable n'évolue pas, ne se modifie pas, il est dominé par l'excitation » (Suchet, 2018, p. 43). *Les Trois essais* portent au gré des ajouts récurrents de notes de bas de page le malaise en germe.

Dans « Les Résistances à la psychanalyse », publié en 1925 en français dans *La Revue juive*, Freud réaffirme la source de la résistance. Ce sont « l'horreur de l'inceste [...] qui s'exprime directement et sans entraves par un désir sexuel » et le puissant désir de meurtre qui survivent à « la période primaire » (Freud, 1925e [1924]/1979, p. 180). Ainsi, plus le refoulement des pulsions sexuelles et meurtrières est puissant, plus la résistance est vive. S'agit-il là d'une évidence, d'un truisme ? Pourquoi cette nécessité ressentie chez les analystes de lire et de relire Freud, alors ? Au début de cet écrit, il convoque « le petit enfant », « le croyant », « le paysan ». Chez tous il constate le même trouble qu'il rapporte à « la dépense psychique que le nouveau exige ». Il poursuit : la psychanalyse est l'objet « d'éclats d'indignation, de raillerie, et de mépris ». Aussi, pour que les résistances atteignent cette intensité, il a fallu que « la psychanalyse ne mette pas en jeu que des résistances intellectuelles ». Elles reçoivent le soutien de « forces affectives » considérables. Cette dimension affective « explique leur caractère passionné et l'insuffisance de leur logique. Le cas se présente ainsi : en collectivité, l'homme se comporte à l'égard de la psychanalyse exactement comme le névrosé en traitement ». Il ajoute : « C'est une lourde tâche que d'avoir pour patient le genre humain tout entier » (*ibid*, p. 181). Car, pour qu'il y ait civilisation, il est imposé à l'individu de renoncer à ses pulsions sexuelles et agressives. Elle le contraint « à vivre psychologiquement au-delà de ses moyens » (*ibid.*, p. 179), vu les faibles contreparties proposées, « ses besoins instinctifs, non satisfaits, subissant la pression constante des exigences de la civilisation » (*ibid.*, p. 179). Cette question sera ressaisie cinq ans plus tard.

À l'approche de sa conclusion, Freud rappelle qu'il a déjà indiqué, en 1917, dans « Une difficulté de la psychanalyse », que « l'interprétation psychanalytique des rapports du moi conscient à l'inconscient tout-puissant constituait, pour l'amour-propre humain, une sérieuse humiliation » (Freud, 1925e [1924]/1979, p. 181). Cette dernière qualifiée de psychologique venant engendrer, après Copernic et Darwin, un troisième choc narcissique à l'humanité. Le sentiment d'humiliation enjoint donc à considérer le narcissisme en tant que source de la résistance continue et indépassable à la psychanalyse.

Le malaise dans la culture s'ouvre sur ce thème du narcissisme, s'appuyant sur une conception de la haine et de l'agressivité antérieure à 1920 et à l'introduction de la pulsion de mort. Dans son dialogue avec Romain Rolland, Freud décrit le narcissisme une nouvelle fois comme la réponse de l'enfant à l'illimité de sa détresse. Face à son impuissance absolue, l'enfant réagit par un sentiment d'omnipotence. L'objet, par son existence même, par l'écart qui le constitue, fait obstacle à cette toute-puissance. La haine, née de cette frustration, s'oriente vers cet objet qui résiste à l'inclusion narcissique. Cette haine qui émane du moi tend à supprimer ou à éviter tout ce qui s'oppose à la domination illimitée du narcissisme. La haine pour l'objet, pour tout ce qui sépare, pour tout ce qui le renvoie aux limites, à ce qui échappe, cette haine située au cœur du narcissisme fait de celui-ci un pôle de destructivité.

Freud dans *Malaise* confronte son hypothèse de la pulsion de mort à l'analyse de la « psychologie collective ». Pour autant il y exclut, et c'est essentiel, que cette dernière soit totalement dégagée de la pulsion libidinale : « Le sexuel est présent là même où on le croirait absent » (André, 1995, p. 12). L'apport essentiel de l'essai concerne l'agression interne. Son projet consiste à « mettre en avant le sentiment de culpabilité, comme le problème le plus important de la culture et de montrer que le prix à payer pour le progrès est une perte de bonheur de par l'élévation du sentiment de culpabilité » (Freud, 1930a [1929]/1995/2002, p. 77). « Nous saisissons la pulsion de mort d'autant plus difficilement que d'une certaine manière nous ne la devinons derrière l'Éros que comme un reliquat, et qu'elle se dérobe à nous là où elle n'est pas trahie par son alliage avec l'Éros [...] même là où elle survient sans visée sexuelle, y compris dans la rage de destruction la plus aveugle, on ne peut méconnaître que sa satisfaction est connectée à une jouissance narcissique extraordinairement élevée, du fait qu'elle fait voir au moi ses anciens souhaits de toute-puissance accomplis » (*ibid.*, p. 63).

Malaise met en perspective le narcissisme-moi-haine avec la dimension du collectif. Cela appelle à concevoir la haine envers la psychanalyse dans ce qu'elle incarne, ce qu'elle actualise dans les transferts – singuliers ou collectifs – comme relevant d'une détresse, d'une rage infantile. Quand il est question de la violence d'une tutelle administrative, de la direction d'un établissement, ou plus largement de la société, face à l'analyse, c'est de narcissisme qu'il est question. Ainsi la dimension phobique qui a pu être évoquée ailleurs ne suffit absolument pas à rendre compte de la rage destructive qui opère vis-à-vis de la psychanalyse en institution. C'est se tromper de topique et d'enjeu que de penser ce rejet dans un registre phobique. Car c'est situer la problématique dans un domaine névrotique. Or l'angoisse de castration est pourvoyeuse de progrès culturel.

L'objet psychanalyse par son existence même, irrite. Il nuit à l'*optimisation*, à la *rationalité comptable*. Il déclenche des forces d'anéantissement, un transfert haineux. C'est cette « jouissance narcissique extraordinairement élevée » qui se situe à la base des phénomènes de rejet les plus violents de la psychanalyse en institution. Les exigences administratives et règlementaires contemporaines immodérées, insatiables, adossées à des conceptions scientistes, sont des désirs infantiles. Un enfant nostalgique d'un temps mythique où son narcissisme lui conférait l'illusion de jouir sans limite et sans manque, de tout et de tous dans un scénario polymorphiquement pervers. Un enfant à qui la civilisation, la prééminence du chiffre, du quantifiable, aidé en cela par la révolution informatique et des techniques de communication, a imposé une répression telle de ses pulsions sexuelles et agressives que le malaise larve a bel et bien muté en « grave maladie » (Green, 1993, p. 1030).

Jusqu'ici tout va bien

Les progrès dans la vie de l'esprit ont amené aux conditions de l'invention et du développement de la psychanalyse. Embrassant l'évolution culturelle, elle y a depuis grandement participé. Littérature et critique littéraire, arts plastiques, cinéma sont continuellement empreints de références analytiques. Par ce procès même la psychanalyse crée les conditions de sa propre destruction. Le malaise menace aussi bien l'analysant, l'analyste, l'institution, la société. Le sexuel infantile par sa dimension pulsionnelle constitue une source continue d'excitation. Son excès, son reliquat agissent. Posant les conditions du dévoilement de et à cette source continue d'excitation, l'analyse, qui prétend de plus à sa diffusion dans la culture devient elle-même violemment indésirable, objet à rejeter. Les institutions, les masses « se comportent comme l'individu, et la résistance à la psychanalyse est autant culturelle qu'individuelle » (Suchet, 2018, p. 48).

Il y a trente ans, dans la scène finale de *La haine*, Hubert raconte : « C'est l'histoire d'une société qui tombe, et qui au fur et à mesure de sa chute, se répète sans cesse pour se rassurer : jusqu'ici, tout va bien... jusqu'ici tout va bien... jusqu'ici tout va bien. Mais l'important, c'est pas la chute, c'est l'atterrissage », conclut-il (Kassovitz, 1995). Cette déclinaison, en mode cité, de l'ajout apporté en conclusion du *Malaise*, sonne sinistrement d'actualité. 1931, 1995, 2024, ne s'agirait-il pas de prendre acte d'une continuité de la chute, d'une « permanence du malaise », selon les mots de Pontalis ?

Pour autant, contre l'évidence des faits, l'espoir semble invariablement devoir demeurer primordial pour le plus grand nombre. Les analystes n'apparaissent pas épargnés. Serait-ce un indépassable, un point de butée pour la pensée ? Un clivage fonctionnel ? André Green peut ainsi conclure sa remarquable réflexion sur *Malaise dans la culture* : « Au milieu de tant de raisons de s'inquiéter, on trouve aussi, perdu dans la masse des signes négatifs, quelques indices qui peuvent susciter, sinon l'espérance, du moins consolation » (1993, p. 1056). Cette opinion peut être rapportée à ce qu'écrit Freud en 1910 : « La situation n'est pas aussi désespérée que l'on serait aujourd'hui tenté de croire. Quels que soient les sentiments et les intérêts humains, l'intellect est, lui aussi, une puissance » (Freud, 1910d/1953/1994, p. 30). Une vingtaine d'années plus tard, les événements de l'Histoire et les drames personnels passés, il reconnaîtra la singulière légèreté de la raison face aux passions humaines. « L'espérance », « la consolation » constitueraient-elles des dénégations ? Pour le moins, ce sont des expressions de la résistance. Cette attente croyante en des jours meilleurs – quand tout indique la pérennité de l'inhumain toujours agissant – et la pratique de ce métier impossible seraient-elles consubstantielles ? Le transfert sur l'analyse, l'amour de la vérité qui en procède s'accommoderaient-ils du maintien d'une part d'illusion mégalomaniaque, d'une foi dogmatique dans le succès du travail de culture ? Œuvrer à ce dernier fonde la tâche et le devoir du psychanalyste. Mais semblable à vider un océan à la petite cuillère, cette activité doit-elle reposer sur une illusion ? Un renoncement lucide ne serait-il pas analytiquement plus juste ?

À l'instar du sexuel infantile, la finitude humaine, celle des institutions ne se laisse pas approcher sans soulever de fortes réactions affectives. Elle engendre des monceaux d'indignation, un puissant rejet. Toutefois, regardant sans utopie la réalité, ce qu'elle a d'implacable, le psychanalyste ne s'en trouve-t-il pas plus libre ? Se référant à la devise de la Hanse, Freud détermine qu'analyser est le but même. René Diatkine a pu rapporter : « Dans toute mon adolescence et mon jeune âge, j'ai considéré le dernier mot de Candide comme une mesquinerie de petits propriétaires. Et maintenant je pense que c'est une métaphore progressiste » (1993, p. 1027). Les institutions dont nous avons hérité, il faut les acquérir contre les résistances.

Références bibliographiques

André J. (1995). Préface. Dans S. Freud (1930a [1929]/1995/2000). *Le malaise dans la culture* : V-XVIII. Paris, Puf.

Dejours C., Votadoro F. (dir.) (2016). *La séduction à l'origine. L'œuvre de Jean Laplanche*. Paris, Puf.

Diatkine R., Baranes J.-J., Gibeault A. (1993). Être psychanalyste en 1993 : entretien. *Rev Fr Psychanal 57*(4) : 1019-1027.

Favez G. (1974). La résistance de l'analyse. *Nouv Rev Psychanal 10* : 193-202.

Freud S. (1910d/1953/1994). Perspectives d'avenir de la thérapeutique analytique. *La technique psychanalytique* : 23-34. Paris, Puf.

Freud S. (1912-1913a/1998). Totem et tabou. *OCF.P*, XI : 189-385. Paris, Puf.

Freud S. (1912e/1953/1994). Conseils au médecin sur le traitement analytique. *La technique psychanalytique* : 61-71. Paris, Puf.

Freud S. (1915c/1988). Pulsions et destins de pulsion. *OCF.P*, XIII : 163-185. Paris, Puf.

Freud S. (1925e [1924]/1979). Résistances à la psychanalyse. *Nouv Rev Psychanal 20* : 173-182.

Freud S. (1930a [1929]/1995/2002). *Le malaise dans la culture*. Paris, Puf.

Gantheret F. (2002). Résistance de l'analyse (la résistance, à l'origine). Dans C. Chabert, F. Gantheret, M. Gribinski. *Résistances* : 45-61. Paris, Association Psychanalytique de France.

Gonon F. (2011). La psychiatrie biologique : une bulle spéculative ? *Esprit 11* : 54-73.

Green A. (1993). Culture(s) et civilisation(s), malaise ou maladie ? *Rev Fr Psychanal* 57(4) : 1029-1056.

Gribinski M. (1998). Préface. Dans S. Freud. (1905d/1989). *Trois essais sur la théorie* sexuelle : 9-20. Paris, Gallimard.

Kahn L. (2005). *Faire parler le destin*. Paris, Klincksieck.

Kahn L. (2014). *Le psychanalyste apathique et le patient postmoderne*. Paris, Éditions de l'Olivier.

Kassovitz M. (1995). *La haine* [film].

Suchet D. (2018). Encore sauvage ou la force du sexuel infantile. *Annuel de l'APF 1* : 43-58.

Suchet D. (2024). *Le sexuel la vie durant. Histoire et actualité du sexuel et de la sexualité infantile*. Toulouse, Presses Universitaires du Midi.

TITRE – *Jusqu'ici, tout va bien (Sur la psychanalyse en institution)*

RÉSUMÉ – Se reportant à une expérience personnelle de rejet violent de la psychanalyse d'une institution et au constat général de la chute de sa représentation et de son influence dans les sphères soignantes et universitaires, les sources de ce déchaînement de destructivité sont recherchées. L'institution au carrefour de l'individuel et du collectif constitue un objet d'étude privilégié. Au regard du nombre appréciable d'analystes qui y exercent, il est plutôt peu investi par les auteurs. L'attachement à la méthode freudienne, promue et déployée dès *L'interprétation du rêve*, de travail contre les résistances et demeurant asservie à la dimension du sexuel infantile accorde pourtant un dégagement vis-à-vis de certaines résistances, dont les analystes ne sont eux-mêmes pas préservés. « Faire travailler Freud » et particulièrement les apports du *Malaise dans la culture* renouvelle l'observation d'un narcissisme dans sa dimension mortifère aux sources de cette dynamique destructive. Des modalités d'expression de la résistance dans, à, de, par la psychanalyse et les psychanalystes peuvent être ainsi décrites.

MOTS-CLÉS – institution, résistance, narcissisme, métapsychologie, malaise.

TÍTULO – *Hasta aquí, todo va bien (sobre el psicoanálisis en las instituciones)*

RESUMEN – Relacionando una experiencia personal del rechazo violento del psicoanálisis en una institución y la constatación general de la caída de su representación e influencia en las esferas sanitarias y universitarias, los orígenes de tal descarga de destructividad son estudiados. La institución, cruce de lo individual y de lo colectivo, constituye un objeto de estudio privilegiado. En relación con el número importante de analistas que ejercen en las mismas, el tema es poco tratado por los autores. El apego al método freudiano, promovido y desarrollado a partir de *La interpretación del sueño*, trabajo contra las resistencias que permanece dominado por lo sexual infantil, brinda sin embargo apertura frente a ciertas resistencias, y los analistas no son preservados. "Hacer trabajar a Freud" y particularmente los aportes del *Malestar en la cultura*, renueva la observación de cierto narcisismo en su dimensión mortífera, base de la dinámica destructiva. Algunas modalidades expresivas de la resistencia, en, de, y por el psicoanálisis y los psicoanalistas pueden entonces ser descritos.

PALABRAS CLAVES – institución, resistencia, narcisismo, metasicología, malestar.

Toute référence à cet article doit être indiquée comme suit : Morice W. (2025). Jusqu'ici, tout va bien (Sur la psychanalyse en institution). *Rev Fr Psychanal 89*(1) : 91-102

Le complexe héroïque : une réponse de résistance aux situations désespérées en psychiatrie

Yannick MILLEUR *

48 rue Raulin, 69007 Lyon – milleuryannick@hotmail.fr

Article reçu le 15/07/2024 – accepté le 05/08/2024

TITLE – *The heroic complex: a resistance response to desperate situations in psychiatry*

ABSTRACT – In the current context of a major crisis in psychiatry, and faced with the despair and exhaustion spreading through the teams, several forms of unconscious resistance may emerge, aimed at safeguarding the collective and the individuals or both simultaneously. Within the caring group, what the author calls the heroic complex is then mobilized. When a catastrophic care situation threatens to expose patients to negligence or abuse, one or several members of the group are moved by an urge to resist and irrepressibly and temporarily take on the role of the ideal, thus becoming the herald of the collective, by proposing an ultimate solution. The author highlights several forms and vicissitudes of the heroic complex, examining its clinical interest, its symboligenic conditions of existence, its limits, and the goal to which it tends: the reinstatement of an ideal and a protective superego, with the aim of refounding the primordial scene of care.

KEY WORDS – resistance, hero, heroic complex, psychiatry, crisis, team.

> Incapable de sortir lui-même des conflits que lui impose
> la structure de la société à laquelle il appartient,
> l'individu confie l'exécution de l'acte tabou au héros.
> Pierre Boudrot, *Le héros fondateur.*

Les logiques de résistance communautaires

En un quart de siècle à peine, les conditions de pratique en psychiatrie ont considérablement évolué, et ce pour plusieurs raisons : la durée d'hospitalisation s'est considérablement raccourcie, le renouvellement des soignants a précarisé le travail d'équipe ainsi que la transmission du savoir-faire. L'ancienneté soignante

* Analyste en formation à l'Institut de Psychanalyse de Paris de la SPP. Docteur en psychopathologie et psychologie clinique.

dans un service de psychiatrie peut aujourd'hui se réduire à moins de cinq années. De plus, à la pénurie des médecins s'est ajoutée celle des infirmiers, des assistantes sociales et bientôt celle des psychologues, en réponse à une exigence croissante des institutions qui tentent elles-mêmes de maintenir, à moyens financiers constants, le traitement croissant de l'afflux de la patientèle. Cette obligation de résultat à court terme, vouée à libérer de la capacité d'accueil, a corrélé l'attente *d'efficacité* à celle de *rapidité* du traitement, impliquant un puissant appel à des méthodes réputées plus efficientes et moins complexes à maîtriser que la psychanalyse. Cette dernière a de tout temps cohabité avec d'autres approches thérapeutiques et il faut envisager que le basculement récent de l'idéologie du soin hospitalier soit lié à une dimension bien plus profonde qu'une « attaque de la psychanalyse » ; symptôme que nous pourrions nous réapproprier de manière hâtivement solipsiste.

En effet, l'« hypermodernité » (Kaës, 2012, p. 82) caractérise les formes d'un « Malêtre » (*ibid.*, p. 82-95) propres à notre société : hyperstimulation, hyperdéveloppement, hypercommunication, hyperconsommation, prolifération, radicalisation. Cet accroissement implique une accélération du temps et une culture de l'excès, dues au développement de la technologie, des médias, de la virtualité et à l'immédiateté généralisée de la jouissance. D'autre part, elle s'explique par le dérèglement, la dérégulation et la pulvérisation des limites qui soutenaient les repères identificatoires, les organisateurs et régulateurs sociaux, économiques et politiques, désormais fragilisés. L'impact sur la transmission intergénérationnelle est considérable et ébranle un point de jonction essentiel : la *reconnaissance mutuelle du sujet naissant par son groupe* et inversement, *du groupe par le sujet* qui en portera le projet idéal. Les alliances se défont, laissant apparaître « une disjonction de l'individu avec la communauté » (*ibid.*, p. 87).

La résistance par la force

Ainsi l'affaiblissement de la capacité d'accueil en psychiatrie se situe en deçà des affrontements idéologiques, mettant en évidence une absence de « répondant institutionnel » des instances (*ibid.*), elles-mêmes traversées par une profonde déliaison issue d'une dynamique sociale plus large. Il existe un écart majeur entre les mutations rapides de notre société et la capacité de traiter la souffrance humaine qui en découle. Les changements idéologiques constituent alors une tentative d'absorption des excès qui débordent le système, via des méthodes d'évaluation et de contrôle des quantités, qui tentent d'absorber le déficit initialement causé par l'accroissement de la demande.

Cette réaction de défense pourrait se concevoir comme *une première résistance contre la désorganisation* visant à réguler un « processus sans sujet » (*ibid.*), en résolvant l'écart entre l'excès de quantité (de malades) et l'excès de déficit (pécuniaire), dans le but de conserver l'organisation et la régulation collective du soin. Cette première forme de reliaison entraîne néanmoins une perte qualitative, en favorisant la simplification et l'opérativité du processus psychothérapique, notamment dans le but d'infléchir la *temporalité du soin* en écourtant sa durée au maximum. Les techniques, les théories et « l'objet de soin » lui-même en sont profondément modifiés, perçus comme un gain d'efficacité là où une *régression téléologique de la méthode* apparaît à ceux qui conçoivent l'Inconscient comme une découverte anthropologique majeure. Cette résistance implique en effet : un renforcement positif et un attachement à la conscientisation, afin de maintenir les pactes dénégatifs sur la pression pulsionnelle inconsciente ; une défense contre le *négatif*, accentuant le risque de ses multiples retours ; la non-prise en compte de la causalité subjective infantile et la limitation de la régression dans le soin ; et enfin l'attachement aux procédures et non au processus. Dans ces conditions, le soin s'obsessionnalise grâce à une idéologie qui prône le renforcement du moi en intensifiant les défenses refoulantes, elles-mêmes ignorées, visant un désaveu de l'intériorité.

La méthode, progressiste, est indissociable de son contexte et se soutient chez les soignants d'une dynamique héroïque, herculéenne, consistant à trouver la force brute de traiter l'intraitable ou de supporter l'insupportable, afin que la communauté survive à l'éclatement psychotique. La scène psychiatrique promeut alors des méthodes de soin « rééducatives », mais qui interdisent ou limitent avec force rigidité les excès d'expression (de la folie), en « recadrant » systématiquement les débordements.

Pourtant, cette solution choisie pour son efficacité demeure coûteuse, car elle relègue ou néglige les considérations qualitatives – affectives, infantiles et historiques – de la vie subjective propre à chaque patient. Le soin ne conçoit plus la vie intime comme un levier thérapeutique. Pour les soignants, saturés, la souffrance subjective des patients devient insupportable et potentialise leur propre mal-être institutionnel. Cherchant à le neutraliser, ils peuvent en devenir négligents, voire maltraitants, tombant dans le piège transférentiel de rejouer la problématique traumatique inconsciente des patients au sein du service : dans son souci de se protéger, l'équipe formule des demandes excessives et mal maîtrisées de médication, d'enfermement ou encore d'expulsion des patients les plus malades, renforçant le discours institutionnel qui vise à « libérer rapidement ces derniers pour éviter la chronicité ». Peut ici s'engager une réelle *perversion du soin* qui prône la libération du patient pour se libérer du problème.

La résistance par aporie ou la désertion

Ce constat peu rassurant s'appuie sur les trois piliers d'un contexte en dégradation progressive des conditions de soin en psychiatrie, doublé d'un manque de considération pour l'origine psycho-affective de la souffrance subjective, le tout sous couvert d'une relativisation qui agit comme une déresponsabilisation collective.

Ce *procès* institutionnel suit son cours. Les plaintes et dénonciations dont il fait l'objet n'ébranlent pas son avancée. Les professionnels fuient de service en service, ou bien quittent leur métier initial, laissant des postes vacants. Il s'agit d'une logique de *désertion* graduelle, qui s'institue collectivement, et dont la finalité doit nous interroger. Nous pourrions ainsi considérer que cette fuite désordonnée soit en fait composée d'individus pourvus d'une force particulière : celle de tout quitter, révélant une mécanique dont la processualité inconsciente construit ou réalise un but collectif à venir. En effet, au-delà du constat désespérant auquel elle oblige, n'a-t-elle pas aussi le mérite d'installer une *limite par aporie*, indiscutable, à la dérive institutionnelle ? Peut-être faut-il y voir une *résistance commune du bon sens humain*, résistance du moi face à une déliaison aveuglément imposée, qu'aucun sursaut surmoïque protecteur n'est venu retenir, et dans laquelle « faute de combattants, il faudra cesser le massacre ». Cette désinscription de masse impose la nécessité d'un changement radical : un remaniement de l'idéal, au service du principe d'inscription psychique : une refondation.

Ainsi, si la première forme de résistance collective contre l'éclatement sacrifie l'individu, la seconde provoque l'avarie du système, sauvant l'individu en rongeant la communauté. Dans les deux cas, la disjonction entre sujet et collectif demeure effective, alors que la plainte des patients, grossie par celle des soignants, réclame la potentialité d'une liaison salvatrice entre de nombreux sujets en quête de la reconnaissance d'un groupe, et celle d'une groupalité qui s'enrichirait de l'accueil de ces âmes en déréliction.

Nous ferons donc l'hypothèse d'une troisième voie de résistance, visant la réinstauration collective d'un *principe surmoïque* protecteur et interdicteur, initiée par une croyance partagée en un idéal de soin qui s'érige comme *contre-investissement* de la tendance psychique meurtrière et éradicatrice, jusqu'ici cooptée comme solution (exclure, recadrer, faire taire, etc.). Le tableau de la bipolarité que nous allons présenter illustre la problématique à laquelle peut se trouver confrontée une équipe.

Une traversée bipolaire, entre Charybde et Scylla

La souffrance institutionnelle actuelle en psychiatrie pourrait bien être de nature mélancolique, oscillant entre des tendances maniaques et des rechutes qui anéantissent les soignants. Évoquer la situation de Mme M., patiente chronique et maniaco-dépressive, permettra de considérer sa problématique comme porte-symptôme du service où elle est soignée. L'équipe est saturée par sa présence. La dynamique de résistance passera par l'intensification du suivi sur plus de huit mois.

Ses cheveux sont gris-blanc, son visage est émacié, il ne lui reste plus que quelques dents. Mme M. est très maigre, raide et semble mal habiter son corps. Il faut l'aider pour effectuer sa toilette. Elle est bien coiffée, habillée de son pyjama bleu de l'hôpital, et arpente le couloir du service dans un sens puis dans l'autre, le regard dans le vide. Son équilibre apparent n'est cependant qu'une façade fragile.

Elle est âgée de 58 ans, hospitalisée sous contrainte depuis de nombreuses années pour un trouble bipolaire très sévère, pharmaco-résistant. Elle a eu deux enfants avec lesquels le lien est rompu depuis longtemps. Elle est séparée de leur père. Son hospitalisation a débuté lorsque sa sœur aînée est décédée brutalement. Une seconde décompensation suivit la naissance de son premier enfant. Comme le lui assénait sa mère, elle aurait mieux fait de mourir à la place de sa sœur.

Son diagnostic a évolué à partir d'une « schizophrénie dysthymique », puis « paranoïde », en « bipolarité avec éléments psychotiques », puis les rechutes se sont succédé entre phases maniaques agressives et phases mélancoliques, associées à un délire de ruine, des idées morbides et un état dissociatif important. Ces dernières années, l'alternance entre les épisodes mélancoliques et maniaques s'est faite plus franche. Les rechutes correspondent à des dates anniversaires. Les traitements ont accompagné cette évolution par leur nombre. S'ensuivit un sevrage complet pour intolérance au traitement. Elle subit alors une électro-convulsivothérapie qui fut bénéfique un temps. De son incurabilité émergea plus récemment une suspicion de détérioration neurologique, qui fut finalement écartée.

La succession des phases d'humeur de Mme M. se présente comme suit : elle est insultante, hurle et frappe certains patients hommes, ou parfois des soignants. Elle est agitée, les yeux exorbités. Un sourire maniaque la défigure. La chambre d'isolement est souvent requise. Puis, après avoir sombré dans un état dépressif stuporeux, elle remonte la pente et son discours s'éparpille, se désorganise, incohérent. Suit un état délirant, qui laisse place à des troubles obsessionnels de comptage répétitif qui pourront durer plusieurs semaines. Puis, elle parvient à retrouver un équilibre fragile au sein du service, partiellement reconnectée à la réalité. Elle veut reprendre sa vie d'avant, sortir et demande à revoir son ex-compagnon. Il l'a quittée il y a plusieurs années. Le manque, l'angoisse et l'agitation ressurgissent. Cycliquement, Mme M. montre de maigres tentatives pour retrouver un certain plaisir, mais la mémoire de ses douloureuses pertes déclenche une recherche de ses objets d'amour passés, tentée qu'elle est de les rejoindre dans la haine passionnelle ou dans la stupeur mortifère et anorectique de son lit qui risque toujours de l'emporter.

Au moment qui nous intéresse, l'équipe allait très mal, en sous-effectif, prise entre départs, arrêts-maladie et conflits. Mme M. plongeait alors dans une profonde catatonie. Saisissant, le vide cadavérique de son regard noir et de son visage éteint, déclenchait la frayeur chez certains soignants qui avaient l'envie de fuir ou d'achever cette confrontation insupportable. Les soins furent alors vécus comme un « acharnement thérapeutique » et une partie de l'équipe qui la croyait réellement mourante demanda d'interrompre le fastidieux nourrissage quotidien qui la tenait en vie, proposant un accompagnement « de fin de vie ». Les soignants étaient en fait traversés par de puissants vœux de morts inconscients envers Mme M. Le risque de passage à l'acte était palpable. Il fut donc question de s'opposer vigoureusement à cette proposition. Le psychologue et le médecin posèrent ensemble un impératif de suivi intensif, à l'image d'un *acharnement psychothérapeutique* nécessaire. Durant huit mois, il fut dit à l'équipe de se centrer spécifiquement sur Mme M. de parler d'elle dans les espaces disponibles, de favoriser la multiplicité des soins (somatiques, nursing, groupaux), impliquant tout un chacun. Pour soutenir cette intensivité, le psychologue proposa des entretiens trois fois par semaine. La répugnance générale à ce travail imposé augmenta, marquant un déplacement de la haine initialement centrée sur la patiente, vers les cadres.

De plus, il fallut neutraliser les effets dissociatifs liés à la diffraction, en incitant les soignants à unifier leurs réactions éparses et contradictoires, pour infléchir les incohérences de Mme M. De plus, une représentation graphique de son fonctionnement anarchique fut affichée en salle de soin, ce qui plut. Ce schéma apporta une cohérence et réduisit les réactions contradictoires. L'angoisse de Mme M décrut. Apercevant des signes de changement, le *plaisir à l'ouvrage* croissait dans l'équipe, redoublant sereinement l'obligation de soigner.

In fine, l'intensité de la présence soignante accéléra le cycle des fluctuations d'humeur de Mme M., jusqu'à ce que ces dernières se succèdent sur moins d'une semaine, imposant *d'adapter le cadre* régulièrement : souvent, la patiente ne pouvait tenir les entretiens dans un bureau et le lieu de la rencontre fluctuait. Tantôt je la cherchais, tantôt elle revenait me chercher après avoir erré : entre chambre, couloir, salon, parc, un lien commençait à entamer son indifférence aux autres.

À six mois de traitement, une *montée maniaque* se métamorphosa subitement. Empreinte d'une tension corporelle extrême, les yeux écarquillés, Mme M. cherchait à frapper. Je lui présentais alors ma main, qu'elle se mit à taper sèchement avec le plat de sa main, répétitivement, évoquant les claques qu'elle donnait à certains hommes. Son visage était crispé et ses yeux plissés comme si elle allait pleurer, ressemblant à une terre craquelée de crevasses asséchées, sans que l'eau ne vienne. Les défenses maniaques cédaient, l'effondrement n'était pas loin et Mme M. reprit les coups de plus belle. Puis le rythme vif de sa main ralentit, laissant place à une qualité de contact agréable que ma main amortissait. L'intensité des chocs diminuait et son corps se détendait. Le frottement répété de nos deux peaux donnait une impression de douceur. Les mains se complétaient, en cadence, s'épousant dans un rebond de plaisir un peu déstabilisant. Sa surtension disparut. Elle fit mine de partir, s'arrêta, fit volte-face et se mit à pleurer, ses yeux plantés dans mes yeux. Se reprenant, elle se remit à taper, puis pleura un peu plus. Avec les séances, les sanglots devinrent rauques, puis profonds. Son corps semblait incarner enfin la tristesse que la vie n'avait pas pu lui laisser atteindre.

In fine, une période chaotique, qui devait être la *période résolutive de la crise*, suivit, faite d'une alternance rapide de phases en « giboulées », où colère, pleurs, comptages, violences et folie se mêlaient. Une sexualité autoérotique débridée apparut. Nous étions perdus, les soignants entraient en conflit autour d'elle. Les unes avaient de la peine, les autres étaient à bout. Je me mis à douter sérieusement de la manœuvre engagée. Une semaine plus tard, le chaos avait cédé et contre toute attente la patiente était redevenue, selon les dires de l'équipe, « absolument normale ». Elle montrait un intérêt pour les autres que nous ne lui avions jamais connu, elle se souvenait de sa vie et invoquait des histoires passées, s'émouvait, se projetait dans l'avenir. Elle ressentait la douleur et voulait des consultations. Cet état stable dura plusieurs mois, plus longtemps que nous ne l'aurions imaginé. Il était encore permis d'espérer.

La résistance par la communauté de l'épreuve

Aussi surprenant que cela paraisse, notre proposition consisterait donc à unir deux difficultés majeures de la psychiatrie actuelle, pour en tirer une solution conjointe : envisager une forme intensive de traitement des patients les plus gravement atteints, afin de trouver une issue à la crise des équipes soignantes que provoque un contexte institutionnel prodigieusement délétère. L'intrication mutuelle de ces deux dimensions, l'une permettant la résolution de l'autre et réciproquement, apporte par *l'épreuve d'une réalité commune* doublement *imposée, de soigner* et de *se soigner*, la refondation d'une dynamique de soin où la portée psychanalytique qui manque cruellement reprend sa place. Cette refondation a lieu comme un événement espéré, au nom d'un impératif de résolution induit initialement, au service d'une promesse de changement, qui vise le patient tout en étant présentée à l'équipe comme servant aussi ses intérêts et son accomplissement propres : réaccéder à l'idéal inconscient de *guérir* un patient pour lequel toute attente était déçue par avance. Il s'agit donc d'un paradigme singulier qui remobilise la *scène originaire du soin* et anime à nouveau son idéal, alors que les tendances psychiques meurtrières et défensives battent leur plein. Il convoque un fantasme de groupe messianique, nous laissant envisager qu'il puisse se soutenir d'une mythologie héroïque inconsciente, qu'en certaines circonstances la situation catastrophique impose de convoquer.

Le complexe héroïque

Selon Freud (1923b/1991), « le héros est celui qui a fait une grande action, celui qui a mis fin à une situation où l'humanité ne voyait plus de solution ». P. Bourdot ajoute que le héros « peut intervenir au moment où la société se constitue, quand il s'agit de l'organiser, ou précisément en temps de crise, lorsque son organisation est menacée ou troublée » (2002, p. 177). De plus, la position héroïque est un « pôle d'attraction pour les pensées flottantes et les sentiments confus ; elle est aussi un principe d'action [qui] aide les […] groupes d'hommes à prendre conscience d'eux-mêmes » (Hubert, 1919, p. LXIX). Enfin, pour O. Rank, « le héros existe aux yeux d'un peuple parce qu'il incarne symboliquement la réalisation de son rêve collectif » (1909/1983, p. 39) : au travers du roman familial, le meurtre du père de la horde primitive permet de retrouver les parents idéaux perdus (*ibid.*, p. 95).

Lors de notre réflexion, nous avons envisagé trois formes d'héroïsme (il en existe davantage) qui incarnent trois formes de résistances face au désespoir : la première est celle de la puissance, *herculéenne*, de soignants qui promeuvent la position de force comme solution aux excès de débordement.

La seconde, celle de la désertion collective face à l'absurde, pourrait être *camusienne.* Elle prône un héros révolté, qui affirme sa dignité humaine en suivant ses propres convictions. Ce dernier reconnaît et refuse l'absurdité de la vie (Camus, 1951), pris entre une quête de sens et un univers irrationnel et indifférent. Ce soignant peut tout quitter pour retrouver une solidarité perdue.

Enfin, la troisième forme d'héroïsme est *odysséenne* par sa quête collective, son voyage initiatique et peut-être *prométhéenne* par l'humanité qu'elle tente de rendre à une rencontre affectée entre ceux qui veulent (se) soigner et ceux qui pourraient guérir, en reprenant le feu des hommes à la foudre olympienne déchainée.

Ces trois formes sont paradigmatiques de ce que nous appellerons un *complexe héroïque*, dont l'émergence s'impose comme solution à une situation désespérée.

Il faut alors que quelqu'un, souvent un leader naturel ou désigné (mais pas nécessairement), trouve la force de résister, de se dresser contre l'effondrement ou l'acte tragique, et de rassembler l'équipe en imposant un plan de bataille, avec la conviction disparue que d'une manière ou d'une autre, la noirceur, la violence ou l'envahissement de la pathologique monstrueuse à traiter subira une défaite, un refoulement ou une métamorphose. Nous la qualifions d'héroïque, non pas parce qu'elle convoque une quelconque gloire ou reconnaissance, qui en est seulement l'après-coup populaire, mais bien parce qu'elle se soutient d'un idéal et d'une forme d'identification rassembleuse et résolutive qui, par un déni de l'impuissance, porte à croire à nouveau dans la quête. « Le héros incite au dépassement de soi, à l'oubli de sa personne, en transformant son partisan en acteur » (Hubert, 1919, *ibid.*).

Quelles que soient sa forme consciente et les dénégations ou condamnations que nous porterions à cette idée, *l'idéal d'une guérison absolue* demeure la forme inconsciente active soutenue par l'impératif asymptotique de toute tâche primaire du soin.

La position héroïque s'activerait donc chez un ou plusieurs membres du groupe soignant, en contrepoint ou *contre-investissement* d'une puissante force pulsionnelle au pouvoir négativant, tel que le désespoir ou la survenue d'une catastrophe ; tout comme le délire, l'hallucination ou la puissance maniaque saisissent le patient quand il sent que tout destin possible lui a définitivement échappé. Cette *impulsion de résistance*, véritable sursaut de *refus* face à la pulsionnalité menaçante, surgit aussi lorsque se produit la transgression de tabous fondamentaux, comme contre-investissement primaire des tendances pulsionnelles incestueuses, meurtrières ou extinctives. Alors, mythologiquement parlant, advient *l'hybris* selon lequel l'homme outrepasse (réellement ou dans l'intention) les lois divines, s'octroyant la jouissance réservée aux dieux. Ceci a pour effet d'éveiller ce contre-mouvement relatif aux demi-dieux, celui du complexe héroïque qui rétablira l'équilibre. Touché au vif par ce soubresaut, le soignant tomberait en quelque sorte *malade* de la situation, ou serait *affecté d'une illusion*, à la manière dont avant lui la fièvre du marasme ou de la haine ont pu envahir l'équipe en déréliction. Le complexe héroïque est une folie qui émerge en groupe et qui se constitue au contact de la psychose comme sa solution hallucinée. Subséquemment, cette poussée pourra dépasser le porteur en l'égarant – au risque de se brûler les ailes – ou bien lui appartenir. Ce ressaisissement sur un plan symbolique demande une maîtrise qui fera de lui le *héraut* du groupe, pour lequel il sera tout à la fois le messager et le modèle identificatoire, lui valant d'être coopté comme un leader transitoire. En ce sens, l'idéal du héros vise la réhabilitation d'un principe surmoïque post-œdipien disparu.

Le complexe touche à sa fin lorsque le but est considéré comme atteint ; que le groupe a trouvé une nouvelle base de fonctionnement ; ou encore qu'il a échoué. Le complexe est à la fois une complication et une potentielle solution symboligène par sa mise en travail, qui attend sa liquidation afin de représenter et de transmuer ce qui l'agit si totalement.

Nous l'avons dit, cette position est délicate à promouvoir. Elle constitue un état fragile qui unit à nouveau d'un seul tenant, telle la scène mythologique de l'Argos, l'équipage et ses héros, la chimère monstrueuse et le patient à sauver. Mais pour que l'élan perdure, une quête doit survenir, qui suivra un certain nombre de conditions nécessaires.

En ceci, ce voyage ressemblerait davantage dans sa durée, sa méthode exploratoire et son but, à une Odyssée plutôt qu'aux travaux d'Héraclès. L'analogie guerrière s'arrête donc là où notre considération embrasse le symptôme comme une néoformation indispensable, à laquelle le patient souscrit et dans laquelle une part de sa subjectivité est engagée. Il ne s'agit donc ni de l'attaquer de front, encore moins de la détruire, mais d'envisager qu'il faut tout de même puiser la ressource du combattant pour soutenir le traitement dans la durée.

L'héroïsation est un processus, et la relation thérapeutique avec Mme M. montre comment l'un de ses symptômes principaux permet une transformation exemplaire : sa violence envers les hommes se déplace sur la scène d'une main qui frappe celle du thérapeute. Ce dernier suspecte déjà que la compulsion de répétition puisse tendre vers d'autres destinées affectives, qui se tapissent derrière la haine : le plaisir et la tristesse. L'érotisation de cette séquence rythmique laisse progressivement place à un toucher sensuel, tendre, qui fournit un point d'appel pour que la haine bascule vers son opposé. La régression qui s'installe momentanément permet alors à l'amour latent rattaché aux objets perdus d'émerger. Cette corrélation confuse entre amour et perte ressurgit et se traite par les pleurs :

> Ah ! l'on peut oublier, mais non pas se guérir,
> Du mal d'aimer ainsi qu'on se guérit de vivre ;
> Je veux aimer toujours et pleurer sans mourir ;
> Le vrai malheur c'est d'être aimé quand on veut vivre.
> Alfred de Musset, *La nuit de mai.*

Le processus d'endeuillement s'engage, en oscillations psychiques, sur le fil qui relie douleur et soulagement.

Éléments pour une refondation du soin

Nous proposons maintenant de mettre en évidence un certain nombre de préceptes qui, en psychiatrie, diffèrent de notre conception habituelle du dispositif psychanalytique. En premier lieu, V. Kapsambelis nous rappelle que face à la psychose « l'interposition objectale » (2020, p. 15) devient un principe nécessaire qui impose la rencontre au patient, si l'on veut que l'investissement psychique advienne *hic et nunc*, et peut-être un jour un transfert. Dans notre affaire d'équipe, cet impératif d'investissement progrédient de l'autre s'impose aussi aux soignants par les leaders qui en appellent à la tâche primaire du soin. Cette dernière permet de retrouver une alliance structurante et de différencier le malade, reconnu en tant qu'humain, de sa maladie.

La seconde condition de notre paradigme est de *renverser le rapport de la parole et de l'acte*, tout comme le psychodrame peut le faire. Il s'agit en effet de produire l'expérience de cette possibilité, afin que le transfert soignant sur la pensée, la réflexion et la recherche de sens, retrouve *de facto* de sa vigueur, et la parole qui le soutient de son pouvoir d'énonciation.

Une troisième condition tient à ce que l'action soit *imposée à l'équipe complète* comme un devoir commun de réussite et une promesse tout à la fois, en contrepoint des scissions d'équipes.

Quatrièmement, le patient choisi pour cette aventure sera *le plus difficile*, le plus rejeté ou le plus craint. Ce pas de plus finit d'installer le complexe héroïque en faisant de *l'impossible un devoir d'accomplissement* dont naîtra le désir de soigner. Il faut d'ailleurs noter que souvent, comme il est coutume d'y insister, ce patient est déjà le patient-symptôme de l'équipe, qui lui renvoie le fidèle reflet des failles de son cadre ; ce qui doit être annoncé comme partie intégrante du travail à réaliser. Ces deux temps corrèlent le retournement en son contraire de la haine en amour au fondement du lien social (Freud, 1923b/1991), ainsi que le renversement sur la personne propre.

Par cet ensemble de *réversions*, on obtient les conditions d'accès à une scène originaire du soin, de laquelle pourra renaître un plaisir de fonctionnement, suivi d'un désir de renouveler l'expérience qui consiste à entretenir la poursuite de l'énigme psychologique. Car le vecteur principal de la quête que méconnaît d'abord l'équipe reste la découverte affective et inconsciente du sens qui organise la psychopathologie de la scène. Cette dimension originaire, énigmatique, refait surface tout au long de la traversée, alors qu'elle est d'emblée là comme méthode des meneurs, proprement psychanalytique, et nourrit l'identification processuelle qui permettra au patient de retrouver un destin à sa condition.

Références bibliographiques

Boudrot P. (2002). Le héros fondateur. Séminaire de l'École Doctorale. *Hypothèses* : 167-180. Paris, Éditions de la Sorbonne.

Camus A. (1951). *L'homme révolté*. Paris, Folio.

Freud S. (1923b/1991). Le moi et le ça. *OCF.P*, XVI : 255-301. Paris, Puf.

Hubert H. (1919). Préface. Dans Czarnowski S. *Le culte des héros et ses conditions sociales : Saint Patrick, héros national de l'Irlande*. Travaux de l'année sociologique : I-XCIV. Paris, F. Alcan.

Kaës R. (2012). *Le Mal-être.* Paris, Dunod.
Kapsambelis V. (2021). *Le schizophrène en mal d'objet.* Paris, Puf.
Musset A. de (1835). La nuit de mai. *Les nuits.* Paris. Éditions L. Conard.
Rank O. (1909/1983). *Le mythe de la naissance du héros.* Paris, Payot et Rivages.

TITRE – *Le complexe héroïque : une réponse de résistance aux situations désespérées en psychiatrie*

RÉSUMÉ – Dans le contexte actuel de crise majeure de la psychiatrie, face au désespoir et à l'épuisement qui gagne les équipes, plusieurs formes de résistances inconscientes peuvent émerger, visant à sauvegarder le collectif, les individus ou encore les deux simultanément. Au sein du groupe soignant est ainsi mobilisé ce que l'auteur propose de nommer le *complexe héroïque.* Lorsqu'une situation de soin catastrophique devient une menace de négligence ou de maltraitance pour les patients, un ou plusieurs membres du groupe sont traversés par une impulsion de résistance et s'érigent de manière irrépressible et transitoire en place d'idéal, se faisant ainsi *hérault* du collectif, en proposant une ultime solution. L'auteur met en évidence plusieurs formes et devenirs du *complexe héroïque*, en examinant son intérêt clinique, ses conditions d'existence symboligènes, ses limites, ainsi que le but auquel il tend : la réinstauration d'un idéal et d'un surmoi protecteur, visant la refondation de la scène originaire du soin.

MOTS-CLÉS – résistance, héros, complexe héroïque, psychiatrie, crise, équipe.

TÍTULO – *El complejo heroico: una respuesta de resistencia a situaciones* desesperadas *en psiquiatría*

RESUMEN – En el contexto actual de crisis mayor de la psiquiatría, frente a la desesperanza y al agotamiento que hacen mella en los equipos, varias formas de resistencias inconscientes pueden emerger, y apuntan a proteger al colectivo, a los individuos o ambos a la vez. Al interior del grupo sanitario se moviliza lo que el autor da por llamar el complejo heroico. Cuando una situación de cuidado catastrófica se torna en amenaza de negligencia o de maltrato para los pacientes, alguno o varios miembros del grupo están imbuidos por el impulso de resistir y se erigen de manera irreprimible y transitoria como espacio del ideal, convirtiéndose entonces en heraldo del colectivo, proponiendo una última solución. El autor pone en evidencia varias formas y transformaciones del complejo heroico, examinando el interés clínico, sus condiciones de existencia simboligénica, sus límites, y también la meta a la que tiende: reinstaurar un ideal y un superyó protector, apuntando a la refundación de la escena originaria del cuidado.

PALABRAS CLAVES – resistencia, héroe, complejo heroico, psiquiatría, crisis, equipo.

Toute référence à cet article doit être indiquée comme suit : Milleur Y. (2025). Le complexe héroïque : une réponse de résistance aux situations désespérées en psychiatrie. *Rev Fr Psychanal 89*(1) : 103-113

DOSSIER : PSYCHANALYSE ET HISTOIRE

Dossier coordonné par Anne Ber-Schiavetta, Nicolas Gougoulis et Benoît Servant

Présentation

Anne BER-SCHIAVETTA *

79 rue Manin, 75019 Paris – anne.schiavetta@wanadoo.fr

Psychanalyse et Histoire : la mise côte à côte des deux domaines évoque immédiatement à la fois leurs rapprochements et ses difficultés, anciennes, persistantes et paradoxales liées précisément à leur proximité.

L'exploration de ces relations n'est pas une nouveauté et une dynamique réflexive est déjà en route [1], chez les historiens comme chez les psychanalystes. Le présent dossier apporte de nouvelles pièces en s'appliquant à éviter une position « de surplomb » aussi illusoire que surfaite.

Plutôt qu'avec un argumentaire préétabli, il s'est organisé à partir du choix de quelques auteurs, psychanalystes et historiens, connus pour leur sensibilité à ce « contact », les laissant libres de l'envisager à leur guise.

L'ensemble pourrait donc avantageusement s'intituler « Trois Psychanalystes et Quatre Historiens ». Loin de l'exhaustivité, il pourrait même être entendu comme une invite à poursuivre cette exploration.

À propos des textes et de leurs auteurs

Le texte de Carlo Ginzburg n'a pas été écrit pour la circonstance, mais aimablement confié à la revue. D'abord publié en anglais (2004), il l'est ici pour la première fois en français, après avoir été traduit dans d'autres langues.

Centré sur deux métaphores cognitives – « air de famille » et « arbre généalogique » –, l'auteur reconstruit leur élaboration et leur usage en remontant jusqu'à leurs racines les plus concrètes – rendues visibles ici grâce aux illustrations : 1) les

* Psychanalyste membre de la SPP. Historienne.

1. Quelques exemples récents en France : en 1998, l'année où Alain de Mijolla lançait à la SPP le projet de création d'un « Centre d'histoire et d'archives de la psychanalyse », une « Monographie de la RFP » s'intitulait : *Construire l'Histoire.* Sa présentation soulignait que si les spécificités bien distinctes des deux domaines résident dans la nature et l'interprétation des faits, des rapprochements pouvaient être féconds. En 2002, la revue *Espaces Temps* consacrée à l'œuvre de Michel de Certeau intitulait son éditorial : « Pour une altération réciproque » (n° 81-82). En 2020, à l'occasion d'un colloque de la SPP : « Mémoires : se souvenir, oublier », l'historien Jean-Noël Jeanneney regrettait la difficulté des mises en relation. Tout près de la présente publication, en septembre 2024, une journée d'étude rassemblait des psychanalystes de l'APF sur « Histoire et vérité ». Signalons aussi en Angleterre *Psychoanalysis and History,* revue créée en 1998.

photographies composites de Galton ; 2) les « arbres généalogiques », très fréquemment utilisés pour classer des phénomènes culturels, notamment les copies de manuscrits anciens – plus ou moins corrompus – que les philologues représentent de manière arborescente tout au long du XIXe siècle.

Au fil du texte, le lecteur découvre bien des choses sur les idées de Galton, sur l'opposition et la complémentarité entre histoire et structure selon Wittgenstein et Bateson et sur Freud.

Pour ce dernier, il montre comment la « figuration » de phénomènes inconscients prend appui sur ces deux métaphores et leurs racines concrètes : le procédé de Galton est explicitement décrit pour saisir les phénomènes de condensation depuis *l'Interprétation des rêves* et jusqu'à *l'Homme Moïse* [2]. L'altération des textes imprimés et des manuscrits – traquée par les philologues – lui a servi de modèle pour décrire les phénomènes de déformation, de censure, de refoulement, depuis *l'Interprétation des rêves* et jusqu'à *Analyse avec fin, analyse sans fin…* où la comparaison est exposée de manière particulièrement détaillée (Freud, 1937c/1985, p. 251-252).

Ginzburg fait l'hypothèse que la proximité familiale de Freud avec le « brillant » philologue Jacob Bernays l'aurait intéressé, non seulement pour la Catharsis selon Aristote [3], le sujet de son mémoire, mais aussi sa méthode visant la reconstitution du texte original à partir des manuscrits corrompus. Ce faisant, il complète, par un détail significatif, la thèse de John Forrester, *Le langage aux origines de la psychanalyse* (1980/1984), qui mettait particulièrement l'accent sur l'important usage de la philologie par Sigmund Freud.

Voici donc la première publication de C. Ginzburg dans la *RFP.* Comme dans d'autres travaux, il y approche de manière parfois oblique, parfois directe, la psychanalyse. Rappelons que dans *Traces* [4] (1970/2010), elle se trouve au centre du célèbre « paradigme indiciaire », qui englobe une très grande partie des « sciences humaines », dont l'histoire et… la philologie. Ajoutons aussi son idée – une ouverture pour un travail en commun ? – qu'un « pont » entre histoire et psychanalyse pourrait s'édifier à partir de la notion freudienne de cryptomnésie [5].

L'historien Alain Boureau, éminent médiéviste, directeur du groupe d'anthropologie scolastique à l'EHESS, est souvent considéré par ses pairs comme non-conformiste. Ses travaux couvrent principalement l'histoire intellectuelle et politique du christianisme médiéval. Sa connaissance approfondie de la psychanalyse alliée à sa capacité à assumer sa propre subjectivité et son angoisse existentielle contribuent pour beaucoup à son originalité. Plusieurs de ses articles ont paru dans des publications de l'APF, c'est le premier texte qu'il confie à la *RFP.*

---

2. Voir dans le texte de Ginzburg : NdT. n° 5.
3. À ce sujet, voir l'article de J. Le Rider (2001), Philologie grecque et formation de la théorie psychanalytique : Sigmund Freud et Theodor Gomperz, *Essaim 7* : 203-217.
4. Pour comprendre l'origine de cet essai, et la place majeure qu'y tient Freud, voir sa correspondance avec le philologue S. Timpanaro.
5. Proposition émise durant le Colloque Ginzburg qui s'est tenu en sa présence à Cerisy, en septembre 2022 (à paraître, chez Verdier).

Une grande part de son œuvre est consacrée à montrer que la pensée scolastique « étouffée par la patine d'une tradition [...] par une étrangeté folklorique [...] ou de faux airs de famille » offre un équivalent « pertinent et non identique » aux « questions que vous, lecteurs, vous vous posez, comme avec les discours qu'on vous adresse ». Ce continent intellectuel « englouti dans l'obscurité médiévale et prématurément clôturé par la Renaissance [6] » réapparaît dans ses travaux comme la quête inépuisable d'explications rationnelles de la réalité, car Dieu a voulu un monde totalement compréhensible. Animé de ce qu'il nomme lui-même sa « paranoïa interprétative », il relance sans cesse sa recherche (Burguière, 2018). C'est ainsi qu'on peut lire dans le texte qu'il nous a confié une hypothèse novatrice fort inattendue : l'existence de la pensée scolastique peut faire apparaître la création psychanalytique comme un « retour (un cycle) sans lendemain ni cumulation », hypothèse qui « exclut la linéarité de l'influence et assemble des coupures ». Car « rien n'a été transmis de la pensée scolastique, sinon chez Leibniz. Freud, si friand d'histoire, a ignoré le Moyen Âge ».

Dans son article, il présente le questionnement et les réponses de Nicolas Oresme au XIVe siècle : « si un homme peut prononcer et dire des choses dont il n'a pas conscience ». Il poursuit avec l'évocation d'une catégorie ontologique décrite à la même époque par Grégoire de Rimini sous l'étrange vocable de « signifiable complexe » qu'il rapproche de notions développées par des philosophes et logiciens contemporains de Freud (B. Bolzano, G. Frege, A. Meinong). Ces notions pourraient s'apparenter à la « réalité psychique » : « un être mental, bien réel, qui n'a pas besoin de se loger dans le mode du matériel ni de l'idéel ».

C'est avec un malicieux sourire qu'il poursuit en exposant les interrogations des scolastiques sur l'arc-en-ciel, une « irisation » dont Aristote remarquait, comme chacun de nous, qu'une moitié reste invisible...

Affect, théorie... Quelles relations ? Tel était le problème posé au CPLF de 2023 à Lausanne. Adela Abella commençait son rapport par un constat de Freud : « L'ours polaire et la baleine, dit-on, ne peuvent se faire la guerre, car, étant chacun confinés dans son propre élément, ils ne peuvent se rencontrer » (Freud, 1918b/1954, p. 358). *Pour Blaise Dufal*, ce n'est pas tant de guerre impossible qu'il nous entretient dans son article, mais des difficiles liaisons amoureuses envisagées par Alphonse Allais entre carpe et lapin.

Il est médiéviste, comme Alain Boureau, avec qui il a travaillé. Un rapide regard sur ses travaux suggère que, si l'ironie y est rarement absente, l'esprit critique peut devenir fort grave lorsqu'il s'agit de dénoncer des contre-vérités massives et symptomatiques. Mais c'est son expérience d'historiographe déjà frotté à cet exercice qui l'a amené jusqu'à notre dossier.

Il a réussi à présenter les principales positions de l'historiographie française vis-à-vis de la psychanalyse sur près de trois quarts de siècle (la *Revue des Annales* paraît à partir de 1929 – presque en même temps que la création de la SPP). Pour

6. Ces citations sont extraites de « l'envoi aux lecteurs » (p. 83) qui clôt *En somme, Pour un usage analytique de la scolastique médiévale*. Il s'explique dans ce livre sur les liens entre pensée scolastique et psychanalyse.

qui, comme lui, tient à éviter les présentations lisses et homogènes de réalités toujours bien plus composites, accidentées et subtiles, l'essai était fortement contraint par les limitations éditoriales. Il a néanmoins pu dresser un tableau caractérisant des grandes étapes et des instantanés : évitement, combat bref mais mémorable, emballement fugitif, tiède mésalliance que la figure particulièrement inspirée de Michel de Certeau éclaire toujours aujourd'hui. Il note combien le surmoi académique de la discipline a rendu problématique le développement d'une véritable coopération. Des « originaux » comme Alain Boureau ou Nicole Loraux ont réussi une notable percée, tout en demeurant « en marge ». Son rappel de l'échec d'une tentative inédite de dialogue, entre un historien et un psychanalyste dans un livre consacré à un paysan qui « entend des voix » à l'époque de la Restauration confirme l'explication de Patrick Boucheron (2010, p. 45) sur les réticences des historiens vis-à-vis de la psychanalyse : « Le fait massif est que, pour des raisons parfaitement compréhensibles et en partie légitimes, la discipline historique ne s'est jamais sérieusement confrontée à ce qui demeure, quoi qu'on en pense, la principale révolution cognitive du siècle passé. On pourrait dire qu'il y a là un véritable acte manqué [...] et, en manquant la psychanalyse, l'historien réussit à sauver l'intégrité de sa discipline. »

Cependant, Blaise Dufal considère que la réévaluation des questions de mémoire, de vécu et de témoignage par les historiens du contemporain a conduit à une « adoption » pertinente de notions psychanalytiques.

L'entretien qu'Hervé Mazurel, l'auteur de *L'inconscient ou l'oubli de l'histoire*, a accordé à la *RFP*, présente les choses de manière quasi symétriquement inverse. Plutôt qu'une histoire défiante vis-à-vis de la psychanalyse et de l'inconscient, car « confinée dans un autre milieu », ce seraient la psychanalyse et son inconscient figés dans une structure hors du temps qui aurait « manqué » l'histoire. Pourtant, selon lui, c'est l'influence – plus ou moins véritablement reconnue – de la psychanalyse qui a conduit à l'essor de l'histoire des mentalités et, dans son prolongement, du courant d'idées qu'il anime en se différenciant progressivement des travaux d'Alain Corbin qui, lui, ne se réfère pas à la psychanalyse. En infléchissant le questionnement vers les émotions, les sentiments, les sensations... voire les opinions et leurs innombrables nuances, l'histoire qu'il cherche à promouvoir s'enfonce dans l'univers des affects et se propose d'en montrer les transformations dans le cours de l'histoire.

Son ambition va aussi au-delà de ces affects avec le projet d'historiciser l'inconscient proprement dit, entendons par là, probablement, l'échafaudage métapsychologique dressé par Freud et transformé tout au long de son œuvre par approfondissements et extensions de la pensée. Structure formelle, « oublieuse » de l'histoire suivant H. Mazurel, le projet d'y introduire cette dimension en évoque un autre, venu de la sociologie : Bernard Lahire, en 2018, proposait de rectifier l'interprétation freudienne des rêves par des notions sociologiques (en particulier l'habitus de Pierre Bourdieu).

Et surtout, comment ? Comment – sans les confondre – passer de l'étude des transformations des sensibilités à celle des transformations de « l'appareil psychique », de ses formes, dispositifs et moyens de fonctionnement : pulsions, refoulement, négation, clivage, transfert, ou après-coup... ?

Ne s'agirait-il pas plutôt d'une partie de la tâche de l'histoire de la psychanalyse ? Celle qui se consacre à la recherche sur l'élaboration et les transformations de cet échafaudage conceptuel ?

C'est précisément dans ce registre de l'histoire de la psychanalyse que *Luiz Prado de Oliveira* a situé le contact entre histoire et psychanalyse en posant la question suivante : « qu'est-ce que les psychanalystes font de l'histoire ? ». Ce psychanalyste franco-brésilien, praticien et enseignant, qui se montre ici très féru des écrits d'outre-Atlantique s'est notamment fait connaître par des travaux originaux sur Schreber et sur Ferenczi.

Son premier constat se réfère à l'immense quantité de biographies que Freud a suscitée parmi les psychanalystes. Cette avalanche de biographies suscite des interrogations sur son sens et sa valeur.

Prado de Oliveira s'attache en particulier aux travaux d'une psychanalyste et essayiste américaine, auteure de biographies remarquées (Hannah Arendt, Anna Freud) et d'un article au titre improbable : « Why psychoanalysis has no history ? » [Pourquoi la psychanalyse n'a pas d'histoire ?], Elisabeth Young-Bruehl. Sa réponse peut se résumer ainsi : le vide laissé par la mort de Freud, les nombreuses scissions, les bouleversements engendrés par le nazisme et la guerre ont traumatisé et morcelé le mouvement psychanalytique. L'abondance des biographies en témoigne, elle est un symptôme de cet état traumatique. Ces biographies ne peuvent accéder à la maturité d'une écriture « globale » pratiquée par les historiens de métier [7]. Ce sont eux qui devraient montrer le chemin. Prado de Oliveira souligne alors l'intérêt de travaux américains très peu connus en France, en particulier ceux de l'historien John E. Toews et du psychanalyste Martin Bergmann. La voie de cette histoire « historienne » de la psychanalyse est d'autant plus praticable qu'elle peut user de sources – archives, manuscrits, correspondances – désormais accessibles, permettant à la fois l'approfondissement des développements de la pensée de Freud, comme dans le travail d'Ilse Grubrich-Simitis et celui des différents « contextes » intellectuels, sociaux, politiques... [8].

Sophie de Mijolla est psychanalyste. Elle est aussi philosophe et elle a occupé d'importantes fonctions universitaires à Paris VII où elle a notamment organisé, à partir de 1990, une équipe de recherches se proposant d'étudier « les interactions de la psychanalyse avec d'autres domaines de la rationalité ». Ce projet se poursuit désormais grâce à une association, l'A2IP au but similaire.

On sait combien Freud a emprunté à l'ensemble des savoirs qui lui étaient contemporains. Le recours à l'histoire est une donnée majeure dans son élaboration de la psychanalyse. Le présent texte de S. de Mijolla suit ces rapprochements

7. L'idée selon laquelle la biographie serait une « sous espèce » de l'histoire n'est pas unanimement partagée parmi les historiens contemporains. En particulier, Sabina Loriga la considère au contraire comme une chance de montrer des discordances, des discontinuités, des interstices négligés de la compréhension du passé.

8. Qu'on me permette aussi de signaler à ce propos l'importance des travaux de J. Forrester, ignorés, semble-t-il, de Prado de Oliveira. Son texte sur l'historiographie de la psychanalyse a été traduit pour un numéro de la revue *Esprit* (1997/2004). Il est disponible à la BSF : « Freud, baromètre du 20e°s. »

– depuis l'établissement de la clinique et de la méthode de la cure – pour faire apparaître les thématiques communes. À chaque fois, les infléchissements et les dérivations qu'il introduit conduisent à approcher une réalité inconsciente, la réalité psychique.

Tour à tour viennent les évocations du « dossier d'archives parfaitement tenu » (en 1895) suivi par celle de l'archéologie, la « passion d'exhumer » selon S. de Mijolla. Archéologie et psychanalyse suivent un cheminement qui va de la chasse aux objets ou aux souvenirs vers la reconnaissance de la stratigraphie du terrain et de celle du transfert. La question du vrai et du faux est évidemment commune aux deux domaines, et là encore la notion de « vérité historique » doit être soigneusement dépliée. Elle croise bien des développements historiographiques qui considèrent combien les mythes et légendes passées persistent et agissent dans le présent [9].

Sa conclusion nous amène vers un aspect de l'histoire de la psychanalyse : la recherche de ses précurseurs. Dans le présent dossier, C. Ginzburg et A. Boureau ont évoqué cette question pour dire combien ils s'en écartaient. S. de Mijolla, citant G. Canguilhem, ridiculise « le virus du précurseur ». Cela la conduit à l'idée que pour l'histoire de la psychanalyse, comme pour tout autre objet, l'intelligence de l'histoire devrait être très étroitement liée à la pratique de l'objet [10].

Pour *Laurence Kahn*, psychanalyste et, auparavant chercheu(se) en anthropologie de la Grèce antique, l'actualité de la mise en relation entre histoire et psychanalyse est marquée – pour les deux champs – par l'altération de l'idée de vérité, celle-là même qui demeure au fondement de ces deux domaines comme de toute science, de tout savoir, de toute recherche. C'est aux thèses de Richard Rorty concernant le relativisme et le pragmatisme qu'elle attribue cette dégradation [11].

En histoire, cela passe par le « *linguistic turn* » et l'historien Hayden White qui effaçaient la différence entre récits historiques et fictions. L'objectivité ne serait plus qu'une prétention illusoire, car, outre le poids de la rhétorique dans l'écriture, l'imagination, la créativité et avec elles la subjectivité de l'historien, sont nécessairement « à la manœuvre », pour lui, comme pour l'écrivain.

La même vague relativiste, issue de Rorty, a aussi disqualifié toute prétention à la vérité en psychanalyse. Soit du fait de la suggestion exercée par l'analyste qui conduit à des distorsions. Soit par une conception de la cure comme construction

9. « L'analyste devrait débarrasser le noyau de vérité historique de ses déformations et de ses appuis sur la réalité actuelle et la ramener au point du passé auquel il appartient. » Cette phrase, extraite de « Constructions dans l'analyse » (1937d, p. 280) pourrait aussi parfaitement convenir à l'historien.

10. C'est le cas pour John Forrester, un des historiens les plus remarquables de la psychanalyse : Professeur d'histoire et de philosophie des sciences à Cambridge, il a été formé au métier de psychanalyste, à la British Society !

11. Son présent article prolonge *Le psychanalyste apathique et le patient post-moderne* (2014). Le très riche entretien avec Françoise Neau paru dans *Carnet Psy* de mars 2015 livre beaucoup de « clefs » de son parcours intellectuel. Concernant R. Rorty, l'appréciation de ses travaux par les historiens est souvent plus nuancée que celle de L. Kahn. Voir par exemple : Anheim, É. (2004).

d'une identité narrative, appuyée sur l'interaction subjective entre patient et analyste. Alors, c'est la notion même d'inconscient qui pourrait disparaître.

Cependant, en histoire, comme en psychanalyse, la vérité, aussi fragile soit-elle, ne peut être balayée si facilement. Elle apparaît au gré de la convergence des traces que les documents des historiens découvrent, convergence dont l'interprétation n'a rien de simple, mais que des preuves permettent d'assurer. En psychanalyse, la réalité psychique, le fantasme inconscient, peut prendre place dans la conscience à mesure que des traces mnésiques se réactivent sous l'action du transfert et qu'une convergence de sens s'actualise, temporairement, partiellement.

La dernière partie de l'article peut être comprise comme un exemple de contribution de la psychanalyse à l'histoire : la prise en compte du transfert de l'historien sur son objet. Celui-ci est très clairement visible lorsque l'objet est la Shoah. Selon que l'historien est un survivant… un ancien collaborateur… un jeune juif à distance de la survie… la signification de son travail, manifeste ou latente, est profondément différente. Imagination et créativité sont effectivement à l'œuvre, et avec elles la recherche de satisfaction narcissique et d'évitement du déplaisir. Chercher l'élaboration de ce transfert suppose de pouvoir lier la cohérence des faits établis avec la mémoire refoulée. De même qu'en analyse c'est un ton de voix, un geste, un regard… travaillé par le transfert qui mène à la reviviscence de l'infantile, en histoire ce sont des détails, des précisions minutieuses qui peuvent donner accès à une vérité incarnée.

Références bibliographiques

Anheim É. (2004). Gérard Noiriel lecteur de Rorty : l'histoire face à la philosophie pragmatiste. *Rev Hist Modern Contemp 51*(4 bis) :34-42.

Association Espacestemps (2002). Michel de Certeau, histoire/psychanalyse. Mises à l'épreuve. Lausanne, *Espaces Temps* : 80-81.

Ber-Schiavetta A. (2020). Histoire de la psychanalyse, histoire des sciences. Renouvellements et convergences. *Rev Fr Psychanal* (*84*)/1 : 223-232.

Boucheron P. (2010). *Faire profession d'historien*. Paris, Publications de la Sorbonne.

Boureau A. (2011*). En somme. Pour un usage analytique de la scolastique médiévale.* Lagrasse, Verdier.

Burguière A. (2018). *Compte-rendu* de : B. Delaurenti, B. Dufal, P. Nagy (coll.), L'historien et les fantômes. Lectures (autour) de l'œuvre d'Alain Boureau, *Archiv Sci Soc Relig* [En ligne]. Repéré à : https://journals.openedition.org/assr/44756

Boutry P. et Nassif J. (1985). *Martin l'Archange*. Paris, Gallimard.

Dufal B. (2009). Faire et défaire l'histoire des civilisations. Dans P. Büttgen, A. de Libera, M. Rashed, I. Rosier Catach (dir.) *Les Grecs, les Arabes et nous. Enquête sur l'islamophobie savante*. Paris, Fayard.

Dufal B. (2023). Spectres marxistes du féodalisme : le passé d'une interprétation ? *Atelier Cent Rech Hist 27*.

Forrester J. (1997/2004). Freud, baromètre du 20e s. *Esprit* novembre 2004.

Freud S. (1918b/1954). *Cinq psychanalyses*. Paris, Puf.

Freud S. (1937c/1985). *Analyse avec fin et analyse infinie*. Paris, Puf.

Freud S. (1937d/1985). Constructions dans l'analyse. *Résultats, Idées, Problèmes II*. Paris, Puf.

Ginzburg C. (1979/2010). Traces, Racines d'un paradigme indiciaire. *Mythes, emblèmes, traces. Morphologie et histoire*. Lagrasse, Verdier poche.

Ginzburg C. et Timpanaro S. (2020). Correspondance autour de Freud (1971-1995). *Incidence 15* : 305-350.

Kahn L. (2014). *Le psychanalyste apathique et le patient post-moderne*. Paris, Édition de l'Olivier.

Lahire B. (2018). *L'interprétation sociologique des rêves*. Paris, La Découverte.

Le Beuf D. Perron R. Pragier G.(dir.) (1998). *Construire l'histoire*. Paris, Puf, « Monographie de la RFP ».

Le Rider J. (2001). Philologie grecque et formation de la théorie psychanalytique : Sigmund Freud et Theodor Gomperz, *Essaim 7* : 203-217. Repéré à https://doi.org/10.3917/ess.007.0203.

Loriga S. (2019). La pluralité du passé. *Atelier Centr Rech Hist* [En ligne]. Repéré à : https://journals.openedition.org/acrh/9706

Neau F. (2015). Entretien avec Laurence Kahn. *Carnet Psy*. 2015/2 *187* : 16-35.

Prado de Oliveira E. (1997). *Les sources écrites du délire, entre psychose et culture*. Toulouse, Érès.

Prado de Oliveira E. (2011). *Ferenczi, la psychanalyse autrement*, Paris, Armand Colin.

Toute référence à cet article doit être indiquée comme suit : Ber-Schiavetta A. (2025). Dossier : psychanalyse et histoire. Présentation. *Rev Fr Psychanal 89*(1) : 117-124

Airs de famille et arbres généalogiques. Deux métaphores cognitives[1]

Carlo GINZBURG [*]

1 piazza San Martino 40126 Bologne (Italie) – ginzburg@history.ucla.edu

Article validé le 16/09/2024

TITLE – *Family resemblances and family trees. Two cognitive metaphors*

ABSTRACT – The author presents a case study based on two cognitive metaphors closely linked to images. The series of superimposed photographs of portraits of family members was an experiment carried out by Francis Galton, evoked by Sigmund Freud and analysed by Ludwig Wittgenstein and Gregory Bateson. The family tree diagram, which shows the genealogical relationship between a series of manuscripts of the same work, was proposed by Jacob Bernays, the uncle of Martha Bernays, Sigmund Freud's wife. The implications of this diagram (and, more generally, of Bernays' work) did not escape Freud's attention.

KEY WORDS – Galton, composite portraits, Eugenism, Bateson, Wittgenstein, J. Bernays, philology, family resemblances, family trees.

Dans son essai de jeunesse inachevé intitulé *De la vérité et du mensonge dans un sens non moral*, Nietzsche décompose de manière tranchante la « vérité » en une série de figures de rhétorique. Voici le début d'un passage souvent cité : « Qu'est-ce donc que la vérité ? Une foule de métaphores, de métonymies, d'anthropomorphismes… » (Nietzsche, 1873/2019, p. 33 et Ginzburg, 2003, p. 13 et suivantes).

Les linguistes et les philosophes des sciences, souvent indirectement inspirés par la remarque de Nietzsche, ont maintes fois affirmé que les métaphores façonnent notre pensée (Wells, 1987, p. 38-80). Mais dans sa version littérale, l'argument est un peu trop simple. Les métaphores cognitives ne fonctionnent pas dans le vide : elles sont liées à des faits empiriques, à des circonstances sociales et biographiques, à toutes sortes d'objectifs et de contraintes – esthétiques, morales,

1. Il s'agit d'une version révisée de l'article que j'ai lu d'abord à Berlin (conférence sur *Figuren des Europäischen*) puis à Padoue (Letture Aloisi). Je tiens à remercier Gian Antonio Danieli, Andrea G. De Marchi, Giovanni Ricci, Sam Gilbert pour leurs utiles commentaires.

* Historien, a travaillé sur l'histoire de la culture populaire et la culture d'élite, l'histoire de l'art, la méthodologie de l'histoire. Dans ses recherches, il a approché plusieurs fois, de façon plus ou moins oblique, des thèmes liés à la psychanalyse.

politiques. Mon étude de cas, fondée sur deux métaphores cognitives étroitement liées à des images – *Figuren* au sens littéral et métaphorique –, tentera de mettre en lumière ce processus et ses complexités.

1. – Aujourd'hui, en tant que métaphore cognitive, l'expression « airs de famille » est principalement associée à Ludwig Wittgenstein (Bambrough, 1960/1986, p. 197) ; Schwyzer, 1974, p. 295-304 ; Dilman, p. 305-28 ; Lakoff, 1987). Dans un passage bien connu de ses *Investigations philosophiques*, publiées à titre posthume dans les années 1930, Wittgenstein s'interroge sur la manière de définir le mot « jeu ». Après avoir testé plusieurs définitions, dont aucune ne rendait compte des similitudes insaisissables que partagent toutes sortes de jeux différents, Wittgenstein a écrit : « Je ne saurais mieux caractériser ces ressemblances que par l'expression d'"air de famille" ; car c'est de cette façon-là que les différentes ressemblances existantes entre les membres d'une même famille (taille, traits du visage, couleur des yeux, démarche, tempérament, etc.) se chevauchent et s'entre-croisent. Je dirai donc que "les jeux" forment une famille » (1953/2004, paragraphe 67, p. 64-65).

Dans une conférence sur l'éthique – sa seule conférence publique, donnée à Cambridge en novembre 1929, Wittgenstein avait utilisé la même métaphore, en se référant explicitement à l'expérimentation qui avait déclenché sa réflexion : « Et pour vous faire voir aussi clairement que possible ce que je pense être le sujet propre de l'éthique, je vous soumettrai un certain nombre d'expressions plus ou moins synonymes [...] et en les énumérant, je cherche à produire le même type d'effet que Galton lorsqu'il photographiait sur la même plaque sensible un certain nombre de visages différents afin d'obtenir une image des traits typiques qu'ils avaient en commun. Et, de même qu'en vous montrant une photographie collective ainsi obtenue je pourrais vous faire voir ce qu'est typiquement – disons – le visage d'un Chinois, de même j'espère qu'en parcourant la liste des synonymes que je vais vous soumettre, il vous sera loisible de voir les traits caractéristiques qu'ils ont en commun, traits caractéristiques qui sont ceux de l'éthique. (1929/1982, p. 143).

La métaphore et la référence sont les mêmes, mais la conclusion des deux passages est différente, voire opposée. Une réflexion plus approfondie sur l'expérience de Galton a conduit Wittgenstein à écarter « le typique », « les traits caractéristiques » partagés par tous les membres d'une famille métaphorique – les synonymes de l'éthique, par exemple – pour la notion beaucoup plus floue d'air de famille. La suite du passage des *Investigations philosophiques* cité ci-dessus se lit comme suit : « De même, les différentes catégories de nombres par exemple forment une famille. Pourquoi nommons-nous une certaine chose "nombre" ? Peut-être parce qu'elle a un lien de parenté – directe – avec maintes choses que nous avons jusqu'ici nommées "nombre" ; et l'on peut dire qu'elle acquiert de ce fait un lien de parenté indirect avec autre chose que nous nommons également ainsi. Et nous étendons notre concept de nombre de la même façon que nous enroulons dans le filage une fibre sur une autre. Or la solidité du fil ne tient pas à ce qu'une certaine fibre court sur toute sa longueur, mais à ce que de nombreuses fibres se chevauchent » (1953/2004, p. 64-65).

Les dernières phrases font allusion à un passage des *Affinités électives* de Goethe, introduisant le journal d'Odile : « On nous parle d'une pratique particulière à la marine anglaise : tous les cordages de la marine royale, du plus gros au plus mince, sont tressés de telle sorte qu'un fil rouge va d'un bout à l'autre et qu'on ne peut le détacher sans tout défaire ; ce qui permet de reconnaître, même aux moindres fragments, qu'ils appartiennent à la Couronne » (Goethe, 1809/1954, p. 246).

La référence implicite de Wittgenstein à ce passage impliquait un renversement de son sens. Comme je vais le montrer, l'interprétation par Wittgenstein des expériences de Galton sur la photographie renversait tout autant leur objectif initial.

2. – Entre 1878 et 1888, une décennie dans une vie longue et productive, Francis Galton (1822-1911) a travaillé intensivement sur des portraits « composites » ou « génériques »[2]. John Maynard Keynes a écrit que Galton, scientifique autodidacte, incarnait au plus haut point « l'esprit de la curiosité scientifique universelle » (1993, p. 1-32). Mais derrière une polyvalence intellectuelle qui englobait les cartes, les empreintes digitales, les statistiques, l'eugénisme, et bien d'autres choses encore, certains schémas bien définis se dessinent (Gillham, 2001).

En 1877, Charles Darwin transmet à Galton, son demi-cousin, une lettre qu'il a reçue d'Invercargill, en Nouvelle-Zélande. L'auteur de la lettre, un certain A.L. Austin, y décrit une petite découverte qu'il a faite en superposant deux photographies à l'aide d'un stéréoscope : « Les visages se fondent en un seul d'une manière tout à fait remarquable, produisant dans le cas de certains portraits de dames et dans tous les cas, une *nette amélioration* de la beauté. »

L'appareil, a poursuivi M. Austin, pourrait être amélioré et utilisé à diverses fins : « Si l'on utilisait une caméra binoculaire à cet effet, chaque personne étant prise sur une moitié du négatif, je suis sûr que le résultat serait encore plus frappant. On pourrait peut-être en tirer quelque chose en ce qui concerne l'expression des émotions chez l'homme et les animaux inférieurs, etc. Je n'ai ni le temps ni l'occasion de faire des expériences, mais il me semble que l'on pourrait en faire quelque chose en photographiant les visages de différents animaux, de différentes races humaines, etc. Je pense qu'une vue stéréoscopique de quelque singe et d'un visage humain de basse caste constituerait un mélange très curieux ; il en va de même pour le croisement d'animaux et la descendance qui en résulte. Il me semble qu'il pourrait également en résulter des photos de mari, de femme et d'enfants, etc. (Galton, 1878, p. 137 et 1883, p. 345-6.)

À l'exception de l'allusion aux travaux de Darwin sur l'expression des émotions chez l'homme et l'animal, qu'il ignore tacitement, Galton suit de près la lettre et l'esprit des remarques d'Austin. Sur le plan technique, il développe une suggestion d'Herbert Spencer et projette plusieurs portraits sur la même plaque

2. Galton F, 1869. 1878, p. 132-48 ; 1879, p. 167-170 ; 1881a, p. 140-6 ; 1881b, p. 316-7 ; 1883, p. 339-63 ; 1885, p. 243-45 ;1908 – Voir aussi : Saurisse (1997, p. 69-78).

photographique sensibilisée, plutôt que de les juxtaposer. En commentant les portraits composites obtenus, Galton écrit que chacun d'entre eux est une « image généralisée, qui ne représente aucun homme en particulier, mais une figure imaginaire possédant les caractéristiques moyennes d'un groupe d'hommes donné. Ces visages idéaux ont un air de réalité surprenant. Personne, en regardant l'un d'entre eux pour la première fois, ne douterait qu'il s'agit d'une personne vivante, et pourtant, comme je l'ai dit, il n'en est rien ; c'est le portrait d'un type et non d'un individu (1878, p. 32).

« Un groupe d'hommes donné » – mais quels groupes ont donc été examinés ? La logique qui a inspiré les travaux de Galton ressort clairement de l'échantillon suivant.

Une première photographie est basée sur les archives criminelles collectées par Sir Edmund Du Cane, directeur général des prisons. Dans sa tentative d'identifier différents types de criminels, Galton a opposé « Men Convicted of Larceny (without Violence) » et « Normal Population. Officiers et soldats du génie royal » (1908, p. 258-65). Une autre expérience oppose « Composites de Phthisiques et hospitalisés non phtisiques ». Une troisième visait à reconstituer le « type juif » (Galton, 1885, p. 243-45 cité dans Pearson, 1924 et Pick, 2000, p. 183-4) [figure 3 : *Le type juif*]. Et enfin l'expérience des portraits composites qui a servi de fil conducteur à toute la série [figure 4 : *Composites des membres d'une famille*].

Ces images frappantes doivent être replacées dans leur contexte. Galton, l'auteur de *Hereditary Genius and Its Consequences* (*Le génie héréditaire et ses conséquences*) (1869), était profondément attaché à ce qu'il appellera plus tard « l'eugénisme », un mot qui, expliquait-il, « s'applique aussi bien aux hommes qu'aux bêtes et aux plantes. Nous manquons cruellement d'un mot pour exprimer la science de l'amélioration des races, qui ne se limite nullement à des questions d'accouplement judicieux, mais qui, surtout dans le cas de l'homme, tient compte de toutes les influences qui tendent, à quelque degré que ce soit, à donner aux races ou aux couches de sang les mieux adaptées une meilleure chance de l'emporter rapidement sur celles qui le sont moins, qu'elles ne l'auraient fait autrement » (1883, note p. 24).

Galton était-il raciste ? Un chercheur a récemment déclaré que cette question n'avait pas de sens, puisque l'attitude de Galton était courante de son vivant (Banton, 1993, p. 178). Une attitude répandue, peut-être, mais tous les Anglais de la fin du XIXe siècle n'étaient pas engagés, comme lui, dans cette science de l'amélioration du « stock » racial dont nous parlons, produisant des images telles que ces « *Composites of Thoroughbreds* » (figures 5 : *Composites de pur-sang*) : un choix particulièrement approprié, puisque l'étymologie du mot *race* (ainsi que des mots apparentés comme *race* [français], *razza* [italien], *raza* [espagnol]) dérive de *haras*, un mot lié à l'élevage des chevaux [3]).

3. G. Contini a réfuté la suggestion de Léo Spitzer de relier *razza* et ses synonymes à *ratio*.

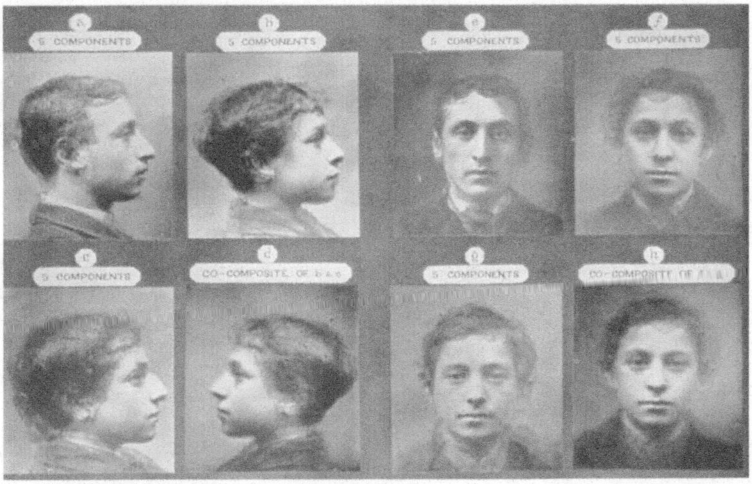

FIGURE 3. The Jewish Type.

FIGURE 4. Composites of the Members of a Family.

Figure 5. Composites de pur-sang.

Dans son autobiographie, Galton précise qu'il ne préconise pas le mariage obligatoire « comme dans l'élevage d'animaux. Ce n'est pas le cas. Je pense qu'une contrainte sévère devrait être exercée pour empêcher la libre propagation de ceux qui sont gravement affectés par la folie, la faiblesse d'esprit, la criminalité habituelle et le paupérisme ».

Il conclut : « Je ne doute pas que notre démocratie finira par refuser de consentir à la liberté d'engendrer des enfants qui est actuellement accordée aux classes indésirables, mais les gens n'ont pas encore été informés de l'état réel de ces choses (1908, p. 311)

Les portraits composites de criminels, d'individus atteints de phtisie et de juifs, dressés par Galton ne peuvent être dissociés de sa campagne vigoureuse en faveur de la « contrainte sevère » – c'est-à-dire de la stérilisation – des races et des souches sanguines « moins adaptées [4] ». Les familles saines, dont il tente également d'identifier les caractéristiques physiques, doivent être protégées des accouplements indésirables avec des individus atteints de maladies telles que la folie ou le paupérisme. Dans les premières décennies du vingtième siècle, ce type de propagande était devenu très populaire, car il séduisait à la fois les nationalistes et les socialistes, deux idéologies loin d'être incompatibles. Je ne citerai qu'un exemple. Dans un article publié en 1909 dans *The Eugenics Review*, Maximilian Mügge prône « une science raciale et une religion raciale », fondées respectivement par Galton et Nietzsche (dont Mügge a traduit les ouvrages). Le Surhomme de Nietzsche est, selon Mügge, un « idéal racial » (1909, p. 184-193). Karl Pearson, directeur de *The Eugenics Review* et biographe de Galton, était socialiste (Eden, 1911 p. 12 ; Davin, 1978, p. 9-65).

Ni Galton ni ses contemporains ne pouvaient prévoir que, trente ans plus tard, le régime national-socialiste assassinerait systématiquement les groupes minoritaires identifiés par l'eugénisme (Gillham, 2001, p. 345-347) Il serait absurde de considérer Galton comme un précurseur du nazisme ; à mon avis, en fin de compte, la notion même de précurseur est creuse. Mais l'examen de l'eugénisme nazi dans un contexte plus large permettrait de mieux comprendre sa spécificité. Comme l'a suggéré Primo Levi, seule une approche comparative peut nous aider à comprendre la singularité du nazisme (1986/1989).

3. – L'approche normative du comportement social de Galton explique son rapprochement récurrent entre « traits moyens » et « visages idéaux » (1878, p. 132-3) En commentant les portraits de criminels, il écrit : « On remarquera que les caractéristiques des images composites sont plus belles que celles de leurs composants. Les irrégularités crapuleuses de ces derniers ont disparu et l'humanité commune qui les sous-tend a prévalu. Elles représentent, non pas le criminel, mais l'homme susceptible de tomber dans le crime. Toutes les images composites sont plus belles que leurs composants, car le portrait moyen de plusieurs personnes est

4. Si je ne me trompe pas, le lien entre les portraits composites de Galton et son engagement en faveur de l'eugénisme a souvent été minimisé ou manqué. Voir par exemple Pearson (1924, p. 283-98), Blacker (1952, p. 46-47), Forrest (1974 p. 138-142). Voir les commentaires pertinents de Sekula (1986, p. 51-52).

exempt des irrégularités qui entachent diversement l'apparence de chacune d'entre elles » (1883, p. 343).

Ce mélange de moyenne statistique et de vague idéalisme est assez éloigné de l'impact à long terme des portraits composites de Galton : un chapitre de l'histoire intellectuelle qui n'est que partiellement écrit. Quelques exemples donneront une idée de l'éventail des interprétations et des réflexions suscitées par ces images.

En 1900, le professeur Jacob Cooper publie dans *The Methodist Review* un essai intitulé « The Platonic Idea Elucidated by the Composite Photograph » (« L'idée platonicienne élucidée par la photographie composite »), dans lequel il affirme que l'invention de Galton apporte « un soutien au système de la religion révélée » et réfute les théories de Darwin (1900, p. 560-81, en particulier p. 579).

L'année précédente, dans son *Interprétation des rêves*, Freud s'est référé à plusieurs reprises aux portraits composites de Galton pour illustrer une caractéristique spécifique du travail sur les rêves : la condensation [5]. D'une manière plus indirecte, la fascination durable de Freud pour les images ambiguës de Galton refait surface au début de son livre sur *Le trait d'esprit*, où il discute de « mots mélangés » tels que le *Familionär* de Heine (Freud, 1905c/1974 [6]).

5. « Le visage que je vois dans le rêve est à la fois celui de mon ami R et celui de mon oncle. Comme ces photographies composites de Galton, qui, pour faire ressortir des ressemblances familiales, faisait photographier plusieurs visages sur la même plaque. Aucun doute par conséquent n'est possible : je veux vraiment dire que l'ami R. est un imbécile – comme mon oncle Josef » (Freud, 1900/2010, p. 178).

6. NdT. L'intérêt manifesté par Freud pour le procédé de Galton ne s'est donc pas limité à la condensation d'images du rêve. Hormis pour celui de l'oncle, deux autres mentions de Galton apparaissent dans *l'Interprétation*… À la page 335, toujours sur la condensation onirique, il reprend le même rêve, et précise « j'ai eu recours au procédé qu'utilise Galton pour ses portraits de famille, c'est-à-dire projeté les deux images l'une sur l'autre, ce qui fait ressortir plus fortement les traits communs, tandis que ceux qui ne concordent pas s'effacent mutuellement et deviennent imprécis dans l'image. À la page 537, l'ensemble d'une scène manifeste (une arrestation) condense une scène « latente » (un mariage) : « […] Les traits qui peuvent être communs à l'une et l'autre, comme dans une photographie composite de Galton, ressortent de nouveau de façon particulièrement nette. » Galton est encore explicitement évoqué par Freud dans *Sur le rêve* (1901a/1988) pour rendre compte du travail du rêve qui « procède alors comme Francis Galton pour la production de ses photographies de famille. Il superpose en quelque sorte les différents composants ; l'élément commun ressort alors nettement dans le tableau d'ensemble, les détails contradictoires s'effacent en quelque sorte réciproquement ». Dans *Psychopathologie de la vie quotidienne* (1901b) et dans *Le mot d'esprit* (1905c), les jeux du langage par condensation de mots abondent. Puis, dans la 11e leçon de l'*Introduction à la psychanalyse* (1916-17a), la condensation va concerner « plusieurs objets ou localités à la condition que les objets ou localités en question possèdent un trait ou des traits communs que le rêve latent accentue de manière particulière. […] De la superposition des unités fondues en un tout composite résulte en général une image […] analogue à celle qu'on obtient en tirant plusieurs photographies sur la même plaque (1969, p. 156-157). Enfin, le phénomène de la condensation gagne des récits entiers : Dans *Moïse, un Égyptien*, où Freud évoque « le mythe de la naissance du héros » d'O. Rank, les caractères essentiels des histoires de héros légendaires sont soumis « à la technique de Galton » : leur superposition permet en quelque sorte de construire « une légende moyenne » (1939/2012, p. 76).

En 1936, Gregory Bateson a rendu un hommage implicite (et peut-être ambivalent) à l'expérience de Galton dans le sous-titre de son chef-d'œuvre anthropologique : *Naven : A Survey of the Problems Suggested by a Composite Portrait of the Culture of a New Guinea Tribe Drawn from Three Points of View* (1936/1971). Le père de Gregory, William Bateson, disciple original et controversé de Francis Galton, avait aussi contribué à la redécouverte des travaux révolutionnaires de Gregor Mendel (il a donné ce prénom à son fils) et joué un rôle important dans la fondation de la génétique en tant que discipline. (Sur la querelle qui a opposé mendéliens et biométriciens voir : Mackensie, 1981/2002, p. 242-88. Il est beaucoup utilisé dans le livre de Gillham (2001).

Tous ces lecteurs que j'ai cités ont ignoré l'objectif des expériences de Galton en matière de photographie : cibler des groupes spécifiques afin d'améliorer le contrôle social. Au contraire, les portraits composites les ont fait *penser*. Les images de Galton ont acquis une vie propre, ouvrant de nouveaux espaces de réflexion. Le cas de Bateson est exemplaire. À ma connaissance, l'allusion à Galton dans le sous-titre de *Naven* est passée inaperçue. Selon le biographe de Bateson, les mots « portrait composite » signifiaient « configuration holistique » – une interprétation qui passe à côté de l'essentiel (Lipset, 1982). Bateson a qualifié sa description du rituel de Naven de « portrait composite » pour souligner le fait que les trois points de vue qu'il a retenus – ethos, structure et fonctionnement pragmatique – ne se recoupent que partiellement. Plus généralement, les portraits composites de Galton, en comprimant une séquence chronologique – par exemple, plusieurs générations d'une famille – en une seule image, renforcent le parti pris antihistorique de Bateson. Dans le premier chapitre de son livre, intitulé « Méthodes de présentation », Bateson exprime avec force son malaise face à l'histoire et, plus généralement, face aux présentations verbales, linéaires et séquentielles : « Comme [...] il est pourtant impossible de présenter l'ensemble d'une culture d'un seul coup, je dois commencer l'analyse par un point choisi arbitrairement ; et puisque les mots doivent nécessairement être arrangés sous forme de lignes, je dois présenter cette culture, qui comme toutes les autres est un filet de causes et d'effets, sous forme de séries linéaires et non d'un réseau de mots. L'ordre descriptif est de toute façon arbitraire et artificiel [...] Au cours de cette analyse, je me limiterai aux explications synchroniques du phénomène, c'est-à-dire aux explications qui n'invoquent que des phénomènes présents actuellement dans la culture Iatmul [...] Je ne chercherai pas ce à quoi les cérémonies ont pu ressembler autrefois. Selon ma terminologie causale, j'envisagerai les causes *conditionnelles* plutôt que des causes *directes*, celles qui par exemple expliquent la combustion par la présence d'oxygène plutôt que les conditions dans lesquelles le feu a été allumé (1936/1971, p. 11).

4. – Cette longue citation servira à introduire une comparaison avec un autre texte, les *Remarques* posthumes de Wittgenstein sur *The Golden Bough* de Frazer, écrites à Cambridge à partir de 1931. En 1930, Bateson, alors âgé d'environ vingt-cinq ans, revint de Nouvelle-Guinée et passa quelque temps à Cambridge. Rien ne prouve que Wittgenstein et lui se soient rencontrés, mais la convergence de

leurs orientations intellectuelles respectives dans les années 1930 est impressionnante, surtout si l'on tient compte de leurs différences d'origine et d'âge (Wittgenstein avait quinze ans de plus)

> L'explication historique, l'explication qui prend la forme d'une hypothèse d'évolution, n'est qu'une manière de rassembler les données – d'en donner un tableau synoptique. Il est tout autant possible de considérer les données dans leurs relations mutuelles et de les grouper dans un tableau général, sans faire une hypothèse concernant leur évolution dans le temps. [...] « Et ainsi le chœur indique une loi secrète [7] » a-t-on envie de dire de la manière dont Frazer groupe les faits. Je peux exposer cette loi dans une hypothèse d'évolution, ou encore, de façon analogique au schéma d'une plante, par le schéma d'une cérémonie religieuse, mais aussi par le groupement du matériel factuel seul, dans une présentation synoptique.
> Le concept de présentation synoptique est pour nous d'une importance fondamentale. Il désigne notre mode de présentation, la manière dont nous voyons les choses. [...] C'est cette présentation synoptique (*übersichtliche Darstellung*) qui nous permet de comprendre, c'est-à-dire précisément de « voir les corrélations ». De là, l'importance de la découverte des termes intermédiaires. [...] Mais même l'hypothèse de l'évolution, je peux la considérer comme n'étant rien de plus que le revêtement d'une corrélation formelle (1969/1982, p. 21-22, cité par Clack, 1999 [8]).

Les Remarques sur Frazer de Wittgenstein, la « plus négligée » de ses œuvres, selon un interprète récent, a été en un sens une percée ouvrant la voie à sa philosophie ultérieure (Clack, 1999, p. 53-78). Le rôle joué par la morphologie de Goethe à ce stade est explicite et crucial. La préférence de Wittgenstein pour la synchronie et son aversion pour les hypothèses causales et les explications historiques sont cohérentes avec son orientation générale. Mais, à mon avis, l'accent mis par Wittgenstein sur d'autres manières de présenter les données, soit en fonction de leur « développement temporel », soit en tant que « tableau général », a également été nourri par une réflexion soutenue sur les photographies composites de Galton, qui s'est poursuivie tout au long des années 1930. Comme nous l'avons vu plus haut, les portraits de famille de Galton comprimaient une séquence généalogique en une image : on pourrait parler d'image synoptique. Une lecture similaire des portraits composites de Galton a inspiré *Naven*, l'expérience très peu orthodoxe de Bateson en anthropologie.

Wittgenstein, d'abord dans son *Cahier bleu* (1933-1934), puis dans ses *Recherches philosophiques*, s'est explicitement référé – comme point de comparaison utile – aux expériences de Galton en matière de photographie pour reformuler les concepts en termes non essentialistes [9]. Plutôt que de s'intéresser exclusivement

7. Goethe, *Die Metamorphose der Pflanzen* : « Und so deutet das Chor auf ein geheimes Gesetz. »

8. Pour ce qui est de ma dette à l'égard des *Remarques* de Wittgenstein, ainsi qu'une critique de celles-ci, voir Ginzburg (1989/1992 p. 26). Clack (1999 p. 73) renvoie à mon commentaire qui ne souligne que ce dernier point.

9. « Nous sommes enclin à penser que l'idée générale d'une feuille est quelque chose comme une image visuelle, mais qui ne contient que ce qui est commun à toute feuille (photographie composite de Galton) » (Wittgenstein, 1933-35/1996, p. 57-58 (NdT).

aux traits les plus évidents que l'on retrouve dans toutes les photographies, Wittgenstein a pris en compte la présence de détails flous, liés à des traits peu communs, voire exceptionnels. Ce changement l'a conduit à reformuler les « airs de famille » en termes d'entrelacs complexes de similitudes entre les membres d'une classe donnée. (Sur la découverte ou la re-découverte de Wittgenstein, voir Needham, 1983, p. 36-65). À la fin des années 1920, le psychologue russe L. S. Vygotskii est arrivé – indépendamment ou non – à une conclusion similaire : la formation de concepts abstraits chez les enfants ne correspondait pas à l'expérience de Galton. En fait, elle ne correspondait pas à la lecture que Galton faisait lui-même de ses propres expériences, mais, comme Stephen Toulmin l'a remarqué pour la première fois, elle correspondait en fin de compte à celle de Wittgenstein (Toulmin, 1969, p. 58-72, en particulier p. 71-72 ; Needham, 1983, p. 37 ; dans une perspective différente voir A. Ginzburg, 2000, p. 122-125).

Comme nous l'avons vu, les expériences photographiques de Galton visaient à effacer les différences individuelles pour créer des types. Mais à long terme, entre la fin du XIXe et le début du XXe siècle, les portraits composites de Galton ont eu un impact différent. Ils ont contribué à articuler une nouvelle notion de l'individu : flexible, floue, ouverte. La notion d'air de famille de Wittgenstein reprend cette notion à un niveau abstrait, en la poussant à l'extrême.

5. – Comme le suggère ma lecture de Wittgenstein, les portraits composites de Galton, qui superposent les portraits de différentes générations d'une même famille, ne sont qu'*une façon parmi d'autres de* présenter les données. D'autres images synoptiques ont permis de rendre compte de la même réalité. Dans un livre récent et richement documenté, Christiane Klapisch a retracé l'histoire de la plus répandue de ces images : l'arbre généalogique. Comme elle l'a remarqué, il n'y a rien de naturel dans l'utilisation d'arbres pour représenter la descendance biologique (Klapisch, 2000, p. 9, et Bouquet, 1996, p. 43-66). Mais l'image a connu un tel succès que l'utilisation des arbres généalogiques comme outil de classification s'est étendue d'abord aux espèces animales, puis aux phénomènes culturels. Parmi ces derniers, on peut citer l'arbre généalogique des langues construit en 1863 par August Schleicher, inspiré par Darwin. Mais un arbre généalogique bien plus ancien des langues asiatiques avait été inclus par Julius Klaproth dans son *Asia polyglotta* (1823). (Morpurgo Davies, 1975, p. 636 n.53, cité par Timpanaro 1963/2016, p. 131 n.6). Dans le même ordre d'idées, le philologue suisse Johann Caspar Orelli, dans son édition des œuvres de Cicéron (1826), a souligné la nécessité « d'établir les familles et, en quelque sorte, la descendance des manuscrits et des éditions » (Timpanaro, 1963/2016, p. 85). Comme ces métaphores le montrent clairement, l'utilisation d'arbres généalogiques en tant qu'outil éditorial était dans l'air du temps : une démarche qui coïncidait avec – et, dans une certaine mesure, accélérait – une série de développements importants dans le domaine de la critique textuelle. En 1827, Carl Johan Schlyter, l'éditeur suédois du premier volume du *Corpus Iuris Suevo-Gothorum antiqui*, a utilisé pour la première fois, semble-t-il, un arbre généalogique pour illustrer les relations entre différents manuscrits. Il n'a

pas été remarqué que Schlyter a pu être encouragé à utiliser un diagramme arborescent par le contenu du texte médiéval qu'il commentait. Le « premier » *stemma*[10] *codicum*, intitulé « Schema cognationis codicum manuscriptorum » à la p. *100r*, est précédé par une « Tabula consanguineitatis in cod. B » à la p. 99v : un arbre généalogique décrivant le réseau complexe de relations familiales émergeant du texte juridique reproduit dans les pages précédentes (Holm, 1972, p. 48-80 ; le *stemma* de Schlyter est reproduit p. 53. Voir : Timpanaro, 1963/2016, p. 89 n.9).

De nombreux travaux ont été réalisés sur la diffusion de diagrammes ou de *stemmata* pour exprimer sous une forme nette et élégante les relations entre différents manuscrits ou groupes de manuscrits. Mais les critères utilisés pour dessiner ces diagrammes sont évidemment beaucoup plus pertinents que le dispositif lui-même. Comme on le sait, la critique textuelle moderne se fonde sur un examen systématique de la tradition existante, qu'il s'agisse de manuscrits ou d'imprimés. Une étape cruciale de cet examen est l'élimination des manuscrits qui sont des copies d'autres manuscrits (*eliminatio codicum descriptorum*). Les manuscrits apparentés (ou les familles de manuscrits apparentés) sont identifiés sur la base d'erreurs convergentes – pour autant qu'elles ne sont pas insignifiantes. La raison pour laquelle les erreurs sont utilisées comme indices a été exprimée de manière fort concise par Sebastiano Timpanaro : « [...] seul l'accord sur une faute peut indiquer une parenté entre deux manuscrits ; l'accord sur de bonnes leçons ne prouve absolument rien, parce que c'est un fait de conservation, qui peut arriver aussi dans des manuscrits qui ne sont pas apparentés » (1963/2016, p. 84 n.19 ainsi que Pasquali, 1934/1974, p. 190). Paul Maas a nommé ces « erreurs conjonctives » *Leitfehler*, en écho au terme technique des géologues, *Leitfossilien*[11] (Pasquali, *ibid.*, et Maas, 1927/1990, p. 53). Il a été avancé que le principe basé sur les erreurs communes a été pleinement articulé pour la première fois par Paul Lejay en 1888 (Reeve, 1998, p. 451-52, à partir de Froger, 1968, p. 41-42). Mais les erreurs conjonctives dans leur forme la plus flagrante – les lacunes résultant d'une perte physique – ont été occasionnellement utilisées comme un argument évident depuis Poliziano[12].

L'émergence de la critique textuelle scientifique est traditionnellement associée aux travaux de Karl Lachmann, et en particulier à son édition de Lucrèce (1850). Mais Timpanaro, dans son ouvrage désormais classique, *La genèse de la méthode de Lachmann* (1963/2016), en a présenté une image plus large et plus complexe. La méthode de Lachmann, loin d'être une entreprise isolée, avait été

10. Stemma: Arbre généalogique. D'après S. Timpanaro (*La genèse*..., p. 89), ce terme a sans doute été introduit tout d'abord par C.J. Schlyter. (NdT).

11. *Leitfehler*, en français : fossile directeur. En archéologie, tout objet caractéristique soit d'une période, soit d'un faciès préhistorique, servant par conséquent de repères chronologiques sur un site dans une région donnée. (NdT).

12. Poliziano : en français, Ange Politien, 1454-1494, Humaniste italien, considéré comme le fondateur de la philologie moderne. À son sujet : Jean-Marc Mandosio, « Un enseignement novateur : les cours d'Ange Politien à l'université de Florence (1480-1494) », dossier « Le cours magistral XVe-XVIIIe siècles », *Histoire de l'éducation*, 120, 2008, p. 33-52 (NdT).

précédée par un long effort impliquant des générations de philologues, depuis Poliziano. L'un des plus brillants et (jusqu'à récemment) des plus méconnus fut Jacob Bernays, un érudit d'une originalité intellectuelle et d'une énergie morale peu communes, qui renonça à une carrière universitaire qui l'aurait contraint à abjurer sa foi juive. En 1847, Bernays publia dans le *Rheinisches Museum* (1847) sa thèse sur le texte de Lucrèce qui, selon Timpanaro, était, à bien des égards, supérieure à la reconstruction proposée par Lachmann trois ans plus tard en guise d'introduction à sa célèbre édition du *De rerum natura*. « La méthode de Lachman », écrit Momigliano dans son brillant essai sur Bernays (1969/1983), « était en fait, dans une large mesure, la méthode de Bernays » (*ibid.*, p. 449). Un chercheur dissident a fait remarquer que Bernays lui-même s'appuyait sur des méthodes déjà testées par ses prédécesseurs (Glücker, 1996, p. 45-56). Parmi ces méthodes, l'identification de *Leitfehler* était peut-être la plus importante. Bernays a corrigé et développé l'essai novateur de Johan Nicolai Madvig sur les lacunes dans les textes de Lucrèce (1832), qui corrigeait une remarque faite par Johann Caspar Orelli (1827, p. XIII-XIV) (Madvig, 1834/1887, I, p. 248-62).

Le résultat de cet effort commun fut la reconstruction par Bernays d'un *stemma codicum*, un arbre généalogique [figure 7 : *J. Bernays* : le *stemma codicum de Lucrèce*] montrant la relation entre les manuscrits existants de Lucrèce.

6. – Jusqu'à présent, j'ai abordé les portraits composites et les arbres généalogiques comme des phénomènes historiques distincts et sans rapport les uns avec les autres – ce qu'ils étaient, à une exception près. Sigmund Freud, qui connaissait les expériences de Galton en matière de photographie et les utilisait pour clarifier le travail sur les rêves, avait épousé Martha, la nièce de Jacob Bernays. Dans une lettre à sa fiancée, Freud (1873-1939/1979, p. 30) évoque avec admiration la mémoire de Jacob (Momigliano, 1969/1983, p. 460-61). Un livre composé par une sélection de lettres de Jacob Bernays – geste significatif de fierté juive, publié à Breslau en 1932 – est dédié à Freud, dont le soutien financier a rendu la publication possible : « À la publication du livre qui vous parvient ci-joint, j'ai une part. Ce sont les lettres de l'oncle de ma femme qui était un célèbre philologue et, comme il semble, une personnalité remarquable. Sa position à l'égard du judaïsme et de la foi chrétienne mérite bien qu'on y prête attention [13]. » L'attachement durable de Freud à un membre éminent de la famille de sa femme pourrait également être lié à une dette intellectuelle. L'expression « méthode cathartique », utilisée par Freud et Breuer dans leurs *Études sur l'hystérie*, serait en rapport avec le travail de Bernays sur Aristote. « Je serais surpris », commente Momigliano, « que le célèbre mémoire de Bernays sur la *katharsis* d'Aristote [interprétée en termes médicaux plutôt que moraux] ait été inconnu de Freud dans ses années de formation » (Momigliano, *ibid.*, p. 459-60 et 472 ; Dalma, 1963, p. 253-67). Il peut sembler peu judicieux d'étendre cette remarque à l'article beaucoup plus technique de Bernays sur la transmission textuelle de Lucrèce. Mais il y a des raisons de penser

13. S. Freud-A. Zweig, *Correspondance 1927-1939*, Gallimard : Lettre du 27/XI/1932, p. 84.

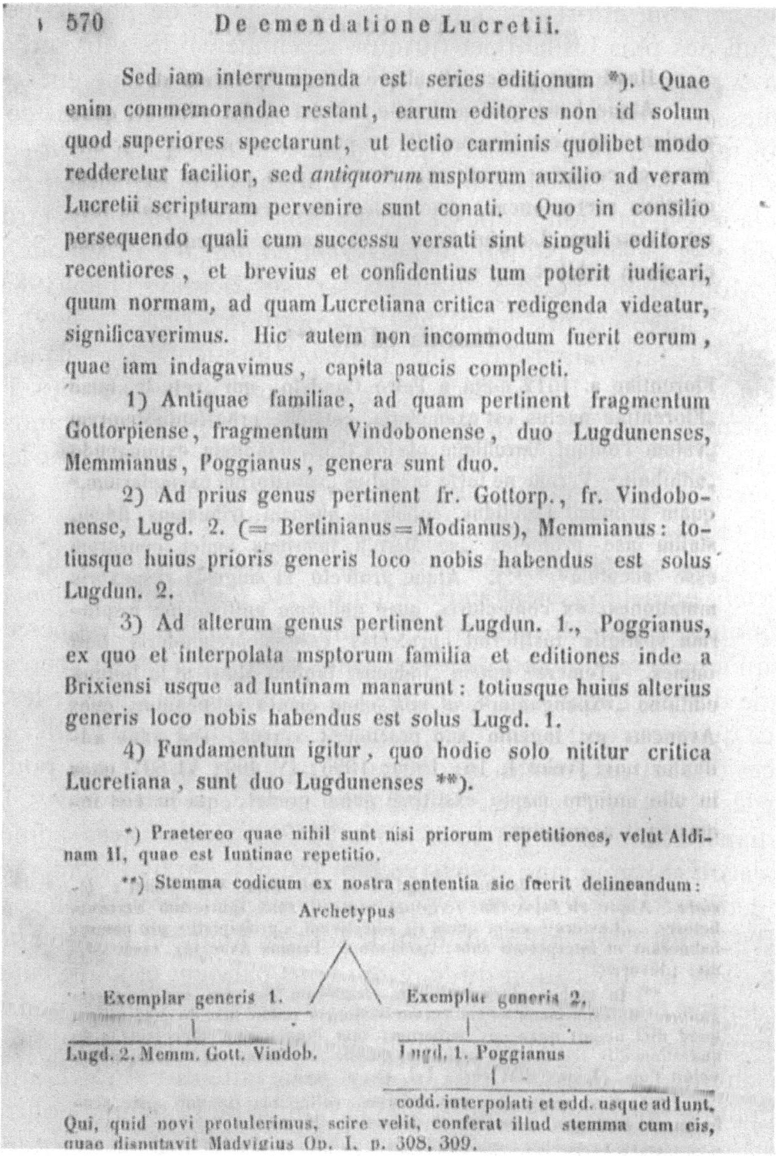

570 De emendatione Lucretii.

Sed iam interrumpenda est series editionum *). Quae enim commemorandae restant, earum editores non id solum quod superiores spectarunt, ut lectio carminis quolibet modo redderetur facilior, sed *antiquorum* msptorum auxilio ad veram Lucretii scripturam pervenire sunt conati. Quo in consilio persequendo quali cum successu versati sint singuli editores recentiores, et brevius et confidentius tum poterit iudicari, quum normam, ad quam Lucretiana critica redigenda videatur, significaverimus. Hic autem non incommodum fuerit eorum, quae iam indagavimus, capita paucis complecti.

1) Antiquae familiae, ad quam pertinent fragmentum Gottorpiense, fragmentum Vindobonense, duo Lugdunenses, Memmianus, Poggianus, genera sunt duo.

2) Ad prius genus pertinent fr. Gottorp., fr. Vindobonense, Lugd. 2. (= Berlinianus = Modianus), Memmianus: totiusque huius prioris generis loco nobis habendus est solus Lugdun. 2.

3) Ad alterum genus pertinent Lugdun. 1., Poggianus, ex quo et interpolata msptorum familia et editiones inde a Brixiensi usque ad Iuntinam manarunt: totiusque huius alterius generis loco nobis habendus est solus Lugd. 1.

4) Fundamentum igitur, quo hodie solo nititur critica Lucretiana, sunt duo Lugdunenses **).

*) Praetereo quae nihil sunt nisi priorum repetitiones, velut Aldinam II, quae est Iuntinae repetitio.

**) Stemma codicum ex nostra sententia sic fuerit delineandum:

Qui, quid novi protulerimus, scire velit, conferat illud stemma cum eis, quae disputavit Madvigius Op. I. p. 308, 309.

FIGURE 7. Jacob Bernays, *Lucretius's stemma codicum.*

que Freud a pu être intéressé à la fois par le sujet et par la méthode de la thèse de Bernays. Les lecteurs de *L'interprétation des rêves* se souviendront d'une longue citation du poème de Lucrèce sur la relation étroite entre les rêves et les préoccupations de la vie éveillée (Freud, 1900/2010, p. 42-43). Freud a dû éprouver une profonde sympathie pour la théorie matérialiste de la connaissance de Lucrèce, son approche non sentimentale du sexe et de la mort, et sa critique cinglante de la religion. En outre, la comparaison de Freud entre les rêves et les textes à moitié effacés, interpolés et corrompus évoque la critique textuelle([14]. « Je crois », écrit Freud dans un passage célèbre, reconnaissant sa dette envers les écrits de Giovanni Morelli, le connaisseur d'art italien, « sa méthode apparentée de très près à la technique de la psychanalyse. Elle aussi a coutume de deviner par des traits dédaignés ou inobservés, par le rebut de l'observation, les choses secrètes ou cachées » (Freud, 1914b/1980, p. 24-25 [15]). La critique textuelle de Bernays et son utilisation des lacunes et des erreurs comme indices auraient pu susciter un commentaire similaire.

7. – Freud semble également nous inviter à explorer la convergence entre les airs de famille et les arbres généalogiques au niveau morphologique. Il serait facile de trouver des exemples d'arbres généalogiques qui pourraient être considérés comme des traductions, réalisées dans un esprit proche, des portraits composites de Galton [figure 8 : *Family Tree of Man's Racial Types par Henry Field*) (Rosen, 2001, p. 132, fig.15].

Le mouvement inverse, c'est-à-dire la traduction d'arbres généalogiques en un équivalent des images de Galton, demanderait un effort supplémentaire. Mais si nous pouvions transférer les pages d'un texte donné sur un ensemble d'écrans transparents, nous obtiendrions, plutôt qu'un *stemma codicum*, le portrait composite d'un texte. L'informatique a transformé cette hypothèse farfelue en possibilité. La lente amélioration des traducteurs artificiels montre qu'une certaine compétence intégrée peut être atteinte. Mais nous sommes encore loin du « philologue artificiel » qui serait capable de distinguer les lectures correctes des erreurs. (Timpanaro, 1963/2016, p. 84, n.19).

8. – Lorsque j'étais étudiant, j'ai assisté à un séminaire donné par Gianfranco Contini, le grand philologue roman : une expérience inoubliable. Au milieu d'une série de feux d'artifice intellectuels étonnants, Contini s'est soudain arrêté pour raconter une anecdote. Il y avait deux philologues français, dit-il. Le premier, un homme à la longue barbe, était friand d'anomalies de toutes sortes, grammaticales, morphologiques, syntaxiques. Il les repérait, les regardait et murmurait en caressant sa longue barbe : « C'est bizarre. » Le second, un homme au crâne chauve et à l'esprit lucide, était un cartésien. Il ne s'arrêtait que lorsque toutes les anomalies – grammaticales et autres – avaient été soumises à une loi générale. Puis il se frottait les mains en disant : « C'est satisfaisant pour l'esprit. »

Lorsque j'ai entendu cette anecdote pour la première fois, je me suis immédiatement identifié au philologue barbu. Mais après un certain temps, je me suis rendu compte que je n'étais pas intéressé par le « bizarre » *en soi* ; les deux approches, pensais-je, se complétaient l'une l'autre. Plus récemment, j'ai encore changé d'avis. La relation entre les normes et les transgressions est – du moins d'un

14. Yerushalmi Y.H. ; *Le Moïse de Freud. Judaïsme terminable et interminable.* Dans la note 14 (p. 218), il remarque que la phrase de Freud sur les rêves « comme un texte sacré » (p. 62) (*wie einen heiligen Text*) a été mal traduite par Strachey avec « Holy Writ ». Voir aussi : S. Brugnolo (2000, p. 274) : « l'analogie avec le texte mutilé, interpolé, censuré est l'une des analogies préférées de Freud. »

15. À ce sujet, voir mon essai « Traces » dans *Mythes, emblèmes, traces. Morphologie et histoire*, Lagrasse, Verdier, 2010.

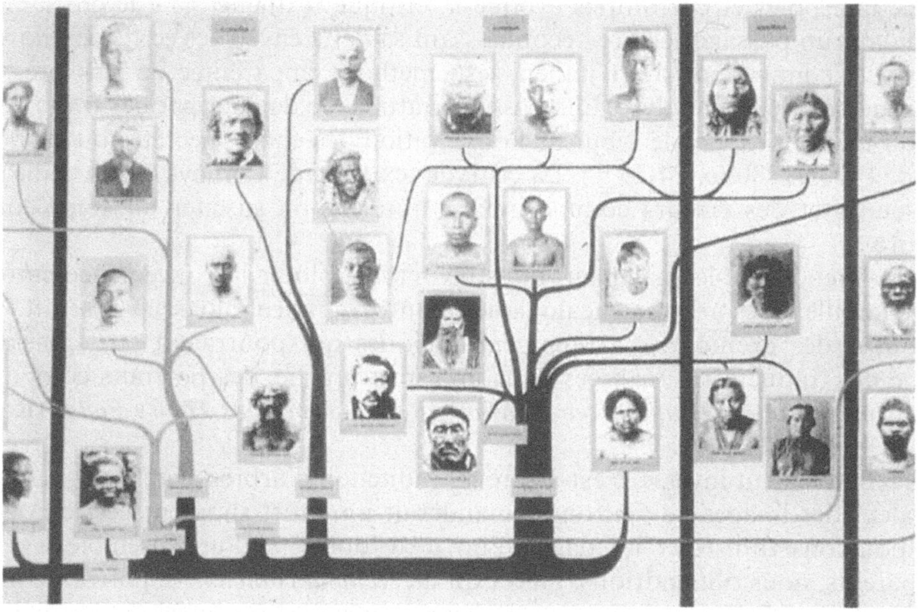

FIGURE 8. Family Tree of Man's Racial Types. Created by Henry Field in 1933 for the Hall of the Races of Mankind, Field Museum of Natural History, Chicago.

point de vue cognitif – asymétrique. Aucune norme ne peut prédire l'ensemble de ses transgressions ; les transgressions et les anomalies, au contraire, impliquent toujours la norme et nous incitent donc à en tenir compte également. C'est pourquoi une stratégie de recherche basée sur les limites floues, les erreurs et les anomalies me semble potentiellement beaucoup plus gratifiante.

(*Traduit de l'anglais par Anne Ber-Schiavetta.*)

Références bibliographiques

Banton M. (1993). Galton's Conception of Race in Historical Perspective. Dans M. Keynes (dir.) *Sir Francis Galton, FRS. The Legacy of His Ideas.* Londres, Palgrave Macmillan.

Bambrough R. (1960-61/1986). Universals and Family Resemblances. Dans Canfield, J. V. (dir.) *The Philosophy of Wittgenstein vol. 5, Method and Essence.* New York and London, Garland Publishing Company.

Bateson G. (1936/1971). *La cérémonie du Naven. Les problèmes posés par la description sous trois aspects d'une tribu de Nouvelle-Guinée.* Traduction J.-P. Latouche et N. Safouan revue par J.-C. Chambon et P. Maldinier. Paris, Éditons de Minuit.

Bernays J. (1847). De emendatione Lucretii. *Rheinisches Museum.* Bonn. N.F V.

Blacker C.P. (1952). *Eugenics: Galton and After.* London, Duckworth and Co.

Bouquet M. (1996). Family Trees and their Affinities: The Visual Imperative of the Genealogical Diagram. *J Royal Anthropological Institute London n° 2.*

Brugnolo S. (2000). *La letterarietà dei discorsi scientifici*. Roma, Bulzoni.

Cameron H.D. (1987). The Upside-down Cladogram: Problems in Manuscript Affiliation. Dans *Biological Metaphor and Cladistic Classification. An Interdisciplinary Perspective*. Philadelphie, University of Pennsylvania Press – https://doi.org/10.9783/9781512802450-014.

Clack B.R. (1999). *Wittgenstein, Frazer and Religion*. New York, Palgrave Macmillan.

Cooper J. (1900). The Platonic Idea Elucidated by the Composite Photograph. *Methodist Rev*.

Collin H.S., Schlyter C.J. (1827). *Codex iuris vestrogotici, cum notis criticis, variis lectionibus, glossariis locupletissimis ac indicibus nominum propriorum*. Stockholm [*Corpus iuris suevo-gothorum antiqui*, vol. I] fol. 100r.

Dalma J. (1963). La catarsis en Aristóteles, Bernays y Freud. *Rev Psiquiatr Psicolog Medic 6*.

Davin A. (1978). Imperialism and motherhood. *History Workshop 5*.

Dilman I. (1979). Universals: Bambrough on Wittgenstein. *Proceedings Aristotelian Society 79*(1).

Eden P. (1911). Socialism and Eugenics. Dans *Labour Leader*, juillet, août et septembre 1911.

Forrest D.W. (1974). *Francis Galton. The Life and Work of a Victorian Genius*. Londres, Paul Elek.

Fraenkel M. (1932). *Jacob Bernays, Ein Lebensbild in Briefen*, Breslau (dédicacé à « Herrn Professor Dr. Sigmund Freud »).

Freud S. (1900/2010) *L'interprétation du rêve*. Traduit par J.-P. Lefèbvre. Paris, Seuil.

Freud S. (1905c/1974). *Le mot d'esprit et ses rapports avec l'inconscient*. Paris, Gallimard, « Idées ».

Freud S. (1873-1939/1979). *Correspondance*. Traduit par Anne Berman. Paris, Gallimard.

Freud S. (1914b/1980). Le Moïse de Michel-Ange. *Essais de psychanalyse appliquée*. Traduit par Marie Bonaparte. Paris, Gallimard, « Idées ».

Freud S., Zweig A. (1927-1939/1973). *Correspondance*. Traduit par L. Weibel. Paris, Gallimard.

Froger J. (1968). *La critique des textes et son automatisation*. Paris, Dunod.

Galton F. (1869). *Hereditary genius. An Inquiry into Its Law and Consequences*. London.

Galton F. (1878). Composite portraits made by combining those of many different persons into a single figure. *J Anthropological Institute 8*.

Galton F. (1879). Generic Images. *Proceedings of the Royal Institution 9*.

Galton F. (1881a). Composite Portraiture. *Photograph J 5*.

Galton F. (1881b). Composite Portraiture. *Photograph News 25*.

Galton F. (1883). *Inquiries into Human Faculty and Development* : 339-363. Londres (avec un appendice sur le « portrait composite »).

Galton F. (1885). Photographic Composites. *Photograph News 29*.

Galton F. (1908). *Memories of My Life*. Londres.

Gillham N.W. (2001). *Sir Francis Galton. From African Exploration to the Birth of Eugenics*. Oxford Univ. Press.

Ginzburg A. (2000). Sraffa e l'analisi sociale: alcune note metodologiche. Dans M. Pivetti (dir.) *Piero Sraffa. Contributi a una biografia intellettuale*. Roma, Carocci.

Ginzburg C. (1986/2010). *Mythes, emblèmes, traces. Morphologie et histoire*. Traduit par M. Rueff. Lagrasse, Verdier.

Ginzburg C. (1989/1992). *Le sabbat des sorcières.* Traduit par M. Aymard. Paris, Gallimard.

Ginzburg C. (2000/2003). *Rapports de Force. Histoire, rhétorique, preuve.* Traduit par J.-P. Bardos. Paris, Seuil-Gallimard.

Glucker J. (1996). Lachmann's method- Bernays, Madvig, Lachmann and others. Dans J. Glucker et A. Laks (dir.) *Jacob Bernays un philologue juif.* Lille, Presses Universitaires du Septentrion.

Goethe J.W.G. (1809/1954). *Les affinités* électives. Traduit par P. du Colombier. Paris, Gallimard, « Bibliothèque de la Pléiade ».

Holm G. (1972). Carl Johan Schlyter and Textual Scholarship. Dans *Saga och Sed Kungl.* Uppsala, Gustav Adolfs Akademiens Aarsbok.

Keynes M. (1993). Sir Francis Galton, a man with a universal scientific curiosity. Dans M. Keynes (dir.) *Sir Francis Galton. The Legacy of His Ideas.* London, Palgrave Macmillan.

Klapisch C. (2000). *L'ombre des ancêtres. Essai sur l'imaginaire médiéval de la parenté.* Paris, Fayard.

Lakoff G. (1987). *Women, Fire, and Dangerous Things. What Categories Reveal about the Mind.* Chicago University Press.

Levi P. (1986/1989). *Les naufragés et les* rescapés. Traduit par André Maugé. Paris, Gallimard.

Lipset D. (1982). *Gregory Bateson. The Legacy of a Scientist.* Boston, Beacon Press.

Maas P. (1927/1990). *Critica del testo.* Florence, Le Monnier.

Mackenzie D. (1981/2002). Sociobiologies in Competition: The Biometrician-Mendelian Debate. Dans C. Webster (dir.) *Biology, Medicine and Society (1840-1940).* Cambridge, Cambridge Univ. Press.

Madvig J.N. (1834/1887). I. De aliquot lacunis codicum Lucretii, [Programma scriptum a 1832] *Opuscula academica*, Hauniae [Copenhague].

Momigliano A. (1969/1983). Jacob Bernays. *Problèmes d'historiographie ancienne et moderne.* Traduit par A. Tachet. Paris. Gallimard.

Monk R. (1990/2021). *Ludwig Wittgenstein. Le devoir de génie.* Traduit par A. Gerschenfeld. Paris, Flammarion.

Morpurgo Davies A. (1975). Language Classification in the Nineteenth Century. Dans Th. A. Sebeok (dir.) *Current Trends in Linguistics*, XIII. La Haye-Paris, Mouton

Mügge M.A. (1909). Eugenics and the Superman: A Racial Science and a Racial Religion. *Eugenics Rev 1*(3).

Needham R. (1983). *Against the Tranquility of Axioms. Polythetic Classification.* Berkeley et Los Angeles, University of California Press.

Nietzsche F. (1873/2019). *Vérité et mensonge au sens extra moral.* Traduit par M. de Launay. Paris, Desclée De Brouwer.

Orelli J.C. (1826). Cicéron, *Opera quae supersunt omnia* I. Zürich.

Pasquali G. (1932/1952). *Storia della tradizione e critica del testo.* Florence. Le Monnier.

Pearson K. (1924). *The Life, Letters and Labours of Francis Galton*, vol. II. Cambridge Univ. Press. [Les illustrations (provenant des archives de Galton) sont de loin supérieures aux originaux].

Pick D. (2000). *Svengali's Web. The Alien Enchanter in Modern Culture.* London, Yale University Press.

Reeve M.D. (1998). Shared innovations, dichotomies, and evolution. Dans *Filologia classica e filologia romanza: esperienze ecdotiche a confronto, Atti del convegno Roma 25-27 maggio 1995*, a cura di A. Ferrari. Spoleto, Fondazione Centro italiano di studi sull'alto medioevo.

Rosen J. (2001). Of Monsters and Fossils; The Making of Racial Differences. Dans Malvina Hoffman's *Hall of the Races of Mankind, History and Anthropology*, 12 fig. 15: "Family Tree of Man's Racial Types by Henry Field". DOI: 10-1080/02757206.2001.9960930.

Saurisse P. (1997). Portraits composites : la photographie des types physionomiques à la fin du XIXe siècle. *Revue de l'art 37/38*.

Schwyzer H. (1974). Essence without Universals. *Canadian J Philosophy*.

Sekula A. (1986). *The Body and the Archive, October*, 39. Doi.org/10.2307/778312.

Timpanaro S. (1963/2016). *La genèse de la méthode de Lachmann*. Traduit par A. Cohen-Skalli et A. Segonds. Paris, Les Belles Lettres.

Timpanaro S. (1975/1976). *The Freudian Slip, Psychoanalysis and Textual Criticism*. Londres. NLB.

Timpanaro S. (1998), Brevi parole introduttive dans *Filologia classica e filologia romanza: esperienze ecdotiche a confronto, Atti del convegno Roma 25-27 maggio 1995*, a cura di A. Ferrari. Spoleto, Fondazione Centro italiano di studi sull'alto medioevo.

Toulmin S. (1969). Ludwig Wittgenstein. *Encounter 32*.

Yerushalmi Y.H. (1991/1993). *Le Moïse de Freud. Judaïsme terminable et* interminable. Traduit par J. Carnaud. Paris, Gallimard.

Wells R.S. (1987). The Life and Growth of Language: Metaphors in Biology and Linguistics. Dans H.M. Hoenigswald et L.F. Wiener (dir.) *Biological Metaphor and Cladistic Classification*. Philadelphie.

Wittgenstein L. (1929/1992). Conférence sur l'éthique. *Leçons et conversations sur l'esthétique, la psychologie et la croyance religieuse*. Traduit (de l'anglais) par J. Fauve. Paris. Gallimard. « Folio-Essais ».

Wittgenstein L. (1933-35/1996). *Le cahier bleu et le cahier* brun. Traduit de l'anglais par M. Goldberg et J. Sackur. Paris, Gallimard.

TITRE – *Airs de famille et arbres généalogiques. Deux métaphores cognitives*

RÉSUMÉ – Une étude de cas basée sur deux métaphores cognitives, étroitement liées à des images. La série de photographies superposées des portraits de membres d'une famille est une expérience réalisée par Francis Galton, évoquée par Sigmund Freud, et analysée par Ludwig Wittgenstein et Gregory Bateson. Le diagramme des arbres généalogiques, qui montre la relation généalogique entre une série de manuscrits d'une même œuvre, a été proposé par Jacob Bernays, l'oncle de Martha Bernays, l'épouse de Sigmund Freud. Les implications de ce diagramme (ainsi que, plus généralement, du travail de Bernays) n'ont pas échappé à l'attention de Freud.

MOTS-CLÉS – Galton, portraits composites, eugénisme, Bateson, Wittgenstein, J. Bernays, philologie, airs de famille, arbres généalogiques.

TÍTULO – *Aires de familia y árboles genealógicos. Dos metáforas cognitivas*

RESUMEN – Estudio de caso basado en dos metáforas cognitivas, estrechamente relacionadas con imágenes. La serie de fotografías superpuestas de retratos de miembros de una familia es una experiencia hecha por Francis Galton, evocada por Sigmund Freud, y analizada por Ludwig Wittgenstein y Gregory Bateson. El diagrama de árboles genealógicos, que muestra la relación genealógica entre varios manuscritos de la misma obra, fue propuesto por Jacob Bernays, el tío de Martha Bernays, esposa de Sigmund Freud. Las implicaciones del diagrama (como también, aunque más ampliamente del trabajo de Bernays) no pasaron inadvertidas para Freud.

PALABRAS CLAVES – Galton, retratos compuestos, eugenesia, Bateson, Wittgenstein, J. Bernays, filología, aires de familia, árboles genealógicos.

Toute référence à cet article doit être indiquée comme suit : Ginzburg C. (2025). Airs de famille et arbres généalogiques. Deux métaphores cognitives. *Rev Fr Psychanal 89*(1) : 125-144

Irisations. Quelques teintes historiennes de la psychanalyse

Alain Boureau *

43 rue de Bel-Air, 17610 Chérac – boureau.alain@gmail.com

Article validé le 16/09/2024

TITLE – *Irisations. Some historical colourings of psychoanalysis*

ABSTRACT – Can the instant of the spoken word as a material, object and lever of psychoanalysis belong to the long duration of history? To rule out any simple continuity between psychoanalysis and history, we try to link analytic activity to creation in both the aesthetic and religious senses: making something new out of something old, and making visible or audible to the world what was chaos and magma. The author begins by considering in Freud's work the unfolding of the traces of the past through the analysis of artists and their neuroses. Then he notes that another motive, the fascination for what is visible, evoked history by perpetuating the moment of listening. Finally, using the example of scholastic thought, and in particular that of Nicole Oresme (14th century), he puts forward the hypothesis of historical cycles in which man explores the unthought aspects of speech that goes well beyond the knowledge of language. This process excludes the linearity of influence and assembles the fragments of a discontinuous History.

KEY WORDS – sublimation and neurosis, scholastic thought, Nicole Oresme, Alexius Meinong, discontinuous History.

Rabelais, dans le célèbre épisode des paroles gelées du *Quart livre*, opposait Pantagruel et Panurge sur la possibilité de conservation mémorielle et de retour des paroles gelées par le froid boréal. Après leur dégel naturel, les mots devaient retrouver leur fluidité en dépit de l'archiviste Panurge qui rêvait ainsi : « Je voulais quelques mots de gueule [1] mettre en réserve dedans de l'huile comme l'on garde la neige et la glace, et entre du feurre [feutre] bien net. Mais Pantagruel ne le

* Médiéviste, directeur d'études à l'E.H.E.S.S., ancien membre du comité de direction de *Penser/Rêver.*

1. Jeu de mots sur la gueule, qui désigne le visage humain de l'emportement aussi que bien que la couleur héraldique et noble du rouge : « Tenez [dit Pantagruel] –voyez en ci qui encore ne sont dégelées. Lors nous jeta sus le tillac pleines mains de paroles gelées, et semblaient dragée perlée de diverses couleurs. Nous y vîmes des mots de gueule, des mots de sinople, des mots de azur, des mots de sable, des mots dorés. »

voulut pas : disant être follie faire réserve de ce dont jamais l'on n'a faulte, et que toujours on en a main [beaucoup], comme sont mots de gueule entre tous bons et joyeux Pantagruelistes. » Mais au-delà de la benoîte considération de Pantagruel sur l'indéfinie disponibilité d'une parole instrumentale, l'épisode présentait l'aspect tranchant et contondant des grêlons de la parole, « arme par destination », comme diraient les juristes. Avec cette glace, nous sommes loin de la brume ou du crachin de la commune et administrative « écoute » des victimes, couramment associée dans les médias à la psychanalyse.

Pour notre propos, je voudrais revenir ici sur ce débat en termes plus généraux : l'instant de la parole comme matière, objet et levier de la psychanalyse, peut-il appartenir à la durée longue et continue de l'histoire ? Autrement dit, l'analyse est-elle soluble dans l'histoire qui la situerait dans un contexte selon une forte réduction ou une simple concomitance ? Ou encore la psychanalyse constitue-t-elle une science, une technique ou un art ? Dans le premier cas, elle construit une vérité intemporellement fondée sur des concepts falsifiables et cumulatifs et dans le second, elle élabore des pratiques thérapeutiques à l'aune de leur efficacité, forcément circonstancielle. La troisième possibilité relie l'activité analytique à une création au sens aussi bien esthétique que religieux : faire du neuf avec du vieux, rendre visible ou audible au monde ce qui était chaos et magma. Ici, je vais privilégier cet aspect de créativité analytique en présentant trois modulations paradoxales de la continuité simple entre psychanalyse et histoire.

Déroulement : Freud, l'artiste et ses névroses

Comme pour l'artiste, la possession/dépossession et la mise hors de soi importent à l'analyste aux prises avec la « sorcière » de la métapsychologie, ce sommet freudien. Freud se demanda à plusieurs reprises comment la création artistique pouvait s'articuler avec les névroses, objet majeur de ses cures et ses theories, si l'on opérait un passage du malin au mal. Il y consacra deux ouvrages complets : le premier, *Le délire et les rêves dans la Gradiva de W. Jensen* (1907), consistait en l'analyse d'un roman de l'auteur allemand Wilhelm Jensen (1837-1911), *Gradiva, fantaisie pompéienne*, paru peu de temps auparavant, en 1903. Son contenu permettait d'aborder à la fois la création littéraire (celle de Jensen), les rêveries du héros de la fiction et la création plastique (celle du bas-relief représentant Gradiva). Le second ouvrage, publié en 1910, *Un souvenir d'enfance de Léonard de Vinci*, traitait du rapport entre un génie éminent, sa recherche incessante et ses obsessions personnelles. Il faut y ajouter un article, « Le Moïse de Michel-Ange », publié en 1914, au retour d'un voyage à Rome (septembre 1913), ainsi qu'une étude sur le peintre bavarois du XVIIe siècle Christoph Haizmann.

Le *Souvenir d'enfance* offre sans doute l'introduction la plus complète à la question [2], car Freud y traitait à la fois des œuvres (notamment *La Vierge* à

2. Voir la belle et longue préface de J.-B. Pontalis dans l'édition bilingue de Gallimard.

l'Enfant avec sainte Anne ou *La Joconde*) et de leur auteur, tout en mentionnait une longue série de doutes et de rectifications, qui ne sont contradictoires qu'en apparence. Avec modestie et conviction, Freud maintint à la fois la spécificité et l'universalité de son objet : « À l'opinion que je n'ai ici écrit qu'un roman psychanalytique, je répondrai que moi-même ne m'exagère pas la certitude de mes résultats » (Freud, 1910c/2011, p. 148), et il donne ses raisons : son admiration de Vinci faisait que son objet ne pouvait demeurer externe et l'analyse aboutissait elle-même à la création esthétique : dix ans plus tard, il écrivit à Ferenczi (1914-1919/1996, p. 368) : « Ce travail, la seule jolie chose que j'ai écrite [3] », et dans le livre, il avait avoué : « J'ai succombé comme tant d'autres à l'attraction de cet homme grand et énigmatique, Léonard, chez lequel l'on croit sentir de si puissants instincts et de si grandes passions qui ne surent cependant s'exprimer que si étrangement assourdies » (Freud, 1910c/2011, p. 148). Il précisait : « Quand la recherche médicale sur l'âme, qui doit généralement se contenter d'un matériau humain plutôt médiocre, aborde une grande figure du genre humain, elle n'obéit pas aux mobiles que lui imputent si fréquemment les profanes. Elle ne cherche pas à "noircir" ce qui rayonne et à traîner le sublime dans la "boue" ; elle n'éprouve aucune satisfaction à réduire la distance entre cette perfection et l'insuffisance de ses objets ordinaires. Bien au contraire, tout ce qu'il est possible d'observer chez ces grands modèles lui semble mériter d'être un objet d'étude et d'intelligence, et elle pense que personne n'est si grand qu'il puisse être infamant pour lui d'obéir aux lois régissant avec la même rigueur conduite normale et conduite morbide » (*ibid.*, p. 39).

Freud, en un premier temps, refusait de mettre Léonard au nombre des névropathes. Il déclara alors « hautement » qu'il n'avait jamais eu cette intention, tout en affirmant, quelques lignes plus loin le contraire, avec l'hypothèse d'un continuum entre la santé et la maladie (*ibid.*, p. 142-143).

Comme l'a montré Anne Le Bihan (2005) sur l'ensemble de ce corpus, Freud associait deux thèses, l'une suggérait l'alternative entre création et névrose ; tout était dans le *en même temps* de cette phrase : « Le travail créateur d'un artiste est en même temps une dérivation de ses désirs sexuels. » À propos de Michel Ange, Freud exaltait ainsi cette sublimation : « Il a introduit dans la figure de Moise quelque chose de neuf, de surhumain, et la puissante masse et la musculature exubérante de force du personnage ne sont qu'un moyen d'expression tout matériel servant l'exploit psychique le plus formidable dont un homme soit capable : vaincre sa propre passion au nom d'une mission à laquelle il s'est voué » (Freud, 1914b/1980, p. 36). Ainsi, Léonard « pourra, grâce à *la précoce prédominance de la curiosité sexuelle*, se sublimer en soif universelle de savoir, et ainsi échapper au refoulement » (Freud, 1910c/2011, p. 144). En effet, « Une bien plus faible part de la libido restera orientée vers des fins sexuelles, et représentera la vie sexuelle atrophiée de l'adulte » (*ibid.*, p. 145). La libido passait du côté de la sublimation

3. Lettre à Ferenczi du 13/2/1919.

avec la curiosité universelle, et la part restante incluait à la fois la création artistique et la névrose, en tension forte. L'autre thèse différenciait l'artiste et le névrosé, en lutte constante. Au complément se substituait le partage.

En fait, il me semble que la position de Freud était plutôt ternaire : la part érotique elle-même se divisait à son tour entre la puissance créatrice et son inhibition, qui affectait à son tour la partie sublimée de la curiosité : « Une répression presque totale de la vie sexuelle réelle ne crée pas les conditions les plus favorables à l'exercice des tendances sexuelles sublimées. La vie sexuelle réelle se manifestait une fois de plus comme *le modèle de toutes les autres fonctions*, l'activité et l'esprit de décision commencent à être frappés de paralysie » (*ibid.*, p. 146). Cette paralysie pouvait aussi importer puissamment : « Nous envisageons l'ensemble des facteurs qui imprimèrent à sa personnalité *le stigmate tragique* de ne pouvoir aboutir. » L'inhibition sexuelle de Léonard entraînait, *par rebond*, la tendance à la rumination et la paralysie de l'activité créatrice. Un exemple en était donné avec la célèbre Joconde : Léonard peina quatre ans sur ce tableau, sans doute de 1503 à 1507, pendant son second séjour à Florence. Il avait alors dépassé la cinquantaine. Mais le tableau ne le satisfit pas ; il le déclara inachevé, ne le livra pas à celui qui l'avait commandé et l'emporta en France où son protecteur, François Ier, acquit ce tableau.

Péripétie: la promotion du visible

Une autre oscillation appelait l'histoire en pérennisant l'instant de l'écoute : la fascination pour le *visible*. Freud disait privilégier le sens plus que les formes [4], mais sa célèbre démonstration avait relevé un détail pictural et formel à partir du lointain souvenir, noté dans un carnet crypté de Léonard alors qu'il étudiait le vol d'un vautour. Freud assimilait à un *fantasme* ce « souvenir au vautour » (Shapiro, 1956 ; Pontalis, 1991), et proposait une relecture de l'enfance de son modèle, fondée sur la sexualité refoulée de Léonard qui aurait été le moteur de sa poursuite insatiable de connaissances. Chez Vinci comme chez Freud, les passions se disputaient. Freud avait écrit à Pfister lors de la rédaction du *Léonard* : « Je ne peux me représenter une vie sans travail comme vraiment agréable ; pour moi, vivre par l'imagination (*Phantasieren*) et travailler ne font qu'un ; rien d'autre ne m'amuse » (Freud, 1909-1939/1966, p. 70). Alors même que la passion esthétique aurait dû prédominer, la singularité créatrice résistait.

Ce cycle d'études s'acheva sur « Une névrose diabolique [5] au XVIIe siècle », paru en 1923 dans la revue *Imago*. Ce texte est au centre de l'article majeur de Michel de Certeau dans les *Annales E.S.C.* en 1970. L'étude considérait un cas de

4. Il est vrai que Freud examinait et critiquait les analyses formelles quand elles se rapportaient exclusivement aux canons esthétiques et intemporels.

5. L'adjectif *diabolique* employé par Bertrand Féron dans sa traduction est préférable au *démoniaque* de Marie Bonaparte par fidélité au titre de Freud, en raison de l'imprécision du mot *démoniaque*.

possession démoniaque (*Besessenheit*) et de délivrance par exorcisme, qui affectait le peintre bavarois Christoph Haizmann. En fait, Freud ne procédait pas à l'analyse d'un artiste, mais à celle d'un artisan dont le travail avait perdu son objet et qui devenait artiste, faute d'une finalité instrumentale de son œuvre. Sa névrose le conduisait à une création, qui en était l'accident et le symptôme. Mais ce point n'était pas aussi important que celui du pacte. Freud n'analysa guère les neuf œuvres picturales de Haizmann, qui, réalisées après sa crise et suivies d'autres moments pathologiques, ne constituaient pas une thérapie. Nous sommes loin du lien causal et mutuel entre création et névrose, questionné dans *Un souvenir d'enfance de Léonard de Vinci*.

Jacques Lacan (1965/2001), selon Jacques-Alain Miller (2019), a poussé au plus loin cette promotion du visible dans ses liens avec le fantasme. Fidèle à Freud, Lacan confortait l'idée d'un musée de l'analyse, en lieu et place de l'écoute.

Cycles : l'histoire sans fin de l'analyse

Au-delà de la dichotomie entre une réduction contextuelle et la proclamation d'une origine absolue, on va esquisser le troisième régime historique d'un retour *cyclique* de l'interrogation analytique. Il ne s'agit pas de compter la saisie de l'inconscient au nombre des *universaux* ni de minorer la révolution freudienne, mais de noter les retours sans lendemain ni cumulation d'une pensée de l'interaction entre instances autonomes de soi. En tant qu'historien médiéviste, j'ai privilégié le moment scolastique (XIIe-XVIe siècle) en Occident : « Par scolastique, je désigne les archives anciennes (1150-1450) d'une activité commune et singulière d'explication du monde à partir des structures familiales. Une fonction reconnue (la formation des clercs et l'université) a assuré la continuité, le suivi des questions et des solutions. La nécessité de prendre en compte la structure familiale tient aux contraintes de la religion chrétienne (la Trinité, l'Incarnation, Marie). La scolastique a le droit et le devoir de discourir sur le religieux. Elle le fait avec les instruments ou les armes de son choix. La censure est explicite, sous forme de listes ; elle donne donc les moyens d'une transgression » (Boureau, 2011, p. 10). La pensée scolastique a cessé d'engager le sujet quand elle a fini de se dégager des doutes sur sa possibilité même. « Je ne connais pas d'autres genres où la limite du discours articule ce discours. Si, le discours de l'analysant. Mais – sauf chez de rares analystes : Freud, Ferenczi, Bion ou Winnicott – il n'est publié que romancé » (*ibid.*).

Je n'en prendrai qu'un exemple, celui de Nicole Oresme, qui vers la fin de sa vie (vers 1370) dans ses *Problèmes* (à paraître), demande, en sa 40e question « si un homme peut prononcer et dire des choses dont il n'a pas conscience [6] ». Un homme peut avoir « l'habitude de chanter pendant qu'il pense fortement à quelque chose, comme font les jeunes, etc. Parfois, les vieux, lorsqu'ils travaillent ou étudient, etc., chantent à voix basse, etc. Et aussi, parfois, un homme dit ses prières

6. « dont il n'a pas conscience « : littéralement, qu'il ne remarque pas »(*utrum homo possit loqui et dicere aliqua ad que non advertit*).

sans en être conscient, comme cela peut se constater. Cela est encore plus frappant lorsque parfois le dormeur répond s'il est interrogé et parle, et il dit "oui, j'arrive", et pourtant il n'est pas conscient, alors que si tu le réveilles complètement, il ne sait pas ce qu'il a répondu ni ce que tu lui as demandé ». Ces paroles involontaires peuvent passer à l'acte somnambulique : « Et cela est encore plus manifeste lorsque parfois un homme va à un endroit et entre dans une maison sans en avoir l'intention. »

Oresme propose quatre explications. La première relève du simple réflexe : « De même qu'un homme endormi, si tu poses une certaine chose ou de la glace sur sa main, la retire aussitôt, de même, etc. parfois un homme éveillé, s'il pense fortement à quelque chose et que tu poses sur sa main, etc., il la retire aussitôt. »

La deuxième explication tient à l'association rémanente à un plaisir : « Je dis deuxièmement que quand un homme chante, il éprouve une joie particulière antérieurement conçue ou peut-être en une certaine confusion, de sorte que la matière de sa pensée est en quelque sorte joyeuse ou du moins indifférente. Et alors, nécessairement, il prend l'habitude d'agir ainsi, c'est-à-dire de chanter en travaillant, ou bien quelqu'un à côté de lui ou même s'il est éloigné, se met peut-être à entonner un chant qu'il entend, etc., et ce chant l'émeut d'une façon similaire, même s'il n'a rien remarqué de particulier. Dans une matière disposée, en effet, une petite cause suffit à inciter à un acte, etc. Sans doute que s'il pensait fortement à des choses haïssables ou terribles, il ne chanterait pas ainsi, mais peut-être qu'en quelque sorte il pleurerait ou se livrerait à un émoi similaire. » Certaines parties du corps, dit-il, sont particulièrement disposées au mouvement. C'est le cas de la langue, capable d'effectuer sans difficulté et sans conscience des mouvements corporels complexes, en cela comparable aux organes sexuels. « Et, parmi tous les membres, la langue fait partie de ceux qui sont mis en mouvement facilement et de manière remarquable, comme également les testicules et la verge [7]. »

En troisième lieu, Oresme invoque la persistance de pensées résiduelles, conçues antérieurement à l'acte. Une parole ou un geste inconscients peuvent être déclenchés par une « préconception universelle et confuse » antérieure à l'acte. Une nappe indistincte d'idées indifférenciées peut ainsi bloquer ponctuellement l'exercice conscient de la pensée : l'homme envahi de pensées obsessionnelles ne parvient pas à lire : « Cette première impulsion, c'est-à-dire ce que je commence à dire et que je pense accomplir, suffit pour continuer, de même qu'une corde, après avoir été lâchée par la main, continue à donner un fort mouvement, etc. »

Le quatrième point décrit la superposition du volontaire et de l'involontaire : « Le fait qu'une idée commune, ou confuse, fasse parfois bouger davantage qu'une idée particulière et affirmée, cela est évident. Ainsi, si j'écris et que j'ai l'intention spécifique d'écrire "Jean", et que pourtant j'ai l'idée de Martin, j'écris "Martin". Et ainsi, parfois, un homme lit ce qui n'est pas dans son livre et cesse de lire ce qui se trouve dans le livre posé devant lui. Et si tu veux dire à l'inverse que l'idée sur laquelle j'écris, ou je parle est particulière, présente et en acte, ou qu'une autre

7. « *Lingua autem inter omnia membra faciliter et mirabiliter movetur, sicut et testiculi et virga.* »

idée générale et confuse m'attire, pourtant la première idée ne persiste pas comme la seconde, etc. »

L'être humain doit donc explorer l'impensé d'une parole qui excède de toutes parts la connaissance de la langue : « Vois combien il existe de discours différents et par combien de figures différentes la langue est mise en mouvement et parle, mais réfléchis bien sur toi : et tu ne sais pas comment ta langue est mue différemment pour prononcer des phrases différentes. Tu vois et tu sais bien comment tu écris et que tu bouges la plume de diverses façons pour effectuer diverses figures, mais tu ne le sais pas pour ta langue. Dieu de gloire a construit un ordre en l'homme tel qu'il sache s'exprimer en direction d'autrui et qu'il soit un animal politique, civil et sociable. »

Une autre méconnaissance de la parole essentielle apparut comme en écho aux préoccupations d'Oresme, mais le débat sur le concept étrange de *complexement signifiable* (*significabile complexe*) dura peu de temps, environ de 1295 à 1365.

Cette notion oubliée a été remarquablement exhumée dans un livre d'Hubert Élie en 1936. En analysant les commentaires du franciscain André de Neufchateau, Élie nota qu'il discutait longuement une thèse du frère augustin Grégoire de Rimini (vers 1300-1358)[8] : il s'agissait d'une nouvelle catégorie ontologique qui produisait non pas des propositions, mais la mention d'états de choses, hors du temps et de l'existence, exprimés dans des propositions infinitives non gouvernées par un verbe principal, c'est-à-dire par un sujet. Ce *signifiable complexe* était donc indifférent à un référent : il pouvait porter sur du non-existant, sans être faux ni purement imaginaire. Le *signifiable complexement* constituait un état de choses connaissable (mais non connu en toute circonstance) dans la nécessité et l'éternité, insécable dans la globalité de ses éléments de signification (et c'est pour cela qu'il était dit *complexe*). La doctrine de Grégoire, face au dépouillement des énoncés selon le mode du *signifiabile complexe*, cantonnait le sujet à l'assentiment ou au refus du divin, dans un strict binarisme, qui relevait d'une orientation mystique. Avec les apparences d'un être mental, ce type d'être était bien réel et n'avait donc pas besoin de se loger dans le mode du matériel ni de l'idéel. Nous sommes non loin du *troisième monde*, du *troisième royaume* des philosophes du temps de Freud : Bernard Bolzano, Gottlob Frege et aussi Alexius Meinong.

De fait, la découverte d'Élie s'appuyait sur un saisissant parallèle avec la pensée du philosophe autrichien Alexius Meinong contemporain et compatriote de Freud: l'existence ou la non existence d'un objet était indépendante de sa constitution interne ; l'être (*Sein*) d'un objet n'est jamais déductible de son être-tel (*Sosein*) : un objet est toujours extérieur à l'être (*außerseiend*, « hors de l'être »). Meinong appelait *représentation* (*das Vorstellen*), l'activité mentale adaptée à cette catégorie ontologique[9].

8. Depuis cette découverte de 1936, on a avancé un peu la date de production du *significable complexe* en le répérant chez Adam Wodeham ou chez Richard de Mediavilla.

9. Note d'A. B-S. : Une analogie : le fantasme inconscient ? il existe, mais ni concrètement, ni représenté – jusqu'à ce qu'éventuellement il puisse s'énoncer dans une cure.

Mon hypothèse de cycles historiques exclut la linéarité de l'influence et assemble des coupures. De fait, rien n'a été transmis de la pensée scolastique, sinon chez Leibniz. Freud, si friand d'histoire, a ignoré le Moyen Âge. Mais les mots gelés produisent parfois une heureuse averse. Exemple récent : Michel Gribinski (2023), dans son dialogue posthume avec François Gantheret, à propos du maternel et du paternel, a travaillé avec profit les concepts et élaborations scolastiques de substance/accident et de matière/forme.

Pour finir, on filera la métaphore atmosphérique de Rabelais du début de ce texte en comparant l'inconscient analysé à l'arc-en-ciel vu par certains penseurs scolastiques quand ils commentaient les *Météorologiques* d'Aristote. Ce beau traité d'Aristote avait brossé un tableau éclectique des phénomènes naturels visibles dans ce monde sublunaire et la plus grande partie du livre III était consacrée à l'arc-en-ciel. Les scolastiques, en des commentaires par questions ou par gloses, ont longuement et souvent interprété ce passage difficile en se focalisant sur deux aspects du propos d'Aristote : les couleurs de l'arc-en-ciel sont-elles matériellement réelles ou livrent-elles une simple apparence ? Pourquoi s'offrent-elles au regard humain selon un cercle dont la moitié inférieure n'est pas visible et par quelle interruption de la perfection ronde ? Sa très longue et très formelle démonstration avait enrôlé Aristote, lui aussi, dans l'enquête multiséculaire sur la grande fêlure de l'être vainement promis à l'unité. Vingt-cinq siècles plus tard, Freud poursuivait. À suivre…

Références bibliographiques :

Aristote (2002). *Météorologiques*, deux vol., édition et traduction de P. Louis. Paris, Les Belles Lettres.

Boureau A. (1985). L'inceste de Judas. Sur la genèse de l'antisémitisme au XIIe s. *Nouv Rev Psychanal 33*.

Boureau A. (1991). Satan et le dormeur. Une construction médiévale de l'inconscient ? *Chimères 14*.

Boureau A. (1993). Pierre de Jean Olivi et le semi-dormeur. Une élaboration médiévale de l'activité inconsciente. *Nouv Rev Psychanal 48*.

Boureau A. (1993). La redécouverte de l'autonomie du corps : l'émergence du somnambule (XIIe-XIVe°s.). *Micrologus 1*.

Boureau A. (1993). Naaman, son mal et son secret. Un patient biblique examiné par l'Église (XIIe-XVIe°s.) *Évol psychiatr 58*(3).

Boureau A. (2011). *En somme. Pour un usage analytique de la scolastique médiévale*. Lagrasse, Verdier.

Certeau M. de (1970). Ce que Freud fait de l'histoire. À propos d'une névrose démoniaque au XVIIe s. *Annales E.S.C.* 25e année°3.

Élie H. (1936). *Le signifiable complexe*. Paris, Vrin.

Freud S. (1907a/2010). *Le délire et les rêves dans la Gradiva de Jensen*. Paris, Puf, « Quadrige ».

Freud S., Pfister O. (1909-1939/1966). *Correspondance*. Paris, Gallimard.

Freud S. (1910c/2011). *Un souvenir d'enfance de Leonard de Vinci*. Paris, Le Seuil, « Points Essais ».

Freud S. (1914b/1980). Le Moïse de Michel-Ange. *Essais de psychanalyse appliquée*. Paris, Idées Gallimard.

Freud S., Ferenczi S. (1914-1919/1996). *Correspondance*. Paris, Calmann-Lévy.

Freud S. (1923d/1985). Une névrose diabolique au XVIIe s. *L'inquiétante étrangeté et autres essais*. Paris, Gallimard.

Gribinski M. (2023). *Au bord des mères*. Paris, Fario.

Lacan J. (1965/2001). *Autres écrits*. Paris, Seuil.

Le Bihan A. (2005). Poète ou névropathe ? *Psychanalyse* 2005/2, n° 3.

Miller J.-A. (2019). D'un regard, l'étrangeté. *Cause du Désir 102*(2).

Oresme N. (à paraître). *Œuvres choisies, VIII, Problemes*. A. Boureau, B. Delaurenti (dir.). Paris, Les Belles Lettres.

Rabelais F. (1552/1955). *Œuvres complètes. Le Quart* Livre. Chap. LVI. Paris, Gallimard, « La Pléiade ».

Schapiro M. (1956). Leonardo and Freud: An Art-Historical Study. *J Histor Idea 17.2*.

TITRE – *Irisations. Quelques teintes historiennes de la psychanalyse*

RÉSUMÉ – L'instant de la parole comme matière, objet et levier de la psychanalyse, peut-il appartenir à la durée longue de l'histoire ? Pour exclure une continuité simple entre psychanalyse et histoire, on tente de relier l'activité analytique à une création au sens aussi bien esthétique que religieux : faire du neuf avec du vieux, rendre visible ou audible au monde ce qui était chaos et magma. On considère d'abord, chez Freud, le déploiement des traces du passé par l'analyse des artistes et de leurs névroses. Puis on note qu'ainsi un autre mobile, la fascination pour le visible, convoquait l'histoire en pérennisant l'instant de l'écoute. Enfin, à partir de l'exemple de la pensée scolastique et en particulier celle de Nicole Oresme (XIVe siècle), on propose l'hypothèse de cycles historiques où l'homme explore l'impensé d'une parole qui excède de toutes parts la connaissance de la langue. Ce processus exclut la linéarité de l'influence et assemble les fragments d'une Histoire discontinue.

MOTS-CLÉS – sublimation, créativité analytique, pensée scolastique, Nicole Oresme, Alexius Meinong, Histoire discontinue.

TÍTULO – *Irisaciones. Algunos reflejos historiadores del psicoanálisis*

RESUMEN – El instante de la palabra como materia, objeto y mando del psicoanálisis, ¿Puede pertenecer al tiempo largo de la historia? A fin de excluir una continuidad simple entre psicoanálisis e historia, intentamos vincular la actividad analítica a la creación desde una perspectiva tanto estética como religiosa: innovar con viejos moldes, hacer visible o audible al mundo lo que fue caos y magma. Primero, consideramos en Freud, el despliegue de huellas del pasado a través del análisis de los artistas y de sus neurosis. Luego, observamos que también otro móvil, la fascinación por lo visible, convocaba la historia al perennizar el instante de la escucha. Por último, a partir del ejemplo del pensamiento escolástico, particularmente el de Nicole Oresme (siglo XIV), avanzamos la hipótesis de ciclos históricos en el que el hombre explora lo impensado de una palabra que excede por doquier el conocimiento de la lengua. Este proceso excluye la marca lineal de la influencia y reúne los fragmentos de una Historia discontinua.

PALABRAS CLAVES – sublimación y neurosis, pensamiento escolástico, Nicole Oresme, Alexius Meinong, Historia discontinua.

Toute référence à cet article doit être indiquée comme suit : Boureau A. (2025). Irisations. Quelques teintes historiennes de la psychanalyse. *Rev Fr Psychanal 89*(1) : 145-154

Les liaisons de la carpe et du lapin. Esquisse métaphorique des rapports entre histoire et psychanalyse

Blaise DUFAL *

13 Hegarty Street, Globe, NSW 2037, Australia – blaise.dufal@gmail.com

Article validé le 16/09/2024

TITLE – *The links between the carp and the rabbit. A metaphorical outline of the relations between history and psychoanalysis*

ABSTRACT – The relations between history and psychoanalysis in France are both tenuous and complex, the subject of various developments and characteristic of a number of major intellectual figures. In order to renew the historiographical account of this intertwining, the use of certain narrative devices from psychoanalysis allows us to shift our gaze a little in order to better describe some important moments in this relationship between two disciplines that both attract and repel each other. The relationship between these two disciplines has been troubled, from the history/problem of the *Annales*, which evacuated psychoanalysis before the Second World War, and the project of historical psychology, which was very influential among historians for several decades, to the more intense links with the history of mentalities and certain remarkable individual intellectual trajectories, right up to the use of psychoanalytical tools to grapple with questions of contemporary memory.

KEY WORDS – historiography, historical psychology, *Annales*, history of mentalities, memory.

* Historien, spécialiste de la scolastique médiévale et de l'historiographie des sciences humaines et sociales. Enseignant à The University of Sydney et à The University of New South Wales.

Le loup aimait le canard, et le canard aimait le loup
Monstrueux ! dites-vous. Pourquoi cela ?
Avez-vous donc jamais vu, dans les foires,
Le produit incestueux de la carpe et du lapin ?
Alphonse Allais.

Bestiaire disciplinaire

La carpe et le lapin, c'est une fable qui n'existe pas. Pourtant ça y ressemble, ça en a tout l'air. Une histoire de mésalliance sociale ou religieuse, on ne sait pas très bien d'où cela vient. Le flou des relations le dispute ainsi au caractère animalier des protagonistes qui tient seul lieu de structure à une narration inaboutie. Si l'usage du discours para-fabuliste comme modalité descriptive des rapports entre des disciplines, en l'occurrence l'histoire et la psychanalyse, peut sembler pour le moins incongru, il n'est pas complètement inédit pourtant. Élisabeth Roudinesco parlait déjà de projets aussi éloignés « qu'un canard d'un éléphant » (1983, p. 156). Voici donc un bestiaire disciplinaire qui se peuple rapidement à bien y regarder, et où le canard revient déjà à deux reprises : est-ce là ce vilain petit canard du conte de Hans Christian Anderson (1842) qui doit apprendre à devenir adulte malgré ceux, nombreux, qui moquent ses tares ? Libre à chacun de faire les identifications qui lui plairont dans la ménagerie et la basse-cour des intellectuels, car comme dans l'interprétation d'un rêve, les identités comptent moins que les interactions.

La proposition de Sophie de Mijolla (2007) de faire une histoire psychanalytique de la psychanalyse pourrait trouver un écho dans l'utilisation de notions, ou tout au moins de termes, voire de figures narratives, issus du savoir psychanalytique pour décrire et analyser des relations épistémologiques, des situations historiographiques : penser les rapports inter et infradisciplinaires en termes de non-dits, de malentendu, d'acte manqué, où s'incarnent des modèles familiaux, peut s'avérer utile, voire nécessaire, pour sortir des discours *pro domo* et des exégèses qui tournent en rond dans l'histoire qui raconte l'histoire. Il s'agit d'envisager une histoire des émotions académiques et des passions, même tristes, des mondes savants, et de construire un récit métaphorique des affres qu'ont connu ensemble ces deux types de savoirs différents que sont la psychanalyse et l'histoire. Il y a des silences révélateurs, et il y a des ignorances réciproques, il y a des prétentions qui s'entrechoquent, et il y a l'*hybris* des sachants qui est un éternel retour.

En se limitant au cadre français, le rapport de la science historique à la psychanalyse, si tant est qu'on puisse circonscrire ces deux savoirs de manière homogène, relève pour l'historiographe du symptôme, qui pointe un certain nombre de tensions et de troubles internes à la discipline historique. En effet, si ces interactions constituent un point globalement très marginal au regard de la production tant scientifique que pédagogique, elles disent autre chose qu'un simple embarras, mais pas forcément toujours un malaise. Le premier indice de cet état de confusion se trouve dans ces nombreux textes écrits par des historiens et consacrés à cette question, et qui commencent quasi systématiquement par un commentaire, plus ou moins informé et informant, du corpus freudien, comme si chez eux la psychanalyse était l'occasion de faire de la philosophie à peu de frais, de briller en société en montrant une certaine culture et une ouverture d'esprit, finalement de déployer un autre usage des mots. Il y a là l'expression d'un rapport contrarié à la théorie chez certains attirés et fascinés par le discours spéculatif, alors qu'ils construisent leur légitimité en dehors de ces formes de discours. Ce faisant, ces historiens, qui souvent réduisent la psychanalyse à une vulgate freudienne, se font les témoins, mais aussi les diffuseurs d'une vision appauvrie de la psychanalyse : sont-ils alors des perroquets répétiteurs ou des grenouilles infatuées ?

Psychologie historique et évitement de la psychanalyse

Commençons par parler d'autre chose, car quand cela résiste, il faut bien faire diversion, ruser avec ses propres démons. Pour ce qui est des unions disciplinaires, s'il en fut une particulièrement importante, en tout cas pour l'historiographie française, ce ne fut, non pas avec la psychanalyse, mais avec une discipline qui alors passait pour bien plus sérieuse, et rigoureusement établie, mais néanmoins hybride, la psychologie historique. Et cette liaison qui court sur au moins deux générations au milieu du XXe siècle est en partie la conséquence d'un refus de la psychanalyse de la part des historiens français influencés par certains philosophes (Charles Blondel) et cliniciens (Henri Wallon, Pierre Janet). En effet, ce qui devait devenir l'historiographie dominante, la bien mal nommée « école des *Annales* » (voici déjà un malentendu), a développé ses objets de recherche dans le cadre de l'élaboration concomitante d'une psychologie historique alors en conflit avec la psychanalyse freudienne.

Henri Berr, qui fonde en 1900 la *Revue de Synthèse historique*, n'a eu de cesse de promouvoir la psychologie historique comme modalité de synthèse, justement, des différentes sciences humaines et sociales alors en développement. Il y a pour lui une adéquation entre l'histoire et la psychologie, formant un récit de l'origine et du développement de la psyché. À sa suite, chez les « pères fondateurs » de l'« histoire-problème », Marc Bloch et Lucien Febvre, le refus de la grille d'analyse freudienne n'est pas tant explicite que manifesté en divers endroits par l'absence, le silence. Le moderniste Febvre, qui se définit parfois comme « psychologue-historien », déploie une psychologie individuelle à rebours avec ses études sur Martin Luther, François Rabelais et Marguerite de Navarre. À cette occasion, il ne peut retenir son mépris pour ces psychanalystes qu'« aucune facilité ne rebute » (1928/1999, p. 39), même si ailleurs il concède à Sigmund Freud le qualificatif de « subtil », et lui voit « peu d'usage pour l'histoire ». Alors qu'en « un rêve de malade », il considère la psychologie comme « la base même de tout travail d'historien valable » (1941, p. 20). Le médiéviste Bloch affirme que « les faits historiques sont, par essence, des faits psychologiques » (1941/1997, p. 157), et proclame ainsi l'existence de faits, bien établis, collectifs, quand la psychanalyse se perdrait dans des élucubrations stéréotypées individualisantes et réductrices. Cette frange de l'historiographie française, en passe d'être dominante, se construit en partie sur l'évacuation de la psychanalyse, prise comme répulsif, et fait de la psychologie le fondement de son fait d'analyse.

Le retour du refoulé

Cette ligne de partage, hautement énoncée, ne tient pas bien longtemps et le développement de certaines formes de psychologie historique dans la seconde partie du XXe siècle, laissent entrer le loup dans la bergerie. Le grand spécialiste du mythe des croisades, Alphonse Dupront, fortement influencé par les travaux de Carl Gustav Jung et de ses adeptes, propose de passer d'une « histoire de la psychologie collective » à une « psychanalyse collective, thérapeutique des groupes » (1961, p. 9). Quelques années plus tard, il envisage même de faire de la pratique analytique un exemple pour l'historien, non pas une méthode, mais une « attitude » pour mettre « en présence » le passé (1969, p. 28). Voilà une comparaison qui aura une longue postérité, mais voilà aussi une proposition pour le moins iconoclaste. À sa suite, c'est le développement de cette histoire, très française, nommée l'histoire des mentalités qui flirte, de manière plus ou moins longue et intense, avec une psychanalyse, qui a désormais le vent dans le dos et est devenue une interlocutrice publique et scientifique légitime. Les modernistes, Philippe Ariès, Jean Delumeau, Emmanuel Le Roy Ladurie cherchent, chacun à leur manière, à saisir des imaginaires, des inconscients collectifs. Le succès public de leurs travaux a pu sembler menacer l'intégrité de la discipline historique, qui serait alors sur une pente jugée trop glissante par certains, comme le médiéviste Georges Duby qui met en garde « contre le concept […] fallacieux, d'inconscient collectif », car « il n'y a d'inconscient […] que par rapport à une conscience, c'est-à-dire à une personne » (1991/2010, p. 124).

Dans ces mêmes années, l'antiquisant Jean-Pierre Vernant, qui a eu pour maître intellectuel le psychologue polonais Ignace Meyerson, plutôt hostile à la psychanalyse, se confronte à plusieurs reprises avec les discours de la psychanalyse qui investissent beaucoup l'interprétation des mythes et de la littérature antiques. En 1967, il réagit vertement à un article du psychanalyste Didier Anzieu qui reproche aux hellénistes d'avoir continué leurs recherches comme si Freud n'avait rien dit. N'est-ce pas là la pire insulte faite aux praticiens du silence qui gouvernent la parole ? Ce dialogue, où se mêlent ironie féroce et inquiétude voilée, et qui n'aboutit à pas grand-chose scientifiquement, se poursuit vingt ans plus tard avec le psychanalyste Pierre Kahn, sur un ton moins polémique. Ces échanges ne visent pas à rapprocher des positions ni à créer des méthodes communes, désormais il s'agit simplement d'essayer de créer des lieux de discussion interpersonnels. C'est en abandonnant le projet de psychologie historique pour celui de l'anthropologie historique que Vernant contribue à ouvrir cet espace d'expérimentation.

De la passion au déni : hystérisation de la relation

Au milieu des années 1960, les rapports entre histoire et psychanalyse sont balbutiants, hésitants, et inhibés, mais soudainement ils vont s'enflammer. C'est tout d'abord un amour soudain, passionnel et inconditionnel, comme un premier amour, une romance incarnée par un homme, Alain Besançon. Ses premiers textes intriguent, et son ouvrage consacré à une interprétation œdipienne de la politique russe a quelques échos mondains remarqués. Lui, qui se présente comme psychanalyste et historien, et se revendique comme un élève de Georges Devereux, semble pourtant aussi très marqué par une certaine influence jungienne. Et puis, c'est la proclamation d'un amour fusionnel et de la fondation « en théorie » d'une histoire psychanalytique proprement dite. Pour lui, historiens et analystes partagent une « analogie de position » à l'égard du texte et de ses silences et la psychanalyse doit être promue comme « méthode historique » (1969, p. 594). À l'image de son texte consacré à *La sorcière* de Jules Michelet, qui l'obsédait, cette passion le dévore, c'est une union nécessaire, existentielle, qui s'impose. Et puis, en quelques années, c'est une histoire qui sombre dans le dépit amoureux, aussi brutalement qu'elle était apparue, lorsqu'il déplore « la stupéfiante pauvreté de l'inconscient » (1978, p. 8) et abandonne son ambition théorique, morte en bas âge. Pour la mémoire disciplinaire, Besançon devient la figure de l'excès, de ce projet d'une discipline autonome, interaction trop étroite, qui irait jusqu'à annihiler les identités. Il incarne dans le récit historiographique traditionnel une figure adolescente, exactement l'envers de la figure de Michel De Certeau.

De Certeau incarne le pôle positif de ces relations amoureuses entre histoire et psychanalyse, la figure lumineuse, celle qui représente une relation adulte, tempérée et bien comprise où chacun reste soi-même, sans se confondre, sans se dévorer, et où on se retrouve pour partager des passions communes, où on construit des espaces propres, où on entremêle des mots. Des centaines de pages ont été écrites sur De Certeau, et ses conceptions des rapports entre l'histoire et la psychanalyse, n'en rajoutons pas, son œuvre abondante et éclairante se suffit à elle-même et n'a pas besoin de répétiteurs. Essayons plutôt d'interroger ce que cette situation signifie pour la discipline historique : qu'un prêtre jésuite et co-fondateur de l'École freudienne de Paris soit devenu un modèle pour plusieurs générations d'historiens français peut interroger. Clerc catholique, psychanalyste, voilà pourtant deux identités contre lesquelles l'histoire positiviste française (qui est toujours dominante) s'est construite pendant des décennies. Comme si les modèles proposés étaient déficients, insuffisants à assouvir les nouvelles envies de ces générations. De Certeau est-il alors un fantasme de liberté et de non-conformité pour les historiens ? La postérité de De Certeau est à la fois immense, notamment pour ce qui est de l'histoire des discours chrétiens, et parcellaire, car finalement ses positions sur les rapports entre psychanalyse et histoire, si elles ont eu un fort écho, sont restées plutôt lettre morte quant à leur mise en pratique, à quelques exceptions près, notamment celle, très notable, de l'œuvre de Jacques Le Brun.

Dans la construction symbolique du récit disciplinaire de l'historiographie française, il y eut donc un bon (voire un saint), une brute (repentie), et peut-être, pour passer d'un schéma binaire moralisant à une vision ternaire intégrante, faudrait-il y ajouter un truand. Celui-ci ne pourrait être rien d'autre qu'un juriste bien sûr, obsessionnel de la loi et de l'ordre, en l'occurrence Pierre Legendre, historien spécialiste du droit canonique médiéval, qui fit partie de l'École freudienne de Paris et déploya une modalité lacanienne particulière dans son approche de l'institution ecclésiale et de l'administration. Dans un livre marquant, il considère que « l'outil psychanalytique [...] vient restituer à l'histoire sa facture et souligner l'universelle sauvagerie des institutions, chargées de verrouiller l'assujettissement par un certain discours d'amour » (1974, p. 64). C'est là les propos d'un bandit de grand chemin, à cheval sur les frontières disciplinaires, qui veut mélanger plusieurs champs de connaissance, non pas pour les unifier, mais pour en faire son beurre, son miel, pour les rançonner. L'œuvre de Legendre, attirante et inquiétante, a influencé plusieurs générations d'historiens, notamment des médiévistes et des modernistes travaillant sur les institutions administratives et l'État comme Jacques Chiffoleau, Jean-Philippe Genet, et François Foronda. Son style d'écriture très particulier a pu fasciner et s'est immiscé subrepticement dans de nombreux textes produits par des historiens français, et l'histoire de sa traque reste encore à faire. Au fil du temps, celui qui était devenu plutôt embarrassant, et que les historiens du droit considéraient comme un « fou », pourrait être identifié comme un « nom-de-l'oncle », attachant, mais qui a peut-être mal vieilli...

Au cas par cas

À partir du début des années 1980, certains historiens d'une nouvelle génération entament un compagnonnage intellectuel au long cours avec la psychanalyse, sur une tout autre modalité que les précédentes attitudes. Il n'y a plus parmi eux de praticiens de l'analyse, même si la plupart ont été pendant longtemps des analysants. Il n'y a plus de prétention à construire une épistémologie des rapports entre psychanalyse et histoire, et il y a même souvent une absence d'explicitation de cette manière toute personnelle de faire se rencontrer ses deux discours. C'est là la conséquence d'une méfiance compréhensible au vu de l'accueil fait à la collaboration entre l'historien moderniste Philippe Boutry et le psychanalyste Jacques Nassif, à propos du cas d'un paysan beauceron, qui avait des visions, au début du XIXe siècle. *Martin l'Archange* (1985), livre pour le moins original, fut accueilli dans un silence éloquent et rapidement relégué à l'oubli. Pour éviter cela, il s'agit, pour ces quelques aventureux, de s'insérer dans d'autres réseaux d'échanges que ceux de la discipline historique, par des collaborations avec des revues de psychanalyse et la fréquentation de ces milieux, créant un autre espace de l'« entre-soi », où leur démarche peut être écoutée, voire discutée, sans être immédiatement jugée inappropriée. Il y a là une forme de construction d'une famille de substitution, d'une affectivité alternative.

C'est le cas de l'antiquisante Nicole Loraux qui envisage la possibilité de « doter ce problématique sujet de quelque chose comme un inconscient » (1997, p. 59) pour comprendre des formes de « déni, de refoulement, d'oubli » à l'échelle de la société athénienne antique. Consciente du caractère délicat de l'opération, elle confesse d'ailleurs vouloir repousser « à un avenir indéterminé le moment de s'expliquer soi-même sur cette pratique » (*ibid.*, p. 61). Dans la cité des sciences, on pourrait donc faire de l'histoire avec les outils de la psychanalyse, à condition, simplement, de ne pas le dire. C'est autrement le cas du médiéviste Alain Boureau, qui, au cours de quarante ans de compagnonnage avec le fait de l'analyse, utilise la psychanalyse pour comprendre les discours de la scolastique médiévale et les attitudes de ces théologiens et de ces philosophes, à la fois lointains et proches (2011). Là encore la pratique interprétative au contact du détail des sources et au croisement des associations d'idées prévaut sur un éventuel effort de théorisation. Ces notables exceptions incorporant la psychanalyse à l'arsenal interprétatif sont restées marginales, dissociation imposée par le surmoi académique.

L'amer de la mémoire

Depuis une vingtaine d'années, c'est à travers les enjeux de mémoire individuelles ou collectives que des historiens, en particulier les contemporanéistes absents jusqu'à présent de ce récit, sont visibles dans leurs usages de termes et de grille de lecture issus de la psychanalyse. Ces pistes ont été pourtant ouvertes il y a plusieurs décennies par l'historienne Régine Robin, notamment dans son ouvrage sur le travail de deuil (1979) puis avec sa thèse d'État dont le titre renvoie au « roman familial des névrosés » freudien, et où elle utilise la psychanalyse pour conceptualiser ce que les historiens ont « du mal à cerner » (1989). Il s'agit tout au long d'un parcours de recherche multiple et réalisé pour l'essentiel de l'autre côté de l'Atlantique (ce qui n'est pas anodin) d'un rapport très intime et profond avec la psychanalyse, qui est aussi considéré comme une modalité d'écriture, et qui rejoint les deux cas évoqués juste précédemment. À l'opposé de cette trajectoire singulière, il faut évoquer la vogue et l'influence du philosophe Paul Ricœur sur de nombreux historiens français à partir des années 1990, à qui il fournit une épistémologie intellectuellement accessible et séduisante, permettant notamment de penser les articulations et les différences entre histoire et psychanalyse, entre histoire et mémoire.

Le contemporanéiste Henry Rousso évoque la « névrose traumatique », le « refoulement », et inscrit clairement et explicitement son analyse de la mémoire du régime pétainiste dans la société française de l'Après-guerre dans une perspective psychanalytique, envisageant même cela comme les conséquences d'un « meurtre du père » (1987), puis évoquant ce « passé qui ne passe pas » (1994). Ses travaux ont influencé une nouvelle génération de chercheurs qui au cours de la dernière décennie ont interrogé les mémoires collectives, familiales et individuelles : celles de la Grande Guerre pour Stéphane Audoin-Rouzeau, celles de l'antisémitisme pour Ivan Jablonka, celles de la Guerre d'Algérie pour Raphaëlle Branche, celles des attentats islamistes pour Denis Peschanski. Ici, la mémoire, et ses conditions d'élaboration sociale, rencontrent la question de la prise en charge individuelle et collective des traumas et ouvre un lieu de dialogue entre la pratique historienne et la pratique clinicienne. Les termes issus de savoirs psychologiques et psychanalytiques tendent même désormais à saturer l'espace heuristique, et à se faire saillants dans la production de l'histoire contemporaine. Les historiens, qui parlent sur le passé, se transforment alors en spécialistes de la mémoire, qui elle parle d'autre chose, et qui était jusque-là plutôt l'apanage de la sociologie, opérant une forme de captation qui, espèrent-ils, leur permettrait de se reconnecter aux questionnements publics.

Sa fin de rencontre est heureuse

Penser les liens entre histoire et psychanalyse ne peut pleinement se faire selon la grammaire des rapports interdisciplinaires utilisée dans le dialogue entre les différentes sciences humaines et sociales. À cheval entre deux mondes, celui du savoir à prétention scientifique et celui de la pratique de la cure, la psychanalyse est parfois travestie dans son rapport à la discipline historique, réduite à une heuristique quasi magique. D'un point de vue taxonomique, ces deux types de discours, s'ils appartiennent au même règne, et au même ordre, ne sont pas de la même famille, et s'ils se rencontrent, ne peuvent néanmoins pas se croiser. Mais cette absence de parenté n'invalide pas par principe les transferts métaphoriques qui constituent les usages les plus courants de la psychanalyse par les historiens. Le processus métaphorique est justement basé, selon la poétique aristotélicienne, sur l'application d'un mot à une chose qui lui est étrangère. Ce déplacement produit un surplus de sens qui enrichit l'imaginaire de l'historien, qui ne doit donc pas s'inquiéter de cette étrangeté. Le loup qui devait inspirer la terreur ne doit plus faire peur, car il ne dévore pas le canard, mais le chérit. La fable qui n'existe pas dit que cette union de la carpe et du lapin est heureuse, malgré les on-dit, et le qu'en-dira-t-on, alors pourquoi ne pas la croire, car la croyance a ses effets [1].

Références bibliographiques

Allais A. (1895). Le petit loup et le gros canard. Idylle. *Deux et deux font cinq*. Paris, Paul Ollendorff.

Besançon A. (1969). Vers une histoire psychanalytique (I). *Annales ESC 24*(3).

Besançon A. (1978). De Gibbon à Freud et retour. *L'Arc 7*.

Bloch M. (1941/1997). *Apologie pour l'histoire ou métier d'historien*. Paris, Armand Colin.

Boureau A. (2011). *En Somme. Pour un usage analytique de la scolastique médiévale*. Lagrasse, Éditions Verdier.

Boutry P., Nassif J. (1985). *Martin l'Archange*. Paris, Gallimard.

1. Ce texte a bénéficié des relectures de Étienne Anheim, Anne Ber-Schiavetta, Alexis Fontbonne et Frédéric Gabriel.

De Mijolla-Mellor S. (2007). Peut-on écrire une histoire psychanalytique de la psychanalyse ? *Topique 98*.
Duby G. (1991/2010). Mentalités. *L'histoire continue*. Paris, Odile Jacob.
Dupront A. (1961). Problèmes et Méthodes d'une histoire de la psychologie collective. *Annales ESC 16*(1).
Dupront A. (1969). L'histoire après Freud. *Revue Enseign Sup 44-45*.
Febvre L. (1928/1999). *Un destin. Martin Luther*. Paris, Puf.
Febvre L. (1941). La sensibilité et l'histoire. Comment reconstituer la vie affective d'autrefois ? *Annales d'Histoire Sociale III* (1-2).
Legendre P. (1974/2005). *L'amour du censeur. Essai sur l'ordre dogmatique*. Paris, Le Seuil.
Loraux N. (1997). *La Cité divisée. L'oubli dans la mémoire d'Athènes*, Paris, Payot.
Robin R. (1979). *Le cheval blanc de Lénine ou l'histoire autre. Bruxelles, Éditions Complexe.*
Robin R. (1989). *Le Roman mémoriel. De l'histoire à l'écriture du hors lieu*. Montréal, Le Préambule.
Roudinesco E. (1986). *La Bataille de Cent ans. Histoire de la psychanalyse en France II*. Paris, Le Seuil.
Rousso H., Conan E (1994). *Vichy. Un passé qui ne passe pas*. Paris, Fayard.
Rousso H. (1987). *Le syndrome de Vichy*. Paris, Le Seuil.
Vernant J.-P. (1967). Œdipe sans complexe. *Raison présente 4*.
Vernant J.-P. (1986). La mort dans les yeux. Réponses à un questionnaire. *Espaces, Journal de Psychanalyse 13-14*.

TITRE – *Les liaisons de la carpe et du lapin. Esquisse métaphorique des rapports entre histoire et psychanalyse*

RÉSUMÉ – Les rapports entre l'histoire et la psychanalyse dans le cas français sont à la fois ténus et complexes, objets de diverses évolutions et caractéristiques de quelques figures intellectuelles majeures. Pour renouveler le récit historiographique de ces entremêlements, l'usage de certains dispositifs narratifs de la psychanalyse permet de déplacer un peu le regard pour mieux décrire quelques moments importants de ces rapports entre deux disciplines qui s'attirent et se repoussent. Ce sont des relations contrariées depuis l'histoire-problème des *Annales* qui évacue la psychanalyse Avant-guerre, et le projet de la psychologie historique très influent chez les historiens pendant plusieurs décennies, puis des liens plus intenses avec l'histoire des mentalités et certaines trajectoires intellectuelles individuelles remarquables, jusqu'à la saisie des questions de mémoires contemporaines à l'aide des outils psychanalytiques.

MOTS-CLÉS – historiographie, psychologie historique, *Annales*, histoire des mentalités, mémoire.

TÍTULO – *Las ligazones de la carpa y el conejo. Esbozo metafórico de los vínculos entre historia y psicoanálisis*

RESUMEN – Los vínculos entre historia y psicoanálisis en el caso francés son sutiles y complejos al mismo tiempo, objetos de diversas evoluciones y características de algunas figuras intelectuales mayores. A fin de renovar el relato historiográfico de dichos cruces, el uso de determinados dispositivos narrativos del psicoanálisis permite desplazar algo la mirada para poder describir mejor ciertos momentos importantes de los vínculos entre dos disciplinas que se atraen y se rechazan. Son relaciones encontradas desde la historia-problema de los *Anales* que evacua el psicoanálisis de Antes de la guerra, y el proyecto de la psicología histórica muy influyente en los historiadores durante varias décadas, y luego de los lazos más intensos con la historia de las mentalidades y de ciertas trayectorias intelectuales individuales notables, hasta al trabajo de temas de memorias contemporáneas a la luz de los útiles psicoanalíticos.

PALABRAS CLAVES – historiografía, psicología histórica, *Anales*, historia de las mentalidades, memoria.

Toute référence à cet article doit être indiquée comme suit : Dufal B. (2025). Les liaisons de la carpe et du lapin. Esquisse métaphorique des rapports entre histoire et psychanalyse. *Rev Fr Psychanal 89*(1) : 155-164

Historiciser l'inconscient ? Entretien avec Hervé Mazurel

Hervé MAZUREL *

62 rue de Montreuil, 75011 Paris – herve.mazurel@u-bourgogne.fr

TITRE – *Historicizing the inconscious? Interview with Hervé Mazurel*

ABSTRACT – Although the historicization of psychoanalysis is already well advanced, this interview explores the possibility of historicizing even the essential object of psychoanalysis, namely the unconscious itself. For therein lies perhaps the deepest reason for the often misunderstood and still too often fruitless dialogue between history and psychoanalysis.

KEY WORDS – otherness, Unconscious, historicity, memory, affects.

Rfp : Nous avons pensé cet entretien en deux parties : une première où nous vous interrogeons sur ce qui vous a amené à vous intéresser à la psychanalyse en tant qu'historien et sur ce qui vous intéresse comme thèmes ; une seconde partie un peu prospective, sur une collaboration entre historiens et psychanalystes, avec des questions…

De manière assez générale, qu'est-ce qui vous a amené à vous intéresser aux rapports entre histoire et psychanalyse ?

H. M. : J'ai toujours été attiré par ce qu'on appelait jadis l'histoire des mentalités. Reste que le message initial des pères des *Annales* n'a pas été, me semble-t-il, totalement entendu. Lorsque Marc Bloch, par exemple, invitait l'historien à scruter « les obscures profondeurs de la vie mentale ». Ou lorsque Lucien Febvre proposait d'explorer jusqu'aux « ténèbres de la psychologie aux prises avec l'histoire ». Avec la relance de l'histoire des mentalités dans les années 1960-1970, certains historiens célèbres se sont intéressés à la psychanalyse : Alain Besançon d'abord, Le Roy Ladurie, Dupront, Delumeau… Ils s'en sont saisis à l'époque pour tenter d'expliquer ces impensés, ces « restes » obscurs de l'histoire que sont la sorcellerie, la possession, la mystique, le carnaval, les violences extrêmes… La plupart du temps, ces captations et emprunts furent maladroits, voire sauvages – et rejetés comme tels en 1975 par Michel de Certeau.

---

* Historien et épistémologue, Hervé Mazurel codirige la revue *Sensibilités* et enseigne les sciences sociales à l'Université de Bourgogne.

Vous trouverez peut-être que mon livre [1] est à charge. Pourtant, je ne le crois pas. Je visais simplement ceux des analystes qui se projettent tels qu'ils sont dans le passé et qui pratiquent sans le savoir, à travers des diagnostics rétrospectifs, l'anachronisme psychologique. Je m'y inquiète surtout de la perte d'influence de la psychanalyse, et plus largement des disciplines de la psyché, dans le champ de l'histoire et des sciences sociales. En cela, mon livre s'adressait avant tout à mes collègues historiens, sociologues, anthropologues. Je voulais leur dire de ne point oublier le legs de la psychanalyse. J'ai toujours pensé, de surcroît, que la novation scientifique imposait de travailler aux confins des disciplines. Mon goût pour la philosophie et l'interlocution des sciences sociales et sciences psychologiques vient précisément de là.

Rfp : Et sur ces questions d'épistémologie justement, est-ce que vous pourriez nous indiquer ce qui rapprocherait la psychanalyse et l'histoire comme disciplines et ce qui les différencierait ?

H. M. : Je suis avant tout attiré par les disciplines hétérologiques. Celles qui, centrées sur l'altérité, nous décentrent via des procédures d'*estrangement*. Elles ont en leur pouvoir de nous rendre étranger jusqu'au plus familier : l'ethnologie qui étudie l'altérité dans l'espace, l'histoire qui explore l'autre dans le temps et la psychanalyse qui le traque, à travers l'inconscient, en nous-mêmes. L'histoire et la psychanalyse, au demeurant, ont un statut épistémologique assez proche. Ce sont des mixtes de science et de fiction, comme disait Michel de Certeau. D'un côté, elles exigent d'être considérées comme des sciences ; de l'autre, elles ne peuvent s'émanciper de leurs très fortes attaches littéraires. Elles ont, l'une et l'autre, leur manière singulière d'articuler temps et récit. Car, écrivait Ricœur, « il n'est de temps pensé que raconté ».

Quant aux différences, il y a d'abord le primat donné par les psychanalystes au sujet, au singulier, là où les historiens, depuis les *Annales* au moins, mettent en exergue le collectif, les masses, les groupes. Et l'un des points névralgiques de mon livre, c'est de mettre en question ce partage entre « société » et « individu ». Je m'efforce constamment de mieux relier la psyché individuelle au social-historique. Tant Norbert Elias que Pierre Bourdieu ont bien montré combien la coupure individu/société est scientifiquement ruineuse. Et, avec elle, le divorce du sociologique et du psychologique. C'est pourquoi j'essaie de montrer, avec d'autres, comment, en chaque sujet, la société s'invite jusqu'au plus intime. Jusque dans le façonnement de nos désirs, de nos rêves, de nos fantasmes ou de nos conflits psychiques. Là où on pense qu'il n'y a plus de social, il s'en loge encore. Pourquoi ? Parce que la singularité même des sujets se fait toujours *dans* et *par* des rapports sociaux – qu'on ne saurait réduire au seul registre familial, comme le rappellent Deleuze et Guattari.

1. *L'inconscient ou l'oubli de l'histoire*, 2021, La découverte. Recension dans *Rfp* 2023/3, par Philippe Jaeger.

Rfp : En histoire, il y a toute la micro-histoire qui laisse les masses pour se centrer sur l'examen « au microscope » d'individus ou de configurations restreintes en les creusant, et en faisant apparaître beaucoup de choses jusque-là ignorées.

H. M. : Mon livre sur *Kaspar Hauser* est à mi-chemin de la micro-histoire et de la casuistique psychologique. Je me suis formé au moment même où la micro-histoire italienne commençait d'avoir beaucoup d'écho en France. S'inspirant de Kracauer, des gens comme Carlo Ginzburg ou Giovanni Levi ont introduit ces « *jeux d'échelle* » (J. Revel) dont on n'avait encore jamais fait usage en histoire, au contraire des architectes et des géographes. L'intéressant est qu'en changeant la focale de l'analyse, en zoomant si vous voulez, à l'échelle de l'individu ou du village, on voit tout à fait autre chose dans le viseur que ce que donne à voir une histoire plus « en surplomb », à la manière de Braudel et consorts. Ce qu'on voit à l'échelle micro-historique, dans ces plans rapprochés, n'est ni plus ni moins vrai qu'à l'échelle macro-historique. Ces échelles sont d'égale dignité, bien qu'on soit incapable de relier épistémologiquement ces niveaux d'analyse. Car on ne peut compiler des études micro-historiques pour obtenir un tableau macro-historique… Mais l'essentiel demeure finalement dans l'extrême attention portée à la trace, à l'infime, aux détails d'apparence insignifiants et pourtant révélateurs des mouvements de profondeur. On le devine, la micro-histoire résonne fortement ici avec la méthode freudienne. Il y a là dans ce « paradigme indiciaire » (Ginzburg) l'une des grandes connexions de la psychanalyse et de l'histoire.

Rfp : Est-ce qu'il y aurait encore d'autres apports ?

H. M. : En dépit des nombreux échecs et malentendus de cette rencontre, l'imprégnation culturelle de la psychanalyse était si forte dans les années 60-70-80, qu'elle a transformé l'écriture de l'histoire bien plus que les historiens ne s'en sont aperçus. Au niveau des objets d'abord : je doute que l'histoire de la vie privée ait vu le jour sans la psychanalyse. Idem pour l'histoire des sexualités – même si c'est *La Volonté de savoir*, ce livre de 1976 adressé à la psychanalyse par Michel Foucault, qui en fut le détonateur. Nous sommes aussi devenus meilleurs biographes grâce à l'attention prêtée par la psychanalyse aux expériences infantiles et au champ sexuel. Celle-ci a aussi apporté une capacité à lire les sources autrement. Alphonse Dupront dit d'elle qu'elle l'a aidé à « laisser monter le sens des documents » et à saisir également que « le silence parle ».

Le plus manifeste toutefois, c'est pour moi l'accent mis sur la hantise du passé au présent. Ce qui porte en soi une autre manière d'approcher le temps historique. Je songe ici à l'émergence, dans les années 80, d'une histoire de la mémoire collective, centrée sur les questions de traumatisme et d'après-coup. En France, la pionnière fut l'antiquisante Nicole Loraux qui, dans *La Cité divisée. L'oubli dans la mémoire d'Athènes*, a mis au travail les notions de refoulement, de déni ou de démenti. En 1987, Henri Rousso, dans *Le Syndrome de Vichy*, a scruté les métamorphoses de « l'événement Vichy », dans la mémoire collective des Français depuis 1944, en s'appuyant de manière analogique sur des catégories freudiennes et en périodisant cette mémoire en termes de deuil, de refoulement, de retour du refoulé, de névrose obsessionnelle, etc.

De plus, avec le recul des paradigmes holistes, marxiste et structuraliste, les historiens se sont davantage intéressés à partir des années 90 aux expériences affectives des femmes et des hommes d'autrefois. Et, par-là même, ont aussi été confrontés plus qu'autrefois à la question de l'hétérogénéité diachronique, bien décrite par André Green dans *Le Temps éclaté*. Tous ces apports de la psychanalyse à l'histoire furent rarement perçus des historiens…

Rfp : Et dans l'autre sens, l'apport de l'histoire à la psychanalyse : vous évoquiez cette possibilité de recontextualiser, mais vous verriez encore d'autres choses ?

H. M. : J'en vois deux principaux. Même si les plans sont assez différents. À la manière des philosophes, je trouve que les psychanalystes ont quelque peu phagocyté l'histoire de la discipline analytique. Comme s'il fallait être un spécialiste du discours de l'inconscient pour s'autoriser à en écrire l'histoire. Or, aujourd'hui encore, un mur presque étanche continue de séparer cette histoire *psychanalytique* de la psychanalyse, interne et proche des textes, d'une histoire *historienne* de la psychanalyse, mieux à même d'éclairer les contextes sociohistoriques de son épanouissement, et qu'il faut d'ailleurs scinder en deux courants, entre une histoire culturelle (C. Shorske, S. Winter, J. Le Rider) et une histoire des sciences (J. Forrester, J Carroy, N. Edelman, A. Mayer). Or il est grand temps à mon sens que ces deux historiographies communiquent et se fécondent l'une l'autre.

Pour ma part, je me suis concentré sur un autre apport potentiel. Il ne s'agissait pas tant pour moi de vouloir historiciser la psychanalyse – c'est chose bien avancée – mais de poser la question de savoir jusqu'où il est possible d'historiciser l'objet-princeps de la psychanalyse, à savoir l'inconscient. Et on arrive là au cœur de l'affaire : j'avance ici qu'on ne peut jamais désindexer les faits psychiques, quels qu'ils soient (pulsions, désirs, rêves, fantasmes, névroses…), des contextes sociohistoriques où ils émanent et signifient. Je m'efforce ainsi de réconcilier l'inconscient et l'histoire, en montrant que le social-historique ne s'arrête pas à la surface du moi.

Rfp : Alors on va passer là si vous êtes d'accord à la seconde partie donc qui concernerait des questions auxquelles vous êtes intéressé plus personnellement.

H. M. : En dépit de ses mérites innombrables, Freud a déployé une approche de la psyché insuffisamment historienne et sociologique. Et ce qui est en cause ici, c'est avant tout le scientisme de son temps, lequel a beaucoup pesé sur l'histoire de la psychanalyse. Car, pour la faire reconnaître comme une science à part entière, un certain biologisme semblait nécessaire à Freud et, dans ce biologisme, il y avait très peu de place pour la prise en compte de l'historicité de nos économies psychiques. Ce qu'ont très bien vu et Cornélius Castoriadis et Norbert Elias.

Me gêne aussi, et c'est lié à ce biologisme, une certaine propension à la généralisation et à l'universalisation, assez largement héritée de Freud. Il est très problématique de croire que, à partir de ce seul échantillon sociologique et historique – les névrosés de la bourgeoisie viennoise fin de siècle – l'on puisse se projeter à l'universel. Notamment lorsqu'il s'est agi de faire du complexe d'Œdipe un invariant transhistorique et transculturel. Cela relève d'une hypostase ethnocentrique du modèle familial occidental de ce temps-là, centré sur la famille nucléaire, et d'une absence de prise en compte de l'historicité induite par les métamorphoses de la famille et de la parenté. Dans son « Œdipe sans complexe », Jean-Pierre Vernant a bien montré le caractère très anachronique de cette lecture freudienne d'*Œdipe-Roi*. Et il est fort dommage que le dialogue de Malinowski et Freud (par Jones et Roheim interposés) n'ait pas débouché à l'époque sur une meilleure prise en compte chez les psychanalyses de « l'immense variété des sociétés et des cultures humaines » (Castoriadis).

Je ne crois pas que, pour faire valider l'hypothèse de l'inconscient, il faille le figer dans un « hors temps » et le soumettre aux deux catégories de l'universel et de l'éternel. La question se pose à mes yeux de savoir ce que serait une psychanalyse qui redécouvre, au cœur de la psyché, non seulement la marque d'une culture et d'un milieu social, mais aussi l'empreinte profonde de notre histoire collective. Si le psychisme inconscient est tout pétri d'histoire, que serait alors une psychanalyse qui s'intéresserait aux variations historiques des frontières, des figures, des complexes, des conflits de l'inconscient ? S'ouvrirait ici un énorme champ de fouilles : les transformations historiques au long cours de l'économie affective, des seuils de pudeur et de la sphère de l'intime ; l'évolution conjointe des interdits, des refoulements et des conflits psychiques partagés ; les révolutions lentes des complexes psycho-familiaux au gré des métamorphoses de la parenté et des structures familiales ; ou encore le poids trop méconnu de l'imaginaire social et historique sur le symbolisme et la signification des rêves.

Je crois donc dans la nécessité de réinscrire la vie affective et psychique des individus dans une dynamique historique et sociale au long cours. J'estime par exemple qu'il serait nécessaire de mieux historiciser les conflits psychiques et les pathologies émotionnelles. Au lieu d'envisager les névroses comme stables, universelles et invariantes, je crois qu'il faut raisonner en termes de névroses d'époque ou de génération, mais aussi de classe et de genre. Ian Hacking parlait de « maladies mentales transitoires » liées à ce qu'il appelait des « niches écologiques ». Évidemment, dans votre travail d'analyste, vous devez rencontrer régulièrement des choses qui vous font penser à ce qu'ont dit Abraham à Berlin, Ferenczi à Budapest, etc., mais vous êtes aussi très souvent confrontés à des tensions et conflits psychiques inédits. On a vu émerger régulièrement des nouvelles de maladies de l'âme, telles les pathologies narcissiques, les états-limites, les troubles de l'image liés à l'alimentation, etc.

Rfp : Mais là il me semble que vous décrivez la dépendance de la psychopathologie au contexte historique. Quid de la dépendance de la psychanalyse elle-même ? En quoi diffère-t-elle de la psychanalyse des origines, est-ce qu'on pourrait retrouver des éléments qui seraient liés à l'époque qui nous permettraient de la recontextualiser, en tant que corps de savoir ?

H. M. : Prenons le moment lacanien et son héritage. À travers Lacan, le moment structuraliste a profondément marqué la discipline. À l'instar de Lévi-Strauss avec l'anthropologie – auquel Lacan disait se « remparder » –, Lacan s'est appuyé massivement sur la linguistique structurale (Saussure et Jakobson). Ce faisant, l'un et l'autre n'ont cessé de survaloriser la synchronie et de marginaliser la diachronie, considérant l'historicité comme inessentielle et mettant en quelque sorte l'histoire entre parenthèses. L'anthropologie contemporaine, par la voix d'Alban Bensa notamment, a décidé d'en finir avec le « déni de l'histoire » logé au cœur du structuralisme lévi-straussien. La psychanalyse contemporaine en a-t-elle fait autant en France ? Je ne le crois pas. Entendons-bien : je ne suis pas un anti-structuraliste. Simplement, j'invite à aller au-delà des considérations formelles et structurales. Je crois à la possibilité de faire place à un structuralisme génétique, d'emblée réconcilié avec l'histoire. Ce qu'il nous faut penser, ce ne sont pas des structures indépendantes des contingences de l'histoire, en faisant comme si la structure était l'armature stable et enfouie de la nature humaine, mais des processus socio-historiques incessants dans lesquels se développent des relations structurales elles-mêmes prises dans le devenir.

Autre exemple : la façon dont la psychanalyse contemporaine, en France, se divise profondément sur la question du genre et de la « différence sexuelle ». Je suis parfois très surpris de l'intensité de ces tensions. Car nous sommes très habitués, en sciences sociales, à considérer la manière dont la construction sociale et culturelle du masculin et du féminin diffère selon les lieux, les temps, les sociétés. J'entends certains analystes, assez nombreux, se désespérer de « l'affaissement des pères et du patriarcat », de « la toute-puissance actuelle des mères », d'une jeunesse caractérisée par « le jouir à tout prix » – au point que Charles Melman estimait avoir affaire à une « nouvelle économie psychique ». Mais qui dit « nouvelle » dit « ancienne », n'est-ce pas ? Ce serait donc ici une affaire d'histoire. Or les analystes restent courts le plus souvent pour expliquer (qui plus est, sans jugements moraux ou moralisateurs) les mutations contemporaines comme anciennes des économies psychiques. De là le grand intérêt d'une pensée comme celle de Norbert Elias, qui invite à penser la façon dont, sur le temps long de l'histoire, les structures psychiques se transforment en connexion étroite avec les structures sociales (État, classes, famille, division sociale du travail, etc.).

Les tensions qui traversent le milieu analytique autour du genre ou de la transidentité me semblent un symptôme de ce qu'une certaine psychanalyse a, de toute évidence, trop longtemps tourné le dos à l'histoire. Et ce, au point d'apparaître à beaucoup comme anachronique, comme incapable, pour des raisons théoriques aussi bien qu'idéologiques, de penser son temps, notre contemporanéité. Michel Tort a raison de regretter, dans *Le Dogme du père*, cette forme d'oubli de l'histoire et la façon malencontreuse dont on a voulu accrocher certaines notions déterminantes de la psychanalyse (dont l'Œdipe) à de l'universel et à du toujours vrai, là où nous n'avions affaire en vérité qu'à des formes historiques situées et contingentes. Pour autant, toute une génération émergente de psychanalystes français se montre très ouverte à l'égard de l'histoire et des sciences sociales, et pour certains, très marqués par les études postcoloniales et décoloniales, les études *queer*, la *French Theory* et la critique littéraire américaine. Or, à l'historien que je suis, il est difficile de ne pas voir dans les débats très clivants qui agitent la psychanalyse française sur ces questions comme un conflit de générations (même si le concept demeure flou), à forts relents politiques et où se joue quelque chose du devenir de la discipline auprès du public.

M'inquiète aussi la manière dont la psychanalyse subit de plein fouet l'enthousiasme contemporain pour les neurosciences et la psychologie cognitive. Bien que les cabinets d'analystes soient pleins, depuis la pandémie notamment, beaucoup de nos contemporains, parmi les chercheurs également, considèrent la psychanalyse comme quelque chose qui n'est déjà plus de notre temps. Le sociologue Alain Ehrenberg explique d'ailleurs, dans *La Mécanique des passions*, cette sorte de passage de témoin : là où, au XXe siècle, la psychanalyse était le « baromètre de nos vies », les neurosciences occuperaient cette place au XXIe siècle. Le fait est, malheureusement, que la psychanalyse a perdu beaucoup de son emprise intellectuelle, de son influence dans l'univers académique et universitaire, tout comme dans le monde éditorial…

Rfp : Sur votre versant d'historien des sensibilités justement, qu'est-ce qui vous paraîtrait intéressant d'étudier dans le domaine des sensibilités contemporaines. Avec ou sans la psychanalyse…

H. M. : Si je suis arrivé vers la psychanalyse, c'est parce que je suis un historien des sensibilités ou de la « vie affective », comme disait Lucien Febvre. C'est d'ailleurs à Freud qu'on doit la propagation en France de ce terme d'affect, transposé depuis la langue allemande. Or j'ai toujours été étonné de la barrière entre l'histoire des sensibilités et la psychanalyse freudienne, tant l'une et l'autre tendent à redonner une forme de prévalence à la vie d'affect. Seulement voilà : l'histoire des sensibilités, elle, s'efforce de montrer que les manières de sentir, de ressentir, de s'émouvoir, varient historiquement, culturellement. Prenons un exemple. Je l'emprunte à Hélène Monsacré qui, dans *Les larmes d'Achille* (1984), montre bien que le héros homérique de *L'Illiade*, l'archétype même du héros guerrier, pleure abondamment et pas seulement pour la mort de Patrocle. Or ces pleurs ne viennent pas du tout affecter sa virilité et l'imaginaire qui l'entoure. En revanche, quelques siècles plus tard, à l'âge de la tragédie classique, les hommes ne pleurent plus, les pleurs passent essentiellement du côté féminin dans les pièces d'Eschyle, de Sophocle et d'Euripide. Voilà, typiquement, un basculement des sensibilités collectives.

C'est pour ça que j'aime faire de l'histoire, pour faire sentir les transformations silencieuses de ces cultures affectives, et aussi la manière dont la société pèse sur l'expression des émotions. Rien de plus passionnant que l'histoire des seuils de pudeur. On retrouve ici la célèbre théorie éliasienne du processus de civilisation. Soit l'histoire longue de la régulation des affects dans l'espace public, renvoyant manifestations corporelles et émotionnelles dans les coulisses de la vie sociale. Ce dernier a aussi montré comment, sur plusieurs siècles, la distinction s'est faite croissante entre les pratiques publiques et les pratiques privées, en s'opérant aussi dans la maison elle-même, là où les seuils de l'intime se déplacent. Le désentassement des lits, le besoin de chambres à coucher séparées, la standardisation de la salle de bain et des « lieux » comme refuges de l'intimité corporelle, tout cela est le produit d'une histoire silencieuse. Maintenant, avec Facebook ou Instagram, des archives monumentales se sont formées qui permettraient de décrire la révolution des rapports intimes et « extimes ». Placé sur cette ligne de crête l'historien devient comme une sorte de sismographe qui essaie de repérer ces mouvements et oscillations déterminants.

C'est d'ailleurs un objet infini puisqu'il y a des affects partout. Nous avons consacré un numéro de la revue *Sensibilités* à l'argent, car rien n'est moins désaffecté que l'argent ! D'ailleurs l'économie elle-même repose sur un sentiment : la confiance. L'histoire des sensibilités peut ainsi investir le culturel, le social, l'économique, le religieux bien sûr, mais le politique tout autant, l'émotion politique, sa contagiosité… L'histoire que j'essaie de défendre finalement, c'est celle des mutations sourdes, nocturnes et silencieuses qui œuvrent sans qu'on s'en aperçoive et qui tout d'un coup apparaissent au grand jour depuis les profondeurs cachées. Songeons à la révolution *Me Too*, par exemple, qui bouleverse aujourd'hui de fond en comble les relations hommes-femmes. Elle est le produit d'une histoire longue. Elle relève de ces révolutions dont Nietzsche disait qu'elles avancent « à pas de colombes ». Ce que j'essaie de montrer, c'est que les révolutions de mœurs, les mutations de la vie affective, les transformations des seuils d'intimité, comme des rapports de soi à soi, tout cela a des effets durables jusque dans les tréfonds de nos économies psychiques.

(*Propos recueillis par Anne Ber-Schiavetta et Benoît Servant.*)

Références bibliographiques :

Ariès P., Duby G. (dir.) (1985-1987). *Histoire de la vie privée*. Paris, Seuil.

Bensa A. (2006/2016). *La fin de l'exotisme*. Toulouse, Anacharsis.

Besançon A. (dir.) (1974). *L'histoire psychanalytique. Une anthologie*. Paris, Mouton.

Certeau M. de (1987/2002). *Histoire et psychanalyse entre science et fiction*. Paris, Gallimard.

Castoriadis C. (1996). Freud, la société, l'histoire. *Les Carrefours du labyrinthe*. Paris, Seuil.

Corbin A., Mazurel H. (2022). *Histoire des sensibilités*. Paris, Puf.

Dupront A. (1969). L'histoire après Freud. *Rev Enseign Sup 44* : 27-63.

Elias N. (1986/2010). *Au-delà de Freud. Sociologie, psychologie, psychanalyse*. Paris, La Découverte.

Ginzburg C. (1986). *Mythes, emblèmes, traces. Morphologie et histoire*. Paris, Verdier.

Lahire B., Mazurel H. (dir.) (2018). La Société des rêves. Revue *Sensibilités. Histoire, critique et sciences sociales 4*.

Loraux N. (1997). *La cité divisée. L'oubli dans la mémoire d'Athènes*. Paris, Payot.

Mazurel H. (2020). *Kaspar l'obscur ou l'enfant de la nuit*. Paris, La Découverte.

Mazurel H. (2021). *L'Inconscient ou l'oubli de l'histoire*. Paris, La Découverte.

Tort M. (2005). *La fin du dogme paternel*. Paris, Flammarion.

TITRE – *Historiciser l'inconscient ? Entretien avec Hervé Mazurel*

RÉSUMÉ – Si l'historicisation de la psychanalyse est chose désormais bien avancée, cet entretien explore la possibilité d'historiciser jusqu'à l'objet-princeps de la psychanalyse, à savoir l'inconscient lui-même. Car là gît peut-être la raison profonde du dialogue souvent plein de malentendus et encore trop souvent infructueux de l'histoire et de la psychanalyse.

MOTS-CLÉS – altérité, Inconscient, historicité, mémoire, affects.

TÍTULO – *¿Historizar el inconsciente? Entrevista con Hervé Mazurel*

RESUMEN – Si actualmente la historización del psicoanálisis es algo bien avanzado, la entrevista explora la posibilidad de historizar hasta el objeto-prínceps del psicoanálisis, a saber el inconsciente en sí mismo. Puesto que ahí yace el motivo profundo del diálogo a menudo lleno de malentendidos e incluso demasiado seguido infructuoso con la historia y el psicoanálisis.

PALABRAS CLAVES – alteridad, inconsciente, historicidad, memoria, afectos.

Toute référence à cet article doit être indiquée comme suit : Mazurel H. (2025). Historiciser l'inconscient ? Entretien avec Hervé Mazurel. *Rev Fr Psychanal 89*(1) : 165-173

Psychanalyse et histoire

Sophie De Mijolla-Mellor *

8 rue du Commandant René Mouchotte, 75014 Paris – s.mijollamellor@gmail.com

Article validé le 16/09/2024

TITLE – *Psychoanalysis and History*

ABSTRACT – Every subject needs to construct their own history if they are to be able to think about themselves and auto-invest in a reality, both external and psychic, that remains largely unknown to them. It should come as no surprise, then, that the appropriation of knowledge about oneself, a process that is supported by psychoanalytic treatment, meets with questions that are specific to History. Speaking of "History" and "Psychoanalysis" would lead us to construct an epistemological approach based on a psychoanalytical investigation centred on the conditions of psychic production of these discourses and on the situation of interlocution. On the other hand, from a perspective that interacts with the previous one, the questioning of psychoanalysis itself, as a method of investigation stemming from a theory of analytic treatment and the psyche, can start from the borrowings of models that psychoanalysis makes from various regions of rationality, and in particular from History, in order to explore the use and limits of these borrowings.

KEY WORDS – archaeology, archives of memory, auto-historicization, historical model in psychoanalysis, truth.

Je retiendrai essentiellement deux axes de rapprochement entre Psychanalyse et Histoire. D'abord l'écoute du patient par le psychanalyste à confronter à la collection des faits par l'historien, et d'autre part, le second temps qui fait suite, l'interprétation psychanalytique vis-à-vis de la critique historique.

Parler de « l'Histoire » et de la « Psychanalyse » conduirait à construire une approche épistémologique à partir d'une investigation psychanalytique centrée sur les conditions de production psychique de ces discours et sur la situation d'interlocution où ils se trouvent placés. Il n'est pas certain que les historiens considéreraient cette approche comme pertinente venant de la psychanalyse.

* Psychanalyste, Agrégée de philosophie, Docteur ès lettres et Sciences Humaines, Professeur émérite en psychopathologie et psychanalyse à l'Université Paris 7 Denis-Diderot, Directrice de la revue *Topique*, Présidente de l'Association Internationale Interactions de la Psychanalyse (A2IP). Un livre lui a été consacré « Autour de l'œuvre de Sophie de Mijolla-Mellor », paru chez L'Harmattan en 2020. Il illustre les différentes facettes de son travail théorique et clinique.

En revanche, dans une perspective en interaction avec la précédente, l'interrogation sur la psychanalyse elle-même, comme méthode d'investigation issue d'une théorie de la cure et de la psyché, peut partir des emprunts de modèles que la psychanalyse fait à diverses régions de la rationalité, et notamment à l'Histoire, pour explorer l'usage et les limites de ces emprunts [1].

On abordera la question de l'interprétation psychanalytique et de la critique historique notamment à partir d'un rapprochement entre la méthode critique en Histoire telle que l'exposent Marc Bloch (1941/2006) et Paul Veyne (1971) et le fonctionnement de l'interprétation dans la cure.

La psychanalyse brouille les cartes des discours constitués à la surface logique du conscient permettant ainsi que se nouent des connexions nouvelles et inattendues. Cet exercice, pratiqué dans la cure à l'intérieur de l'espace limité du transfert, ouvre une possibilité d'émergence à des évidences ignorées jusqu'alors. La légende dont tout sujet est porteur, déposée au fil des souvenirs et transmise par le dit familial, se fissure de doutes et fait place à un travail d'auto-historicisation. Savoir si une telle démarche est transposable lorsqu'il s'agit d'écrire l'histoire non pas d'un individu singulier mais d'un groupe, d'une notion ou d'une période historique constitue un objet de réflexion épistémologique capital pour qui veut se faire historien de la psychanalyse.

Spécificité de la temporalité en psychanalyse

Aucun analyste ne peut ignorer qu'il travaille avec une méthode et selon une appréhension de la temporalité sans aucune relation avec l'approche historienne des faits. Pour le psychanalyste, le passé existe à travers le présent dans le mouvement de la répétition transférentielle. C'est à un « temps-mêlé » de passé-présent qu'il a affaire et sa reviviscence hallucinatoire défie la notion même d'un temps passé. Le travail de l'interprétation ramènera à leur place ces débordements et tentera de les repositionner à la mesure de l'infantile qui était leur lieu d'origine. C'est la raison pour laquelle, même si l'historien et le psychanalyste ont bien du mal à se rencontrer sur un terrain qui leur serait commun ou à partager des notions qui, au-delà d'un contact superficiel, leur permettraient de travailler ensemble, néanmoins leurs buts peuvent sembler approchants.

Il y a de la part du psychanalyste vis-à-vis de l'historien davantage qu'un emprunt de langage ou de modèle, au sens d'un dispositif formel qui transcenderait son contenu. La référence à l'historique constitue la trame même du travail de l'analyse, mais c'est d'une histoire libidinale qu'il s'agit où s'entremêlent fantasmes et événements, vérités et légendes.

---

1. C'est l'objectif de l'A2IP, Association Internationale Interactions de la Psychanalyse (a2ip-psychanalyse.org) qui poursuit les recherches qui avaient débuté en 1990 dans le cadre de l'équipe de recherches que j'avais créée à l'UFR de Sciences Humaines Cliniques de l'Université Paris 7 Denis-Diderot.

C'est dans cette perspective limitée et spécifique que j'envisage ici l'appel fait par la psychanalyse et plus précisément par Freud lui-même, à des modèles historiques ou plutôt à des référents et à des questions propres à ce champ de la connaissance. Toutes les fois, on constate que, selon une dialectique ou une stratégie qui est démonstrative et investigatrice à la fois, la référence initiale se voit déviée, remodelée en fonction des exigences qui sont celles de la méthode psychanalytique.

Deux métaphores convoquées par Freud, celle du dossier d'archives (Freud, 1895/1956, p. 233 ; Freud, 1898/1985, p. 99), et celle de la stratégie dans le jeu d'échecs (Freud, 1985/1956, p. 236), illustreraient mon propos que les limites de ce texte ne me permettent malheureusement pas de développer.

La pulsion d'exhumer [2]

On sait l'intérêt personnel que portait Freud aux recherches archéologiques et aux objets retrouvés dans les fouilles (Bernfeld, 1951 ; Flem, 1982) qu'il n'hésitait pas à montrer à ses patients comme témoignages de la conservation des traces du passé et donc de leur passé devenu inconscient. Mais au-delà d'un rapprochement facile, la référence à l'archéologie peut-elle rendre compte de la relation aux matériaux inconscients refoulés ? Trouverait-on réciproquement dans le discours des archéologues sur leur pratique des éléments rapprochables du travail de l'analyse et, éventuellement, un même fonds fantasmatique anima-t-il la quête de savoir spécifique dans l'un et l'autre de ces domaines ?

Dans la démarche conjointe de l'analyse et de l'archéologie, il y a la dimension d'une « pulsion d'exhumer » avec ce qu'elle implique de crainte, voire d'angoisse, par rapport à l'objet ainsi recherché.

Ainsi, ce qui est petit grandit tandis que ce qui est grand rapetisse, les bébés sont cachés dans le corps de la mère et les morts dans le sein de la terre, attendant de voir le jour. Exhumer se confond dès lors avec accoucher et ce qui est rendu à la lumière connaît une nouvelle vie, si l'on en croit du moins le fantasme de l'obsessionnel qui se garantit de toutes les manières possibles contre la possibilité de tels retours.

Car l'exhumation, contrairement à la naissance, est « contre-nature », hors programme et, à cet égard, l'archéologue qui viole les secrets des pyramides ou le psychanalyste qui fouille à la recherche des matériaux refoulés opèrent une transgression de l'ordre « naturel » qui veut que l'on oublie ou du moins que l'on pense pouvoir le faire pour avancer vers du neuf.

Le psychanalyste partagerait-il avec l'archéologue cet investissement nécrophile qui ne lui ferait apercevoir que la répétition dans le nouveau et privilégier les émergences de l'inconscient comme témoignant d'un foisonnement de vie inattendu et inconnu de la surface psychique ?

---

2. De Mijolla-Mellor S. de (2000).

Pour l'archéologue de même, la pratique de la fouille est indissociable de la constitution même de son objet. Cette discipline, récente puisque jusqu'à la fin du 18e siècle la source unique de restitution du passé était le témoignage écrit, semble avoir cependant des antécédents, voire des ancêtres dont les fantasmes ne manquaient pas d'intérêt.

Archéologie et psychanalyse se rencontrent donc aussi dans le développement qui les fait advenir comme méthodes en se détachant de la fascination de l'objet exceptionnel à trouver.

Et l'objet lui-même ne se définit que peu à peu : de même que la psychanalyse naissante s'attachait à la chasse aux souvenirs, de même les premiers fouilleurs en archéologie cherchaient en fait des documents écrits et n'ont que progressivement évolué vers l'intérêt pour ces vestiges qui constituent ce qu'on a appelé « l'histoire sans texte », documents muets qui ne parlaient pas du passé mais le contenaient et en témoignaient par leur forme et leur matière même pour peu qu'on soit apte à l'interpréter.

Méthode de la fouille archéologique [3] et méthode de l'investigation psychanalytique se rencontrent et suivent la même évolution consistant à se détacher de l'intérêt pour un objet privilégié à exhumer pour constituer un terrain favorable à la reconstitution interprétative. La méthode stratigraphique repose sur un découpage progressif du terrain grâce auquel il est possible de remonter petit à petit le fil de l'histoire, de même que l'établissement de la relation transférentielle permet que ce qui se communique dans la séance puisse être interprété.

L'intérêt porté à l'élément disparu

Un autre rapprochement entre ces méthodes concernerait l'intérêt porté à l'élément absent et supposé disparu. Dans le récit d'un rêve, c'est le doute ou l'insolite, le détail qui a échappé à l'élaboration secondaire qui fait signe. Pour la méthode stratigraphique, c'est une très légère modification de la structure du terrain de la fouille, non pas un objet, mais ce qui signale son éventuel emplacement dans une zone donnée avant qu'il ne disparaisse. Ce que les archéologues appellent des « *ghost sites* » se révèle ainsi parfois uniquement par une coloration ou une décoloration anormale du sol, signalant la présence passée d'habitats ou d'édifices désormais disparus. Plus saisissant encore serait à cet égard le cas des moulages opérés à Pompéi (De Mijolla-Mellor, 2005) en injectant dans les cavités laissées par les corps désormais disparus le produit qui a permis d'en retrouver non seulement les contours mais l'attitude et l'expression au moment de leur agonie. Conservation par l'absence qui évoque au psychanalyste ces mêmes images

3. « Les couches d'un terrain archéologique sont comme un livre qu'on lit en détruisant chaque page au cours de la lecture ; on ne peut pas le copier, car ce livre de terre est à plusieurs dimensions : il faut l'observer sous le plus grand nombre d'angles possible, aux moments les plus fréquents possibles de sa disparition pour être sûr de pouvoir en reconstituer l'aspect extérieur et intérieur à tous les étages qu'on aura reconnus » (Duval, 1961 p. 266).

d'extrême souffrance telles que la psychose en conserve la trace uniquement là encore à partir de « blancs », représentant des éléments à jamais forclos qu'il ne s'agit pas d'exhumer mais d'approcher en tentant une reconstitution qui prenne appui sur les bordures.

Mais ce que cherche le psychanalyste est incomparablement plus compliqué que l'objet matériel de l'archéologue, car le psychanalyste n'est jamais suffisamment préparé vis-à-vis de ce qu'il doit trouver. Et surtout, la différence principale consiste en ce que, pour l'archéologue, la reconstruction est le but et la fin de son effort, tandis que pour l'analyste la construction n'est qu'un travail préliminaire. Mais l'objet authentique est-il le seul à pouvoir garantir la présence de la vérité ?

Authenticité ou falsification ?

J'évoquerai ici un autre point de rapprochement possible entre la méthode historique et la démarche du psychanalyste vis-à-vis du matériel passé soit la question de la transmission des faits et la manière dont s'y négocie la question du vrai et du faux, de l'authentique et du falsifié (De Mijolla-Mellor, 1992, p. 111-112).

On sait que le point de vue de Freud sur la question de la vérité historique telle qu'il l'énonce dans *L'homme Moïse et la religion monothéiste* consiste précisément à récuser une opposition trop simple entre le fait qui serait vrai et la légende qui serait fausse et à s'interroger sur la nature de la vérité contenue dans ce qui pourrait apparaître comme illusion comparé à l'authenticité des faits, des choses telles qu'elles furent.

La psychanalyse avec la théorie du refoulement peut en effet apporter un modèle théorique à ce qui n'apparaîtrait sans cela que comme une déclaration de principe subjectiviste.

Lorsque Freud écrit : « Il faut souligner avec une netteté particulière que tout morceau de passé qui revient se fraie un chemin avec une puissance particulière, qu'il exerce une influence incomparablement forte sur les masses humaines et élève une prétention irrésistible à la vérité contre laquelle l'objection logique demeure impuissante – à la manière du *credo quia absurdum* » (Freud, 1939/1986 p. 175-176) il se situe hors de la question de la vérité comme conformité d'un discours à son référent.

Ce fragment refoulé qui revient ainsi serait certainement considéré comme illusoire, si on le rapportait aux conditions de sa première mise en représentation psychique et à la déformation que le fantasme y a imprimée vis-à-vis de ce qui aurait été une appréhension réaliste des possibilités de réalisation du désir à l'époque.

Le retour du refoulé se fait sous la forme d'étranges fantômes disproportionnés qui connaissent entre eux des relations impossibles, des monstres au sens étymologique du prodige, c'est-à-dire une construction de l'imaginaire formée à partir de bribes de la réalité recollées selon un ordre inattendu. Il est d'ailleurs intéressant de constater que c'est précisément l'invraisemblance du montage qui signe son authenticité, comme si aucune pensée n'avait pu consciemment parvenir à former pareil artifice. Mais derrière cette contrainte par l'absurde se cache, selon Freud, la présence d'un « noyau de vérité » qui ne parvient à la conscience qu'à travers ces déformations.

Toutefois on ne saurait en venir à la considération simpliste selon laquelle une vérité matérielle ayant un référent dans la réalité se dissimulerait ainsi à l'intérieur d'une gangue de concrétions illusoires. Ces déformations sont elles aussi une vérité, mais une vérité historique. Elles reflètent en effet un état passé du désir et des croyances qu'il a pu déterminer, de même que les constructions oniriques rendent compte, parfois directement, de nos croyances infantiles.

L'illusion apparaît dès lors comme la manifestation déformée d'une vérité à exhumer, ce que Freud explicite dans *L'homme Moïse* à partir de la notion de « *Leitfossil* » (*ibid.*, p. 109), c'est-à-dire le noyau organisateur, le fait résistant qui ne se comprend pas par la logique des faits mais nécessite une reconstitution historique.

Car c'est précisément l'invraisemblance de la croyance illusoire, sa résistance et sa prégnance, qui sont signe du fait que survit là une réalité matérielle disparue. Paradoxalement le plus éloigné de la réalité, le plus fantastique devient l'indice du plus authentique, c'est-à-dire d'un état conforme à une réalité désormais disparue, celle de notre enfance et des proportions qui étaient les siennes sans rapport possible avec ce que l'adulte peut en concevoir.

L'erreur a sa place ailleurs, elle est relative à notre impérieux besoin de comprendre, ce qui nous fait simultanément éluder la complexité des phénomènes et construire de fausses symétries satisfaisantes pour l'esprit (Freud, *op. cit.*, p. 204).

À l'inverse de ces constructions se trouve le souci de conserver le texte, même un récit manifestement contradictoire et incompréhensible[4].

La méthode de l'interprétation des rêves peut apporter son aide à la question de la vérité historique que tous s'accordent à donner pour relative à un narrateur ou à une modélisation, mais qui ici trouve un fondement. Ainsi le mécanisme de l'interpolation peut être ramené au travail typique du refoulement qui ne détruit pas les vestiges mais en les déplaçant les rend méconnaissables. À ce titre l'historiographie partagerait avec la psychanalyse la tâche non pas d'établir les faits tels qu'ils furent mais de rassembler les légendes et traditions individuelles ou collectives et de les interpréter comme des vestiges.

Cette interprétation a-t-elle une visée de vérité ? Oui au sens où le désir de la recherche peut offrir une assise meilleure que l'illusion pour la représentation qu'un groupe ou un individu cherche à se donner de lui-même. À ce titre, la blessure narcissique qu'inflige nécessairement toute vérité aussi partielle qu'on veuille la considérer est encore un gain narcissique vis-à-vis de la menace d'effondrement que représenterait le fait de la dénier. Si on en croit Marc Bloch (1941/

4. Freud note : « C'est ainsi que presque toutes les parties comportent des lacunes évidentes, des répétitions gênantes, des contradictions manifestes qui trahissent des choses dont la communication n'était pas recherchée. Il suffit à notre besoin, il est vrai, impérieux de causalité que tout événement ait une cause démontrable » (*ibid.*, p. 115).

2006, p. 85), la démarche critique de l'historien dans ce domaine nous ramène à une dimension à laquelle le psychanalyste devrait pouvoir apporter sa contribution.

La vérité

Que la théorie psychanalytique puisse emprunter des modèles à la méthode et au savoir historiques n'en découle pas pour autant.

Car là où dans la cure cela se dit, s'écoute, s'entend, se répète et disparaît dans les limbes, l'historien pour sa part fixe, écrit, embaume dans le temple de *Mnémosyne.* Et, aussi loin qu'aillent ses prises de position théoriques en matière de subjectivisme quant à l'écriture de l'histoire, il reste que les faits collectifs ainsi créés par le récit de l'historien sont d'une tout autre nature que l'historique infantile individuel et singulier auquel le psychanalyste et l'analysant ont affaire.

La question du vrai et du faux, différente de celle de la Vérité comme idéal, ne se pose pas dans la cure par rapport au discours du patient, mais vis-à-vis de l'interprétation, formulée ou non, de l'analyste. Le mensonge de l'analysant à l'analyste fonctionnerait en effet comme celui du Malin Génie vis-à-vis du sujet cartésien : qu'il le trompe autant qu'il le veut, il le fait dès lors exister en tant qu'analyste, sujet supposé savoir et qu'il est donc tentant d'abuser. Le mensonge comme le reste fait partie de la réponse transférentielle à l'offre que constitue la situation d'analyse elle-même.

Ce n'est donc pas d'une vérité en termes d'authenticité, absence de détour, *atrekeia*, qu'il s'agit, mais de celle qui procéderait de l'absence d'oubli, l'*aletheia* si une telle chose était possible. En revanche, l'oubli lui-même procède d'une ancienne falsification par destruction des éléments compromettants ou emprunts d'éléments étrangers devenus impossibles à distinguer comme tels. La vérité de l'interprétation, au sens cette fois-ci de la pertinence ou de l'exactitude, consistera à établir, sinon les choses telles qu'elles furent véritablement, du moins une version partielle à leur sujet qui permette la reconstitution d'une cohérence pour le sujet entre ses affects et ses pensées.

C'est là que surgit la question de la vérité « historique ». Je laisserai de côté l'inépuisable interrogation sur le fait qu'elle soit à exhumer ou à reconstruire, voire à construire. Ce n'est pas du côté des moyens pour l'obtenir mais sur les circonstances de sa disparition que je comparerai très brièvement les hypothèses de Marc Bloch avec celles de Freud, telles qu'il les expose essentiellement dans *Un souvenir d'enfance de Léonard de Vinci* et dans *L'homme Moïse.*

On connaît cet aphorisme fameux de Freud : « Il en va de la déformation d'un texte comme d'un meurtre. Le plus difficile n'est pas d'exécuter l'acte mais d'en éliminer les traces » (*ibid.*, p. 115).

La question du faux est centrale pour l'éthique de l'historien. Le faux doit toujours être présumé possible, d'où la nécessité où se trouve l'historien de ne produire aucune affirmation qui ne puisse être vérifiée, aucun document dont il ne signale la provenance, c'est-à-dire les moyens de le retrouver. Le faux concerne ici non l'interprétation historique (laquelle est toujours subjective) mais les documents et témoignages.

De même, Freud écrit, à propos du passé « préhistorique », c'est-à-dire de la période qui précède le moment où un peuple se retourne sur lui-même pour se soucier de ses origines et de son histoire :

« La trace s'interprétait faussement dans l'esprit du présent ; de plus, l'histoire ne s'écrivait pas sous l'influence de la curiosité objective mais afin d'agir sur les contemporains, de les piquer d'émulation, de les exalter, de leur présenter un miroir » (Freud, 1910/1927, p. 51).

Deux autres raisons énumérées par Bloch au sujet de la constitution des faux sont d'une part l'erreur liée au fait que nombre d'événements historiques n'ont pu être observés que dans des moments de violent trouble émotif ou par des témoins surpris dont l'attention est sollicitée trop tard, et d'autre part le préjugé. Lorsque l'erreur rencontre le préjugé et au lieu d'être critiquée se voit diffusée, c'est la rumeur.

Les considérations ouvertes ici par Bloch montrent la possibilité pour la psychanalyse de s'insérer dans la critique historique. Critiquer un témoignage c'est en effet, si on suit Bloch, travailler sur des réalités psychiques et non seulement sur un objet matériel dont il faudrait prouver l'authenticité. La méthode purement historienne de la critique est fondée sur la comparaison : « On ne rétablit jamais une date, écrit-il, on ne contrôle et en somme on n'interprète jamais un document que par insertion dans une série chronologique ou un ensemble synchrone » (1941/2006, p. 97).

Le but de cette méthode n'est pas seulement de déceler l'erreur mais d'en comprendre les causes, afin de mieux la détecter éventuellement ailleurs.

La compréhension des causes de l'erreur comme résistance à la vérité telle que Freud l'établit dans *L'homme Moïse* est en corrélation directe avec une telle perspective. Je me contenterai d'énumérer les quatre facteurs principaux que dénombre Freud dans cette résistance : la résistance à la nouveauté d'une idée, la résistance à la complexité d'une idée, la capacité d'inventer des relations qui n'ont aucun fondement dans la réalité, la possibilité de falsifier un texte puisqu'il y a toujours la marge d'incertitude de l'interprétation et donc la possibilité de glisser une idée anachronique.

Mais Freud va au-delà de l'explication des causes philosophiques de la production du faux, il propose une clé pour retrouver le vrai !

Si nous revenons sur l'aphorisme d'où nous sommes partis concernant la dissimulation des cadavres, il faut bien voir qu'en histoire le problème est d'autant plus compliqué qu'il n'y a pas de cadavres mais un vivant maquillé sous une autre identité. La clé pour démasquer le vrai sous le faux est là encore le symptôme et en l'occurrence les contradictions dans le document qui résultent de l'action conjointe de la falsification et de la piété loyale qui ne touche à rien et reproduit sans comprendre. Car l'idéal de l'historien n'est pas l'éradication du faux. Ce dernier, comme le symptôme pour le psychanalyste, est au contraire précieux pour sa valeur heuristique, et c'est là où ces deux démarches se rencontrent dans une perspective bien définie en ces termes : « Une vue nouvelle s'ouvre sur de vastes perspectives historiques. Voilà donc la critique amenée à chercher derrière l'imposture l'imposteur, c'est-à-dire conformément à la devise même de l'Histoire : l'Homme » (Bloch, 1941/2006, p. 85).

Conclusion

Deux motifs sont particulièrement prégnants vis-à-vis de l'entreprise freudienne sur l'Histoire de la psychanalyse : la recherche en paternité de l'œuvre et la relation aux précurseurs. Georges Canguilhem donnait le « virus de précurseur », « la complaisance à rechercher, à trouver et célébrer des précurseurs » comme le symptôme le plus net de l'inaptitude à la critique épistémologique. La « raison scientifique » qui sous-tend la quête de la revendication du précurseur est beaucoup plus qu'une raison du scientifique, une raison liée au chercheur lui-même. On peut faire l'hypothèse qu'elle constitue la face positive de la médaille dont le revers négatif serait la persécution par le rival, le vol des idées, l'usurpation de paternité.

Dans les deux cas, ce qui manque, c'est précisément l'intelligence de l'Histoire dans ses ruptures et ses filiations. Elle ne peut être le fait de l'auteur lui-même. Il faut pour cela un historien, mais cet historien doit être aussi un praticien de son objet, car le sens des ruptures et des filiations ne peut lui venir que de son contact avec ce que Canguilhem (1968, p. 21) appelle joliment « la science fraîche »...

Références bibliographiques

Bernfeld S.C. (1951). Freud and Archeology. *American Imago 8* : 107-128.

Bloch M. (1941/2006). *Apologie pour l'Histoire*. Paris, Gallimard.

Canguilhem G. (1968). *Études d'histoire et de philosophie des sciences*. Paris, Vrin.

De Mijolla-Mellor S. (1992). Histoire et psychanalyse. Dans M. Bertrand (dir.) *Psychanalyse en Russie* : 107-116. Paris, L'Harmattan.

De Mijolla-Mellor S. (2000). La pulsion d'exhumer. *Topique 73* : 55-69.

De Mijolla-Mellor S. (2005). La pulsion d'exhumer donnée à voir dans « Fellini Roma ». *Confrontations Psychiatriques* 45 : 191-198.

Duval A. (1961). Archéologie antique. Dans R. Queneau (dir.) *L'Histoire et ses méthodes* : 250-274. Paris, Gallimard, « Encyclopédie de la Pléiade ».

Flem L. (1982). L'archéologie de Freud. *Nouv Rev Psychanal 26* : 71-94.

Freud S. (1895/1956). La psychothérapie de l'hystérie. *Études sur l'hystérie* : 205-247. Paris, Puf.

Freud S. (1898/1984). Sur le mécanisme psychique de l'oubli. *Résultats, Idées, problèmes I* : 99-105. Paris, Puf.

Freud S. (1910/1927). *Un souvenir d'enfance de Leonard de Vinci*. Paris, Gallimard.

Freud S. (1939/1986). *L'homme Moïse et la religion monothéiste*. Paris, Gallimard.

Veyne P. (1971). *Comment on écrit l'histoire. Essai d'épistémologie*. Paris, Éditions du Seuil.

TITRE – *Psychanalyse et Histoire*

RÉSUMÉ – Construire son histoire est pour tout sujet une nécessité pour pouvoir se penser et s'auto-investir dans une réalité tant extérieure que psychique qui lui demeure pour une bonne part inconnue. On ne s'étonnera pas dès lors que l'appropriation d'un savoir sur soi-même, telle que la cure psychanalytique en soutient le processus, rencontre des interrogations qui sont propres à l'Histoire. Parler de « l'Histoire» et de la « Psychanalyse » conduirait à construire une approche épistémologique à partir d'une investigation psychanalytique centrée sur les conditions de production psychique de ces discours et sur la situation d'interlocution. En revanche, dans une perspective en interaction avec la précédente, l'interrogation sur la psychanalyse elle-même, comme méthode d'investigation issue d'une théorie de la cure et de la psyché, peut partir des emprunts de modèles que la psychanalyse fait à diverses régions de la rationalité, et notamment à l'Histoire, pour explorer l'usage et les limites de ces emprunts.

MOTS-CLÉS – archéologie, archives de la mémoire, auto-historicisation, modèle historique en psychanalyse, vérité.

TÍTULO – *Psicoanálisis e Historia*

RESUMEN – Construir la historia de uno es para cualquier individuo una necesidad para poder pensarse y autocargarse en una realidad exterior y psíquica que le es en gran parte desconocida. No será una sorpresa pues que la apropiación de un saber sobre sí mismo, como la cura psicoanalítica que apuntala el proceso, encuentre interrogaciones propias de la historia. Hablar de la "Historia" y del "Psicoanálisis" llevaría a la construcción de una aproximación epistemológica a partir de una investigación psicoanalítica centrada en las condiciones de producción psíquica de los discursos y en la situación de interlocución. Por el contrario, desde una perspectiva de interacción con la precedente, la interrogación sobre el propio psicoanálisis, como método de investigación surgido de una teoría de la cura y de la psiquis, puede partir de préstamos de modelos que el psicoanálisis hace a diversas regiones de la racionalidad, y especialmente a la Historia, a fin de explorar el uso y los límites de esos préstamos.

PALABRAS CLAVES – arqueología, archivos de la memoria, auto-historización, modelo histórico en psicoanálisis, verdad.

Toute référence à cet article doit être indiquée comme suit : De Mijolla-Mellor S. (2025). Psychanalyse et Histoire. *Rev Fr Psychanal 89*(1) : 175-184

La psychanalyse entre histoire et biographie. Propositions méthodologiques

Luiz Eduardo PRADO DE OLIVEIRA *

Av. Atlântica, 458/403 22010-010, Rio de Janeiro, Brésil – ledprado@gmail.com

Article validé le 16/09/2024

TITLE – *Psychoanalysis between history and biography. Methodological propositions*

ABSTRACT – The aim of this article is to highlight the gradual emergence of a method for psychoanalysts to approach the history of psychoanalysis. Some of its parameters have been maturing for a long time; others are more recent. A re-reading of some of the major historians of this discipline provides an opportunity to draw attention to their contributions. The history of psychoanalysis is linked to repeated traumas. The process of working through these traumas gave rise to the first comprehensive histories of psychoanalysis. The arrival on the scene of new authors, particularly from Austria and Germany, and the contribution of new archives, makes the definition of methods for establishing a history of psychoanalysis that is both global and based on objective elements a necessity.

KEY WORDS – historiography, biography, intertextuality, contextualization, periodization.

Il était une fois un article du journal *Le Monde*. Sur une période de dix ans, les services de la Bibliothèque nationale constataient que les biographies les plus publiées en France étaient celles de Napoléon Bonaparte, Louis XIV et Sigmund Freud. Combien étaient ces biographies de Freud au juste ? Existait-il par ailleurs des histoires de la psychanalyse ? L'établissement d'un inventaire est une démarche préliminaire à l'approche historique. Nous disposions à la fin du vingtième siècle de quelque cent-soixante biographies de Freud, alors qu'à la même époque les histoires globales de la psychanalyse étaient peu nombreuses. À bien regarder, la biographie est l'outil historique par excellence utilisé par Freud et même par d'autres psychanalystes : Léonard de Vinci, Wilhelm Jensen, Goethe, le président Wilson, Moïse, par exemple. Karl Abraham écrit sur Giovanni Segantini ou Akhénaton ; à la Société psychanalytique de Vienne, Isidor Sadger fait plusieurs

* Ancien professeur émérite, ancien psychologue clinicien des hôpitaux de Paris, psychanalyste, formé à l'Association psychanalytique de France, membre d'Espace analytique, de l'Association Internationale d'Histoire de la Psychanalyse et de l'Association Européenne Nicolas Abraham et Maria Torok.

conférences sur des biographies, alors qu'Otto Rank consacre une conférence à la question de la méthode en biographie psychanalytique. D'autre part, parmi ces conférences, nous n'en comptons aucune sur un problème historique global, une psychanalyse de l'histoire semble impossible. Les historiens s'approprient quelques concepts ou métaphores de la psychanalyse, comme le refoulement, le retour du refoulé ou l'inquiétante étrangeté, mais les psychanalystes que font-ils de l'histoire ?

Les biographies de Freud

J'ai interrogé des historiens professionnels à la recherche d'une explication pour l'existence de cent-soixante biographies d'un seul homme. La survenue d'une scission serait-elle à l'origine de chaque nouvelle biographie, chaque nouveau groupe de psychanalystes ayant besoin de son propre Freud ? Non. Plutôt la parution de nouvelles archives enrichissant celles déjà existantes portant sur sa vie, comme ses correspondances ? Non plus. Est-ce que tant d'autrices et d'auteurs se lisent entre eux et entre elles, s'étudient, échangent leurs points de vue, font de nouvelles recherches historiques ? Ce n'est pas ce que montrent leurs références bibliographiques, qui ne se citent que rarement. À part les grands classiques, ces auteurs et ces autrices se lisent peu, voire pas du tout. Il serait nécessaire d'analyser ces biographies, de comprendre leurs ressorts, leurs enjeux, ce qui les anime, leur curiosité. Pour l'instant constatons l'extraordinaire capacité de la psychanalyse, et surtout de la vie de Freud, à questionner chacune, chacun, et à susciter des vocations littéraires témoignant d'une expérience singulière de lecture et de réflexion. Pour l'essentiel la psychanalyse produit une littérature de témoignage même quand elle est théorique, tant elle dépend de la subjectivité de chacun. Une histoire globale de la psychanalyse prendrait en considération l'étude de ces biographies, leurs constantes établies, leurs variations suivies, leurs méandres examinés, le tableau général et détaillé de cette énorme production scripturaire. L'inventaire devient archive pour qu'une histoire se constitue, les archives s'articulent entre elles lors de la création d'un récit.

Elisabeth Young-Bruehl (1946-2011) considère pourtant la biographie comme « une sous-espèce de l'histoire », qui ne sera « pas vraiment de l'histoire » (1994, p. 157-158). Tout en l'étant pourtant, je souligne. Formidable biographe, cette autrice, après s'être attaquée à la biographie d'Hanna Arendt (1982/1999), établit celle d'Anna Freud (1988/1991). Son œuvre, formée du tissage d'articles portant sur l'histoire de la psychanalyse, sur les biographies et sur le féminisme, la montre par ailleurs comme une pionnière de l'approche psychanalytique des questions actuelles sur les genres. Elle revient encore à Anna Freud dans un de ses derniers textes, le plus émouvant, « Sur les pères célèbres et leurs plus jeunes filles » (2008), quoique peut-être la fille de Freud ait déjà été présente dans son texte sur Virginia Woolf, « Profil d'une femme en latence. Développements pour des biographes » (1998), à partir duquel je crois comprendre que le biographe s'identifie à autre chose que son objet de recherche. Au-delà de cet objet, ne s'identifierait-il pas à l'origine de cet objet, à cela même qui le crée ou le produit, une sorte de « scène primitive » de la naissance de la psychanalyse, titre d'ailleurs donné à la première édition en français de la correspondance entre Freud et Wilhelm Fliess ? Curieux fantasme engendré par cette correspondance ! Celle existante entre Martha et Sigmund aurait peut-être davantage mérité un tel titre. En tout cas, la recherche des origines serait une bonne réponse à la question posée par Alain de Mijola au sujet des motivations des biographes de Freud dans un article où il épuise avec humour la liste des positions du grand homme par rapport à eux (1993). La réponse de Young-Bruehl permet de comprendre que la plupart des biographies de Freud se concentrent autant sur les origines de la psychanalyse.

Comment les biographies conduisent à l'histoire de la psychanalyse

Je prends dans la littérature nord-américaine deux exemples d'historiens qui dépassent les biographies pour aller vers l'histoire générale de la psychanalyse : cette autrice et un autre grand historien de la psychanalyse peu connu en tant que tel, Martin S. Bergmann (1913-2014), dont le dernier article, lorsqu'il décède centenaire, est un hommage à André Green (2015). Bergmann est également l'auteur de nombre d'articles importants sur l'histoire de la psychanalyse, tissés à d'autres sur l'amour. J'indique ici quelques moments de convergence entre leurs œuvres à tous les deux.

1. – Au départ, Young-Bruehl propose une théorie des différences entre psychanalyse et biographie, procédant ensuite à sa vérification historique (1985, p. 536) ; elle ne sait pas que, douze ans plus tôt, à partir de recherches historiques, Bergmann pointait les limites méthodologiques des biographies d'inspiration psychanalytique (1973, p. 487). Alors qu'elle établit des distinctions entre l'activité du biographe et celle du psychanalyste, il attire l'attention sur la différence entre la subjectivité impliquée dans la production d'une œuvre et sa signification sociale. Curieusement pour nos propos, bien qu'elle mentionne son nom (1988, p. 481), elle semble ne pas connaître ses recherches sur l'histoire de la psychanalyse.

2. – Leurs chemins se croisent encore de manière marquante quand Bergmann publie ses « Réflexions sur l'histoire de la psychanalyse » (1993) et Young-Bruehl, une « Histoire des biographies de Freud » (1994). Bergmann décèle trois moments de rupture dans la pensée de Freud : quand il pose la prévalence de l'inconscient sur la réalité, quand il donne ses premières définitions de la technique psychanalytique, celui enfin de son pessimisme quant à la portée curative de la psychanalyse. Bergmann pense que différents analystes s'inspirent de ces différents moments. Pour sa part, Young-Bruehl attribue trois particularités à la psychanalyse : sa transmission personnelle, l'absence de successeur désigné par Freud, et enfin l'incapacité des psychanalystes à établir leur propre histoire. Attribuant une large

place à Sándor Ferenczi, Bergman pense terminée l'époque des grandes découvertes de la psychanalyse. Il voit son avenir dans leur systématisation. Young-Bruehl conclut affirmant l'inutilité des biographies de Freud après celle de Peter Gay, excepté une dernière, qu'elle propose comme modèle de l'historiographie à venir : « Faire l'histoire de la psychanalyse : Freud dans son temps et pour notre temps » (Toews, 1991). Nous reviendrons à cet article phare, malheureusement peu connu. Young-Bruehl et Bergmann récapitulent avec précision les moments de l'histoire de la psychanalyse qui conviennent à leurs propos somme toute optimistes. Après avoir établi un inventaire des documents disponibles pour l'étude des scissions avec Freud, et après les avoir étudiés, Bergmann présente ses hypothèses sur l'origine de l'orthodoxie psychanalytique. Il la conçoit comme une conséquence des scissions dans l'histoire de la psychanalyse et des définitions faites par Freud de ce qui serait « la vraie psychanalyse » à partir de ses différences avec Alfred Adler et Carl Gustav Jung (1997).

3. – Dix ans plus tard, une nouvelle convergence entre les deux historiens se produit. Bergmann considère la théorie de la pulsion de mort et la mort de Freud comme les traumatismes majeurs de l'histoire de la psychanalyse, marquant son déroulement (2011). Young-Bruehl s'interroge sur les raisons de l'inexistence d'une histoire de la psychanalyse (2012). Rhétorique – car, bien entendu, des histoires partielles de la psychanalyse existent –, cette question est aussi porteuse d'une analyse similaire à celle de Bergmann. Young-Bruehl voit l'histoire de la psychanalyse parsemée de traumatismes provoqués par les ruptures entre Freud et ses amis, par la guerre et par la perte du pays natal, par la compulsion de répétition qui les a suivis conduisant à de nouvelles ruptures et expulsions, déstabilisant le mouvement psychanalytique, entraînant sa régression, ce qui empêcherait l'émergence formelle d'une « conscience historique » de la psychanalyse.

Les parcours de ces quelques historiens de la psychanalyse – Bergman, Gay, Toews, Young-Bruehl – dessinent une bonne cartographie de l'état actuel de cette histoire en Amérique du Nord.

Histoire des histoires de la psychanalyse

La biographie elle-même pourtant garde et révèle une partie de l'histoire globale à l'ombre de laquelle elle se situe. Elle est aussi un document historique. Jones se met en évidence à travers son hagiographie de Freud, mais, en même temps, il fait un premier récit des rencontres, des réunions, des congrès psychanalytiques. Sa biographie tient lieu pendant longtemps d'histoire de la psychanalyse. Elle semble prolonger la confusion initiale voulue par Freud entre sa vie et cette histoire. *Ma vie et la psychanalyse* n'est pas qu'un titre issu d'une traduction poétique, Freud affirme leur identité. Dans cette *Autoprésentation*, *Autobiographical study*, *Selbsdarstellung*, de la moitié des années 1920, il développe ce qui se présentait déjà en 1914 dans « Sur l'histoire du mouvement psychanalytique », dont le rapport à l'histoire se restreint à son « allure » (Pontalis, 1991, XXI).

Si la biographie de Freud faite par Peter Gay est connue, on ne considère pas, en général, les titres qui la précèdent et l'accompagnent comme faisant partie d'elle, alors que c'est le cas. Ils semblent bien constituer une première histoire globale de la psychanalyse et apporter une cartographie de ses multiples inscriptions. Son œuvre majeure, publiée en anglais sous le titre de *The Bourgeois Experiment. From Victoria to Freud*, est une pentalogie parue entre 1984 et 1995, consacrée à l'inscription socio-culturelle de la psychanalyse. Œuvre tentaculaire, immense, ses contours se perdent. D'autres de ces titres, portant sur le même sujet, Freud, en sortent, se multiplient, sont tissés avec elle. Il convient de les rappeler pour avoir une idée des raisons de Young-Bruehl de considérer l'œuvre de Gay comme une biographie décisive. Précédée par *Freud, Juifs et d'autres Allemands. Maîtres et victimes dans la culture moderne* (1978), la pentalogie s'entremêle à *Freud pour les historiens* (1985), *Un Juif sans Dieu. Freud, l'athéisme et la psychanalyse* (1987/1989), *Freud. Une vie* (1988/1991), *Sigmund Freud et l'art. Sa collection personnelle d'antiquités* (1993), et enfin *En lisant Freud. Explorations et divertissements* (1990/1995). En 2005, la revue *Autrement* publie un résumé de l'œuvre de Gay sous le titre *Une culture bourgeoise, Londres, Paris, Berlin, 1815-1914. Biographie d'une classe sociale*. L'amplitude de cette œuvre contribue peut-être à ce que si peu d'histoires de la psychanalyse soient publiées en anglais pendant la période où elle paraît.

C'est en français que de telles histoires voient le jour, encouragées peut-être par l'impressionnant travail éditorial d'Élisabeth Roudinesco et d'Alain de Mijolla. Ce n'est qu'après ceux de Gay que d'autres titres sont publiés en anglais. Mentionnons quelques-uns des auteurs qui s'efforcent d'établir cette histoire au cours de cette période et jusqu'à aujourd'hui : Roger Perron (1988, 1991, 2014, 2021) ; Dominique Bourdin (2000) ; Elie Zaretsky (2004/2008) George Makari (2008) ; Olivier Douville (2009, 2023). Tout dernièrement, Daniel José Gaztambide (2019) et Florian Gabarron-Garcia (2021). Les titres « Une histoire politique de… » semblent se répandre : de l'alimentation, de l'éducation, du sport, par exemple. Dans la collection *Que sais-je ?*, le livre de Roger Perron bénéficie de rééditions successives et tient lieu de manuel d'introduction à l'étude de son sujet. Chacune de ces histoires, autant que les biographies non seulement de Freud, mais aussi d'autres psychanalystes, ébauche ce qui serait un jour une histoire globale de la psychanalyse, lui apportant une contribution singulière, selon ce que nous pouvons déduire des réponses de Young-Bruehl à sa question sur l'absence d'histoire de la psychanalyse.

Hypothèses historiographiques

Selon elle, les traumatismes successifs de l'histoire de la psychanalyse provoquèrent la perte de contributions importantes à la psychanalyse et déstabilisèrent les psychanalystes (Young-Bruehl, Schwartz, 2012). Ils ne pouvaient pas manquer d'apparaître comme des menaces potentielles, personnelles, aux participants des groupes, pouvons-nous penser, menant à la rivalité autour de la revendication de l'orthodoxie évoquée par Bergmann. Les symptômes les plus évidents de ces traumatismes cumulatifs, selon Young-Bruehl, sont ceux-là mêmes que les psychanalystes étudient chez leurs patients : fragmentation, dissociation, perte d'identité. « Il y a maintenant de nombreuses versions de la théorie psychanalytique et des praticiens avec les plus diverses sortes de formation mènent (*perform*) la "cure par la parole" de différentes manières [...)] » (Young-Bruehl, Schwartz, 2012, p. 139-140). L'écriture de biographies, deuil inaccompli, vise à la réparation des traumatismes, tout en empêchant la constitution de la « conscience historiographique » qui émerge à travers les histoires sectorielles ou nationales (*ibid.*, p. 142). Une fois la perlaboration de ces deuils terminée – inutilité des scissions ou expulsions comme solutions aux conflits, deuil aussi de la perte de Freud et des pays d'origine –, le mouvement psychanalytique serait enfin prêt à commencer à écrire sa propre histoire, les luttes pour l'orthodoxie n'ayant plus de raison d'être.

L'accumulation de nouvelles archives sur l'histoire de la psychanalyse – les publications de source autrichienne ou allemande, les correspondances, les témoignages d'anciens patients de Freud ou des premiers analystes, les actes de réunions, de nouvelles recherches socio-économiques – permettrait enfin l'émergence de cette nécessaire « conscience historiographique », je précise. Young-Bruehl salue le livre de Zaretsky, *Le siècle de Freud*, comme un premier pas important dans ce sens. Elle est décédée l'année même où paraissait l'histoire de la psychanalyse de Makari, *Revolution in the Mind*, apparemment en ignorant le travail historiographique accompli en France.

Concernant le nombre de biographies de Freud, l'admission de l'approche de Young-Bruehl n'exclut pas d'autres apports, tant l'histoire est surdéterminée. Le caractère évidemment discutable des concepts psychanalytiques, faute de vérification empirique, ne manquerait pas d'engendrer des discussions et dissensions, avant que les psychanalystes n'apprennent à s'organiser et à se tolérer selon d'autres critères que leurs théories. Cela aura demandé « le siècle de la psychanalyse » pour que ces deuils s'accomplissent. Du reste, rien n'exclut que les mêmes mécanismes à l'origine de la prolifération de biographies ne conduisent ensuite à la multiplication d'histoires de la psychanalyse. L'inscription de la psychanalyse dans l'histoire de la science implique la convergence d'une pluralité de sources (Ber-Schiavetta, 2020, p. 223-232), méthodologie délicate pour les psychanalystes.

John E. Toews, mentionné comme inspiration par Young-Bruehl, a été directeur du Département d'histoire comparative des idées de l'Université de Washington entre 1981 et 2010. Son article, porteur d'une vision de l'histoire psychanalytique à venir, se présente comme une analyse critique de l'œuvre de Peter Gay, d'où il dégage sa propre proposition centrale – l'impératif d'une contextualisation précise, minutieuse même. Bien que tout historien contextualise plus ou moins son objet d'étude, Toews érige la contextualisation en catégorie analytique à part entière, en outil principal de l'historien (1991). C'est aussi la préoccupation de Carlo Bonomi, qui discute cette question au long de ses travaux et l'exige pour l'historien (1994, 2023), tout comme Andreas Mayer (2017). Leur utilisation de la notion de contexte ne semble pourtant pas correspondre à celle de Toews, qui en donne quatre exemples majeurs pour aborder Freud et son œuvre, proposant leur articulation : la présence de sa forte subjectivité dans ses propositions scientifiques, la présence du judaïsme, celle de l'idéologie bourgeoise libérale et, enfin, le contexte scientifique et philosophique où se situent la psychanalyse et sa création. Pour chacun d'eux, Toews propose une approche originale prenant en considération son histoire particulière. Il reprend cet article et l'élargit, questionnant maintenant l'archéologie et la généalogie de la psychanalyse, dans leur rapport à son histoire (1994).

D'autres propositions pour une histoire de la psychanalyse

« Aucune génération n'a été aussi bien préparée pour la tâche de réévaluer l'histoire de la psychanalyse que la nôtre » (Bergmann, 1997, p. 69). L'accumulation des archives appelle à leur tissage, à leur entrelacement. La disponibilité des correspondances des premiers psychanalystes, de nouvelles données les concernant notamment grâce aux chercheurs autrichiens, comme Mayer lui-même (2013), Elke Mühlleitner et Johannes Reichmayr (1997), ou allemands comme Christfried Tögel (2009), des Minutes de la Société psychanalytique de Vienne, mais aussi de nouvelles habitudes de lecture de ces textes fondateurs, intertextuelles certainement, les recherches historiques sur les capitales de la psychanalyse, viennent permettre des reconstitutions de l'histoire de la psychanalyse, imposant aussi à ses historiens de ne pas rester cantonnés à un seul point de vue, une seule langue, une seule source, un seul discours. Les contextes généraux de l'essor de la psychanalyse obéissent à notre périodisation canonique admise : la psychanalyse apparaît et se diffuse à la Belle Époque, se protège au moyen de la théorisation pendant la Première Guerre mondiale, s'élargit au cours des Années folles, connaît une crise lors de la Grande Dépression, suit la relance des années 1930, se transforme avec la Seconde Guerre mondiale et au-delà, dans les contextes scientifiques, littéraires et discursifs mouvants et propres à son objet central, la clinique. La convergence entre sa chronologie, sa périodisation et sa contextualisation s'impose pour qu'elle devienne une histoire pour notre temps. La périodisation elle-même se révèle un important outil pour l'établissement d'une nouvelle histoire de la psychanalyse, son découpage selon de longues périodes historiques donnant de visions imprécises de leurs objets.

Les correspondances entre les premiers psychanalystes sont le lieu où s'échangent leurs idées et expériences, papiers communs où s'écrivent les brouillons de ce qui deviendra texte théorique (Prado de Oliveira, 1979). Leur lecture intertextuelle permet la compréhension du chaudron d'où sort la psychanalyse, tout autant que la lecture croisée de leurs textes théoriques selon leur ordre chronologique. Cette lecture intertextuelle montre qu'il n'est pas rare que ces textes s'inspirent les uns des autres, la précaution du tissage en profondeur des textes d'un débat s'impose. À partir de leurs origines familiales, de leurs histoires et traditions, leurs cliniques, leurs pratiques, leurs patients, leurs textes produisent peu à peu la psychanalyse. L'histoire de la psychanalyse s'ouvre à d'autres histoires, par exemple celle des correspondances (Chotard, 1995). L'histoire à venir de la psychanalyse s'enrichira enfin de la collaboration de ceux qui la font et non de leur exclusion ou de nouvelles scissions, l'élaboration des deuils de naguère enfin accomplie.

Références bibliographiques

Bergmann M. (1973). Limitations of Method in Psychoanalytic Biography: An Historical Inquiry. *J. Amer. Psychoanal Assn 21.*

Bergmann M. (1993) Reflections on the History of Psychoanalysis. *J Amer Psychoanal Assn 41.*

Bergman M. (1997). The Historical Roots of Psychoanalytic Orthodoxy. *Intern J Psychonal 78.*

Bergmann M. (2011). The Dual Impact of Freud's Death and Freud's Death Instinct Theory on the History of Psychoanalysis. *Psychoanal Rev 98.*

Bergmann M. (2015). Un hommage américain à André Green. *Rev Fr Psychanal 79*(3).

Ber-Schiavetta A. (2020). Histoire de la psychanalyse, histoire des sciences. Renouvellements et convergences. *Rev Fr Psychanal 84*(1).

Bonomi C. (1994). "Sexuality and Death" in Freud's Discovery of Sexual Aetiology. *Int Forum Psychonal 3.*

Bonomi C. (2023). Rethinking the Birth of Psychoanalysis: Disconnection, Censorship, and Self-Censorship. *Intern J Psychanal Open – Open Peer Review and Debate 9.*

Chotard L. (1995). Correspondances : une histoire illisible. *Romantisme 90.*

Mayer A. (2013). *Sites of the Unconscious. Hypnosis and the Emergence of the Psychoanalytic Setting.* Chicago, The University of Chicago Press.

Mayer A. (2017). Écrire l'histoire de psychanalyse. Le problème du contexte. *Rev Hist Sc Hum 30.*

Mijolla A. de (1999). Freud, la biographie, son autobiographie et ses biographes. *Rev Int Hist Psychanal 6.*

Mühlleitner E., Reichmayr J. (1997). Following Freud in Vienna: The Psychological Wednesday Society and the Viennese Psychoanalytical Society, 1902-1938. *Int Forum Psychoanal 6*(2).

Pontalis J.-B. (1991). Au nom de Freud. Dans Freud S., *Sur l'histoire du mouvement psychanalytique*, Paris, Gallimard, p. IX-XXIII.

Prado de Oliveira L.E. (1979). L'invention de Schreber. *Le cas Schreber. Contributions psychanalytiques de langue anglaise.* Paris, Puf.

Toews J.-E. (1991), Historicizing Psychoanalysis: Freud in His Time and for Our Time. *J Modern History 63*, n° 3. [Je remercie la rédaction de ce journal de m'avoir cédé gratuitement cet article.]

Toews J.-E. (1994). Foucault and the Freudian Subject. Archeology, genealogy and the historicization of psychoanalysis. Dans J. Goldstein (dir.) *Foucault and the Writing of History.* Oxford, Blackwell.

Tögel C. (2009). Sigmund Freud's Practice: Visits and Consultation, Psychoanalyses, Remuneration. *Psychoanal Q 78.*

Young-Bruehl E. (1985). Psychoanalysis and Biography. *Psychoanal Study Child 40*.
Young-Bruehl E. (1988/1991). Postface. *Anna Freud*. Paris, Payot.
Young-Bruehl E. (1994). A History of Freud Biographies. Dans M. S. Micale, R. Porter (dir.) *Discovering the History of Psychiatry*. NY, Oxford, Oxford University Press.
Young-Bruehl E. (1998). Profile of a Latency Woman: Development for Biographers. *American Imago 55*.
Young-Bruehl E. (2008). On Famous Fathers and Their Youngest Daughters. *Psychoanal Inquiry 28*.
Young-Bruehl E., Schwartz, M. (2012). Why psychoanalysis has no history? *American Imago 69*(1).

TITRE – *La psychanalyse entre histoire et biographie. Propositions méthodologiques*

RÉSUMÉ – Cet article vise à mettre en lumière le surgissement progressif d'une méthode pour l'approche de l'histoire de la psychanalyse par les psychanalystes. Certains de ses paramètres mûrissent depuis longtemps ; d'autres sont récents. La relecture de quelques historiens majeurs de cette discipline est l'occasion d'attirer l'attention sur leurs contributions. L'histoire de la psychanalyse est liée à des traumatismes à répétition. Leur perlaboration permet la parution des premières histoires d'ensemble de la psychanalyse. L'entrée en scène de nouvelles autrices et de nouveaux auteurs, notamment en provenance d'Autriche et d'Allemagne, l'apport de nouvelles archives exigent la définition de méthodes pour l'établissement d'une histoire de la psychanalyse à la fois globale et basée sur des éléments objectifs.

MOTS-CLÉS – historiographie, biographie, intertextualité, contextualisation, périodisation.

TÍTULO – *El psicoanálisis entre historia y biografía. Proposiciones metodológicas*

RESUMEN – El artículo pretende dar luz al surgimiento progresivo de un método de aproximación de la historia del psicoanálisis por los psicoanalistas. Ciertos de estos parámetros maduran desde hace tiempo: otros son recientes. La relectura de algunos historiadores mayores de la disciplina es una ocasión para mostrar sus contribuciones. La historia del psicoanálisis está relacionada con traumatismos repetitivos. Su trabajo elaborativo permite la aparición de las primeras historias globales del psicoanálisis. La presencia de nuevas autoras y autores, especialmente procedentes de Austria y Alemania, el aporte de nuevos archivos exigen la definición de métodos para el establecimiento de una historia del psicoanálisis global y al mismo tiempo basado en elementos objetivos.

PALABRAS CLAVES – historiografía, biografía, intertextualidad, contextualización, periodización.

Toute référence à cet article doit être indiquée comme suit : Prado de Oliveira L. E. (2025). La psychanalyse entre histoire et biographie. Propositions méthodologiques. *Rev Fr Psychanal 89*(1) : 185-193

Le détail et l'incarnation

Laurence Kahn [*]

72 boulevard Richard Lenoir, 75011 Paris – laurence75kahn@gmail.com

Article validé le 16/09/2024

TITLE – *Details and incarnation*

ABSTRACT – The "linguistic turning point", and the relativism that followed from the refusal to grant facts any existence other than a linguistic one, affected the fields of psychoanalysis and history in much the same way. On the one hand, the reference to reality as the fruit of a construction based on converging elements was henceforth strongly suspected. And secondly, since subjectivity operates precisely in the field of the handling of language, the neutrality of the historian, like that of the psychoanalyst, was suspected of being subject to distortion. Deceptive rhetoric, referential illusion and suggestion led to the abandonment of the hope of gaining access to an order of truth. And yet, if putting representation to the test in history implied experiencing the limits of inventiveness, and if these limits seemed attributable to the role of fantasy in inventiveness itself, the problem of knowing how a historical fact could be "worked through" remained unresolved. The function of the historian's transference to his object and the role of incarnation in the analysis of details are considered here in relation to the Shoah.

KEY WORDS – relativism, negationism, reality, transference, incarnation, working through.

« La compagnie de gaz viennoise a arrêté de fournir ses clients juifs car les plus importants consommateurs faisaient usage du gaz précisément pour se suicider et laissaient par conséquent impayées leurs factures. » Si Saul Friedländer (1992, p. 54) mentionne ce communiqué de presse rapporté par Walter Benjamin, c'est pour en comparer l'effet avec une donnée que Raul Hilberg tire du rapport envoyé en 1941 par le quartier général allemand de Marioupol et qui tient en une ligne : « 8 000 Juifs ont été exécutés par le Service de sécurité. » Qu'est-ce qui donne son poids à un fait historique, demande Friedländer ? Les informations factuelles les plus dures ne perdent-elles pas en partie leur portée lorsqu'elles sont simplement prises comme des données ? Quelle part d'imagination est nécessaire à l'historien pour parvenir à les traiter, à les « élaborer » ?

* Membre titulaire formateur et ancienne présidente de l'Association psychanalytique de France.

Mettre à l'épreuve la représentation en histoire, et tout particulièrement la représentation de la Shoah, en éprouver les limites, est un thème qui tenaille l'œuvre de Saul Friedländer. Ce fut l'objet d'un congrès qu'il organisa en 1992 à Los Angeles où historiens et philosophes confrontèrent leurs positions, notamment autour de ce qu'il est désormais convenu d'appeler, à la suite des travaux de Hayden White, « la mise en intrigue » de la narration historique. La question portait sur la place que la vérité historique pouvait encore revendiquer à l'heure où le *linguistic turn* récusait l'épaisseur substantielle des faits, sous l'argument barthien que « le fait n'a jamais qu'une existence linguistique (comme terme d'un discours) » (Barthes, 1967, p. 69). Avec la critique de l'« illusion référentielle » (Barthes, 1968, p. 88) dont le discours historique se nourrirait en accréditant l'impression d'une rencontre entre l'objet et son expression, Roland Barthes dénonçait une rhétorique trompeuse, tenant à l'usage d'« effets de réels », c'est-à-dire de détails concrets qui confèrent au discours de l'historien la consistance du vraisemblable. L'usage du langage et de modèles explicatifs alimentés par l'imagination – c'est-à-dire par les penchants personnels de l'historien – signerait *de facto* la fin de toute prétention à l'objectivité. L'histoire-*history* ne disposerait dès lors d'autre solution que de multiplier les histoires-*stories* afin de déplier de possibles « récits concurrents » (White, 1992, p. 38 et 42) – Richard Rorty (1989/1995, p. 173-174) disait à la même époque « alternatifs ».

On pourrait ne retrouver dans ce débat qu'une rémanence de la discorde entre Thucydide, pour qui la possible universalisation du récit historique exigeait le récit vrai des faits particuliers, et Aristote selon qui ce serait l'impersonnalité des héros, la *mimèsis* tragique de leurs actions et la force du mythique et du vraisemblable qui donneraient accès à une telle universalité. On le pourrait si ce n'est que la subjectivité s'est depuis brutalement invitée dans le débat. « Si, écrit Hayden White (1987, p. 9), nous entendons par "intrigue" une structure de relations grâce à laquelle les événements contenus dans le récit sont dotés d'un sens en étant identifiés comme les parties d'un tout intégré », ce sera bel et bien à la représentation délivrée par ce scénario structurant que l'on devra la cohérence de faits initialement chaotiques. Il conviendrait donc de différencier au sein du discours historique "ce qui a eu lieu", c'est-à-dire les éléments proprement historiques, et les éléments de l'intrigue (*ibid.*, p. 20-21). Sans quoi l'autorité du récit historique se présentera comme l'autorité de la réalité elle-même, alors que le discours historique, produit d'une mise en représentation, est en fait soumis « au désir de voir les événements réels présenter la cohérence, l'intégrité, la plénitude et la clôture d'une image de la vie qui est et ne peut être qu'*imaginaire* » (*ibid.*, p. 24).

Il est remarquable que White ne s'alerte nullement des conséquences de ce relativisme narrativiste. Ce sont pourtant bien elles que relève Pierre Vidal-Naquet dans sa discussion détaillée et son analyse acérée des preuves (témoins, techniques, chiffrages, etc.) concernant l'existence des chambres à gaz, niée par Faurisson (1978). La défense de leur existence réelle ne signifie cependant pas que Vidal-Naquet conteste le rôle de l'historien dans la construction historique. « L'historien écrit, et cette écriture n'est ni neutre ni transparente. Elle se modèle sur les formes littéraires, voire sur les figures de rhétorique » (1987/2005, p. 147), ce dont l'historiographie permet de découvrir rétrospectivement les ressorts : Michelet, un réaliste romancier ; Ranke, un réaliste comique ; Tocqueville, un réaliste tragique, etc. « Reste, poursuit Vidal-Naquet, que, si le discours historique ne se rattachait pas, par autant d'intermédiaires qu'on le voudra, à ce que l'on appellera, faute de mieux, le réel, nous serions toujours dans le discours, mais ce discours cesserait d'être historique. »

Or le refus de distinguer entre la réalité et les mots qui la décrivent fait partie, selon lui, des pratiques du négationnisme. Arguer de l'ambiguïté des énoncés via « l'hypercritique » (Thion, 1980, p. 33) afin de nier les événements permet d'attaquer « la popularité de la fable » génocidaire pour mieux faire valoir « le devoir d'être vrai et la difficulté d'être vrai » (Faurisson, 1977, p. 80) – la méthode des négationnistes s'apparentant en ce point au relativisme en ce qu'il désolidarise le fait de sa narration, afin de traiter cette dernière comme un matériau littéraire tandis que le fait est révoqué en doute (Vidal-Naquet, 1985, p. 117). Manipulation pragmatique qui prive les données de leur densité historique et les « déréalise » (*ibid.*, p. 129). C'est ainsi que l'argumentation de Vidal-Naquet participa du « coup de froid, jeté sur l'inventivité de l'intrigue historienne par le rappel à l'ordre du réel qu'exigeait la réponse à l'épreuve négationniste ». Patrick Boucheron (2016, p. 65) en appelait alors à la réassurance scientifique d'un régime de vérité en histoire, qui saurait allier érudition et imagination.

Aborder les relations entre histoire et psychanalyse par le biais de l'impact du *linguistic turn*, c'est certes envisager ce très vaste dossier par le petit bout de la lorgnette. Néanmoins, outre que selon Vidal-Naquet « une certaine vulgarisation de la psychanalyse a joué son rôle dans cette confusion entre le fantasme et la réalité » (1980, p. 17), l'oukase antimétaphysique du relativisme, condamnant toute substantialité des faits, me semble avoir frappé la psychanalyse de manière assez analogue à ce qui s'est déroulé en histoire. La virulente critique du psychanalyste s'imaginant réverbérer impartialement la vie psychique de son patient a marché du même pas que la critique du déterminisme psychique, ceci affectant toutes les conceptions de ce que l'on nomme avec Freud « réalité psychique ». La revendication scientifique de la psychanalyse, la fonction "explicatrice" de ses interprétations et 'l'autorité' de l'analyste furent reléguées au placard de la psychanalyse dite "classique", obsolète du fait même de son appel à la métaphysique de la substance pulsionnelle et à l'inscription des traces mnésiques. Là aussi, autour de la persuasion et de la rhétorique, l'incrimination de la suggestion exercée par l'analyste et des distorsions qu'elle entraînait conduisit à disqualifier toute prétention à la vérité en psychanalyse.

Aurait-on, ce faisant, affaire à des formes de simplification analogues en histoire et en psychanalyse ? Non seulement, de part en part de son œuvre, Freud n'a cessé de souligner la difficulté que représentait l'alliance entre suggestion et autorité dès lors que le transfert dote l'analyste du pouvoir des hautes figures de l'enfance (Freud, 1916-1917/1999, p. 565, 574-576). Mais, surtout, on est frappé par le caractère squelettique des modèles de l'écoute analytique auxquels la critique relativiste le renvoie – que l'impartialité et la neutralité soient référées à l'immobilité du miroir, à la fidélité de la transmission téléphonique ou à l'absence de tremblement du chirurgien à l'heure du geste opératoire. Ce qui laisse dans l'ombre un aspect très important du travail psychique requis de l'analyste, à savoir la perlaboration de l'action exercée par son patient sur sa « sensibilité inconsciente » (Freud, 1910d/1993, p. 67). C'est, selon Freud, dans l'interrelation inconsciente entre patient et analyste que s'incarne la réalité psychique du fantasme sous forme d'actions effectives, de prime abord méconnues d'eux, qu'ils auront à charge de scénariser. Une scénarisation toujours partielle, toujours temporaire de « faits » transférentiels fondés sur un vécu, mais qui ont ceci d'essentiel : ils convergent et trouvent dans la répétition la matière même de ce qui conduit à faire l'hypothèse d'une « vérité » inconsciente en train de trouver sa place dans le champ de la conscience. Ils convergent, comme peuvent converger en histoire des traces concordantes qui, bien qu'en apparence hétérogènes, permettent de bâtir un tableau événementiel. Argument de la concordance avancée par Vidal-Naquet dans *Les Assassins de la mémoire.* Mais méthode également adoptée par Christopher Browning (1992/1994) quand il cherche à reconstituer le parcours des exactions génocidaires perpétrées par 101e bataillon de la Police de réserve à Josefow. Certes, selon lui, la distinction nette entre faits bruts et interprétation est toujours difficile, le travail de l'historien comprenant nécessairement un moment de construction de sorte que différents historiens examinant les mêmes documents ne produiront sans doute pas exactement le même ensemble de « faits historiques » établis. Mais leur valeur de vérité ne peut être simplement balayée d'un revers de main.

En psychanalyse, même si l'argument de la concordance entre les rejetons repérés à la surface de l'événementialité psychique participe au premier chef de la fondation du « psychique proprement réel » de l'inconscient (Freud, 1900a/2003, p. 668, 675), cette valeur de vérité est infiniment fragile, ne serait-ce que parce qu'elle procède de la désolidarisation de la réalité mondaine des faits d'avec l'efficience du fantasme. À cet égard, le comble du malentendu est certainement celui qui frappe la notion de « vérité historique » freudienne, qui n'a rien à voir avec la méthode historique, mais tout avec la répétition et l'inscription des traces mnésiques (Freud, 1937d/2010, p. 71 ; 1939a/2010, p. 155). Celles-ci s'incarnent dans des actes et des affects dont la vectorisation n'est pas immédiatement repérable, produits d'une actualisation de tracés libidinaux où la reviviscence de l'infantile dans le présent façonne en quelque sorte la réalité : un ton de voix, un geste, une démarche, un regard dans le bref moment du bonjour ou du au revoir, mais aussi bien l'interprétation du changement d'un tableau, bref mille éléments réels (appartenant à la réalité matérielle du monde) sont retravaillés par l'activité de réalisation hallucinatoire du transfert (faisant apparaître la sous-couche de la réalité psychique). Pour cette raison même, Freud conseillait, à propos de l'analyse du rêve, de la pratiquer non en masse mais toujours en détail (Freud, 1900a/2003, p. 139). Disons que, pour ce qui est du transfert, bien souvent le diable se cache aussi dans les détails.

La fragilité de la valeur de vérité de l'expérience vécue transférentiellement, à la mesure de la précarité du statut métapsychologique des traces mnésiques qui sont à sa source, autorise-t-elle pour autant la récusation pure et simple de la « réalité psychique » ? À moins que ce ne soit la notion même d'inconscient qui soit finalement remise en cause, pour cause de réification conceptuelle, au profit d'une perspective herméneutique faisant fond sur l'intentionnalité. Avec la sémantique de l'action qui en découle, l'agent qui n'est autre *in fine* que la personne du patient est dès lors considéré comme le constructeur de sa propre expérience. Grâce à l'interaction subjective des deux partenaires de la situation analytique, les re-narrations en forme d'*histoires multiples* obéissant aux principes de re-description et de remise en contexte transforment la succession événementielle en une totalité signifiante (Schafer, 1983/1988).

On peut reconnaître ici l'impact de l'identité narrative telle que l'a développée Paul Ricœur, qui valide d'ailleurs explicitement la théorisation de Roy Schafer (1983, p. 114, 117). Mais, dans le cas de la psychanalyse comme dans celui de l'histoire, on ne saurait ignorer le poids du pragmatisme de Rorty pour qui la récusation de l'épreuve de réalité et l'abandon du carcan référentiel permettent de repousser au rang des faux problèmes de la tradition métaphysique occidentale les questions soulevées par l'immixtion du fantasme, par l'idéologie et par la réalisation de désir dans le façonnage de la narration historique. La vérité est une propriété des phrases, l'existence des phrases dépend des vocabulaires et les vocabulaires sont créés par des êtres humains : voilà qui devrait permettre d'en finir avec le despotisme de la vérité, de l'objectivité et de l'universalisme (Rorty, 1989, p. 21). Parmi la pluralité des « descriptions alternatives des mêmes événements », c'est finalement le socius qui déterminera les critères de ce qui est vrai du seul point de vue de ce qui lui est « utile » (Rorty, 1995, p. 24, 58).

Au sein de ce débat qui met sur la sellette la part psychique de l'inventeur dans la fabrique d'un scénario interprétatif, que ce soit en histoire ou en psychanalyse, il est assurément impossible de négliger le fait que la créativité en appui sur l'imagination demeure « le point le plus faible de notre organisation psychique » (Freud, 1911b, p. 17). Est-ce à dire que la vulgarisation de la psychanalyse est à la source de la confusion entre fantasme et réalité ? Si l'on suit Freud, l'imagination est ce point faible car elle peut à tout moment « être utilisée à ramener sous la domination du principe de plaisir des processus de pensée qui étaient déjà devenus rationnels ». Sous la domination du principe de plaisir, c'est-à-dire au service de la satisfaction ? Autrement dit, sous la domination de l'évitement du déplaisir ? Serait-ce là que le refoulement, prenant à revers la capacité de *distance* de l'historien avec son objet ou bien la *neutralité* du psychanalyste dans l'écoute de son patient, entrerait en action ? Rappelons que Freud prend l'exemple de la froideur du chirurgien pour mettre en garde contre les pièges de la séduction ou les déroutements fomentés par la haine. De la même manière que ce praticien, l'analyste devra opérer « conformément aux règles de l'art » (Freud, 1912e/1998, p. 149), quels que soient ses sentiments. Un historien prônant la minutie de l'enquête et le doute vis-à-vis de ce qui se présente à lui comme des évidences ne pourrait-il faire sienne cette recommandation ? Ce qui est ici directement impliqué, c'est le transfert de l'historien sur son objet. Un transfert que Freud n'ignorait pas si l'on en croit sa description de ces récits qui se voudraient une histoire des temps archaïques, mais qui s'avèrent n'être que « l'expression des opinions et des désirs du présent » (Freud, 1910c/1987, p. 91-93). Destinés à combler l'attente narcissique de la communauté, ils contribuent à l'auto-façonnage de la puissance du corps social, au prix de la régression du désir de connaissance.

Saul Friedländer (1992) et Dominick LaCapra (1987/1992) insistent fortement sur ce point : la Shoah met en lumière le transfert de l'historien sur son objet de la manière à la fois la plus claire et la plus traumatique. Selon que l'historien est un survivant, un parent de survivants, un ancien nazi, un ancien collaborateur, un jeune juif ou un Allemand éloigné du contact immédiat avec la survie, sa position, c'est-à-dire la voix de l'historien dans la narration, modifie profondément la signification explicite ou latente de son discours, alors que ces discours peuvent être formellement identiques en apparence (LaCapra, 1992, p.110). Ainsi la part allouée à l'imagination dans la tentative de trouver de l'ordre dans le chaos des faits est-elle suffisamment importante pour expliquer que la satisfaction narcissique et l'évitement du déplaisir puissent devenir les moteurs du silence ou de la distorsion. Et pourtant, ni le psychanalyste ni l'historien ne peuvent se passer de la contribution de l'imagination !

D'ailleurs, qu'il s'agisse de l'ampleur chiffrée de l'extermination des Juifs à Marioupol ou la note sur l'arrêt de la distribution du gaz aux juifs, on constate que le problème pour Friedländer n'est pas celui de la véracité de l'information factuelle. Il tient dans l'écart entre un événement « réduit à une donnée » et un événement qui frappe suffisamment l'imagination pour surseoir à l'« engourdissement » des éprouvés. Position paradoxale puisque cet engourdissement est indispensable à la tâche de l'historien. Or, dans le cas de la Shoah, ce type de détail, apte à soulever une émotion incoercible, provient le plus souvent des souvenirs des victimes. Une mémoire que Martin Broszat disqualifie dans son débat avec Friedländer, au prétexte qu'elle est imprégnée d'une « composante endeuillée et accusatrice » (Broszat & Friedländer, 1988, p. 90-91 et 101-102), contrevenant au traitement rationnel, proprement scientifique, de l'histoire de la période.

Mais dans ce cas, demande Friedländer, que faire de l'excès dont est intrinsèquement porteuse l'extermination des Juifs ? Comment le « perlaborer », si l'intensité affective des voix individuelles ne vient pas compenser l'asepsie inhérente aux documents administratifs ? Par exemple, l'intensité de l'émotion de Franz Neumann que Raoul Hilberg consulte au sujet d'un mémoire qui sera la base de sa thèse sur la destruction des juifs d'Europe. Neumann lit, approuve, s'avance jusqu'aux pages consacrées au rôle des Conseils juifs et, tout historien marxiste qu'il est, s'écrit soudain : « Ça, c'est insupportable, vous devez le retirer » (Friedländer, 1992, p. 49), sa passion trahissant tout simplement son engagement de juif. Le traitement de cette intensité ne suppose-t-il pas que soit mobilisée l'imagination ?

Le déchirement de Friedländer est ici à la mesure de la gravité de la question du transfert en histoire. D'un côté, il oppose à Broszat l'impossibilité, s'agissant de la Shoah, de produire quoi que ce soit d'autre que de la documentation, étant donné l'effroi suscité par la criminalité nazie. Davantage, alors qu'en général l'historien tente de « visualiser le mieux possible les événements décrits afin de pouvoir les rendre avec toute la plasticité nécessaire » (Broszat & Friedländer, 1988, p. 101-102), l'autoglorification tortionnaire du IIIe Reich le contraint à renoncer à cette visualisation afin de parvenir à documenter exactement les événements.

Mais, de l'autre côté, l'imagination est nécessaire, qui contrecarre la « neutralisation du caractère concret du désespoir et de la mort » des documents afférant aux décisions politiques (Friedländer, 1992, p. 53-54). D'où cette idée que « perlaborer signifie tester les limites de l'imagination nécessaire et sans cesse vaincue ». Vaincue, oui, si l'on prend en considération les deux sortes de mémoire à l'œuvre : la mémoire commune qui tend à restaurer une cohérence des faits, et la mémoire profonde qui, « refoulée » (*ibid.*, p. 41, 45), trouve forme et force par exemple dans l'exclamation incoercible de Neumann.

N'est-ce pas l'urgence d'une telle perlaboration qui, à la fin de *Shoah*, pousse Yitzhak Zuckerman, alias Antek, commandant en second du soulèvement du ghetto, à prier Claude Lanzmann de lire le dernier chapitre du livre *Les derniers jours du ghetto de Varsovie*, écrit en 1949 par Zivia Lubetkin, elle-même responsable dans ce soulèvement ? Antek habitait alors à dix mille kilomètres de Zivia, et il « lui a pourtant arraché avec cruauté, comme un chirurgien, chacun des détails, pour l'obliger à retrouver exactement la réalité dans les descriptions du chapitre. » Cruauté du chirurgien, donc, mêlé à l'amour pour Zivia devenue son épouse, et mémoire 'profonde', car Antek poursuit : « Juste maintenant, Claude, vous m'avez demandé mes impressions ; si vous pouviez lécher mon cœur, il vous empoisonnerait. » (*Transcript*, 2008, p. 9). Seuls de tels détails réactivent, donnent à voir, font éprouver.

Claude Lanzmann répondait à François Gantheret en 1986 : « Le vrai problème, c'est l'incarnation. Non pas transmettre des informations, mais incarner » (Lanzmann, 1986, p. 12). La haine – si nécessaire pour accepter de s'enfoncer dans la dureté de cette période, pour tolérer de séjourner longuement au contact de faits source de terreur, pour supporter la lecture d'odieux discours – la haine ne suffit pas pour acheminer le travail de l'historien vers la perlaboration si elle se disperse dans de grandes questions ou des réponses idéologiques. « La haine, dit Lanzman, elle est dans la précision ». Une affaire de transfert.

Références bibliographiques

Barthes R. (1967). Le discours de l'histoire. *Social Science Inf 6*.

Barthes R. (1968), L'effet de réel. *Communications 11*.

Boucheron P. (2016). *Ce que peut l'histoire*. Collège de France.

Broszat M., Friedländer S. (1988). A Controversy about the Historicization of National Socialism; *New German Critique, Special Issue on the Historikerstreit*.

Browning Ch.R. (1992/1994). *Des hommes ordinaires.* Paris, Belles-Lettres.
Faurisson R. (1977 et 1978/1980). Dans S. Thion (dir.) *Vérité historique ou vérité politique ?* Paris, La Vieille Taupe.
Freud S. (1900a/2003). L'Interprétation du rêve. *OCF.P*, IV. Paris, Puf.
Freud S. (1910c/1987). *Un souvenir d'enfance de Léonard de Vinci.* Paris, Gallimard.
Freud S. (1910d/1993). Les chances d'avenir de la thérapie psychanalytique. *OCF.P*, X. Paris, Puf.
Freud S. (1911b/1998). Formulations sur les deux principes de l'advenir psychique. *OCF.P*, XI. Paris, Puf.
Freud S. (1916-1917/1999). *Conférences d'introduction à la psychanalyse.* Paris, Gallimard.
Freud S. (1912e/1998). Conseils au médecin dans le traitement psychanalytique. *OCF.P*, *XI.* Paris, PUF.
Freud S. (1937d/2010). Constructions dans l'analyse. *OCF.P*, XX. Paris, Puf.
Freud S. (1939a/2010). L'homme Moïse et la religion monothéiste. *OCF.P*, XX. Paris, Puf.
Friedländer S. (1992). Trauma, Transference and "Working through". *In* Writing the History of the "Shoah". *History and Memory 4*(1).
Ginzburg C. (1992/2007). *Un seul témoin.* Paris, Bayard.
LaCapra D. (1987/2002). Liaisons et déliaisons. *Espaces Temps 80-81.*
LaCapra D. (1992). Representing the Holocaust: Reflections on the Historians' Debate. Dans S. Friedländer (dir.) *Probing the limits of representation: Nazism and the "final solution".* Cambridge-Mass., HUP.
Lanzmann C. (1986). Les non-lieux de la mémoire. Entretien avec F. Gantheret. *Nouv Rev Psychanal 33.*
Ricœur P. (1983). *Temps et récit I.* Paris. Le Seuil.
Rorty R. (1989). *Contingency, irony, and solidarity.* CUP.
Rorty R. (1995), *L'espoir au lieu du savoir.* Paris, Albin Michel
Schafer R. (1983/1988). *L'attitude analytique.* Paris, Puf.
Thion S. (1980). *Vérité historique ou vérité politique ?* Paris, La Vieille Taupe.
Rotem S., Zuckerman Y (2008). Interview transcript of the Shoah. United States Holocaust Memorial Museum.
Vidal-Naquet P. (1987-1985-1980/2005). *Les assassins de la mémoire.* Paris, La Découverte.
White H. (1987). *The Content of the Form. Narrative discourse and Historical Representation.* Baltimore-London, The Johns Hopkins Press.
White H. (1992). Historical Emplotment and the Problem of Truth. Dans S. Friedländer (dir.) *Probing the limits of representation: Nazism and the "final solution".* Cambridge-Mass., HUP.

TITRE – *Le détail et l'incarnation*

RÉSUMÉ – Le « tournant linguistique » et le relativisme qui découla du refus de n'accorder au fait d'autre existence que linguistique ont frappé d'une manière assez analogue les champs de la psychanalyse et de l'histoire. D'une part, en ce que la référence à la réalité, fruit d'une construction à partir d'éléments convergents, fut dès lors fortement suspectée. Et, d'autre part, en ce que, la subjectivité opérant justement sur le terrain du maniement du langage, la neutralité de l'historien comme celle du psychanalyste fut soupçonnée d'être sujette à distorsions. Rhétorique trompeuse, illusion référentielle et suggestion conduisirent à l'abandon de l'espoir d'accéder à un régime de vérité. Pourtant, si la mise à l'épreuve de la représentation en histoire impliquait d'éprouver les limites de l'inventivité, et si ces limites semblaient bien imputables au rôle du fantasme dans l'inventivité elle-même, le problème de savoir comment peut se « perlaborer » un fait historique demeurait intact. La fonction du transfert de l'historien sur son objet et le rôle de l'incarnation dans l'analyse du détail sont ici envisagés à propos de la Shoah.

MOTS-CLÉS – relativisme, négationnisme, réalité, transfert, incarnation, perlaboration.

TÍTULO – *El detalle y la encarnación*

RESUMEN – La "deriva lingüística" y el relativismo que va de par al rechazo de solo acordar al hecho una existencia lingüística han incidido de manera análoga en los dominios del psicoanálisis y de la historia. Por un lado, en aquéllo en que la referencia a la realidad, fruto de una construcción que parte de elementos convergentes, ha sido desde entonces altamente sospechada, y por otro lado, en aquéllo en que la subjetividad opera precisamente en el terreno del trabajo del lenguaje, la neutralidad del historiador como la del psicoanalista fue sospechada de estar ligada a distorsiones. Retórica engañadora, ilusión referencial y sugestión condujeron a dejar de lado la esperanza de acceder a un régimen de verdad. Sin embargo, si la puesta a prueba de la representación en historia implicaba probar los límites de la inventiva, y si dichos límites parecían claramente imputables al papel de fantasía en la propia inventiva, el problema de saber de qué manera "trabajar elaborativamente" un hecho histórico permanecía impoluto. La función de la transferencia del historiador sobre su objeto y el papel de la encarnación en el análisis del detalle son considerados en relación con el Holocausto.

PALABRAS CLAVES – relativismo, negacionismo, realidad, transferencia, encarnación, trabajo elaborativo.

Toute référence à cet article doit être indiquée comme suit : Kahn L. (2025). Le détail et l'incarnation. *Rev Fr Psychanal 89*(1) : 195-203

RUBRIQUES

L'obésité et l'inscription du manque : une revue de la littérature

Rafaela ALVES *

3 rue Poincaré, 06000 Nice – brandaoalvespsi@gmail.com

Article reçu le 06/10/2023 – accepté le 06/11/2023

TITLE – *Obesity and the registration of lack: a review of the literature*

ABSTRACT – In this article, we undertake a critical analysis of the literature on obesity using the prism of psychoanalysis as a theoretical framework. Our review of the literature covers a period from the 1970s to the present day. We place particular emphasis on the work of leading French and American authors. The main themes addressed by these authors revolve around understanding the causes of obesity, the underlying operational mechanisms, and the perception of a deficit of emotional symbolization within this population. In addition, obesity is seen as a potential effect of a narcissistic disorder. We have identified that the question of separation from the Other and the manifestation of the lack of the primary object constitute points of convergence between different theoretical perspectives.

KEY WORDS – narcissistic disorder, operational thinking, psychosomatic, hyper-empathy, alexythimia, separation.

Introduction

L'obésité est une maladie qui est reconnue et définie par l'Organisation mondiale de la santé (OMS) depuis 1998. Il s'agit d'une accumulation anormale ou excessive de graisse corporelle qui présente un risque pour la santé. Cette maladie devient progressivement et très rapidement un problème mondial de santé et par conséquent un problème politique et économique. Les dernières données [1] indiquent qu'en 2020, plus de 2 milliards d'adultes dans le monde étaient en surpoids, dont plus de 650 millions obèses. Aux États-Unis, environ 42,4 % [2] des adultes étaient obèses en 2020, en Europe environ 23 % [3].

---

* Psychanalyste, Docteure en Psychologie et Post Doctorante au P.S. Institut (Strasbourg).

1. https://www.who.int/news-room/fact-sheets/detail/obesity-and-overweight
2. https://www.cdc.gov/obesity/data/prevalence-maps.html
3. https://www.euro.who.int/en/health-topics/noncommunicable-diseases/obesity/data-and-statistics

Il est important de noter que l'obésité est un problème complexe qui est influencé par de nombreux facteurs, notamment l'alimentation, l'activité physique, les habitudes de sommeil, le stress, les facteurs génétiques ainsi que par les aspects interrelationnel et intrapsychique. Il est donc essentiel d'adopter une approche holistique pour la prévention et la gestion de l'obésité. Dans cet article, nous allons mettre l'accent sur l'aspect psychodynamique de l'obésité, en nous concentrant sur la compréhension que les auteurs invités à dialogues proposent de sa causalité et de sa signification dans la vie du sujet obèse. En ce sens, il est à noter que les troubles alimentaires ne seront pas abordés directement, bien qu'ils soient fréquemment associés à l'obésité (Felipe et coll., 2018 ; Cohen-Tovée, 2018).

Cet article a pour objectif de proposer une revue de littérature critique sur le sujet de l'obésité à partir de l'apport théorique de la psychanalyse, en soulignant les points d'influence d'un auteur sur l'autre ainsi que les contributions singulières de chacun. Nous avons sélectionné les auteurs le plus souvent cités dans la recherche bibliographique menée en langue française et anglaise dans les bases de données [4] utilisées.

Nous débuterons notre étude en examinant les trois conceptions les plus couramment citées dans les études, à savoir les contributions d'Hilde Bruch, Gérard Apfeldorfer, et le courant psychosomatique. Par la suite, nous examinerons les perspectives proposées par les chercheurs contemporains, offrant ainsi un aperçu de l'évolution de ces concepts au fil du temps.

Le trépied fondateur : la confusion, l'hyperempathie et la pensée opératoire

La confusion entre émotions et sensations

Hilde Bruch, psychologue et psychiatre, est l'auteure du livre classique *Les Yeux et le Ventre*, publié en 1973, qui est une référence pour de nombreux professionnels travaillant sur les troubles alimentaires. Elle a également contribué à la compréhension de l'obésité en tant que trouble psychologique, en soulignant les liens entre l'obésité, les troubles de la personnalité et les événements traumatiques de l'enfance. Bruch a mis l'accent sur l'importance du regard porté sur les enfants en tant qu'individus à part entière, au sein de leur environnement familial. Ses réflexions ont été une source d'inspiration pour de nombreux auteurs qui ont cherché à enrichir la recherche et la pratique clinique dans le domaine des troubles alimentaires.

Bruch (1973/1994) nous présente un modèle psychogène de l'obésité dans lequel cette maladie peut résulter d'une réaction à un événement traumatique ou être le fruit de troubles développementaux de la personnalité. Dans tous les cas,

4. Science direct, Cairn, SD l'Évolution psychiatrique, Routledge, International Journal of Psychoanalysis, Journal of the American psychoanalytic association, PEP web (Psychoanalytic electronic publishing).

l'obésité est utilisée comme une forme de protection contre des troubles psychiques plus graves. Les obèses présentent souvent des défauts d'adaptation et de relations sociales, et ont un sentiment d'impuissance et d'inadéquation.

Elle remarque à partir de sa pratique clinique que les personnes souffrant de troubles alimentaires ont souvent un manque de conscience de leur propre corps et de leurs émotions, ce qui peut être dû à une désorientation liée à leur environnement social et familial. La conscience corporelle est ainsi une construction qui découle des relations avec les parents et ne constitue pas une capacité innée.

Les mères décrites par cette auteure manifestent des émotions contradictoires à l'égard de leurs enfants, oscillant entre une aversion marquée et une surprotection qui se manifeste par un excès de nourriture. Ainsi, la mère répondrait à cette ambivalence en donnant de la nourriture à l'enfant, ce qui perturberait sa sensation de faim, le poussant à manger pour toute émotion ou tension.

De ce fait, l'enfant ne pouvant pas exprimer ses ressentis et sensations, reste effacé derrière les besoins de ses parents. Bruch propose dans le texte *Psychological Aspects of Overeating And Obesity* (1964) un modèle de développement de la personnalité qui met en évidence l'importance de l'équilibre entre la stimulation intérieure et extérieure pour un développement sain. D'après elle, de tels sujets n'ont pas développé la capacité de reconnaître les signaux provenant de leur propre organisme, ce qui leur permettrait de nommer et d'agir en fonction de leur propre perception, les rendant ainsi dépendants de la réponse de l'autre.

Cette caractéristique de dépendance à la pensée, aux signaux et aux réponses données par les personnes avec lesquelles l'obèse vit est développée par Gérard Apfeldorfer (1992/2002) dans son principal ouvrage *Je mange, donc je suis* à travers la notion d'hyperempathie. Nous allons développer ce point dans la partie qui suit.

L'hyperempathie

Avant de discuter de cette notion renforcée par la pensée de l'auteur en question, commençons par présenter les principales idées qu'il a développées. Apfeldorfer est un psychiatre et psychothérapeute français spécialisé dans le traitement des troubles du comportement alimentaire. Pour illustrer la pensée dialectique entre individu/société, moi/soi, dedans/dehors qu'il utilise pour aborder l'obésité, prenons l'exemple de sa conception de l'image du corps, il nous dit : « À chaque minute de notre vie, nous faisons l'expérience de notre propre corps et nous le représentons. Cette image du corps est inséparable de notre être au monde, de nos perceptions directes et indirectes, de nous-mêmes et de tout ce qui nous entoure » (Apfeldorfer, 1992/2002, p. 63).

Dans le cas de sujets obèses plus spécifiquement, le fait que leur mouvement corporel soit de plus en plus limité en raison de leur poids contribue à maintenir une image corporelle dissociée de la réalité, car moins ils bougent, moins ils reçoivent de signaux proprioceptifs de leurs organes et de leurs membres. Cette image corporelle ne se forme pas non plus sans le regard ni le jugement de ceux qui les entourent, ainsi, dans une société où la minceur est impérative, un corps gros est un corps laid.

Le point soulevé par Bruch (1973/1994) concernant l'incapacité de l'enfant à lire et à interpréter les signaux envoyés par son propre corps, le rendant dépendant d'un Autre agissant comme un miroir pour lui est, comme nous le verrons dans cet article, un facteur discuté par plusieurs auteurs. Ce facteur est lié à la faille dans la constitution de la frontière qui sépare le moi de l'autre. Apfeldorfer (1992/2002) aborde cette discussion avec la notion d'empathie ou d'accordage, soulignant que l'idée d'accordage met en évidence la position active de l'enfant et de la mère, il ne s'agit donc pas seulement du mouvement maternel pour répondre aux besoins émotionnels du bébé : « Il consiste en une harmonisation et un partage de sensations, des expériences entre mère et enfant, où tous deux sont actifs » (p. 143-144).

Le fait que l'auteur mette en avant la position active de l'enfant dans les échanges avec l'adulte met en scène cette aptitude inhérente à la pulsion, d'être active dans l'objectif de se satisfaire (Freud, 1915/1968). Et contrairement à l'instinct animal, la pulsion s'appuie sur le biologique, mais le dépasse. Un nourrisson a besoin, non seulement de répondre à ses besoins biologiques, mais il a aussi besoin d'affection, de présence et de contact (Winnicott, 1953/2006). Ainsi, d'après Apfeldorfer (1992/2002), en raison du désaccord entre la demande de l'enfant et la réponse de ce qui joue le rôle maternel, en offrant une nourriture « crue » d'affection, s'instaure progressivement la confusion entre la faim et les émotions, engendrant l'hyperempathie.

En tentant de compenser le manque d'empathie de la mère, l'enfant essaierait de deviner les émotions de celle-ci, « Sa mère ne s'identifiant pas à lui, ce sera lui qui s'identifiera à sa mère » (Apfeldorfer, 1992/2002, p. 240). Ainsi l'enfant se sentant rejeté dans son existence va déprécier, comme ils l'ont fait avec lui, ce qui vient de l'intérieur, en valorisant ce qui vient de l'extérieur. La nourriture serait la solution immédiate, mais inefficace dans la recherche d'une consistance impossible à trouver dans ce qui est externe et vide d'affection.

Bien que critique envers les interprétations qui se limitent à réduire les causes de l'obésité aux relations familiales et qui cultivent ainsi des portraits caricaturaux, Apfeldorfer (1992/2002) dialogue avec deux familles, la famille bruchienne que nous venons d'aborder, en y ajoutant l'hyperempathie comme sa clé de lecture, et aussi avec la famille psychosomatique. La théorie psychosomatique constitue un pilier des recherches contemporaines qui envisagent l'obésité comme émanant de la difficulté du sujet à fantasmer et à mentaliser (Mariage et coll., 2008). Cette situation conduit à une tendance vers une pensée opératoire, qui cependant ne saurait être systématiquement généralisée à tous les individus souffrant d'obésité. Nous aborderons donc les principaux auteurs cités dans la théorie psychosomatique pour ensuite discuter comment les contributions les plus récentes s'articulent à elle.

La pensée opératoire

Il existe différentes écoles au sein de la théorie psychosomatique. Franz Alexander (1950) a été le fondateur de l'école psychosomatique de Chicago et selon lui des états de stress chroniques peuvent produire des symptômes somatiques résultant de l'incapacité à résoudre des conflits émotionnels, le symptôme ayant donc une corrélation avec le conflit. La deuxième école est représentée par les psychanalystes français Pierre Marty et Michel de M'Uzan (1963) et selon eux le symptôme psychosomatique ne posséderait pas de signification messagère, mais serait le reflet d'un fonctionnement opératoire. Autrement dit, face à l'incapacité de symboliser et de traiter leurs émotions, les individus se tournent vers des comportements agis comme moyen d'expression de ces états non symbolisés. Cette incapacité a été baptisée par le psychanalyste américain John Sifneos (1988) alexithymie, l'absence de mentalisation et de représentations psychiques pour reconnaître les émotions.

Selon ces courants de la psychosomatique, l'absence d'un représentant mental qui se lie à la pulsion en la régulant exposerait le sujet à des affects qui seraient déchargés directement dans le corps. En ce qui concerne l'obésité, l'hypothèse psychosomatique est liée à la difficulté d'exprimer des sentiments d'hostilité et de reconnaître les conflits (Marty et M'Uzan, 1963 ; Dumet, 2002). Cela est dû à un arrangement familial dans lequel la famille se referme sur elle-même, se structure comme un système de surprotection et de rigidité établi et est dans l'incapacité de supporter la contradiction et la différence.

Nous voyons donc que, une fois de plus, la défaillance dans la séparation de l'Autre se présente de manière articulée au développement de l'obésité, que ce soit à travers le prisme de la dépendance et de la passivité, de l'hyperempathie, ou de la fusion empêchant l'inscription du champ de l'Autre et du tiers qui vient faire fonctionner l'altérité. Comme nous le disent les auteurs Benoît Maillard et Éléonore Frick (2019) : « Si les phénomènes psychosomatiques sont liés à cette inscription de l'organisme dans le langage, ils témoignent d'un échec de la métaphore subjective et du processus constituant "aliénation séparation" » (p. 19).

Faisons une traversée théorique sur ces deux opérations, aliénation et séparation, indispensables à l'émergence du champ subjectif et qui sont des points clés de la problématique autour de l'obésité.

L'aliénation et séparation

L'inscription de cette altérité informe le sujet qu'il y a un tiers qui le sépare de l'unité primaire mère/enfant, temps initial où la frontière avec le corps de l'autre n'a pas encore été inscrite, où il n'y a pas de perception de l'intérieur et de l'extérieur, pas de scansion temporelle. La fonction de ce tiers est pensée par Lacan (1964/1973) à partir de l'inscription de la castration, manque irrémédiable dans le psychisme du sujet, engendrant ainsi sa naissance dans le champ de l'Autre. Selon Lacan (1964/1973), il est nécessaire qu'il y ait l'opération dialectique aliénation/

séparation pour que le champ du sujet puisse se séparer et se différencier du champ de l'Autre, l'incorporant simultanément.

Les opérations d'aliénation et de séparation s'ordonnent par une relation circulaire et non réciproque, et bien que l'aliénation soit considérée comme première et la séparation comme seconde, nous comprenons que ce sont précisément ces deux éléments soulignés, circularité et non-réciprocité, qui les configurent dans le temps logique où il n'est pas possible de les situer dans une séquence linéaire de dépassement de l'une par l'autre.

Pour représenter ces opérations, Lacan (1964/1973) s'appuie sur la logique des ensembles.

Dans la logique aliénante du vel, telle que distinguée par Lacan, nous sommes confrontés à une alternative qui ne relève pas d'une opération binaire classique de type « ou/ou ». Ici, le choix de l'un entraîne la perte de l'autre, mais également une perte partielle de l'élément choisi lui-même, induisant ainsi une dimension de sacrifice irréversible.

Le paradigme de ce type de choix est la proposition « la bourse ou la vie ». Logiquement, si le choix se porte sur la bourse, on perd la vie et la bourse, et si le choix se porte sur la vie, on perd la bourse et simultanément une partie de la vie, celle qui se situe dans l'intersection entre la bourse et la vie, car dans l'opération de réunion, selon la logique des ensembles, l'élément commun n'est pas compté deux fois, il se perd. Dans cette construction, Lacan (1964/1973) représente dans un ensemble l'être (sujet), dans l'intersection le non-sens (l'inconscient) et dans l'autre ensemble l'Autre (sens).

Le champ de l'Autre est celui dans lequel le sujet doit nécessairement s'engager pour trouver les signifiants dans lesquels il pourra exister et ne pas succomber au choix de l'être. L'Autre est pour le sujet le lieu de sa cause significative, le rendant non-causal de lui-même. C'est la matrice d'où nous extrayons la position selon laquelle le sujet n'est pas sans l'Autre, il est déterminé par l'inscription signifiante qui le cause.

L'aliénation est le *vel* qui condamne le sujet à n'apparaître que dans la division entre sa cristallisation et son aphanisis (Lacan, 1964/1973). Qu'est-ce que cela signifie ? Le sujet est marqué par le signifiant primordial, le signifiant maître S1, dans la mesure où, pour exister, il n'y a pas d'autre issue que de s'aliéner au champ de l'Autre, en extrayant de là un signifiant qui enregistrera la première inscription qui sera témoin du choix du champ du sens. Cependant, ce signifiant ne signifie rien en soi, donc s'y fixer sans essayer de le déchiffrer conduit le sujet à la pétrification. C'est donc dans la chaîne signifiante avec S2 qui vient décoder S1 que le sujet entre dans la chaîne de méconnaissance de soi, disparaissant dans l'intervalle entre un signifiant et un autre.

La deuxième opération engendre la causalité du sujet. C'est par le retour sur l'aliénation que la séparation provoque une torsion qui instaure la faille chez le sujet au moment même où il reconnaît le manque dans l'Autre. Cette opération fonde le sujet comme radicalement social, car son acte de naissance est concomitant à l'envoi de sa perte à l'Autre. Lorsque nous parlons de la notion de manque, nous ne parlons pas simplement de manque en soi, mais de comment, à partir d'un manque, nous pouvons en faire quelque chose avec un autre manque.

En ce qui concerne la conception psychosomatique, Lacan propose dans le texte *Conférence à Genève sur le symptôme* (1975) que ce phénomène se différencie du symptôme hystérique. Ce dernier porte un message à décrypter, il y a un sens possible à associer dans la parole du sujet, alors que dans la psychosomatique, il y aurait une pétrification au niveau de S1, ce qui empêcherait le glissement de la chaîne signifiante.

Nous trouvons ici deux manières d'appréhender le phénomène psychosomatique, une comprenant l'obésité comme une défense contre l'angoisse de la séparation sans représentation conséquente et la seconde également comme une défense contre l'angoisse, mais avec une tentative de symbolisation à travers l'agir pondéral. Nous verrons dans la prochaine partie comment certains auteurs contemporains ont utilisé les idées de l'école psychosomatique pour formaliser l'obésité comme une solution trouvée, via « l'agir pondéral », pour évacuer la souffrance psychique.

L'obésité : une défense silencieuse ou parlante ?

Reprenons d'abord la compréhension de l'alexithymie sous-jacente aux conduites alimentaires comme étant une expression de l'absence de verbalisation, de reconnaissance des émotions et la mise en œuvre de réactions somatiques au lieu d'un conflit psychique. Ainsi, d'après Maillard et Frick (2019), l'alexithymie sert de mécanisme de défense pour prévenir le risque de souffrance psychique, telle que la perte du sentiment d'identité, la frustration ou le déplaisir. Ce mécanisme de défense trouve son origine dans une période où la distinction entre le sujet et l'objet primordial n'est pas encore clairement établie, et les symptômes alexithymiques servent de barrière contre une intrusion potentiellement dangereuse, permettant ainsi d'établir une relation désaffectée.

Selon ces auteurs, d'un autre point de vue, l'alexithymie peut être considérée comme un mécanisme de défense avec la capacité de se reconfigurer à travers des fantasmes. Certains auteurs (Dejours, 2002 ; Dumet, 2006) suggèrent que ce mécanisme de défense peut être transformé et revitalisé lors d'une thérapie.

Nathalie Dumet est parmi les auteurs qui pensent l'obésité comme une modalité de gestion des conflits qui privilégient la voie corporelle, tout en gardant une dimension potentiellement symboligène, via l'agir. Selon Dumet (2002), l'agir est, tout comme le lapsus, le rêve ou le symbole, un moyen d'exprimer le fantasme inconscient, où le sujet peut libérer l'excès de tension qui est contenu dans son appareil psychique, que ce soit de la douleur ou un affect psychiquement insupportable. Cela est dû au fait que la voie de l'agir est plus rapide (et donc toujours préférable à la voie de l'élaboration mentale) pour permettre à l'individu de se libérer de ses tensions psychiques.

Dans le texte « La différence incarnée, Réflexions psychosomatiques sur un phénomène étrangement familier : L'obésité » (2002), l'auteure souligne qu'il y a une seconde perspective qui considère l'agir comme une fonction défensive qui permet de réduire la tension liée à un conflit en provoquant une décharge immédiate. Selon cette approche, l'action correspond à l'échec des processus de mentalisation et peut entraîner des somatisations en raison de carences psychiques et représentatives. Cette vision a été mise en évidence par les psychosomaticiens de l'École de Paris, notamment par P. Marty (1963).

Dumet (2002) se localise plutôt dans la lignée de Joyce McDougall (1978), selon laquelle la somatisation ne résulte pas seulement de l'absence de fantasme, mais également de l'expression concrète du fantasme à travers l'agir. Par conséquent, les maladies somatiques ne suivent pas le même symbolisme que la conversion hystérique, mais témoignent plutôt de représentations archaïques. Dans cette optique, l'agir pondéral, en tant qu'expression du fantasme, devient le moyen singulier par lequel certains individus tentent d'établir, de forger, de préserver ou de reconstruire leur propre marque en tant que sujet.

Dumet (2006) développe cette même idée dans son texte intitulé « J'engloutis, je vis, je suis. De l'hyperphagie à la subjectivation », en suggérant que la prise alimentaire n'est pas une façon de faire taire le sujet, mais plutôt une expression de celui-ci. Ainsi, l'acte de manger peut favoriser et soutenir la reconstruction subjective, car il est un symptôme qui permet au sujet de s'exprimer.

En suivant ce même cheminement de pensée, Audrey Navaron et Maurice Corcos (2015) dans le texte « Le corps tombe : l'obésité massive entre cannibalisme et bistouri » ont souligné que, de manière similaire à Dumet (2006), l'hyperphagie remplit la fonction de récupérer l'investissement auto-érogène narcissique, en réduisant peu à peu l'investissement objectal. En d'autres termes, ce symptôme serait une tentative de renforcement narcissique.

Navarons et Corcos ajoutent également qu'à l'issue de leurs pratiques cliniques, ils trouvent fréquemment que les patients obèses ont du mal à métaboliser psychiquement la perte, la perte de l'objet originel, la mère, en incarnant dans le corps ce travail insistant pour essayer de l'inscrire, ce qui inscrirait en même temps sa différence, donc son identité : « Beaucoup de patients obèses expriment en effet une confrontation constante à une nécessité de perdre, tout en ratant constamment cette perte. Ils n'arrêtent pas de ne pas pouvoir perdre » (2015, p. 367).

L'agir pondéral peut, selon cette perspective, être considéré comme une forme de symbolisation d'un traumatisme. Ce traumatisme est souvent lié à l'incapacité d'intégrer le manque de l'objet, ce qui peut entraîner une peur du vide et une tentative d'éviter cette sensation en se remplissant de nourriture ou en maintenant un poids corporel élevé.

Cette conception considère l'obésité comme un effet d'un trouble narcissique. En effet, lorsqu'il y a un défaut dans la constitution de l'objet interne, cela peut conduire à une dépendance excessive à l'objet externe ainsi qu'à une angoisse de séparation. Pour se défendre contre cette angoisse primitive qui rappelle un événement traumatique, l'état crépusculaire et le travail du négatif peuvent émerger comme des mécanismes de défense.

Selon cette théorie, l'obèse ne peut pas partiellement négativer l'Autre, il annule donc l'Autre en mettant en place l'état crépusculaire. Voyons dans la prochaine partie comment les auteurs ont développé ces notions.

L'obésité : le manque du manque

L'obésité est comme nous avons pu le voir jusqu'ici, une forme de protection pour les sujets qui ont des limites corporelles défaillantes. Certaines formes d'obésité, notamment celles qui se développent à un jeune âge, peuvent être liées à des défauts dans la constitution de l'enveloppe psychique, qui sont dus à des relations précoces défaillantes, notamment la relation mère-enfant. Ainsi, la qualité des premiers liens entre la mère et l'enfant détermine la constitution de l'enveloppe psychique du sujet (Almudena Sanahuja et Belot, 2013).

Jacques Vargioni, dans le texte « Le travail du négatif dans les troubles alimentaires » (2020), reprend l'état crépusculaire pour développer son concept d'« hallucination négative », soit l'effacement actif d'une perception faisant apparaître une lacune dans la réalité. Selon lui, le psychisme déploie une série de mécanismes de défense contre les angoisses archaïques, et l'état crépusculaire représente la forme la plus élaborée de cette défense contre les effets destructeurs de l'angoisse. En d'autres termes, la suralimentation ne parvient pas à apaiser l'angoisse, et c'est précisément parce qu'elle échoue que le psychisme met en place cet état de « blanc psychique », d'anesthésie temporaire.

Ainsi, face à l'absence d'inscription du manque, le processus de négativation vise à faire naître la représentation d'une absence de représentation, c'est-à-dire que de tels mécanismes seraient une autre tentative du psychisme pour donner une limite au manque de limite. Comme nous pouvons le voir, la problématique de l'obésité met en lumière la difficulté de ses sujets à éprouver des situations qui les approximent de l'angoisse de séparation.

La dialectique dépendance/autonomie n'ayant pas été opérée, ces sujets sont constamment en proie à l'émergence d'une vague déstabilisante. De la fin du parcours jusqu'ici, nous avons pu localiser un fil conducteur présent dans les productions sur l'obésité, qui est la problématique de la séparation. Un sujet est causé et s'inscrit dans le monde par sa différenciation de l'Autre et pour qu'il puisse émerger en tant qu'entité, il est nécessaire que la castration soit inscrite. L'inscription de ce manque structurel agit comme un point de repère et de création d'un espace propice à l'expression singulière de chacun.

Conclusion

Que ce soit en tant que cause ou effet d'une dynamique familiale qui empêche la construction de cette frontière avec l'Autre, l'obésité et les éventuels TCA qui peuvent y être associés figurent comme une tentative de tisser une ligne, même si fragile, de limite avec l'Autre. Il n'est pas surprenant que des moments de crise, de prise de décision qui appellent le sujet à répondre pour lui-même et non pour l'Autre, puissent déclencher et/ou intensifier ce fonctionnement.

De cette manière, l'obésité peut être comprise à la fois comme un phénomène de décharge d'une tension pulsionnelle et émotionnelle non élaborée, comme une défense contre l'angoisse de séparation et comme une tentative de création de frontières qui n'ont pas encore été établies. Il est important de souligner que, en tant que forme d'expression, l'obésité, phénomène silencieux ou parlant, met en scène la signature d'un sujet, c'est-à-dire qu'il y a une subjectivité qui s'efforce de se faire reconnaître avec le poids ou la légèreté de son histoire.

Références bibliographiques

Alexander F. (1950). *Psychosomatique.* New York, Norton.

Almudena Sanahuja M., Belot R.A. (2013). Défaillance de la relation à l'objet primaire et altération de l'enveloppe psychique chez l'adolescente obèse. *Evol Psychiatr 78*(4) : 653-667. https://doi.org/10.1016/j.evopsy.2013.05.003.

Apfeldorfer G. (2002). *Je mange donc je suis. Surpoids et troubles du comportement alimentaire.* Paris, Payot.

Bruch H. (1964). Psychological Aspects of Overeating and Obesity. *Psychosomatics 5*(5) : 269-274. https://doi.org/10.1016/S0033-3182(64)72385-7.

Bruch H. (1973/1994). *Les yeux et le ventre. L'obèse, l'anorexique.* Paris, Payot.

Cohen-Tovée E.M. (2018). Eating Disorders and Obesity. In: J.U. Weaver (Ed.) *Practical Guide to Obesity Medicine.* Elsevier : 189-192. ISBN: 9780323485593. DOI: https://doi.org/10.1016/B978-0-323-48559-3.00018-X.

Dejours C. (2002). Technique psychanalytique et référence au corps érogène en psychosomatique. *Rev Fr Psychosom 21* : 119-131.

Dumet N. (2002). La différence incarnée : Réflexions psychosomatiques sur un phénomène étrangement familier : l'obésité. *Cah Psychol Cliniq 18* : 29-44. https://doi.org/10.3917/cpc.018.0029.

Dumet N. (2006). J'engloutis, je vis, je suis. De l'hyperphagie à la subjectivation. *Cah Psychol Clin 26*: 69-83.

Felipe Q.L., Hay P., Touyz S., Sainsbury A. (2018). Obesity with Comorbid Eating Disorders: Associated Health Risks and Treatment Approaches. *Nutrients 10*(7) 829 : 1-9. DOI: 10.3390/nu10070829.

Freud S. (1915/1968). Pulsion et destin des pulsions. *Métapsychologie* : 11-43. Paris, Gallimard.

Lacan J. (1964/1973). Le Séminaire, Livre XI. *Les quatre concepts fondamentaux de la psychanalyse.* Paris, Le Seuil.

Lacan J. (1975). Conférence à Genève sur le symptôme. *La Cause du Désir 95* : 7-24. https://doi.org/10.3917/lcdd.095.0007.

Maillard B., Frick E. (2019). L'alexithymie : historique, recherches et perspectives psychopathologiques. *Psychol Clin 48* : 16-28. https://doi.org/10.1051/psyc/20194816.

Mariage A., Cuynet P., Godard B. (2008). Obésité et alexithymie à l'épreuve du Rorschach. Le poids des émotions. *Evol Psychiatr 73*(2) : 377-397. DOI: https://doi.org/10.1016/j.evopsy.2007.06.009.

Marty P., M'Uzan M. de (1963). La pensée opératoire. *Rev Fr Psychanal 27*(n° spécial) : 345-356.

McDougall J. (1978). *Le psychosomatique et le psychanalyste, Plaidoyer pour une certaine anormalité*. Paris, Gallimard.

Navaron A., Corcos M. (2015). Le corps tombe : l'obésité massive entre cannibalisme et bistouri. *Evol Psychiatr 80*(2) : 362-374. https://doi.org/10.1016/j.evopsy.2014.09.006.

Sifneos P.E. (1988). Alexithymia and its relationship to hemispheric specialization, affect, and creativity. *Psychiatr Clinic North America 11*(3) : 287-292.

Vargioni J. (2015). *Corps obèses, corps mélancoliques*. Paris, Puf.

Vargioni J. (2020). Le travail du négatif dans les troubles alimentaires. *Le Carnet PSY*, 5.

Winnicott D.W. (1953/2006). *La mère suffisamment bonne*. Paris, Payot et Rivages.

TITRE – *L'obésité et l'inscription du manque : une revue de la littérature*

RÉSUMÉ – Dans cet article, nous entreprenons une analyse critique de la littérature consacrée à l'obésité en utilisant le prisme de la psychanalyse comme cadre théorique. Notre revue de la littérature englobe une période s'étendant des années 1970 à nos jours. Nous mettons particulièrement l'accent sur les travaux d'auteurs français et américains de renom. Les principaux thèmes abordés par ces auteurs gravitent autour de la compréhension des causes de l'obésité, des mécanismes opératoires sous-jacents, ainsi que de la perception d'un déficit de symbolisation émotionnelle au sein de cette population. De plus, l'obésité est envisagée comme un potentiel effet d'un trouble narcissique. Nous avons identifié que la question de la séparation d'avec l'Autre et la manifestation du manque de l'objet primaire constituent des points de convergence entre différentes perspectives théoriques.

MOTS-CLÉS – trouble narcissique, pensée opératoire, psychosomatique, hyperempathie, alexithymie, séparation.

TÍTULO – *La obesidad y la inscripción de la falta: una revisión de la literatura*

RESUMEN – En este artículo, emprendemos un análisis crítico de la literatura dedicada a la obesidad y utilizamos el prisma del psicoanálisis como marco teórico. La revisión de la literatura engloba un período que comienza en los años setenta y va hasta nuestros días. Hacemos hincapié en los trabajos de autores franceses y americanos renombrados. Los principales temas tratados por dichos autores giran alrededor de la comprensión de las causas de la obesidad, de los mecanismos operatorios subyacentes, y también de la percepción de un déficit de simbolización emocional al interior de dicho segmento de población. Además, la obesidad es considerada como efecto potencial de un trauma narcisista. Hemos identificado el tema de la separación con el Otro y la manifestación de la falta del objeto primario y ambos constituyen puntos de convergencia entre diferentes perspectivas teóricas.

PALABRAS CLAVES – trauma narcisista, pensamiento operatorio, psicosomático, hiperempatía, alexitimia, separación.

Toute référence à cet article doit être indiquée comme suit : Alves R. (2025). Revue de la littérature. L'obésité et l'inscription du manque : une revue de la littérature. *Rev Fr Psychanal 89*(1) : 207-217

Virginité et pathologies féminines : Freud face aux médecines hippocratiques

Cecilia J. PERCZYK *, Gabriel LOMBARDI **, Céleste LABARONNIE ***

Cecilia J. Perczyk – Avenida Vergara 2222, Hurlingham, CP 1686 Argentina – cecilia.perczyk@unahur.edu.ar

Gabriel Lombardi – Quesada 1675, CP 1429, Ciudad Autónoma de Buenos Aires Argentina – gabrielombardi@gmail.com

Celeste Labaronnie – 57 1849, La Plata, CP 1900, Provincia de Buenos Aires Argentina – celelab@gmail.com

Article reçu le 22/08/2022 – accepté le 27/06/2024

TITLE – *Virginity and feminine pathologies: Freud faced with Hippocratic medicine*

ABSTRACT – In "The taboo of virginity", Sigmund Freud reminds us that women's sexual integrity is a supreme value, which leads him to assert that defloration can trigger a reaction of hostility towards men, and even take on pathological forms, such as frigidity, making the virgin a dangerous figure. The same notion of danger associated with virginity is highlighted in a text from ancient Greek medicine: the Hippocratic treatise "Diseases of Young Girls". The treatise identifies a specific disease for virgins, the cause of which is the perpetuation of virginity. We aim to identify the underlying premises of the two writings in order to elucidate the opaque aspects of Freud's text. The aim of this comparison is to provide food for thought on the representation of women based on a psychoanalytical approach to the figure of the virgin.

KEY WORDS – virginity, psychoanalysis, Hippocratic medicine, women.

* Psychologue, Docteure en Lettres Classiques et Maître de conférences (Universidad Nacional de Hurlingham, (UNAHUR). Instituto de Educación. Hurlingham, Argentina. Consejo Nacional de Investigaciones Científicas y Técnicas (CONICET).

** Psychanalyste, Médecin, Docteur en Psychologie, Directeur et Professeur des universités (Universidad de Buenos Aires, Facultad de Psicología. Ciudad Autónoma deBuenos Aires. Argentina. Foro Analítico del Río de la Plata).

*** Psychanalyste, Docteur en Psychologie, Chercheuse et Chargée d'enseignement (Universidad Nacional de La Plata, Facultad de Psicología. La Plata, Argentina. Foro Analítico del Río de la Plata).

Au fil des siècles, la virginité a suscité un intérêt tant médical que religieux et culturel. Dans la Grèce antique, on pensait que sa perpétuation conduisait à la maladie, tandis que le christianisme la spiritualisait au point d'en faire une preuve de sainteté et une garantie de pureté et de vertu. De nos jours, la libération sexuelle, qui offre aux femmes la possibilité de dissocier consciemment leur désir érotique de leur désir de procréation (Schaeffer 2012, p. 130), ne lie plus la notion de virginité à la défloration, mais à la première rencontre avec la jouissance (André, 1997), ou la présente comme une étape à franchir au plus vite, de manière compulsive (Éoche-Duval, 2012). Nous parlons de libération sexuelle, alors que la culture arabo-musulmane, de plus en plus répandue en Occident, revendique, en même temps, la reconstruction chirurgicale de l'hymen (Ben Smaïl, 2019).

Or il n'y a aucune procédure capable de prouver l'existence de la virginité avec une totale précision [1]. Quel est donc son statut ? Elle est principalement définie par les discours de la religion, la sociologie et la psychologie, ainsi que par la psychanalyse. D'autre part, il ne faut pas oublier que pratiquement tout ce qui a été écrit sur ce sujet, de l'Antiquité à nos jours, se réfère aux femmes et non aux hommes.

Dans cet article, nous nous concentrons sur « Le Tabou de la Virginité », de Sigmund Freud, texte peu revisité lorsqu'il s'agit de parler de la sexualité, bien qu'il y ait des exceptions (Nobécourt-Granier, 1981 ; André, 1997 ; Suchet, 1998 ; et Éoche-Duval, 2012). Tout en constatant qu'une valeur suprême est attribuée à l'intégrité sexuelle de la femme, Freud affirme que la défloration peut déclencher une réaction d'hostilité à l'égard de l'homme, susceptible de prendre des formes pathologiques, comme la frigidité, et de rendre dangereuse la figure de la vierge. Quelle est l'origine de cette dangerosité ? Malgré la référence à la nature de la condition féminine, elle ne reste pas claire. Nous proposons donc d'analyser un traité hippocratique, « Maladies des jeunes filles », où la vierge est aussi présentée comme dangereuse et où la perpétuation de la virginité se signale comme cause de maladie. Ici, tel que le recommandera Freud vingt-cinq siècles plus tard, le traitement consiste en des rapports sexuels. Il est indéniable qu'une grande partie des représentations sociales modernes de la physiologie des femmes trouve son origine dans le *Corpus Hippocraticum*.

Nous entendons ainsi apporter des éléments à la réflexion sur la représentation des femmes à partir d'une approche psychanalytique de la figure de la vierge dans ces deux textes qui, bien que très éloignés dans le temps, nous permettent de constater que la maladie et l'hostilité sont attribuées à la nature féminine et que la solution proposée passe par la voie phallique.

1. Nobécourt-Granier (1981, p. 401) ajoute que la virginité est à peine mentionnée dans la littérature psychanalytique, et que les essayistes et théoriciens de la féminité n'y font pas référence.

Le danger de la défloration

Dans « Le Tabou de la Virginité », inclus dans *Contributions à la psychologie de la vie amoureuse*, Freud combine son expérience clinique avec des recherches ethnologiques et des références à la littérature populaire[2]. Sarah Kofman (1971, p. 101) souligne que sa méthode de travail rappelle celle employée dans sa propre pratique clinique, l'association libre. Le trouble n'est pas accidentel, mais stratégique, dans la mesure où il lui permet de biffer les oppositions et les distinctions hiérarchiques.

Les deux autres textes qui composent la série ont été écrits quelques années plus tôt. Entre la publication des deux premiers et le dernier des trois textes de *Contributions à la psychologie de la vie amoureuse* (1910h, 1912d, 1918a/1969), Freud publie son livre *Totem et tabou* (1912-1913a/2009). Il semble avoir eu besoin d'un temps de latence entre la rédaction de ses deux premiers écrits des *Contributions à la psychologie de la vie amoureuse* et le troisième. Certes, ce dernier aurait pu être considéré comme une annexe à *Totem et tabou*, parce que le tabou de la virginité est une sorte de tabou social qu'il n'avait pas envisagé, mais il n'est pas que cela.

Le premier texte de la série sur la psychologie de l'amour traite du choix d'objet chez l'homme (« Un type particulier de choix d'objet chez l'homme ») et le deuxième, sur l'impuissance masculine (« Sur le plus général des rabaissements de la vie amoureuse »). L'étude de l'impuissance psychique masculine amène Freud (1912d/1969) à étudier la façon dont le courant tendre et le courant sensuel sont liés chez l'homme. L'impuissance est due au désaccord entre les deux courants dans la vie amoureuse, et l'inhibition du développement est la conséquence de fixations infantiles et de leur frustration postérieure à l'adolescence. « Le Tabou de la Virginité » se présente comme corollaire des travaux sur la psychologie de l'amour. La virginité féminine se manifeste comme la contrepartie féminine de l'impuissance psychologique masculine. Dans ce qui suit, nous verrons que la virginité féminine et l'impuissance psychologique masculine constituent des modèles psychologiques qui expriment que le courant tendre et le courant sensuel peuvent ne pas suivre le même chemin. Cependant, une autre différence entre les deux premiers textes de la série et le dernier reste à souligner. Bien que l'impuissance psychique soit présentée comme l'affection qui nécessite le plus souvent une assistance, le traitement n'est proposé que lorsqu'il s'agit de questions relatives aux femmes, ce qui établit une pathologisation de la nature féminine qui n'a pas son équivalent chez les hommes. Nous retrouverons également cette idée dans le traité hippocratique.

Freud (1918a [1917]/1933, p. 2) commence par souligner que la virginité est valorisée positivement dans la société occidentale du début du XXe siècle, car elle relève de l'idée de propriété privée. Ce qui est attendu, ou du moins ce qui arrive

2. Pour les citations de « Le Tabou de la Virginité », nous suivons la traduction d'Anne Berman publiée dans la *Revue Française de Psychanalyse*, sous le haut patronage de Freud. Pour les références à d'autres écrits de Freud, nous suivons les éditions des Puf.

le plus souvent, d'après Richard von Krafft-Ebing, c'est que la femme exprime, après son premier rapport sexuel, un « état de servitude », qui consiste en une dépendance affective et une hétéronomie par rapport à celui qui l'a déflorée. Pour Von Krafft-Ebing, c'est la conséquence d'un degré inhabituel d'amour et de faiblesse de caractère chez la femme et d'un égoïsme sans limites chez l'homme. Freud considère d'abord cette explication comme étant trop simple, puis il la conteste en soutenant que le facteur décisif est le dépassement de la résistance sexuelle, dont le caractère est concentré et unique.

Peu après, il rappelle que pour les peuples primitifs, la virginité est une interdiction religieuse, un tabou (Freud, 1918 a [1917]/1933, p. 3). D'après les développements théoriques de Freud, nous savons que le tabou est érigé là où un danger est identifié. Dans un premier temps, il n'explicite pas quel est le danger qui menace l'homme, mais nous verrons plus tard qu'il le fera avec des cas issus de sa clinique. Contrairement à la civilisation occidentale, où la défloration implique un lien de soumission sexuelle, dans les sociétés primitives, elle est accordée à un tiers.

Après avoir proposé une liste d'explications possibles du tabou, qui comprend l'horreur de l'effusion de sang, l'angoisse face à l'inattendu, et le fait que tout ce qui a trait aux femmes soit tabou, Freud (1918a [1917]/1933, p. 7) prévient que ce qui relie toutes les explications est l'existence d'une puissance contraire à l'amour qui fait de la femme un être étranger et hostile, bien qu'immédiatement après il souligne que cette réflexion n'éclaire pas le tabou du premier acte sexuel avec une vierge.

Après le détour par la sujétion sexuelle dans la société occidentale et le tabou de la virginité chez les peuples primitifs, Freud arrive enfin à ce qui est pour nous le sujet de l'écrit : le comportement dangereux des vierges dans la culture occidentale. Face à la défloration, la femme peut avoir deux types de réponses opposées l'une à l'autre. La réaction acceptée est que la femme étreigne l'homme et exprime ainsi sa gratitude, qui deviendra avec le temps une servitude durable. L'autre réponse se manifeste par une réaction d'hostilité envers l'homme, prenant des formes pathologiques qui peuvent même inhiber la vie amoureuse conjugale. Pour illustrer ce point, Freud présente un de ses cas cliniques, dans lequel une femme, qui aimait beaucoup son mari, l'insultait ou le frappait une fois le coït terminé. À cet égard, il souligne que « dans le cas pathologique, nous trouvons décomposé, pour ainsi dire, en ses deux éléments, ce qui est uni dans la frigidité actuelle, entraînant une action inhibitrice » (Freud, 1918a [1917]/1933, p. 11).

Freud (1918a [1917]/1933, p. 13) explique que l'analyse des motions provoquées par le premier coït, qui collaborent à produire un comportement hostile envers les hommes et qui sont contraires à la fonction et au rôle féminins, clarifiera la question de la frigidité, un symptôme qui semble n'avoir rien d'autre en commun avec la virginité que son appartenance au domaine de la sexualité de la femme. Il faut noter que Freud tire des conclusions sur la virginité à partir d'un cas qui n'est pas celui d'une vierge ; en ce sens, on pourrait dire qu'il n'échappe pas au tabou de la virginité. Lacan non plus, car il n'aborde pas le sujet, et ne développe pas le texte de Freud dans sa théorie de la différence sexuelle, même s'il l'évoque de manière occasionnelle (Lacan, 1966, p. 731). Cependant, la question qui est posée est de savoir pourquoi cette femme non vierge le conduit à réfléchir sur la virginité. L'élément qui semble être au cœur de la question est le danger de la femme perpétrant des violences.

Après avoir sous-estimé la valeur de la douleur subie par les femmes lors de la défloration, aussi bien dans les cultures primitives que dans la nôtre, Freud (1918a [1917]/1933, p. 13) souligne que le facteur décisif dans la configuration du tabou de la virginité trouve son fondement dans l'histoire du développement de la libido chez la femme. Freud situe le fait de « vouloir être un homme », la « protestation virile » d'Alfred Adler, à l'origine du comportement hostile de la femme au moment de la défloration. Pour confirmer son hypothèse, il reprend un rêve d'une jeune mariée qu'il interprète comme une réaction à la défloration. Sans reproduire le texte du rêve de sa patiente, comme si c'était un tabou, il affirme qu'il « révélait sans fard le désir qu'avait cette femme de châtrer son jeune époux et de lui ravir le pénis » (Freud, 1918a [1917]/1933, p. 14). Il cite Ferenczi, qui ramène l'origine de l'hostilité de la femme à l'époque de la différenciation des sexes, et conclut par la déclaration suivante : « Après avoir énuméré les motifs de la réaction paradoxale de la femme à la défloration, réaction dont les vestiges persistent dans la frigidité, nous pouvons ainsi résumer les faits : la sexualité inachevée de la femme se décharge sur l'homme qui, le premier, lui a fait connaître l'acte sexuel » (Freud, 1918a [1917]/1933, p. 14).

La cause de la réaction hostile de la femme à la défloration s'avère sa sexualité inachevée. En allemand, Freud écrit *die unfertige Sexualität des Weibes*. L'adjectif qualificatif est *unfertig*, qui signifie « sans maturité, immature ». Un comportement spécifique est expliqué par la nature de la condition féminine, ce qui est également repris dans le traité hippocratique, avec la particularité de ne pas chercher une origine physiologique, comme cela est le cas dans « Maladies des jeunes filles ». Ainsi, la découverte du complexe de castration au début du XXe siècle permet à Freud de résoudre le mystère du tabou de la virginité chez les peuples primitifs.

À ce stade, il convient de rappeler que dans un texte ultérieur, « Quelques conséquences psychiques de la différence anatomique entre les sexes », Freud (1925j/1969, p. 123-132) reformule sa conception du développement de la féminité et signale l'avantage qu'elle a sur l'homme dans le complexe d'Œdipe. Alors que le complexe de castration est un inhibiteur et une limitation chez le garçon, il promeut la féminité comprise en termes phalliques chez la fille, car elle « sait qu'elle ne l'a pas, et veut l'avoir ».

Ensuite, Freud (1918a [1917]/1933, p. 15-16) se sert de la littérature populaire pour confirmer son argumentation : les textes fonctionnent comme des contre-preuves de la survivance dans la civilisation occidentale du tabou de la virginité. Le problème méthodologique qui se pose, selon Kofman (1971, p. 105), est que le texte littéraire ne peut représenter le tabou de la virginité que s'il est soumis à une interprétation analytique. Toujours est-il que l'identification de la « vierge dangereuse » dans la littérature populaire lui fournit un corpus hautement intéressant.

Tout d'abord, il reprend la pièce de théâtre dramatique *Le venin de la Pucelle* (*Das Jungferngift*, 1878) de Ludwig Anzengruber, dans laquelle un paysan s'abstient de se marier avec la fiancée qui lui avait été destinée et admet qu'elle épouse un autre homme afin de la rejoindre lorsqu'elle sera veuve, c'est-à-dire quand elle ne sera plus dangereuse. Deuxièmement, il fait référence à la tragédie de Friedrich Hebbel *Judith et Holopherne* (*Judith und Holofernes*, 1840). Il s'agit d'une version « sexualisée » du récit biblique. Ici, Judith castre Holopherne, après une nuit sinistre au cours de laquelle elle perd sa virginité. Or il ne s'agissait pas de n'importe quelle femme, mais d'une veuve vierge, car son premier mari avait été paralysé lors de leur nuit de noces par une angoisse mystérieuse et n'osait plus la toucher. Il ressort de l'histoire que le tabou protège la virginité de la femme. Freud comprend que le poète, par une sorte de connaissance ethno-psychique, rend au matériau mythique son contenu original, alors que dans la version officielle, présente dans le quatrième des livres apocryphes de l'Ancien Testament, le sens sexuel de l'histoire reste caché : il s'agit d'une héroïne qui séduit l'ennemi pour libérer son peuple. La version de l'Ancien Testament de Judith n'aurait pas de sens dans un drame. Enfin, dans une note de bas de page, Freud (1918a [1917]/1933, p. 15) cite la nouvelle de Arthur Schnitzler, *Le destin du baron de Leisenbohg* (*Das Schicksal des Freihernn von Leisenbogh*), dans laquelle une actrice est maudite par son amant qui, avant de mourir, lui crée une nouvelle virginité en vouant au malheur le premier homme qui la possédera.

Pour conclure, Freud (1918a [1917]/1933, p. 16) souligne que l'étude du tabou de la virginité chez les peuples primitifs l'a incité à reconsidérer l'affirmation générale par laquelle il avait commencé à écrire sur la virginité comme un bien dans la culture occidentale et ajoute l'identification dans sa clinique des comportements de femmes qu'il interprète comme des vengeances à la suite de la défloration. Il prévient, cependant, que tout n'est pas perdu : la réaction archaïque d'hostilité peut être épuisée au cours du premier mariage, ce qui permet aux femmes de réussir leur vie sexuelle lors du second. Lorsqu'un homme satisfait ses désirs sexuels, une femme peut développer de la gratitude et une dépendance à son égard. Freud situe toutefois comme base de l'appareil psychique de la femme une hostilité envers l'homme, l'envie du pénis, pierre d'achoppement de toute analyse.

Le danger de la perpétuation de la virginité

« Maladies des jeunes filles » est un court écrit qui fait partie des traités gynécologiques, l'ensemble le plus vaste au sein du *Corpus Hippocraticum* par l'homogénéité du sujet traité. Le nombre remarquable de traités gynécologiques, dix sur un total de soixante traités, démontre l'intérêt porté au corps féminin dans la tradition hippocratique. Les liens et les coïncidences sur la physiologie féminine nous amènent à les considérer comme une unité.

Le *Corpus Hippocraticum* est composé d'une soixantaine de textes traditionnellement attribués à Hippocrate de Cos, qui vécut entre 460 et 380 avant J.-C. Il est impossible de nos jours d'attribuer la composition de tous les traités hippocratiques à un seul auteur, bien qu'il y ait un certain accord sur le fait que la plupart des écrits faisaient partie de l'enseignement direct d'Hippocrate. Il y a un certain consensus sur le fait que la plupart de ces textes ont été composés dans les dernières décennies du Ve siècle av. J.-C. et les premières décennies du IVe siècle av. J.-C.

Dans « Maladies des jeunes filles », il faut noter d'emblée que les maladies sont évoquées au pluriel. Cette donnée permet de conjecturer que les symptômes décrits ne renvoient pas à un tableau spécifique d'une maladie particulière, mais constituent le produit de la nature féminine. Il est à remarquer que dans la culture grecque, la *parthénos*, « jeune femme », devenait *guné*, « femme », lorsqu'elle se mariait. L'emploi du nom *guné* est similaire à celui du nom « femme » en français, puisqu'il fonctionne comme synonyme d'« épouse ». Le fait qu'une *parthénos* eût un enfant n'était pas un miracle. Les Grecs n'attendaient pas la chasteté des *parthénoi*, caractéristique qui définit la virginité selon le christianisme. Signalons en outre que c'est un enfant né d'une vierge qui donne un sens à la chasteté dans l'Église chrétienne. Or le fait que *parthénos* ne signifie pas « vierge » n'implique pas que les jeunes femmes grecques aient eu une quelconque liberté sexuelle.

La *parthénia* était une condition invisible qui ne pouvait s'établir que par une vision ou une preuve mantique, sans être circonscrite à une partie spécifique du corps, puisque la notion d'hymen n'existait pas. Ainsi, ce qui déterminait le statut de *parthénos* d'une femme était la croyance que les autres avaient de son intégrité (Sissa, 1990, p. 2). Or, contrairement à ce qui se passait dans la culture romaine, où l'existence de l'hymen était explicitement énoncée, la femme souffrait d'autres barrières dans sa vie sexuelle. Le terme *hymén* signifie « membrane » dans un sens général et évoque l'idée d'une couverture, alors que, en réalité, il s'agit d'un pli de membrane muqueuse en forme de croissant. La matérialité de l'hymen, comme une porte qui ferme l'entrée aux organes génitaux féminins, est une invention de la théologie catholique des Xe et XIe siècles, pour faire naître un miracle à partir de la virginité de Marie. Il fallait qu'une matérialité empirique soit contestée pour constituer un fait miraculeux. Alors, la virginité pour la culture judéo-chrétienne, comme la *parthénie* pour les Grecs, constitue une entité culturelle, dans la mesure où sa signification est déterminée par les valeurs et les pouvoirs dominants. Il est certain que, même aujourd'hui, il n'existe pas de définition médicale de la virginité. En effet, bien que l'existence anatomique de l'hymen ne puisse pas être remise en question, comme on l'a précédemment mentionné, il n'existe aucune procédure médicale capable de prouver la virginité avec une totale précision.

Le traité « Maladies des jeunes filles » commence par l'indication du cadre de la recherche : « Il sera d'abord traité de la maladie dite sacrée, des paralysies et des terreurs, celles qui font que des êtres humains sont plongés dans la crainte au point d'en perdre le jugement et de croire voir des démons qui leur sont malveillants, tantôt la nuit, tantôt le jour, ou encore les deux à la fois ; et puis à cause d'une vision de ce genre, beaucoup de gens se sont déjà pendus, toutefois plus de femmes que d'hommes, car plus sujette au découragement et au laisser-aller est la nature de la femme » (187, I, 2, 4-12) [3].

L'auteur passe d'un plan général sur les maladies – que nous appellerions aujourd'hui « mentales » – au thème spécifique, soit l'apparition fréquente des afflictions chez les femmes. Le traité se situe dans le cadre d'une discussion plus large, qui inclut la maladie sacrée, la perte de conscience et les peurs. Il convient de rappeler qu'en médecine hippocratique, les maladies étaient considérées comme issues du corps et que, par conséquent, la catégorie des maladies mentales n'était pas distinguée. Les maladies étaient classées selon l'organe affecté ou selon leur condition, en tant qu'aiguës ou chroniques (Ahonen, 2014, p. 10).

Les femmes seraient plus enclines au suicide que les hommes en raison de leur nature. Les tendances suicidaires, conséquence des visions, sont donc une caractéristique intrinsèque du genre. De plus, on indique la forme spécifique choisie par les femmes pour se suicider : la pendaison. Nicole Loraux (1987, p. ix-x) explique ce choix : l'étranglement implique un mouvement ascendant, du col de l'utérus au cou proprement dit. On pensait que l'asphyxie interne était due à l'accumulation de sang qui ne pouvait pas trouver son chemin vers l'extérieur.

La présentation générale est suivie d'une explication des causes pour lesquelles les jeunes filles tombent malades (189, II, 1-2, 1-11). La perte de la raison, *paránoia*, présentée comme le symptôme principal du tableau clinique, apparaît lorsque la femme, après avoir eu les premières règles, ne se marie pas. L'origine de la maladie n'est pas liée à l'errance de l'utérus à l'intérieur du corps de la femme, comme c'est le cas dans d'autres traités gynécologiques, mais à la rétention du sang menstruel dans le corps. Aussi dans le traité « De la génération 4 » (L VII, 476), il est indiqué que les femmes tombent malades si les menstruations ne coulent pas. L'obstruction des passages est une explication très fréquente dans la médecine hippocratique (*crf.* « Maladies 4 », L VII, 558, 39). L'idée que l'utérus des humains bougeait semble avoir été déduite par les médecins hippocratiques de l'observation de l'utérus des vaches et des juments, qui peut sortir après l'accouchement et être ensuite remplacé (Lefkowitz, 1981, p. 15).

L'accumulation du liquide à l'intérieur du corps de la femme exerce une pression sur le cœur et le diaphragme, provoquant des symptômes. Lefkowitz (1981, p. 14) souligne que la preuve présentée dans le traité hippocratique ne constitue pas le résultat d'une expérimentation ou d'un examen physique des patients, mais plutôt la conséquence de l'application d'une logique abstraite ou de l'établissement d'analogies avec des processus qui peuvent être observés. Citons, par exemple, le fait que les pieds aient tendance à s'engourdir lorsqu'on est resté longtemps assis. On peut également déduire du passage cité ci-dessus que la menstruation est nécessaire à la santé des femmes, car elle permet d'évacuer l'excès de liquide. D'après

3. Pour les citations des « Maladies des jeunes filles », nous suivons l'édition et la traduction de Bourbon (2017), en respectant la convention de page, chapitre, paragraphe et ligne. Pour les références aux autres traités hippocratiques, nous suivons l'édition canonique d'Émile Littré (1839-1861) mentionnée dans les passages cités avec la lettre L, selon la convention de page, chapitre et ligne.

la médecine hippocratique, la quantité de sang dans le corps de la femme était plus abondante que dans celui de l'homme (« Maladies des femmes 1 », L VIII, 9-15, 1). En raison de son humidité excessive, le corps féminin est plus sujet aux maladies que le corps masculin qui, moins spongieux, n'a pas besoin d'éliminer régulièrement les fluides superflus. Rappelons que pour l'école hippocratique, la santé de l'être humain est définie par l'équilibre de fluides, les « humeurs ».

La pathologie indiquée dépend de la spécificité physiologique féminine. Dans les récits des troubles psychophysiques féminins du *Corpus Hippocraticum*, le moment de la vie biologique des patientes est indiqué, contrairement aux tableaux cliniques des hommes (Andò, 2007, p. 118). Ainsi, depuis l'Antiquité, la médecine occidentale considère l'homme comme un individu stable, tandis que la représentation de la femme oscille entre les catégories de vierge, d'épouse, de femme enceinte et de mère, avec les conséquences que l'on connaît dans la thérapeutique, notamment en ce qui concerne le traitement des maladies de la sphère mentale. Instabilité également soulignée par Freud pour le passage de la virginité à l'âge adulte chez les femmes, ce qui ne semble pas impliquer un changement pour les hommes. La médicalisation du corps de la femme promue par la médecine hippocratique se vérifie en pharmacologie, puisque la plupart des ingrédients répertoriés dans les traités sont exclusivement indiqués dans les traitements destinés aux femmes (Andò, 1999, p. 260-261, présente une liste complète des médicaments utilisés par les médecins hippocratiques).

Puis, on explique qu'en raison de l'engourdissement du cœur et du diaphragme, apparaissent des symptômes (190, II, 3, 2-9). Pour chaque symptôme on localise un agent différent. Ceci révèle l'intention de donner une raison physiologique aux comportements des femmes, qui permet d'argumenter l'idée d'une nature proprement féminine. La folie, qui s'accompagne de terreurs et de craintes, est produite par l'inflammation de la zone ; les désirs de tuer sont une conséquence de la putréfaction de la chair, la volonté d'étrangler les autres est produite par la pression sur le cœur, et un état d'excitation et de tourments est provoqué par l'altération du sang. L'auteur revient sur la question du suicide, qui avait été indiquée au début du traité, sous la forme de la pendaison, et en ajoute une nouvelle, qui est la mort par précipitation. Le meurtre – qu'il s'agisse d'une agression contre soi-même ou contre autrui – prend une importance remarquable dans le traité, ce qui n'apparaît pas dans d'autres écrits hippocratiques.

Le caractère spectaculaire de la symptomatologie décrite rappelle les cas d'hystérie analysés par Jean-Martin Charcot et Freud au XIXe siècle. Or Bourbon (2012, p. 183) prévient que dans le *Corpus Hippocraticum* le comportement délirant des hommes est tout aussi impressionnant et déconcertant que celui des femmes (*Contra* Sissa, 1990a, p. 44-52, et Héritier, 2002, p. 33-48). C'est pourquoi la médecine occidentale, depuis sa création, insiste sur le fait que la folie et les symptômes spectaculaires sont caractéristiques de la condition féminine, même lorsque les preuves cliniques indiquent le contraire.

Le texte hippocratique continue avec le traitement prescrit : « Je recommande donc, quand les jeunes filles souffrent d'un trouble de ce genre, de les marier, au plus vite ; car si elles deviennent enceintes, elles guérissent ; sinon, soit juste au moment de leur puberté, soit un peu plus tard, leur matrice sera saisie d'une maladie » (190, 5, 16-17 ; 191, 5, 1-2).

La thérapie consiste à éliminer les obstacles à la menstruation qui se produisent par les rapports sexuels. Les traités hippocratiques contre-indiquent les rapports sexuels uniquement lorsque la femme est enceinte (« De la superfétation », L VIII, 484, 13). L'activité sexuelle et la maternité sont un traitement courant dans les écrits gynécologiques pour d'autres troubles féminins (« De la génération », L VII, 476, 4, et « Maladies des femmes », L VIII, 92, 1, 37 ; L VIII, 250, 2, 115 ; L VIII, 260, 2, 119 ; L VIII, 276, 2, 128, et L VIII, 302, 2, 133). L'indication est un fait qu'il faut souligner et prendre en compte lorsqu'on réfléchit à l'évolution du traitement des pathologies mentales des femmes.

L'insistance sur l'activité reproductive comme traitement a été modifiée au cours des siècles en raison de la pratique systématique de la dissection des corps humains, interdite aux médecins hippocratiques. La pratique de la dissection systématique des corps humains et animaux a révélé que l'intérieur des mâles et des femelles était plus similaire qu'on ne le pensait auparavant (Hanson, 2007, p. 48 et 58). L'absence de pratique de la dissection conduit les notions de médecine hippocratique sur l'anatomie, la physiologie et la nosologie à n'être guère que des élaborations sur des traditions populaires concernant le corps. Dans la médecine hippocratique, le corps humain est structuré comme un vaisseau complexe et mystérieux en raison d'un manque de connaissances sur son fonctionnement. Recouvert par la peau et articulé par le squelette, le corps peut être affecté par des blessures externes et des déséquilibres internes ; par conséquent, à partir des symptômes, le mal doit être induit et le processus de la maladie peut être prédit. Ils ont conçu le corps féminin comme un réseau de canaux menant à l'utérus, qu'ils qualifient d'« errant », car l'organe se déplace à l'intérieur du corps et peut s'attacher à d'autres organes, tels que le cœur, le foie, le cerveau, la vessie ou le rectum. La connaissance de l'intérieur du corps féminin a entraîné des conséquences profondes sur les soins médicaux, comme le fait de considérer la santé des femmes séparément de la fonction de reproduction (Hanson, 2007, p. 53). Toutefois, pour Helen King (1998, p. 37), même si les médecins hippocratiques avaient disséqué une femme, ils auraient toujours pu expliquer que l'utérus se trouvait au même endroit après la mort en faisant valoir qu'il a tendance à se déplacer vers le bas au moment de la mort : la technologie accompagne souvent les croyances culturelles dominantes, au lieu de les contredire.

Certains critiques ont interprété le traitement proposé dans « Maladies des jeunes filles » comme un « instrument de socialisation » (Pinault, 1992, p. 129) ou même comme une forme de « terrorisme médical » (Manuli, 1980, p. 404). Rappelons que, dans *De la maladie sacrée*, qui désigne le modèle des troubles mentaux pour l'Antiquité et où le cerveau est désigné comme l'organe lié à l'étiologie de la maladie, les symptômes décrits sont similaires à ceux du traité « Maladies des jeunes filles », mais aucun mode de traitement spécifique de la maladie sacrée n'y est indiqué. L'auteur de « Maladies des femmes » (L VIII, 126, 62) explique que la guérison des maladies des femmes diffère grandement de la guérison des maladies des hommes. Il n'est pas de doute que la médecine hippocratique indique un traitement spécifique pour les troubles que nous appellerions aujourd'hui mentaux uniquement lorsqu'ils sont présentés par des femmes.

Nous avons vu que la virginité est considérée comme une étape problématique pour la santé mentale des femmes à des époques historiquement éloignées. Selon le traité hippocratique, l'agressivité est développée par la perpétuation de l'état de virginité, et d'après Freud, la réponse hostile semble avoir été établie avant l'identification de la maladie. Dans les deux cas, le même traitement est proposé. Les relations avec les hommes permettent aux femmes d'atteindre un équilibre physique et psychologique.

Dans les deux textes analysés, l'exercice de la violence par les femmes est associé à la nature féminine et est pratiquement considéré comme le symptôme d'une pathologie, ce qui n'apparaît pas dans l'étude freudienne de la sexualité masculine, et il n'y a pas de traités sur les maladies spécifiques aux hommes dans la médecine hippocratique. Un préjugé sur la nature des femmes se révèle ainsi, qui a pris des formes diverses au cours de l'histoire.

Références bibliographiques

Ahonen M. (2014). *Mental Disorders in Ancient Philosophy.* Helsinski, Springer.

Andò V. (1999) Terapie ginecologiche, saperi femminili e specificità di genere. Dans I. Garofalo, A. Lami, D. Manetti et A. Roselli (eds.) *Aspetti della terapia nel Corpus Hippocraticum. Atti del IXe Colloque International Hippocratique* (Pisa 25 al 29 septiembre de 1996) : 255-270. Firenze, Accademia Toscana di Scienze e Lettere "La Colombraria".

Andò V. (2007). Psyche e malattie psichiche nella prima medicina greca. Dans R. Bruschi (ed.). *Gli irraggiungibili confini. Percorsi della psiche nell'età della Grecia classica* : 103-129. Pisa, Edizioni ETS.

André S. (1997). New Reflections on the Taboo of Virginity. *J Center Freudian Analysis Research 8*.

Ben Smaïl N. (2019). La virginité – Le tabou de la virginité, un marqueur anthropologique. Dans J. Schaeffer (dir.) *Qu'est la sexualité devenue ? De Freud à aujourd'hui* : 67-80, Paris, Éditions in Press.

Bourbon F. (2012). La femme malade, le médecin hippocratique et la question du genre. *Lalies 32* : 182-189.

Bourbon F. (2017). *Hippocrate, Femmes stériles, Maladies des jeunes filles, Superfétation, Excision du fœtus*, t. XII, 4e partie. Paris, Les Belles Lettres.

Éoche-Duval B. (2012). Pourquoi les femmes ne restent-elles pas vierges ? *Libres Cah Psychanal 25* : 81-93.

Freud S. (1918a [1910]/1924). *Beiträge zur Psychologie des Liebeslebens.* Leipzig, Internationaler Psychoanalytischer Verlag.

Freud S. (1910h, 1912d, 1918a/1969, et 1925j/1969). Contributions à la psychologie de la vie amoureuse et quelques conséquences psychologiques de la différence anatomique entre les sexes. *La vie sexuelle* (traduit par D. Berger) : 47-80 et 123-132. Paris, Puf.

Freud S. (1912-1913a/2009) Totem et tabou : quelques concordances dans la vie d'âme des sauvages et des névrosés. *OCF.P*, XI : 189-385. Paris, Puf.
Freud S. (1918a [1917]/1933). Le Tabou de la Virginité. *Rev Fr Psychanal 6*(1) : 2-17.
Hanson A. E. (2007). The Hippocratic Parthenos in Sickness and Health. Dans B. MacLachlan et J. Fletcher (eds.). *Virginity Revisited: Configurations of the Unpossessed Body* : 40-65. Toronto, University Press.
Héritier F. (2002). *Masculin/féminin II. Dissoudre la hiérarchie.* Paris. Odile Jacob.
Hugo F. V. (1869). *Œuvres complètes de William Shakespeare, t. 6*, « Les comédies de l'amour ». Paris, Librairie Pagnerre.
King H. (1998). *Hippocrates' Woman. Reading the Female Body in Ancient Greece.* London, Routledge.
Kofman S. (1971). Judith ou la mise en scène du tabou de la virginité. *Littérature et Psychanalyse 3* : 100-116.
Lacan J. (1966). *Écrits.* Paris, Seuil.
Lefkowitz M.R. (1981). *Heroines and Hysterics.* London, Duckworth.
Littré É. (1839-1861). *Œuvres complètes d'Hippocrate.* t. I-X, Paris, Baillière.
Loraux N. (1987). « Préface ». Dans G. Sissa, *Le corps virginal. La virginité féminine en Grèce ancienne : V- XVI.* Paris, Vrin.
Manuli P. (1980). Fisiologia e patologia del femminile negli scritti ippocratici dell'antica ginecologia greca. Dans M. D. Grmek (ed.). *Hippocratica. Actes du Colloque hippocratique de Paris 1978* : 393-408. Paris, CNRS.
Nobécourt-Granier S. (1981). Freud et la virginité. Dans P. Bardet et coll. *La première fois ou le roman de la virginité perdue à travers les siècles et les continents* : 399-444. Paris, Ramsay.
Pinault J.R. (1992). The Medical Case for Virginity in the Early Second Century C. E.: Soranus of Ephesus. *Gynecology* 1.32. *Helios 19* : 123-139.
Schaeffer J. (2012). Le tabou de la frigidité. Le silence des alcôves. *Rev Fr Psychanal 76*(1) : 129-144.
Sissa G. (1990). *Greek Virginity.* Cambridge, Harvard University Press.
Suchet D. (1998). Le sang de l'hymen. *Le fait de l'analyse 5* : 127-142.

TITRE – *Virginité et pathologies féminines : Freud face aux médecines hippocratiques*

RÉSUMÉ – Dans « Le Tabou de la Virginité », Sigmund Freud rappelle qu'une valeur suprême est accordée à l'intégrité sexuelle des femmes, ce qui l'amène à affirmer que la défloration peut déclencher une réaction d'hostilité à l'égard des hommes, et même prendre des formes pathologiques, comme la frigidité, faisant de la vierge une figure dangereuse. La même notion de danger associée à la virginité est mise en évidence dans un texte de la médecine antique grecque : le traité hippocratique « Maladies des jeunes filles ». Le traité identifie une maladie spécifique pour les vierges dont la cause est la perpétuation de la virginité. Nous visons à identifier les prémisses sous-jacentes des deux écrits afin d'élucider les aspects opaques du texte de Freud. L'objectif de cette comparaison est de fournir des éléments de réflexion sur la représentation des femmes à partir d'une approche psychanalytique de la figure de la vierge.

MOTS-CLÉS – virginité, psychanalyse, médecine hippocratique, femme.

TÍTULO – *Virginidad y patologías femeninas: Freud frente a las medicinas hipocráticas*

RESUMEN – En "El Tabú de la Virginidad", Sigmund Freud recuerda que un valor supremo es acordado a la integridad sexual de las mujeres, y esto lo lleva a afirmar que la desfloración puede provocar una reacción de hostilidad hacia los hombres e incluso alcanzar formas patológicas, como la frigidez, que hace de la virgen alguien peligroso. La misma noción de peligro asociada a la virginidad es corroborada en un texto de la medicina griega antigua: el tratado hipocrático "Enfermedades de las jóvenes". El tratado identifica una enfermedad específica de las vírgenes cuya causa es la perpetuación de la virginidad. Nos abocamos a identificar las premisas subyacentes de ambos escritos a fin de elucidar los aspectos opacos del texto de Freud. El objetivo de la comparación es aportar elementos de reflexión a la representación de las mujeres a partir de una aproximación psicoanalítica de la figura de la virgen.

PALABRAS CLAVES – virginidad, psicoanalista, medicina hipocrática, mujer.

Toute référence à cet article doit être indiquée comme suit : Perczyk C. J., Lombardi G., Labaronnie C. (2025). Virginité et pathologies féminines : Freud face aux médecines hippocratiques. *Rev Fr Psychanal 89*(1) : 219-231

REVUES

Revue des revues

Revue *Cliniques 27*(1), 2024 : Crises et métamorphoses en clinique institutionnelle

Stéphanie GEORGE *

4 rue Victor Schœlcher, 75014 Paris – s.george.psychologue@gmail.com

« Crises et métamorphoses », un titre d'une actualité intemporelle pour ce numéro 27 de la revue *Cliniques.* La précision « en clinique institutionnelle » rappelle la spécificité de la revue qui promeut le travail de recherche et de réflexion institutionnelles, mais le contenu des articles dépasse largement le cadre institutionnel et confère une valeur universelle aux travaux menés autour de ces deux notions. À commencer par l'article de Sylvain Missonnier qui introduit le numéro en passant du pluriel au singulier et du particulier au général : « Crise et/ou métamorphose ? Prolégomènes ». Il s'attache à distinguer les deux notions, toutes deux porteuses d'un potentiel transformationnel, mais dont l'issue n'est jamais certaine pour la crise (retour au point de départ, rupture franche, voire violente, transition progressive, compromis…) alors qu'elle est intrinsèquement liée au terme « métamorphose » qui annonce nécessairement « un changement, généralement radical, de forme et souvent de nature ». La dernière peut d'ailleurs être une issue de la première et, dans ce cas, selon G. Ambresin et J.-N. Despland (« Un deuil en présence ou représenter la mort à l'œuvre »), la crise ne fait qu'accélérer la transformation qui serait de toute façon advenue. Car la vie est un flux ininterrompu de crises et de transformations. L'équilibre ne peut être que temporaire. Tout déséquilibre n'aboutit pas nécessairement à une crise, mais certaines sont des passages obligés, prévisibles comme l'adolescence ou la vieillesse, quand d'autres sont soudaines et inattendues comme les deuils, les décompensations, les ruptures… Pour Missonnier, la dynamique à l'œuvre dans chaque crise au cours de la vie puise son origine dans la néoténie humaine, où se conjuguent profonde fragilité et force créatrice, enveloppées par un environnement disponible et doué de capacité de traduction. Un espace transitionnel de partage et de symbolisation est une condition *sine qua non* pour qu'une crise accède à une valeur mutative et élaboratrice. Nous retrouverons cette condition dans un grand nombre d'articles, qu'il soit question de jeunes traversant une crise d'adolescence aiguë, de personnes âgées et de soignants confrontés au vieillissement et à la mort, de patients atteints d'une maladie incurable ou de la vie des institutions elles-mêmes. Chaque fois, ce qui fait institution, ce qui constitue l'environnement des patients apparaît comme le

* Psychologue, psychanalyste à la Société Psychanalytique de Paris.

ressort indispensable au changement, à la reprise des mouvements psychiques, à la possibilité de relancer une subjectivation et d'éviter l'issue catastrophique.

Car l'ombre de la mort plane sur de nombreux articles. Elle constitue une issue potentielle à certaines crises, une voie d'échec particulièrement crainte chez les soignants auprès des adolescents traversant une crise suicidaire. Catherine Joubert (« La crise suicidaire à l'adolescence ») décrit de manière saisissante la trace que laissent les jeunes qui se sont suicidés. Trace pénétrante avec laquelle l'équipe continue de travailler auprès de ceux qui ont tenté de se suicider et auxquels l'équipe peut encore proposer une autre issue que celle de l'acte destructeur. En contact avec la souffrance et l'impuissance ressenties par ces adolescents, les soignants travaillent sur une « brèche de fragilité partagée ». À la manière de l'environnement premier accueillant et traducteur, l'équipe commence par contenir ce qui déborde l'adolescent, tout en occupant une fonction miroir qui participe à relancer les processus de liaison et à étayer le jeu des identifications. Il sera alors temps de proposer d'éventuelles mises en sens de l'acte suicidaire. Joubert en propose une lecture mélancolique et pourtant signe d'une dernière tentative subjective créatrice : dans un sursaut d'omnipotence narcissique, l'adolescent, dépassé par le paradoxe pubertaire où les liens hésitent à se desserrer ou à se serrer encore plus fort, défie la mort pour « rompre le lien impossible à renégocier ». L'objet intériorisé est alors gardé pour toujours en soi et la haine vis-à-vis de l'objet est retournée contre soi et agie par le suicide. Quand il s'agit d'une tentative de suicide qui nous laisse une chance de relancer la dynamique psychique, c'est souvent par la haine que le travail prendra. Dernier affect à survivre, premier à réapparaître. Il faudra bien toute une équipe pluridisciplinaire pour la repérer, y faire face et l'élaborer. Nathalie de Kernier (« Passer par l'hôpital après le passage à l'acte »), psychologue dans une équipe mobile de pédopsychiatrie, décrit la même mécanique groupale que Joubert pour qu'une crise, même violente, aboutisse à une possibilité de relance : contenance, reprise des processus de liaison, puis mise en sens. Elle précise qu'un mouvement identificatoire en miroir entre patients et soignants, qui rappelle la « brèche de fragilité partagée » décrite par Joubert, est un élément particulièrement opérant. Sophie Kecskemeti (« Adolescents et institutions, crises partagées ») nous le dit à la manière de Winnicott : un adolescent seul, ça n'existe pas. S'il traverse une crise difficile ou une métamorphose entravée, celles-là font certainement écho à des défaillances au sein de ce qui l'entoure (famille, école, justice, société). Un médiateur/interprète est souvent nécessaire pour que les interactions puissent reprendre entre le jeune et son environnement ou pour qu'un soin soit mis en place. C'est probablement dans la même logique que l'équipe de Rémi Bailly et Xanthie Vlachopoulou (« L'adolescent chrysalide engagée dans l'espace virtuel ») est en train de déployer une plateforme de soins virtuels pour aller chercher les adolescents reclus. Plutôt que de condamner la surconsommation des écrans, Bailly et Vlachopoulou ont acté la part indéniable qu'a pris le monde virtuel dans notre société. Autant en tirer parti et l'utiliser pour ne pas laisser de côté ces adolescents immobilisés dans un refus de métamorphose, bien à l'abri derrière leurs écrans. La plateforme n'est qu'un intermédiaire avant un accès au soin classique. On pourrait presque parler d'une médiation, pratiquement au même titre que le groupe d'écriture proposé par G. Oksenberg (« Métamorphose du fonctionnement psychique provoqué par la maladie incurable : se représenter à travers un atelier »*)* à un patient atteint d'une maladie incurable. Ici, l'intention est de venir à la rescousse d'un moi intensément fragilisé par une hémorragie narcissique qui ne compte plus que sur l'environnement pour se nourrir. Le travail groupal *via* l'écriture partagée assure un tissage progressif pour réintriquer inter- et intrapsychique. Le moi peut à nouveau se mettre en récit et intégrer la violence à l'approche de la mort tant que les autres sont autour, pour l'entendre, le contenir et vraisemblablement se souvenir. C'est aussi ce que suggèrent G. Ambresin et J.-N. Despland au sujet du peintre Hödler, qui retrace la fin de vie de son amante par une série de tableaux jusqu'à celui qui la représente sur son lit de mort. Des tableaux qui permettent à l'artiste de désinvestir progressivement son amante à la manière d'un deuil classique pour continuer à peindre d'autres sujets, mais qui sont aussi destinés à être exposés, regardés, à ce que l'on se souvienne. À ce que les autres se souviennent, mais surtout à ce que l'artiste n'oublie pas. Les auteurs concluent sur l'idée qu'une petite enclave mélancolique destinée à garder quelque chose de ce qui va être perdu échappe probablement à tout processus de deuil.

N'est-ce pas ce que Vassilis Kapsambelis appelle de ses vœux dans son article intitulé « Comment les institutions meurent-elles ? », qui retrace l'histoire et la mort inéluctable de nos institutions ? À la manière des êtres vivants, les institutions ne peuvent échapper à la mort. Mais comme pour les êtres vivants, un héritage peut avoir lieu. Tout n'est pas forcément perdu. Un meurtre peut même être fondateur d'une civilisation plus aboutie. La situation actuelle de nos institutions peut nous paraître proche de la faillite, mais elle pourrait, en après-coup, accoucher de nouvelles formes institutionnelles qui n'auraient pas oublié la force thérapeutique de toute institution, l'essentiel du soin thérapeutique : « la logique d'équipe ». Missonnier nous annonçait dès le début de ce numéro que « la liaison du discordant [permet] la continuité d'être du sujet enrichi du deuil de ce qui a été perdu, transformé, séparé ». Et elle ne pourra avoir lieu que « dans un espace transitionnel culturel commun ».

Toute référence à cet article doit être indiquée comme suit : George S., (2025). Revue *Cliniques 27*(1), 2024 : Crises et métamorphoses en clinique institutionnelle. *Rev Fr Psychanal 89*(1) : 235-237

Adolescence 41(2), 2023 : Binaires/Non Binaires

Camille RAOUL-DUVAL *

6 bis rue Campagne-Première, 75014 Paris – camille.raoulduval@gmail.com

Ce volume de la revue *Adolescence* a pour sujet la question de la transidentité. Comme le rappellent Nicolas Rabain et François Medjkane dans leur propos introductif, la non-binarité regroupe les différentes identités de genre qui ne s'inscrivent ni totalement dans le masculin ni totalement dans le féminin. Les personnes non binaires se situent dans un au-delà des référentiels proposés par les stéréotypes binaires de genre. À partir des contributions de cliniciens qui exercent en France mais aussi en Argentine, au Brésil et au Canada, le travail de réflexion de ce numéro s'articule autour de trois axes. Le premier est celui du rapport entre le processus adolescent et la problématique transidentitaire. Le deuxième axe tente de faire dialoguer psychanalyse et transidentité. Enfin, le troisième concerne le principe de dépathologisation qui structure les modalités actuelles d'accompagnement.

En déliant la question du genre de celle du sexe, les théories du genre offrent de nouvelles perspectives d'affirmations individuelles, ouvrant la binarité homme/femme, homosexuels/hétérosexuels à d'autres déclinaisons, écrivent Jonathan Nicolas et Thierry Goguel d'Allondans. Dans leur article « (Ré-)Invention de soi et revendication identitaire », ils tentent de rendre compte des effets anthropologiques et psychologiques du passage d'une conception binaire de la sexualité à ce qu'ils choisissent d'appeler un « questionnement à choix multiples » pour l'adolescent. Ce dernier serait le reflet de la multitude des identifications rendues possibles dans le discours contemporain, et témoigne d'un travail subjectif à l'œuvre : sommes-nous déterminés par notre sexe biologique, par nos environnements sociaux et culturels, ou puis-je affirmer par moi-même qui je suis ? La possibilité de choisir son genre pourrait alors rencontrer la revendication adolescente d'un droit à l'autodétermination. Pour Stéphanie Pechikoff, l'actualité des faits trans, c'est-à-dire le surgissement polymorphe dans l'espace public des questionnements transidentitaires, doit être mise en lien avec les évolutions sociétales de nos modèles occidentaux. Par leur caractère bruyant, les faits trans seraient les symptômes d'un modèle sociétal rigide qui enferme et perpétue les systèmes de domination. Dans son article « Penser les transidentités au prisme de l'adolescence », elle écrit que les adolescents trans, par la fluidité de leur processus de création du genre,

* Psychiatre, psychanalyste inscrite à l'Institut de Psychanalyse de Paris.

démontrent l'obsolescence d'un régime binaire qui prône la fixité des identités sexuées et dessinent un formidable espace potentiel où ils peuvent trouver-créer des identifications complexes. Patricia Porchat partage dans « L'hormone ou la vie : les menaces genrées » les observations de deux cas cliniques d'adolescents qui se sont identifiés comme trans lors de la pandémie Covid. Pendant cette période, les transformations corporelles de la puberté n'ont pas pu être partagées sensoriellement, le genre a été vécu de manière abstraite, derrière des écrans. Il y a eu une suspension de la perception des effets de la rencontre avec un autre corps genré. La pandémie a instauré une distanciation par rapport à la demande sociale de genre, ce qui a pu avoir des effets sur les demandes de transition. De plus, l'auteure note que le genre peut fonctionner comme un élément qui influence la séparation de l'adolescent avec ses parents et avec ce que leur génération représente en matière de genre. Serge Hefez, dans son article « Traversée du genre, traversée du fantasme », fait état de ce que des jeunes qui se définissent en transition ou en fluidité de genre disent de leurs pratiques sexuelles. La remise en chantier de la binarité hommes /femmes, hétéro/homo n'est pas un questionnement théorique existentiel, elle s'incarne dans de nouveaux usages créatifs du corps et de ses plaisirs, comme si la vie fantasmatique n'était pas un préalable à la rencontre, mais pouvait au contraire se façonner progressivement dans une relation singulière. Pour Charles Rouvier et Nicolas Rabain, dans un contexte de construction identitaire, l'adolescent élabore une nouvelle façon d'être à soi et au monde qui peut passer par une exploration de genre. Dans « Une jeunesse queer à Sao Miguel », les auteurs cherchent à décrire d'où provient cette tendance à l'exploration de genre et comment elle peut co-exister avec un système de normes figé par la religion. Et si les analystes se laissent prendre par leurs représentations normatives, qu'adviendra-t-il du principe de neutralité bienveillante, écrivent-ils ? Ce qui introduit un autre axe de ce volume qui concerne les rapports entre psychanalyse et transidentité.

La dispersion des positionnements identitaires et l'ouverture des subjectivités traditionnelles à des modalités alternatives soulignent le dérèglement des prétentions normatives des appareils idéologiques dont nous avons hérité, écrit Facundo Blestcher. Cela confronte la clinique psychanalytique à une série de tensions dans l'objectif de préserver sa puissance de transformation de la souffrance psychique. Le risque est de s'immobiliser et de perdre la capacité d'actualisation fondée sur une position réflexive et la nécessaire compréhension des déterminants historiques et sociaux qui participent de la construction même du psychisme. Les représentations de genre articulent des significations, des croyances et des idéaux que déterminent non seulement des attributs mais aussi des positions. Dans « Adolescences dissidentes », l'auteur écrit que lorsqu'un adolescent se désigne comme trans, il ne se réfère pas au sexe anatomique, ni à la différence des sexes, ni à des modalités particulières de prise de plaisir, il décrit un positionnement de genre en termes identificatoires. Laurie Laufer et Nicolas Rabain rapportent que les problèmes soulevés par le genre sont le plus souvent des souffrances liées aux stéréotypes de genre, en lien avec des impensés qui créent des représentations figées et des binarités statiques. L'abord psychanalytique peut permettre de faire émerger par la parole ces impensés, de contribuer à l'émergence d'une plus grande variété de représentations, ce qui favorise la relance de l'activité fantasmatique et la rend plus opérante. En effet, dans « Fluidités de genre », ils rappellent qu'on ne naît pas genré, mais qu'on le devient. L'écoute psychanalytique invite à déplacer le curseur de la question des identités sexuées à celles des identifications. Oren Gozlan écrit que les adolescents trans et non binaires ont aujourd'hui de nouvelles possibilités d'émancipation, ce qui met en lumière, dans le même temps, des angoisses culturelles et un certain nombre de fantasmes en lien avec des conceptions plus traditionnelles concernant l'identité de genre. Dans « Adolescents trans : quels défis pour la psychanalyse ? », il évoque le fait que cette angoisse est particulièrement saillante dans les débats psychanalytiques et se donne à voir par le recours à des métaphores récurrentes à partir des signifiants « contagion », « amputation », « perturbation » et « naturalité de genre ». Ces signifiants relèvent de la catastrophe, traduisent différents fantasmes et trahissent un vécu menaçant angoissant ressenti par les cliniciens qui doivent questionner leurs contre-transferts et leurs biais théorico-cliniques. Pour Maya Foigel et Renato Mezan, dans « De la non-conformité à la diversité de genre », la complexité des problèmes suscités par les transidentités exige une reformulation des notions psychanalytiques et hypothèses fondamentales sur la constitution de la subjectivité. Il faut pouvoir accepter que l'installation de l'identité sexuelle précède la reconnaissance de la différence anatomique des sexes ou qu'elle dépend moins du choix d'objet que ne le croyait Freud en 1905. Mais il n'est pas nécessaire de renoncer à l'universalité de l'Œdipe comme certains l'affirment. L'Œdipe doit être conçu comme relatif aux identifications qui organisent la position du sujet dans l'ordre humain et non comme restreint aux identifications et choix d'objets sexuels. Ils affirment que la théorie psychanalytique a bien toute sa place dans le mouvement moral et politique qui lutte pour la dépathologisation des transidentités. Ce principe corrélé au paradigme médical et scientifique actuel qui considère la question trans comme une question de variation et non de pathologie est le dernier axe que nous avons dégagé de cet ouvrage. Dans « Identité et non binarité », Olivier Douville écrit qu'il n'y a pas dans l'inconscient de quoi nous régler décisivement comme sexué d'un côté ou de l'autre. Au manque de signifiant de la différence sexuelle dans l'inconscient répondent plusieurs façons d'habiter un corps et de le sexualiser. Il défend une nécessaire dépathologisation des phénomènes trans et rappelle que l'un des repères cardinaux de la théorie psychanalytique est qu'il n'y a pas de correspondance directe entre l'identité revendiquée et la structure du sujet qui revendique cette identité. L'équipe de la faculté de psychologie de Buenos Aires, dirigée par Débora Tajer, présente un travail qui illustre les effets provoqués par la « Rupture et continuité de la binarité » de la représentation des genres en lien avec la compréhension de la santé psychique à l'adolescence. Ils observent que l'absence de perspective de genre dans les institutions éducatives empêche une réponse de santé adéquate face à la complexité des besoins et des relations actuels entre les adolescents.

Bien que résolument du côté de l'ouverture, ce volume de la revue *Adolescence* tente de se situer à distance de positionnements idéologiques trop figés pour permettre un travail de réflexion nécessaire sur les questions de genre. Les questionnements transidentitaires ne sont plus appréhendés comme émanant d'une entité clinique homogène, mais comme un groupe résolument diversifié.

Toute référence à cet article doit être indiquée comme suit : Raoul-Duval C., (2025). *Adolescence 41*(2), 2023, Binaires/Non Binaires. *Rev Fr Psychanal 89*(1) : 239-242

International Journal of Psychoanalysis 5 et *6*, 2023

Michel SANCHEZ-CARDENAS *

29 bis rue de la Chézine, 44100 Nantes

N° 5

Alessandra Lemma (Londres) : « Ce qui manque : l'exploration de l'utilisation de photos dans la "perlaboration" du corps néo-natal chez les jeunes trans-genres », p. 809-828.

Lemma travaille depuis un temps certain déjà auprès de populations de jeunes trans-genres. Elle parle ici d'un sous-groupe particulier de 10 jeunes, dont 7 présentant des troubles du spectre autistique. Il s'agit de thérapies en face à face utilisant des photographies des patients lors de leur enfance, idée venue après qu'un patient, spontanément, avait apporté une photo de lui d'avant le projet trans. Puis Lemma a pu ensuite proposer aux patients d'apporter de tels clichés, s'ils le souhaitaient. Bâti autour du long cas de Jon-Joan, l'article montre bien tout l'intérêt d'un tel support. C'est peut-être une énaction (l'analyste, lui, propose un support concret), mais un support… « trans-itionnel ». Les images partagées sur les réseaux ne sont en effet que des images allant vers « l'après » transition et dénient qu'il y ait eu un avant du corps sexué réel et « fait de vie », au sens de Money-Kyrle, fondamental et incontournable. La photo procure un moment émotionnel qui vibre de ses connotations incarnées dans la vie du patient et connecte présent et passé, corps réel initial et corps souhaité. Il s'éclaire souvent de « ce qui manque » : de quelle façon le patient et son entourage n'ont pu donner vie à un pan de leur existence projeté, par ce manque, sur le corps. Naît ainsi un pont élaboratif qui, quelle que soit l'issue du projet trans, ne peut être qu'un plus pour le patient, en dehors de toute contrainte normative. Nous avons tous en tête les schémas freudiens qui partent du perçu pour aller vers la représentation de mot-pensée. Or, comme toutes les thérapies médiées d'ailleurs, cette expérience nous conduit à nous demander si, souvent, lorsque la symptomatologie est surtout non verbalisable, nous ne devrions pas penser les sens non pas comme un non pensé mais comme une pensée concrète dont nous devons nous servir en priorité en la saisissant au point où elle se présente.

Sharon Numa (Londres) : « Comment la psychanalyse peut contribuer à comprendre le racisme », p. 860-868.

* Psychiatre, psychanalyste SPP.

Un rappel utile en ces temps de renouveau du racisme. Bien entendu, ce sont tout d'abord les mécanismes de la projection, de l'identification projective qui sont au premier plan. Projeter son mauvais et sa souffrance sur l'autre sert le racisme. La pulsion sera donc attribuée au racisé. Par exemple, un excès de libido pour le Noir réputé hypersexuel. Ou un excès d'oralité pour le Juif réputé cupide et spoliateur. Le racisme est également au service du narcissisme blessé : trouver « un inférieur » prouve au raciste qu'il est, lui, du bon côté, celui de la « supériorité ». Le racisme sert dans un même mouvement l'individu et le groupe. Freud, dans « Malaise dans la civilisation », le disait bien : un nombre considérable de personnes peuvent être unies dans l'amour… aussi longtemps qu'il y en a d'autres pour recevoir leur agressivité. Et, par-delà ces « projections de contenus » s'en trouvent d'autres qui impactent la cohérence même de leurs victimes. Le raciste y trouve une cohérence, lui : il est bon et… avant tout celui que l'autre n'est pas. Sa définition, positive en apparence, n'est ainsi en réalité que négative. Et celui qui ne l'est pas (bon), lui, se trouve dépourvu d'une perception autonome de lui-même. Ainsi du Noir qui se voit, vu par le groupe de référence, comme « différent » et qui vit ainsi une sorte de double conscience de lui-même en se voyant par le regard de l'autre. Cela peut d'ailleurs être plus radical que cette dissociation et peut aller jusqu'au déni d'existence [1] (être réduit à un numéro tatoué sur un bras, par exemple). Le groupe raciste offre un « prêt à penser » qui ne demande qu'à s'ancrer dans le « réel » au sens lacanien (par exemple celui de la différence biologique, ou de couleur, ou de réputées incompatibilités culturelles : toutes ces différences seraient fondamentales, incontestables « parce que c'est comme ça » [2]). Tout cela débouche sur des interrogations au sein même de la communauté analytique. Pourquoi l'analyse reste-t-elle, par exemple, largement une affaire de la société blanche de classe moyenne ou supérieure ? Différentes sociétés analytiques (aux USA, mais aussi la société britannique) ont ainsi ouvert des groupes de réflexions aussi sur l'identité impactée en profondeur par le racisme (des formations à la « racialized identity »).

N° 6

Francis Grier (Londres) a mené une double carrière de psychanalyste (il est membre formateur de la Société Britannique) et de musicien (pianiste, organiste et compositeur reconnu). Il est l'actuel rédacteur en chef de *l'International Journal*

1. J'avais relevé ce point dans mon propre livre *Psychologie du racisme. Psychanalyse, pensée de groupe, sémiotique* (2022). Par exemple, les nationalistes japonais du début du XXe siècle, pour certains, prétendaient que la Chine n'avait simplement pas d'existence réelle en tant que pays !

2. Éric Zemmour sur les contrôles au faciès : « Mais pourquoi on est contrôlé 17 fois ? Pourquoi ? Parce que la plupart des trafiquants sont noirs et arabes, c'est comme ça, c'est un fait ».

of Psychoanalysis et il y livre ici deux articles. Le premier est celui du rédacteur-chef soucieux du thème du secret clinique ; le second est celui de l'analyste-musicien.

Francis Grier (Londres) : « Anonymisation », p. 981-985.

« Il était une fois » des analystes qui, comme Freud, publiaient des textes cliniques dans des revues au lectorat réduit… Ce temps n'existe plus. Tout est accessible à tout le monde (internet). Et l'état d'esprit a changé et le patient est autant considéré comme un partenaire que comme un sujet d'étude. Enfin, le modèle médical a son influence (notamment en matière de consentement éclairé des publications) ; et les éditeurs sont soucieux de l'éthique de ce qui se publie (et de son aspect juridique). Il n'y a ainsi probablement pas de solution qui puisse satisfaire tout le monde et tous les enjeux en matière de consentement. De plus, ici, demander son consentement à un patient ne relève pas du modèle médical mais devient un élément de la dynamique transféro-contre-transférentielle. Que vit un patient qui accepte que l'on publie son cas ? Un dévoiement du transfert, se sentir le plus aimé, ou bien trahi, volé ? Et quel agi intrusif accomplit l'analyste ? En médecine, le consentement engage deux partenaires, surtout conscients ; ici c'est l'inconscient qui parle. Et, si l'on se veut puriste, faut-il ne pas publier, car déguiser un cas, c'est toujours trahir la richesse évanescente des moments analytiques (voir l'article suivant de Grier) ? C'est par la négative que le bât blesse alors, car la communauté analytique est ainsi privée d'une contribution utile. Du « déguisement », en tout cas, on est passé à « l'anonymisation ». Qui voudrait reconnaître tel ou tel patient particulier dans un texte ? Qui voudrait laisser des traces visibles de son identité (comme on a su qui étaient les patients réels de Freud) ? Les grandes revues, en tout cas, et l'*IJP* en particulier, demandent à leurs auteurs de cocher des items d'anonymisation requis pour publier un cas. Au total, celui-ci se retrouve décrit non pas comme ce qui arrive à M. Jean Dupont ou à Mme Stéphanie Durand, mais à ce qui, dans la dynamique de la cure, peut être exemplaire et servir à la communauté analytique et à la transmission.

Francis Grier (Londres) : « Illusion, musicalité et évanescence », p. 986-1005.

Un morceau de musique ou une séance d'analyse font partie des arts du mouvement et de l'instantané. Le moment d'après, il n'en reste rien… Rien ? Si ce n'est une trace durable et influente qui nous a changés. La musique est partie mais son filigrane est encore là. C'est sur cet aspect que se penche Grier. La musique irradie à partir de son énergie intérieure. Sur la gamme consciente et sur la gamme émotionnelle implicite. Les paroles (ex. : d'un opéra), quand elles existent, ont une aura émotionnelle non verbale et, bien entendu, il en va de même pour la séance d'analyse. C'est en musicien que Grier (mais probablement pas que lui) commence ses séances. Tout d'abord par le silence qui précède la parole, chargé d'angoisse devant l'inconnu qui va se déployer. Un patient de longue date est « reçu » par Grier par téléphone (en période de la covid). Grier vient de s'absenter une semaine. Début de l'interaction sonore : la respiration du patient est nerveuse et agitée ; Grier se tend (muscles abdominaux ; contre-transfert corporel non verbal aussi). Le patient est habituellement en voix ténor. Mais le voici ce matin-là en basse. Il est difficile à entendre. Une pause. On entend les oiseaux dans le jardin de Grier. Le patient commente qu'ils ont l'air heureux. Grier lui fait remarquer qu'il est contenu (le patient) mais que lui, Grier, ressent que c'est le contraire (donc grâce à la voix entendue). Ton monotone du patient alors pour dire sa rechute dans des insomnies terribles. Dans sa voix transpirent des tonalités de colère et d'angoisse. Le tempo s'accélère. Il repasse en ténor. Il murmure, puis sa voix explose, traduisant sa panique. Puis un peu plus tard il passe à une expression plus chantante et tendre. Il s'excuse d'être un premier patient du matin si pénible. La musique de la voix confirme l'authenticité du propos : le patient est passé de la rage à la position dépressive et réparatrice de l'objet : Grier interprète alors sa douleur et sa colère après la séparation. Ce sont ainsi ces moments, illusion commune fugace et vérité du moment psychique, qui constituent la vérité musicale de l'échange transféro-contre-transférentiel et qui restent suspendus comme le sourire du chat du Cheshire *d'Alice aux pays des merveilles* après que ce dernier a disparu.

Toute référence à cet article doit être indiquée comme suit : Sanchez-Cardenas M., (2025). *International Journal of Psychoanalysis 5* et *6*, 2023. *Rev Fr Psychanal 89*(1) : 243-246

Psychanalyse et psychose 24, 2024 : Penser, peut-être

Benoît SERVANT [*]

176 rue de la Convention, 75015 Paris – benoit.y.servant@wanadoo.fr

Cette nouvelle livraison de *Psychanalyse et psychose*, avec son thème, « Penser, peut-être », nous offre une nouvelle occasion d'approfondir les liens entre ses deux objets : la psychanalyse ne se propose-t-elle pas d'éclairer à la fois la clinique psychopathologique et la spécificité du penser humain ; et la psychose ne nous confronte-t-elle pas aux achoppements les plus marqués du fonctionnement psychique ?

Mais c'est une tâche ardue que de « penser la pensée », et la pathologie ne serait-elle pas, comme nous l'a enseigné Freud, la forme exacerbée de tensions et de conflits qui sont présents dans toute pensée ? Nous sommes bien confrontés aux limites du pensable, et c'est ce qui apparaîtra, à chaque fois avec des inflexions particulières, dans l'ensemble des contributions, toutes remarquables est extrêmement denses, à la suite de la très riche « Introduction » d'Alain Gibeault, qui présente chacun des articles. Les différences d'approche se marquent en particulier dans la façon de faire face à cette difficulté, et je propose de les regrouper selon trois orientations différentes :

– dans la première, il est fait appel à un travail de conceptualisation et de généralisation particulièrement soutenu, pour proposer une vision de surplomb de cette question, en restant dans une référence métapsychologique freudienne ou post-freudienne, et qui tente de résoudre les contradictions par un surcroît de théorie, dans une grande fidélité à Freud. Il en est ainsi pour les textes de Bernard Chervet, « Penser la pensée humaine, ses émergences, ses achoppements », d'Eléana Mylona, « Penser, ne pas penser, peut-être », de Florence Guignard, « Entre algorithmes et panurgismes, un sentier ténu pour la pensée véritable », et de Judith Mitrani, « Suivre le transfert » ;

– dans la seconde orientation, cette référence métapsychologique est complétée par une ouverture sur d'autres modes de pensée, voire, pour chacun des auteurs, la reconnaissance de la valeur, dans certaines impasses, d'un suspens de la pensée. Ainsi avec Laurent Danon-Boileau, dans « Les cheminements de la pensée », Denys Ribas, « Penser, plaisir et souffrance », Nathalie Zilkha, « Penser sur un fil, ou l'ordinaire de la séance ». Cette ouverture me semble témoigner d'un besoin d'altérité pour ne pas se laisser enfermer dans un excès de théorisation ;

* Psychiatre, psychanalyste SPP.

– enfin, dans la troisième, je regroupe les propositions plus strictement cliniques (comme la revue en propose pour chaque numéro), concernant des patients particulièrement difficiles et nécessitant donc des cadres aménagés : « Diego : “J’aimerais partager avec vous mes pensées” », de Myriam Doduik ; une cure en face à face en institution « Penser : l’enfer ou le plaisir ? », de Nathalie Boge ; un psychodrame, « La pensée groupale et le patient psychotique » d’Anastasia Toliou et Evgenia Papathanasiou ; un travail de groupe et « Penser quand même » de Martin Joubert développant les spécificités de la pensée autistique. Ici c’est la clinique elle-même, dans les difficultés auxquelles elle confronte, qui suscite une inventivité et oblige à sortir d’une pensée trop systématique et de ses limites.

Le texte de Bernard Chervet est l’occasion pour l’auteur de présenter d’une manière particulièrement achevée et aboutie le travail de reformulation de la métapsychologie freudienne qu’il poursuit, comme pour en proposer une version qui permette de reprendre ses différents aspects de la manière la plus exhaustive et compréhensive. Ce travail est en particulier centré sur une dialectique entre voie régrédiente et progrédiente, tendance pulsionnelle régressive et extinctive à laquelle s’oppose un impératif de retenue et d’inscription, ainsi qu’une « transposition anti-traumatique sur des perceptions d’objets tangibles externes » (p. 37). Une grande place enfin est donnée au procès de l’après-coup, et donc aux « aléas de ces opérations qui expliquent que la pensée humaine soit fragile » (*ibid.*). Il s’agit donc d’une réflexion exigeante et stimulante, et qui pousse jusqu’au bout les possibilités de la pensée abstraite.

Eléana Mylona, dans une inspiration proche, reprend la réflexion freudienne dans ses différentes étapes, en gardant « les deux positions, celle de la pensée scientifique rigoureuse qui affirme et celle du chercheur qui hésite et doute, “peut-être” » (p. 80), les deux se succédant au tournant de 1920. L’auteure propose d’illustrer cette polarité en se « centrant sur deux études limitrophes avec la littérature et les productions venant du collectif : *Le délire et le rêve dans Gradiva* (1907) qui comporte les conclusions certaines de la première période de la psychanalyse, et *L’inquiétante étrangeté* (1919) qui annonce les modifications que Freud va proposer après 1920, et notamment les instances représentant le moi, ses composants, ses régressions, ses incertitudes et ses avatars » (p. 84). Il s’agit ainsi d’arriver à penser rationnellement ce qui échappe à la raison, dans le fonctionnement psychotique par exemple.

Florence Guignard, pour sa part, avec une référence surtout bionienne, brosse un tableau inquiétant de notre modernité. Elle dénonce les effets délétères pour l’humanité du néo-libéralisme (« quatre générations d’hédonisme institutionnalisé socialement, dépouillant progressivement la laïcité occidentale des valeurs morales de responsabilité, d’éducation et de solidarité qui en faisaient partie », p. 95), du poids de la mentalité collective (le « panurgisme »), de l’intelligence artificielle (qu’elle oppose au désir de connaître). Elle s’appuie alors sur la pensée de Bion, les notions de fonction alpha, de capacité négative, ses réflexions sur les groupes, soulignant notre responsabilité d’analystes pour nous opposer à cette évolution préoccupante. Cela exige toutefois que nous sachions nous ouvrir aux enjeux inédits, dont ceux des migrations sont un exemple particulièrement aigu.

Le texte de Judith Mitrani, enfin, présente un « modèle cohérent de conceptualisation du processus d'établissement d'un "objet contenant" dans l'esprit du patient » (p. 125), à partir de trois articles de Bion : « Une théorie de l'activité de pensée », « Notes sur la mémoire et le désir », et « La preuve ». L'auteure illustre ce modèle à partir de quatre vignettes cliniques. Celles-ci mettent en particulier en évidence l'importance de la fonction contenante de l'analyste, en lien avec la défaillance de celle-ci chez la mère du patient ; ceci sous-entend la capacité de l'analyste à introjecter « certains aspects du monde interne du patient ainsi que de son expérience » (p. 138) ; « C'est peut-être l'un des aspects les plus difficiles de notre tâche, car ce n'est pas une question de volonté ou d'entraînement adéquat, mais un acte inconscient gouverné par des facteurs inconscients en réponse à une expérience émotionnelle » (p. 139).

Elle poursuit (p. 145) : « Le transfert doit être reçu et l'expérience vécue et tolérée par l'analyste afin qu'elle puisse utiliser de façon optimale une telle identification projective réaliste. » Ce qu'elle met en lien avec « la recommandation de Bion de tenter de travailler sans mémoire ni désir » (*ibid.*).

Ce texte, basé sur la pensée très théorique de Bion, se trouve néanmoins faire la transition avec les trois textes suivants, qui me semblent répondre aux difficultés de « penser les pensées » par une ouverture qui passe par un certain renoncement à penser :

Chez Laurent Danon-Boileau, il s'agit de la référence au Zen, pour la pratique du tir à l'arc et de la peinture. Dans la première, « la représentation du projet comme celle du sujet se trouvent abolies » (p. 29). Dans la seconde : « pas de place pour la pensée en tant que pesée, appréciation du point que l'on atteint au regard de celui que l'on voulait atteindre. Il s'agit d'un exercice spirituel tout entier tendu vers la non représentation » (p. 30). Et il rapproche cette dernière de la pratique picturale d'un patient sorti de l'autisme.

« Où se trouve alors la pensée ? Elle n'est plus un temps préalable à l'expérience du monde. Elle résulte de la perlaboration de l'acte, y compris quand il est acte de création. Mais le sujet doit auparavant s'être dépouillé de ses convictions pour se plier à l'exigence du "ne pas penser" » (p. 31).

L'auteur rapproche alors cela d'une des modalités possibles de cheminements de pensée en séance, « sorte de co-existence [...] entre analyste et patient face à un agir de l'un ou de l'autre, vierge de toute anticipation de pensée [...]. La pensée en est un après-coup toujours improbable » (p. 35), ce qu'il rapproche alors de la parole poétique de Christian Bobin à propos de Pierre Soulages.

Cette référence à la poésie est également présente dans le texte de Denys Ribas, poésie que l'on peut opposer au « risque d'une intellectualisation réifiante à essayer de théoriser la pensée » (p. 61), dans la suite de Christian David. L'auteur cite ce dernier : « Il y a une hyperorganisation signifiante qui est orientée vers la sclérose et vers la mort » (p. 62). Et il conclut en son nom propre : « Devant le constat indéniable que l'incandescence du travail psychique des grands créateurs les a souvent consumés tout en nous procurant de l'agrément, j'ai pour ma part proposé que l'on pourrait y trouver au sens winnicottien une *exacerbation du créé* tentant de combler une *carence béante du trouvé* » (p. 74).

Il me semble que Nathalie Zilkha rejoint ces préoccupations, se référant, à propos d'une cure avec un adolescent, au « Psychophobe » de Jean-Luc Donnet, et à l'intérêt parfois d'un « don d'absence » interprétative : « Donnet nous invite par ailleurs à cheminer d'un interdit de penser, un tabou, tout à la fois excitant et médusant, à un "droit de ne pas penser" » (p. 122).

Elle conclut : « La question d'une retenue, d'une latence pour penser, voire comme condition pour penser, est importante et mériterait un développement plus approfondi » (*ibid.*).

Favoriser le « droit de ne pas penser » pourrait alors « soutenir la constitution d'un espace psychique propre, d'un "for intérieur", moins soumis à l'empiètement par la réalité psychique de l'autre, et favoriser aussi un certain remaniement dans le rapport moi-surmoi » (p. 123).

Le manque de place de me permet malheureusement pas de présenter plus avant les autres articles, plus strictement cliniques, que j'ai mentionnés en introduction, d'autant plus qu'ils sont très difficilement évocables en quelques lignes.

C'est une invitation à aller lire la revue dans son entier, dont j'espère avoir pu donner un aperçu de la grande richesse.

Toute référence à cet article doit être indiquée comme suit : Servant B., (2025). *Psychanalyse et psychose 24*, 2024 : Penser, peut-être. *Rev Fr Psychanal 89*(1) : 247-250

Césariennes sur demandes maternelles. Le féminin à l'épreuve de l'accouchement[1], d'Alexandra Bouchard

Germain DILLENSEGER *

1 rue Edighoffen, 68000 Colmar – g.dillenseger@protonmail.com

L'accouchement, expérience singulière et toujours extraordinaire, sollicite de manière unique et intense la sexualité et le sexe de toute parturiente. Si cette expérience constitue chez chaque femme une opportunité de réactualisation et de ré-élaboration de problématiques inconscientes propres à son histoire psycho-sexuelle, seul l'accouchement par voie basse a cette particularité d'engager de manière aussi complète le sexe féminin dans son entièreté, interne et externe, cachée et visible, par le passage du bébé dans la filière génitale.

Voici quelques considérations initiales proposées par Alexandra Bouchard, psychologue clinicienne exerçant en maternité, enseignante-chercheuse et psychanalyste inscrite à l'Institut de Psychanalyse de Paris, dans son livre (Bouchard, 2023) écrit dans le prolongement d'une thèse réalisée sous la direction d'Aline Cohen de Lara. Dans cet ouvrage, l'auteure s'interroge : quelles sont les motivations et les représentations, conscientes et inconscientes, des femmes demandant à accoucher de leur premier enfant par césarienne, en dehors de toute indication médicale ? À côté de cette question centrale, ce sont en fait deux autres questions plus larges encore, celle des spécificités du développement psycho-sexuel chez la femme et celle de l'expérience de l'accouchement étudiée d'un point de vue psychanalytique, qui sont abordées. L'ensemble forme un tout comme les trois fils d'un même ouvrage, remis ensemble sur le métier.

Trois types de matériaux sont utilisés : une synthèse bibliographique des apports de Freud et de ses successeurs sur ces sujets, les résultats d'une recherche menée pendant trois ans dans un service de maternité, et des exemples cliniques issus de cette recherche. Alexandra Bouchard s'est en effet entretenue à trois temps différents – au troisième trimestre de grossesse, à deux jours puis à deux mois du post-partum – avec deux groupes de femmes accouchant de leur premier enfant : les unes, dans le groupe « tout-venant » ayant accepté le mode d'accouchement

1. Bouchard A. (2023). *Césariennes sur demandes maternelles : le féminin à l'épreuve de l'accouchement*. Toulouse, Érès.

* Psychiatre et pédopsychiatre en activité mixte : cabinet libéral et unité de soins conjoints parents-bébé ; psychanalyste inscrit à l'Institut de Psychanalyse de Paris.

préconisé par l'équipe médicale et les autres, dans le groupe « césarienne », ayant demandé un accouchement par césarienne en dehors de toute indication médicale. Les résultats ont été analysés à l'aide d'une méthode qualitative s'appuyant sur un référentiel psychanalytique.

Le texte, particulièrement riche, suit le cheminement théorico-clinique de l'auteure. Après une première partie introductive se référant à des éléments d'évolution anthropologique, sociale, médicale et juridique, l'expérience de l'accouchement est abordée au travers de quatre dimensions principales : l'ancrage somatique et le rapport à la douleur, la dimension d'effraction psychique, la réactualisation de la problématique œdipienne et la remise au travail du féminin.

Le développement psycho-sexuel chez la femme

Alexandra Bouchard nous rappelle que chez la fille, le développement et la résolution du complexe d'Œdipe sont des phénomènes plus complexes, plus longs et plus incertains que chez le garçon. Alors que chez ce dernier, le complexe de castration vient inaugurer la résolution du complexe d'Œdipe, la menace de castration le conduisant à renoncer à l'accomplissement de ses désirs œdipiens, chez la fille, c'est le complexe d'Œdipe lui-même qui est inauguré par le complexe de castration. En effet, imaginant que sa mère est responsable de l'avoir faite fille, et constatant que celle-ci n'en a pas et que son père en est pourvu, la fille cherche à séduire son père pour obtenir de lui, un phallus ou son équivalent : un enfant. Ce faisant, la fille déplace l'investissement qu'elle avait pour l'objet primaire maternel vers un second objet, le père œdipien. Plus tard, en suivant les perspectives de Jacqueline Schaeffer, il s'agira pour elle de se tourner vers un troisième objet, l'*amant de jouissance*. Dans ce contexte, le dégagement de la relation à la mère peut être considéré comme un enjeu particulièrement important et complexe dans le développement psycho-sexuel de la fille, se rejouant particulièrement à l'occasion d'un accouchement.

Une autre question sur laquelle Alexandra Bouchard s'arrête est celle de la reconnaissance du vagin. Si, pour Freud, le vagin n'était découvert par la fille qu'au moment de la puberté, pour Hélène Deutsch, Melanie Klein et d'autres, il serait découvert puis refoulé. Pour ces auteurs, le refoulement du vagin pourrait s'expliquer par la nécessité de maintenir à distance d'une part, la relation à la mère avec toute sa dimension de rivalité et d'attaques envieuses, et d'autre part, la représentation érotique d'un vagin maternel plein de la tête du bébé. Ces représentations sont directement sollicitées par l'expérience d'un accouchement par voie basse.

Une troisième notion importante présentée par l'auteure est celle du *féminin*. Après avoir désigné chez Freud les caractéristiques sexuelles de la femme, autrement dit, ce qu'on entendrait aujourd'hui sous le terme de féminité, Alexandra Bouchard nous rappelle que le féminin a indiqué par la suite, chez la femme comme chez l'homme, une situation de passivité comme modalité de satisfaction de la pulsion. Les théories de Jacqueline Schaeffer à ce sujet ont particulièrement retenu l'attention de l'auteure. Pour Schaeffer (1997), si la dimension positive de l'Œdipe féminin permet à la fille d'investir le pénis du père et l'enfant qu'il lui donnera, le registre en jeu reste alors phallique-anal, ces objets ayant valeur d'objets de substitution ou de cadeaux. Un travail psychique important reste encore à accomplir tout au long de la vie : symboliser l'intérieur et tout ce qui y entre. Dans ce *travail du féminin*, il s'agit, après que les angoisses d'intrusion prégénitales auront été élaborées en angoisses de pénétration génitale, que la pénétration elle-même puisse être érotisée. En effet, pour Schaeffer, « plus le moi admet de pulsion sexuelle en son sein, plus il a accès à la jouissance sexuelle, et plus il est riche, mieux il vit, mieux il aime, moins il est malade et mieux il pense » (1997, p. 22). Les situations où de grandes quantités d'excitation non liées sont admises dans le moi sans effraction traumatique et sans sidération du moi sont désignées sous le terme d'*effractions nourricières.* C'est notamment le cas lorsque le moi est confronté à la poussée constante de la libido, à la différence des sexes, et à la rencontre avec l'amant de jouissance. Dans ces situations, le moi aurait le choix entre : se refermer à l'invasion pulsionnelle (*solution répressive*), accepter une partie et négocier (*solution névrotique*), ou s'ouvrir et se soumettre (*solution pulsionnelle*). Le féminin de la femme résiderait ainsi dans « le dépassement toujours à reconquérir, de ce conflit constitutif, qu'elle le dénie ou non, de la sexualité féminine : son sexe exige la défaite, son moi la hait » (1997, p. 26).

L'expérience de l'accouchement

Pour Alexandra Bouchard, l'expérience de l'accouchement constitue une double mise à l'épreuve pour la femme : mise à l'épreuve des limites du corps, par l'ouverture du sexe et la traversée du sexe par le corps de l'enfant, et mise à l'épreuve du moi. Du fait d'une part, de l'intensité des sensations éprouvées, qu'elles soient du côté de la douleur, du plaisir ou du déplaisir et d'autre part, de la nature des fantasmes mobilisés par cette expérience, le moi de la femme est ici confronté à un risque de débordement économique et donc de rupture du sentiment continu d'exister, au sens de Winnicott. De ce point de vue, l'un des enjeux principaux de l'accouchement est alors pour la femme d'éprouver cette expérience, tout en maintenant un sentiment continu d'être soi.

Sur le plan sensoriel, deux caractéristiques de l'accouchement sont plus particulièrement mises en exergue et discutées : son rapport à la passivité, et son association à la douleur. Par son déroulement même, l'accouchement implique pour la parturiente d'accepter une position passive vis-à-vis d'un phénomène qui à la fois engage son corps d'une manière entière et intense et en même temps lui échappe. L'accouchement a sa temporalité propre, indépendante et imprévisible. Durant la phase de travail, le bébé progresse dans la filière génitale de manière autonome et inéluctable. À juste titre, Alexandra Bouchard relève que la douleur constitue, dans les représentations individuelles et collectives, un éprouvé indissociablement lié à l'accouchement. Pourtant, l'accouchement sans douleur semble difficile à envisager socialement, comme s'il faisait l'objet de résistances, et qu'il s'agissait, en préservant la douleur de l'accouchement, de préserver sa fonction. Selon les auteurs, il pourrait s'agir : d'une tentative pour juguler l'angoisse (Claude Revault d'Allonnes), d'un moyen de mettre à distance les représentations sexuelles infantiles (Monique Bydlowski), ou d'un contre-investissement des désirs et plaisirs interdits ressentis au cours de l'accouchement.

Sur le plan fantasmatique, l'accouchement est susceptible de favoriser l'émergence de représentations variées notamment en lien avec la confrontation à la mort, la dimension de perte, la question de la dépendance, la confrontation au sexuel et à l'incestuel, et la résurgence des fantasmes œdipiens. Ces représentations pourraient participer à une effraction traumatique lors de l'accouchement, que ce soit par afflux massif et débordement pulsionnel du ça favorisé par la levée du refoulement caractéristique de la fin de grossesse, ou par effet d'après-coup d'un premier temps qui pourrait être constitué par la scène fantasmatique de la réalisation des désirs œdipiens, mais aussi par la scène originaire de la naissance de la parturiente elle-même.

Au total, on peut donc considérer que face à l'afflux d'excitations sexuelles internes et externes associées à l'expérience de l'accouchement, le moi est confronté à un envahissement pulsionnel qui risque de dépasser et d'ébranler ses moyens de défense habituels.

Toutefois, Alexandra Bouchard montre aussi comment, à partir notamment de l'angoisse de différence anatomique des sexes, de la différence des générations réactualisée par l'accès à la maternité, et plus spécifiquement encore de la dialectique activité-passivité convoquée par la situation de désaide et de dépendance vécue en présence d'une autre femme, l'expérience de l'accouchement vient réactualiser certaines dimensions de la problématique œdipienne et constituer ainsi une nouvelle opportunité pour son élaboration. Rivalité et besoin de mise à distance de la figure maternelle, besoin d'étayage, d'identification à la mère et d'inscription dans la filiation maternelle, sont ainsi réactualisés et mis en conflit avec l'expérience de l'accouchement. Par ailleurs, l'auteure propose l'idée que les éprouvés sensoriels de la parturiente lors de l'accouchement par voie basse puissent avoir, à côté de leur potentiel effractant, un effet bénéfique dans le vécu de devenir mère et le lien entre la mère et l'enfant : « L'éprouvé vaginal de la naissance, en tant qu'éprouvé d'une première séparation et d'une première rencontre en même temps, et dans un même lieu, favoriserait l'ancrage corporel, charnel, des premiers liens » (Bouchard, 2023, p. 105). Enfin, dans les suites des travaux de Schaeffer, Alexandra Bouchard propose de concevoir l'expérience de l'accouchement comme une mise à l'épreuve du féminin au sens de la capacité du moi à accepter une grande quantité d'excitation non liée et à en être nourri. Dans certaines conditions, l'expérience de l'accouchement pourrait ainsi jouer le rôle d'un *effracteur nourricier*. L'ouverture du moi à l'envahissement pulsionnel représenterait alors une alternative à d'autres défenses du moi, retrouvées préférentiellement dans le cadre de la recherche menée par l'auteure.

Césariennes sur demandes maternelles

En effet, l'un des résultats principaux de cette recherche concerne le type de stratégie de pare-excitation utilisée par le moi en réponse à l'envahissement pulsionnel suscité par l'expérience de l'accouchement. Alors qu'elle retrouve, chez les femmes du groupe « tout-venant », un recours préférentiel à un contre-investissement des représentations sexuelles par le biais de la douleur, chez les femmes du groupe « césarienne », c'est l'évitement de la voie vaginale par le choix de la modalité d'accouchement qui remplirait cette fonction pare-excitante. Le recours à la césarienne traduirait ainsi chez ces femmes une tentative de disjoindre sexualité et accouchement, vagin de femme et vagin de mère, érotique féminin et érotique maternel.

Plus largement, l'auteure retrouve dans l'histoire de ces femmes un vécu d'effraction plus fréquent lors des premières règles, ainsi qu'un vécu plus souvent négatif des transformations non contrôlables en lien avec la grossesse. L'accouchement par voie basse est souvent perçu comme un événement indésirable du fait de son imprévisibilité, de son caractère douloureux, et du nécessaire recours à une tierce personne secourable. Les angoisses projetées sur l'accouchement portent plus souvent sur l'intégrité physique tout entière, au travers de celle du sexe féminin, avec de possibles représentations terrifiantes de mutilation, voire des angoisses identitaires. Alors qu'une position active lors de l'accouchement est plus souvent revendiquée en prénatal, ces femmes décrivent plus souvent en post-natal un vécu de traversée passive de cette expérience, contrairement aux femmes du groupe « tout-venant », lesquelles, après avoir décrit en prénatal davantage d'appréhensions concernant le risque de passivité lors de l'accouchement, témoignent souvent a posteriori d'une expérience d'allure mutative, et d'un vécu inédit de leur corps comme animé d'une force intérieure indépendante à laquelle il n'y aurait pas d'autre choix que de s'abandonner activement.

Conclusion

Dans son ouvrage, Alexandra Bouchard nous montre comment le recours à la césarienne, au-delà de différents motifs manifestes avancés par les parturientes et déjà répertoriés dans d'autres études, représente une tentative de réponse parmi d'autres, au risque de débordement du moi auquel expose l'envahissement pulsionnel associé à l'expérience de l'accouchement chez chaque femme. Plus largement, l'auteure vient nous rappeler ici comment l'expérience de l'accouchement, quels qu'en soient les modalités et le déroulement, constitue toujours une expérience singulière et extraordinaire, une opportunité de rencontre avec soi-même et de transformation psychique. Ce livre est une invitation à ouvrir notre écoute aux récits d'accouchements de nos patientes et à la pluralité des histoires qu'ils racontent. En cela, il pourra intéresser tous les psychanalystes, ainsi que nombre de cliniciens engagés dans le champ de la périnatalité.

Référence bibliographique

Schaeffer J. (1997). *Le refus du féminin*. Paris, puf.

Toute référence à cet article doit être indiquée comme suit : Dillenseger G., (2025). *Césariennes sur demandes maternelles. Le féminin à l'épreuve de l'accouchement*, d'Alexandra Bouchard. *Rev Fr Psychanal 89*(1) : 251-256

Dans les plis du langage. Raisons et déraisons de la parole[1], de Laurent Danon-Boileau

Vassilis KAPSAMBELIS *

187 rue Lecourbe, 75015 Paris – kapsambelis@wanadoo.fr

La lecture du nouvel ouvrage de Laurent Danon-Boileau offre un double plaisir. D'abord épistémophilique, car le linguiste nous fait ici profiter de l'étendue de son savoir ; il nous montre comment le langage, loin de servir à de seules fins d'information et de communication, se trouve intimement lié, dès ses origines, à l'expression des mouvements affectifs et émotionnels, et parle autant à l'autre qu'à soi-même, et de soi-même. Plaisir aussi de pratique clinique qu'il nous propose de partager, car le linguiste est en l'occurrence tout aussi psychanalyste expérimenté – et qui plus est, psychanalyste d'enfants, et spécialiste de l'autisme –, et peut magistralement nous montrer de quelle façon le mot et même l'onomatopée du très jeune enfant s'associent dès l'origine à une valence émotionnelle, qui va combiner plusieurs éléments de la réalité perceptive pour les agréger dans un ensemble personnel, propre au sujet, constitué de représentations inconscientes dont le mot devient à la fois le représentant symbolique et le rempart face à l'angoisse liée à ces représentations. La double fonction du mot, en fait, et sa capacité de liaison : « le mot peut être ce qui fait lien avec les représentations inconscientes qu'un fragment du monde évoque. Mais ce peut être aussi une manière de tenir à distance les inquiétudes qu'il peut provoquer » (p. 30).

Toutefois, le linguiste ne peut pas se contenter de cette analyse. Pourquoi ? Parce que, justement, il est sensible au fait que le mot est avant tout une expérience auditive et une émission de sons, et cette émission nécessite une action motrice (les cordes vocales sont des muscles, tout comme la zone péribuccale). On se souvient ici que, Freud neurologue, connaissait très bien ce domaine des « fonctions supérieures » dont la pathologie commence à être précisée au cours du troisième tiers du 19e siècle : les aphasies, les agnosies et les apraxies. Leur dissociation permettra des avancées dans la connaissance des localisations cérébrales (qui seront d'ailleurs aussi leur piège) : une aphasie ne s'accompagne pas nécessairement d'une agnosie, et vice versa, donc l'espace cortical qui reçoit les représentations visuelles (l'image des choses vues) n'est pas le même que celui qui reçoit les

1. Laurent Danon-Boileau, *Dans les plis du langage. Raisons et déraisons de la parole.* Paris, Odile Jacob, 2022.

* Psychiatre, psychanalyste, membre de la SPP, directeur de la Revue française de Psychanalyse.

représentations verbales (l'énoncé auditif du nom des choses vues), et ils peuvent présenter des lésions distinctes. Freud saura tirer de cette dissociation la distinction entre représentations de chose et représentations de mot, et l'utiliser pour bâtir une première topique – il était d'ailleurs lui-même un spécialiste des aphasies. Mais ce faisant, il portera moins d'attention aux apraxies ou à l'aphasie motrice, à savoir aux troubles liés à la mise en forme et à l'exécution d'une série d'actions motrices coordonnées, dont fait partie aussi le langage, ou plus précisément la parole.

Laurent Danon-Boileau ne s'intéresse pas seulement à la pensée et aux mots, mais aussi à l'« enfance du dire » (p. 10), à l' « image verbale » (p. 35). Il en étudie les répétitions compulsives, ces mots-actions qui ne renvoient qu'à une séquence motrice, toujours la même, avec donc cette part de fixité et de répétition plus ou moins compulsive qui rend le mot inutilisable hors de son association à l'action à laquelle il renvoie. Ce qui conduit le linguiste au psychanalyste, car la répétition est constitutive de l'expérience du transfert, elle en est même la condition. Qu'en est-il alors de la parole répétitive ? Parfois, elle peut apparaître comme « expulsive », « axée sur l'image verbale motrice au détriment de l'image verbale acoustique, sur l'exercice répété de la motricité au détriment du plaisir de l'écoute » (p. 126). Mais l'auteur est étranger à une logique binaire du « ou bien ceci » et « ou bien cela ». Cette même parole expulsive, dont la part de force ne nous échappe pas, peut inclure le sens, mais comme noyé dans le caractère impérieux de la force. Or « le langage est tout ensemble force et sens » (p. 126) – la force des besoins, des pulsions, de l'excitation, et le sens compris dans la représentation que médiatise le langage – et la dynamique de la cure peut onduler, selon la période traversée par le patient, voire selon les moments d'une même séance, du pôle de la force au pôle du sens.

On retrouve ici l'importance de ce que Jean-Luc Donnet a nommé « agir de parole ». Cet agir qui a trop souvent mauvaise presse en psychanalyse, alors que, du fait même de sa répétition – et grâce à elle – il connote le mouvement transférentiel, et il n'est pas rare qu'il l'inaugure, notamment avec les patients qui s'écartent des organisations névrotiques ordinaires. Danon-Boileau nous propose une véritable sémiologie de l'agir de parole : de ces locutions fréquentes du français oral (« Bon », « Enfin », « Disons », « Notez »…) dont l'action sur l'analyste consiste à tenter de le transformer en un interlocuteur ordinaire, jusqu'aux questions les plus directes, touchant à la vie même de l'analyste hors séance, qui ne sont pas moins porteuses d'un important potentiel interprétatif dans l'après-coup. Sans oublier ce qu'est la parole en mettant de côté le sens des mots, à savoir l'intonation et les variations mélodiques de la voix, ou sur un autre registre, cette parole qui, bien qu'en apparence fluide – trop fluide, probablement – semble dépourvue de toute qualité transitive ou injonctive : le discours opératoire que l'auteur discute parmi les formes de parole compulsive, tout en récusant le terme de récit factuel, car il considère que sa platitude peut être indice d'un trop-plein d'intensité émotionnelle et de fantasmatique envahissante, comme il le montre avec le cas de Marie, exposé et commenté de façon détaillée (p. 139-148).

Ces allers-retours entre le linguiste et le psychanalyste font toute la richesse du livre. L'investigation de Danon-Boileau se poursuit sur l'origine des mots chez chacun de nous. Les mots, pensons-nous, sont particulièrement indiqués pour exprimer l'intime ; certes, mais ils sont aussi, et en même temps, anonymes, car ils sont ceux de nos parents, de nos proches, de tous les autres : « telle est la nature paradoxale du mot » (p. 41). S'adresser à quelqu'un présuppose que « tous nos mots sont déjà en lui, et tous les siens en nous » (p. 42). Les écholalies de certaines situations autistiques montrent un langage qui, non seulement ne s'adresse à personne, mais aussi n'est pas pris par le sujet à son propre compte. Ainsi, la parole prononcée, en incluant cris et onomatopées, est indissociable d'une « écoute ». On est d'ailleurs ici en présence de ce que Freud avait repéré dès l'*Esquisse*, à savoir cette « situation anthropologique fondamentale » où le cri de décharge lié à la faim ou à la douleur fait sens pour la « personne secourable » ; c'est à cette condition qu'il devient, secondairement, « signifiant d'un affect de déplaisir » (p. 51). Nous sommes donc en présence d'un mouvement civilisateur, au sens où le langage devient l'une des sources de la sublimation. C'est cette situation fondamentale qui se répète lorsque, dans une séance analytique, une parole apparaît comme n'appartenant ni à l'un ni à l'autre des protagonistes, mais aux deux simultanément et conjointement. Dans ces conditions, l'affect peut être considéré, non pas comme primaire, mais comme l'effet de la rencontre entre un mouvement émotionnel (cris pour le nourrisson, intonation de la voix ou mélopée pour le locuteur ordinaire) et l'écoute qu'il rencontre.

À partir de ces considérations, l'auteur propose une véritable clinique de la parole en séance, de cette « cure de parole », selon l'expression utilisée en anglais (*talking cure*) par Anna O. dans la préhistoire de la découverte psychanalytique. Il s'agit avant tout d'un acte de parole, le terme d'« acte » véhiculant ce que la parole comporte de manifestation corporelle, aussi bien dans sa prononciation que dans les expressions émotionnelles dont elle se charge, sans oublier sa capacité à toucher l'interlocuteur, ce terme de « toucher » incluant à lui seul le fait que la parole adressée concerne aussi le corps de celui qui écoute. Ainsi, notre conception de la parole en séance évolue avec l'évolution de notre conception du cadre. De véhicule de la remémoration cathartique du traumatisme, elle devient révélatrice de l'inconscient, puis moyen privilégié de perlaboration des mises en acte répétitives qui organisent la résistance, elle-même étant un acte. Avec l'introduction de la deuxième théorie des pulsions, la notion même de représentation inconsciente perd sa centralité (au profit du ça, chaudron pulsionnel), mais la parole, elle, reste centrale dans la cure : elle vient ralentir la décharge des motions pulsionnelles en proposant des associations temporaires qui ne sont plus considérées comme exprimant une représentation de chose ou de mot, établie par avance et immuable dans le signifiant qui la fixe, mais exprimant des identifications inconscientes dont le sens émerge dans l'après-coup de l'expérience « faite d'un agir dont le sujet prend la mesure en venant à l'écoute des paroles d'un autre ou de lui-même entendu alors comme un autre » (p. 81). Enfin, l'auteur considère que, avec Winnicott, la parole connaît une nouvelle évolution de ses fonctions dans la cure, devenant ce qui émerge dans l'espace intermédiaire entre les deux protagonistes.

En même temps, une clinique de la parole en séance peut être décrite dans le rythme, dans l'allure de sa façon de se prononcer. Ici l'indexation se fait sur les quantités d'excitation. Danon-Boileau oppose parole compulsive et parole associative. La première est porteuse de répétition, mais cette répétition inclut aussi le transfert : c'est en elle, dans son caractère impérieux, et même dans sa véhémence, que vient se loger la réactualisation transférentielle. Elle représente donc la dimension intersubjective du « dire ». L'autre, associative, est plus proche d'un déploiement de pensée mise en mots, d'un « se parler à soi-même », même si un autre écoute toujours. Mais son déroulement n'est pas toujours fluide et harmonieux, car elle peut se heurter à des restes perceptifs qui n'ont pas été symbolisés (qui peut-être ne sont pas symbolisables), entraînant chez l'analyste des sensations quasi corporelles, une « émotion » au sens strict du terme. Une troisième modalité se met alors en place, que l'auteur appelle « parole interpsychique ». Elle est « inter », car c'est de l'élaboration de ces sensations de la part de l'analyste dans ses propres mouvements régressifs, et de leur restitution à l'analysant sous forme de parole (l'interprétation), que dépend la transformation des motions pulsionnelles en représentations inconscientes, ces dernières ne constituant pas, partout et dans tous les cas, une donnée d'emblée existante. « De mon passé de linguiste, écrit l'auteur, j'ai conservé un certain goût pour la matérialité du langage et la manière dont il porte trace des mouvements de l'âme » (p. 92-93).

Dans la troisième et dernière partie de son ouvrage, Danon-Boileau décrira diverses formes de « Paroles en séance ». Nous en avons eu un aperçu en évoquant plus haut le propos sur l'agir de parole, ou encore le récit du cas de Marie (le « discours opératoire »). C'est que « chaque représentation de mot est composée de deux parties : le souvenir du mot tel qu'on a pu l'entendre (son image verbale sonore) et les souvenirs des mouvements articulatoires nécessaires à sa profération (son image verbale motrice) » (p. 110). Ainsi, si la règle du travail analytique indique qu'on peut tout dire, mais ne pas « faire », il n'est reste pas moins vrai que, parler, c'est « faire », c'est « agir », et la parole est aussi une décharge de la poussée pulsionnelle. Ce « faire » a des effets sur celui qui écoute la parole prononcée – c'est même à l'aune de ces effets que l'on apprécie sa qualité. Inversement, la parole du coté de l'analyste, l'interprétation, le fait sortir du silence d'un objet primaire infiniment bienveillant et présent, met en tension et conflictualise les objets auxquels s'adresse le discours du patient. Mais il ne s'agit pas d'un effet d'écho : le décalage, et même parfois la douloureuse expérience, de la part du patient, de ne pas être « compris », font partie d'une prise de conscience de l'irréductible altérité de l'objet. L'analyste doit savoir que « l'intuition de l'altérité adéquate dans la perturbation [induite par sa parole] est une exigence du travail thérapeutique » (p. 150).

D'autres « paroles en séance » peuvent encore être décrites, telle la « parole nostalgique », qui semble se situer à l'opposé de la parole opératoire. Elle exerce une séduction particulière sur celui qui l'écoute, car elle constitue une invitation permanente à l'interpsychique, par ailleurs nécessaire à toute rencontre entre analyste et patient. Mais ici, elle implique une impossibilité, ou un désinvestissement, du plaisir à penser seul. Tel le discours d'Ada en séance (p. 160-172), d'une grande puissance évocatrice, qui masque une dépendance tout aussi grande : la parole nostalgique reproduit indéfiniment l'exigence d'un objet « externe », réel, pour l'accueillir ; et ce faisant, rend l'analyse « sans fin ». Pourtant, elle pense, elle fantasme, elle élabore. La nostalgie n'est pas dans les propos tenus, mais dans la qualité qu'a cette parole de ne pouvoir exister qu'à la condition d'être adressée à quelqu'un d'extérieur à elle : « elle contourne », dit joliment Danon-Boileau, « le deuil de l'hallucinatoire » (p. 171).

Les séances passent et se succèdent. Qu'en reste-t-il ? Tel dans le « bloc magique » de l'article de Freud, le perçu des paroles prononcées s'efface lorsqu'une feuille de séance est tournée pour laisser place à la feuille de la séance suivante. Le perçu demeure néanmoins sur l'ardoise, comme une mémoire qui accumule une matière première à partir de laquelle la séance va laisser chez l'analyste qui écoute l'impression d'une thématique générale, et surtout d'un mouvement, d'une sensation. De ces mouvements successifs, il reste néanmoins des mots, des phrases, des formulations courtes qui résistent à l'oubli. Ils ne se sont pas fondus dans le mouvement d'ensemble, ils semblent constituer des condensés (des signifiants) qui n'ont pas trouvé leur affect. L'interprétation saura les utiliser, parfois tels quels ; mais son émergence, associative dans le cas optimal, tiendra aussi compte d'un autre facteur : celui du moment, du « temps voulu », du *kairos.* Ni combinatoire de signifiants ni explication raisonnée, l'interprétation qui fonctionne est aussi une parole telle que décrite dans ce livre : un acte qui se produit à un moment où il peut trouver son sens.

En écrivant ce livre, Laurent Danon-Boileau nous parle : de linguistique, de pratique analytique, de nos patients, de l'enfance, de nous-mêmes… Et dans l'essentiel de son propos, non seulement il nous apprend des choses, beaucoup de choses, mais aussi, nous parlant, nous touche.

Toute référence à cet article doit être indiquée comme suit : Kapsambelis V., (2025). *Dans les plis du langage. Raisons et déraisons de la parole*, de Laurent Danon-Boileau. *Rev Fr Psychanal 89*(1) : 257-261

Se retrouver. Rencontres avec Jacques André, Patrick Autréaux, André Beetschen, Leopoldo Bleger, Évelyne Chauvet, Jean-François Chiantaretto, Bernard de La Gorce, Paul Denis, Laurence Kahn, Sylvain Missonnier et Vincent Vivès[1], de Catherine Chabert (coordonné par Françoise Neau, avec Aline Cohen de Lara, Estelle Louët, Catherine Matha et Benoît Verdon)

Dinah ROSENBERG *

8 rue Jonas 75013, Paris – dinah.rosenberg@orange.fr

On s'est connu, on s'est reconnu
On s'est perdu de vue, on s'est r'perdu de vue
On s'est retrouvé, on s'est séparé
Puis on s'est réchauffé.

Le tourbillon, chanté par Jeanne. Moreau,
paroles de Serge Rezvani.

Se retrouver reprend les contributions d'un colloque tenu en 2021 autour des travaux de Catherine Chabert. L'ouvrage nous fait participer à ces retrouvailles et au goût du débat qui les anime. « Se retrouver » soi-même, « se retrouver » l'un l'autre, en dépit des différences ou grâce à elles : les retrouvailles engagent la possibilité d'être deux toujours articulée à l'unité narcissique et au trio œdipien. Pour se retrouver, encore faut-il supporter de se perdre. Cette possibilité est au cœur du livre.

Le livre comporte quatre parties, précédées d'introductions concises permettant de ressaisir les enjeux centraux du travail de Catherine Chabert ; leur clarté permet d'en envisager une lecture séparée comme introduction à son œuvre. Elles

1. C. Chabert, *Se retrouver. Rencontres*. Paris, Puf, 2023.

* Psychanalyste, membre de la SPP, et Centre Alfred Binet, ASM13, Paris.

engagent à la (re)lire et à retrouver sa façon d'articuler théorie et clinique. Chaque chapitre invite des auteurs très divers à débattre d'un thème qui lui est cher et Catherine Chabert le conclut par une discussion fouillée. Ces développements donnent à l'ouvrage un fil rouge et font vivre le débat autour de l'intrication des enjeux narcissique et œdipien, la séparation, la douleur, la pulsion de mort, le transfert et l'écriture.

La première partie, « Incertitudes d'Œdipe », introduite par Françoise Neau et Aline Cohen de Lara, contient les contributions de Vincent Vivès et Paul Denis ; la deuxième, « L'un et l'autre », introduite par Catherine Matha et Benoît Verdon, reprend celles de Leopoldo Bleger, Évelyne Chauvet et Bernard de La Gorce. Le chapitre « Meurtre, mort et pulsion de mort », introduit par Françoise Neau et Aline Cohen de Lara, invite Jacques André, Sylvain Missonnier et Laurence Kahn, et « Aimer la psychanalyse », introduit par Françoise Neau et Estelle Louët, contient les textes de Jean-François Chiantaretto et André Beetschen. L'ensemble s'achève par un poème de Patrick Autréaux. Ces contributions seront citées sous la forme (nom d'auteur SR, numéro de page).

L'impossibilité de rendre justice à ces contributions me pousse à choisir quelques points qui traversent ces rencontres.

Narcisse et Œdipe

La différence

Catherine Chabert affirme la « consubstancialité de la sexualité et de la perte, de l'angoisse de castration et de l'angoisse de perte d'amour de la part de l'objet » rendant impossible d'isoler le motif narcissique de l'idéalisation-déception-perte de la reconnaissance de la différence des sexes. Elle dégage une version du fantasme de séduction « féminin mélancolique » (Chabert, 2003) marqué par l'impossibilité à « renoncer aux premiers objets d'amour et de haine », l'identification à l'objet d'amour perdu, la conviction d'exciter le père et une culpabilité massive (Neau et Cohen de Lara SR, p. 17). Le surmoi est tyrannique et la menace prend la forme de l'enfant mort, figure de la perte absolue, version mélancolique du fantasme masochique « un enfant est battu ».

Le lien entre la pulsion, le moi et l'objet se pose de façon aiguë à la charnière des théories de Winnicott et de Freud ; Leopoldo Bleger y consacre un texte qui tisse les fils de la notion de soi et de la douleur. Catherine Chabert récuse une conception développementale du soi représentant un narcissisme non libidinal qui précéderait la conflictualité alors que le moi serait construit en identification aux objets perdus : « Comment séparer investissements narcissiques et investissements objectaux? » (Chabert SR, p. 130). L'espace transitionnel et la crainte de l'effondrement de Winnicott sont pertinents pour elle à condition d'associer l'événement non reconnu et l'espace intermédiaire à la scène primitive. Sylvain Missonnier voit de même le fantasme infanticide comme envers de la confusion mère/bébé de la préoccupation maternelle primaire. Catherine Chabert insiste sur le caractère toujours sexuel de l'infantile, qui ne peut se tenir dans l'indifférenciation, et « affronte inévitablement la différence des sexes et des générations ». La différence des sexes est « le paradigme de la différence » (Chabert, SR, p. 141) – ce qui ancre la différence dans le corps. Elle évoque moins souvent la différence des générations, mais précise qu'il s'agit de cures d'adultes ; la différence des générations est-elle paradigmatique dans les cures d'enfants et d'adolescents ? On ne peut envisager d'état narcissique antérieur au conflit, ce que montre le mythe de Pandore travaillé par Bernard de La Gorce autour du thème de l'indifférence (des sexes, des affects, de l'analyste) : Pandore, la première femme, pourrait semer le trouble de la différence des sexes, mais elle est conforme à un idéal et ne peut donc incarner une vraie différence ; Catherine Chabert souligne qu'elle n'amène pas le conflit, mais est née d'un conflit inaugural, de même que l'analyste ne sème pas le trouble dans un monde paradisiaque, le conflit lui préexiste. Quel est le risque d'une analyse « à la Pandore », séduisante et empathique, mais réduite à une surface privée de contenu pulsionnel ?

Catherine Chabert montre la fécondité d'interroger les multiples implications de la différence des sexes et du narcissisme : l'analogue féminin du désir de sauver la femme de petite vertu, la castration féminine, la spécificité masculine de l'angoisse de castration, l'universalité de l'angoisse de perte d'amour, l'impact de l'enfant mort sur le féminin mélancolique du père. Paul Denis reprend les méandres du complexe d'Œdipe et le clivage des figures de la mère et de la prostituée comme effet sur les hommes du féminin mélancolique et du féminin maniaque, tous deux à la fois excitants et inhibants, l'un par la culpabilité et le désir de la soulager, l'autre, par l'excitation insatiable. Il propose que l'angoisse de castration du garçon ne serait pas suscitée par la vue de l'absence de pénis de la fille, mais par « la perception […] de la culpabilité maternelle, du féminin mélancolique chez la mère » (Denis SR, p. 54).

Même la mort se noue aux différences entre sexes, générations, réalité et fantasme, conscient et inconscient. Catherine Chabert souligne le poids de la réalité : « de l'expérience du deuil, peut-on dire qu'elle n'est qu'une séparation ? » (Chabert SR, p. 139) et ajoute l'identification au mort comme indissociable du deuil. Jacques André et Sylvain Missonnier déplient cliniquement l'impact des différences : « La mort d'un père présente le meurtre, la mort d'une mère présente la mort » (André SR, p 167) ; La *réalité* du pouvoir d'une mère sur son bébé déborde le refoulement d'un *fantasme* infanticide ; pour un enfant de remplacement, le mort désigne la mélancolie parentale et le déploiement de fantasmes meurtriers *inconscients* peut traiter la rivalité et engager un mouvement vers le sexuel : « derrière le mort, le tué » (André SR, p. 160). L'enfant mort, comme fantasme, se situe pour Catherine Chabert à la croisée de l'inceste, du meurtre, de la passivité, du besoin de punition, de l'idéal perdu, de la castration féminine, du traitement de la perte, du sexuel et ses déformations manifestent l'enchevêtrement des pulsions.

La déception

La déception, indissociable de l'idéalisation, peut entraîner un retournement narcissique sur un moi déçu et décevant, jusqu'à engager un mouvement mélancolique d'auto-accusation et d'effacement des différences. Elle a un sens fort qui condense la blessure narcissique, l'insatisfaction, la trahison que constitue la découverte de la sexualité maternelle et le refus de donner le pénis à la fille. Catherine Chabert lui attribue un « rôle décisif » (Chabert SR, p. 305). Elle développe l'évolution de la conception de la déception chez Freud : œdipienne sous le primat du principe de plaisir, puis liée à l'idéal et au narcissisme, enfin en lien avec la pulsion de mort et le besoin de punition. « On pourrait admettre que l'idéal et la déception ont en commun de s'attacher aussi bien aux destins du moi qu'à ceux de l'objet » (Chabert SR, p. 303).

Idéalisation et déception participent à toute la cure, selon Catherine Chabert. Elle reprend avec Évelyne Chauvet l'écart entre objet trouvé, objet perdu et objet retrouvé, pour évoquer l'incarnation transférentielle de la déception à partir de la différence. Pour Évelyne Chauvet, l'espoir transférentiel d'annuler cet écart impose de travailler la différence entre l'analyste en personne et l'analyste en fonction. Ce travail de séparation peut amener à investir la vie psychique, la trace, le rêve et érotiser les différences. La dédifférenciation moi/objet risque de « nier la séparation au prix de la destruction » (Chabert SR, p. 140) en retournant la haine en auto-accusation ; elle se rapproche alors du triomphe maniaque montrant le « soubassement maniaque de la mélancolie » (Chabert SR, p. 66).

Entre idéalisation, déception et désir, la place de l'objet est au cœur des développements d'André Beetschen. Il note le poids que Catherine Chabert donne à l'idéalisation de l'amour maternel absolu, ce qu'elle reconnaît tout en insistant sur la place du père et de son amour, comme refuge et frein à la dérive mélancolique ; le titre « la jeune fille et *le* psychanalyste » (Chabert, 2015b) fait espérer que rencontrer « la » psychanalyste ouvre au lien avec « le » psychanalyste. La déception peut engager un mouvement mélancolique, parfois requis dans la cure, mais aussi le détournement des filles vers le père. André Beetschen pose la question de l'écart entre le renoncement aux objets et le renoncement à la satisfaction : dans « l'amour maniaque », le renoncement pulsionnel échoue, la culpabilité est refusée, la multiplication des objets triomphe de la perte. L'impossible renoncement est l'échec d'un surmoi protecteur (présent dans la phrase « maintenant il faut se quitter », Chabert 2017) ; le tyrannique « surmoi au féminin » fait équivaloir renoncement et auto-destruction et interroge sur les destins différents des vœux de mort des filles adressés à un objet narcissiquement investi, et de ceux des garçons. Catherine Chabert poursuit ces réflexions sur le surmoi par le rôle de la pulsion de mort dans sa genèse, qu'il soit héritier des déceptions œdipiennes ou de la culpabilité tyrannique du féminin mélancolique (qui peut aussi concerner les hommes).

La douleur et l'attente

Catherine Chabert fait de la possibilité de se séparer un but de l'analyse. La perte et la douleur qui l'accompagne provoquent une excitation massive qui peut chercher à se calmer par la douleur physique ou l'investissement masochique du manque. La séparation, la douleur et leur place dans la cure traversent l'ouvrage, spécialement les textes de Leopoldo Bleger, d'Évelyne Chauvet, et de Catherine Chabert.

L'analyse se finit quand « l'analyste et le patient ne se rencontrent plus » (Freud 1937c/2010) : il s'agit de *se quitter*. *Se séparer*, en revanche, est un travail et suppose une capacité à quitter et à être quitté, voie active et voie passive, à laquelle s'intéresse Évelyne Chauvet ; dans le jeu du *fort-da*, l'absence passivement subie est retournée en activité. Toute séparation, toute analyse dans ses moments mélancoliques, confronte à la nécessité d'un travail de deuil avec une dimension narcissique de la perte. Entre *se quitter* et *se séparer* : la douleur.

La douleur est pour Catherine Chabert aussi fondatrice de la vie psychique que la satisfaction et peut avoir une valeur positive. Ce caractère fondateur la place au cœur du Soi, comme représentant du vivant : « souffrir, c'est vivre » (Chabert SR, p. 135). La réflexion sur la douleur est indissociable de celle sur le transfert et le contre-transfert. Dans la cure, la douleur ne s'interprète pas, elle se vit, *en présence* de l'analyste. La capacité de l'analyste à souffrir, sa présence « en chair et en psyché », est essentielle, comme celle de Freud dans le jeu du *fort-da*. Même si elle répète « une non-rencontre » (Chabert SR, p. 147), la douleur en présence peut être à la source du sentiment de la continuité d'exister, de l'espace transitionnel et de l'objet, « un objet à faire souffrir » (Chabert SR, p. 135-136). Faire souffrir est en deçà du sadisme et du plaisir, comme la douleur est en deçà du masochisme. Il s'agit de l'utilisation de l'objet au sens de Winnicott, d'un objet détruit qui est toujours là. La douleur de transfert peut alors devenir souffrance, expérience impliquant un objet : « La douleur concerne prioritairement le narcissisme et la souffrance, la prise en compte de l'objet » (Chabert SR, p. 136), le masochisme concerne sa prise en compte impliquant un plaisir. Bernard de La Gorce souligne que l'indifférence tout comme la cruauté, certaines passions et la douleur n'impliquent ni objet ni plaisir à souffrir ou à faire souffrir au contraire de la haine et du sadisme. Le masochisme, souligne André Beetschen, constitue en la sexualisant une « érotique de la mélancolie » (Beetschen SR, p. 278).

« Croire au transfert » (Chabert 2015), à son déploiement, à sa fécondité, permet d'éviter la précipitation. L'importance de l'attente, le risque de l'urgence, en particulier face à la douleur du patient, traversent le livre. Évelyne Chauvet souligne qu'il faut accepter la temporalité pour dire « maintenant il faut se quitter » (Chabert, 2017), donc pouvoir différer ; pour attendre, tolérer la passivité et la séparation, il faut disposer d'un noyau de masochisme érogène bien constitué. La capacité de l'analyste à laisser se déployer les moments mélancoliques et la douleur de transfert est indissociable de son propre masochisme, en appui sur son investissement de la méthode. L'attente et le transfert, même s'il semble neutralisé l'engagent profondément.

La pulsion de mort et le collectif

Jacques André remarque que les premières sépultures sont concomitantes de l'apparition du langage : aux plans collectif et individuel, faut-il investir de libido la trace de l'absence pour parler et enterrer ? Si la douleur déborde la capacité d'élaboration, la destructivité brute peut s'attaquer au moi ou à l'objet.

Si, comme Catherine Chabert, on définit la pulsion de mort comme force de déliaison, elle n'est pas assimilable à la destructivité et peut « s'avérer utile, voire bénéfique » (Chabert SR, p. 212), pour tempérer la tendance à l'unification totalisante d'Éros, œuvrer pour la reconnaissance des différences et s'opposer à l'idéalisation sur le plan individuel transférentiel ou collectif.

Dans le prolongement de ses travaux sur le nazisme, Laurence Kahn interroge l'analogue collectif du traitement de la perte, de la manie, de l'identification. Elle met immédiatement en garde contre une recherche trop claire, totalisante, des causes qui serait du côté (maniaque ?) de « l'excitation de la pensée » (Kahn SR, p. 190) cherchant à maîtriser la réalité (historique) qui suscite l'effroi... Cette causalité totalitaire caractérise le nazisme. Comment distinguer des instances analogues à celles de la topique individuelle permettant d'imaginer la perte et ses destins ? Cela suppose un sujet divisé. Or le peuple nazi est absolument Un, exactement identifié à son histoire, sa biologie et étant à lui-même son propre idéal. Cela fait écho au caractère bénéfique de la pulsion de mort quand elle met un frein à l'excitation massive ou à l'emprise extrême. La haine individuelle qui d'ordinaire menace le groupe devient haine de l'étranger et consolide une masse indifférenciée qui partage des crimes et des idéaux dans la promesse d'une solidarité absolue entre auto-conservation (espace vital), corps ou biologie, haine et idéal. Cela permet d'interroger les notions de sublimation et d'idéalisation, le statut de l'incarnation et la conception de l'art noué, voire identique à la politique. Catherine Chabert répond en évoquant le collectif d'abord par le biais de l'intime : la littérature ou le transfert. Face à l'effroi et à l'impuissance, elle retient le sentiment d'imposture, le risque de « donner du sens trop tôt, trop vite, aux événements traumatiques [...] pour fermer la plaie » (Chabert SR, p. 233), de succomber aux attraits narcissiques de son propre fonctionnement dans une exaltation maniaque, faisant écho à la pensée excitée. L'horreur collective crée une urgence à répondre qui met à mal l'attente. Catherine Chabert souligne dans le nazisme l'idéalisation de la haine et distingue soigneusement l'instance Idéale, le contenu des idéaux et le processus d'idéalisation. Le lien de l'Idéal aux pulsions de mort est complexe : en clivant un Bien d'un Mal il en dépend, mais s'il prend en masse, il lui manque le côté « anarchiste » de la pulsion de mort. Cela peut renvoyer à la discussion de l'identification maniaque comme forme de totalitarisme.

Lire relire écrire et ré-écrire

L'écriture de Catherine Chabert, son charme, sa place dans le métier d'analyste ont retenu plusieurs auteurs. « Écrire l'analyse est une forme de duplication du transfert », elle manifeste le « rapport de l'analyste à l'analyse », le transfert sur l'analyse (Neau et Louët SR, p. 246-247).

Vincent Vivès et Paul Denis s'appuient sur Flaubert et la passion de Catherine Chabert pour la littérature. Paul Denis et Catherine Chabert travaillent à partir de ce que suscite le héros, un « mouvement d'humeur » pour l'un, un « faible » pour l'autre, faisant du roman une expérience clinique partageable (Denis SR, p. 40 ; Chabert SR, p. 59). Par opposition à un transfert trop présent, la littérature est une expérience « transitionnelle » (Neau et Cohen de Lara SR, p. 16). Lire, c'est aussi relire, et débattre avec ses auteurs favoris, Freud, bien sûr, mais aussi Winnicott, Anzieu, Wildöcher et Pontalis que Bernard de La Gorce, André Beetschen et Leopoldo Bleger font intervenir dans leur texte.

L'écriture, voire la ré-écriture du même cas, est un effet de la force d'attraction du transfert et du contre-transfert dans les cures qui mobilisent chez l'analyste sa propre auto-destructivité et sa haine « jusqu'à le priver d'une solution masochiste ». Il s'agit de « retrouver sa voix et le plaisir à penser le patient avec et sans lui, contre lui » (Chiantaretto SR, p. 257-258). Catherine Chabert (SR, p. 127) se penche sur cette répétition : est-ce « répéter ou revenir vers » ? Comme dans le jeu et le transfert, la répétition porte l'espoir d'un recommencement, vers le plaisir à répéter plutôt que vers la compulsion de répétition. Le *désir* d'écrire s'inscrit pour Catherine Chabert dans le transfert pour se dégager du huis clos, du risque de dérive mortifère de l'analyse et de l'analyste, et trouver une relance libidinale par la curiosité. Il s'agit de se garder de croire en une causalité unique (qu'elle se trouve dans le traumatisme externe ou dans le lien à la mère des premiers temps comme origine de l'idéal et de la déception). La nécessité d'écrire va donc de pair avec « la bataille pour le père […] pour le havre qu'il peut offrir, pour l'idéal qu'il peut incarner, un idéal davantage marqué d'ambivalence » (Chabert SR, p. 304). C'est ce que suggère André Beetschen en évoquant l'idéalisation maternelle immédiatement après l'écriture analytique. La complexité métapsychologique est cet appui essentiel ; c'est un objet d'amour et de transfert, profondément impliqué dans le contre-transfert, source d'un intense plaisir et d'un espoir de redécouverte de certains aspects du transfert ; c'est l'outil du dégagement, et son but. Nouvel objet et nouveau but, l'écriture engage-t-elle la sublimation d'une part de l'énergie pulsionnelle du transfert ?

Comme le transfert, l'écriture est indissociable d'une adresse : « j'écris aux autres » (Chabert SR, p. 296). En reprenant l'utilisation de l'objet, Catherine Chabert, articule l'écriture de cas à la destruction de l'objet (et la haine de contre-transfert ?) et à sa rencontre. Écrire creuse *après-coup* un espace entre la réalité trop réelle du transfert et la sorcière métapsychologie, entre le fantasme du patient ou de l'analyste et la rigueur métapsychologique, entre confiance envers le transfert et angoisse, entre patient, lecture et lecteur, entre plaisir et déplaisir, entre amour de la psychanalyse et haine.

Conclusion

Les multiples échos entre les discussions et les contributions montrent si c'était nécessaire la cohérence des travaux de Catherine Chabert, mais aussi leur fécondité dont chaque auteur se saisit à sa façon. Chaque lecteur est amené à penser à ses propres références théoriques et à ses propres patients, et ainsi à renouveler le fait de « croire au transfert » (Chabert, 2015), et à l'attente de l'analyste, entre espérances et déceptions. Lire et relire ce livre permet de se rencontrer soi-même comme analyste et d'écouter les patients autrement.

Références bibliographiques

Chabert C (2003). *Féminin mélancolique.* Paris, Puf.
Chabert C. (2015). Croire au transfert. *Annuel de l'APF* : 15-32.
Chabert C. (2015b). *La jeune fille et le psychanalyste.* Paris, Puf.
Chabert C (2017). *Maintenant, il faut se quitter….* Paris, Puf.
Chabert C. (2023). *Se retrouver, Rencontres avec Jacques André, Patrick Autréaux, André Beetschen, Leopoldo Bleger, Évelyne Chauvet, Jean-François Chiantaretto, Bernard de La Gorce, Paul Denis, Laurence Kahn, Sylvain Missonnier et Vincent Vivès.* Coordonné par F. Neau, avec A. Cohen de Lara, E. Louët, C. Matha et B. Verdon. Paris, Puf.
Freud S. (1937c/2010). Analyse finie et analyse infinie. *OCF.P*, XX : 13-55. Paris, Puf.

Toute référence à cet article doit être indiquée comme suit : Rosenberg D., (2025). *Se retrouver. Rencontres avec Jacques André, Patrick Autréaux, André Beetschen, Leopoldo Bleger, Évelyne Chauvet, Jean-François Chiantaretto, Bernard de La Gorce, Paul Denis, Laurence Kahn, Sylvain Missonnier et Vincent Vivès* de Catherine Chabert (coordonné par Françoise Neau, avec Aline Cohen de Lara, Estelle Louët, Catherine Matha et Benoît Verdon). *Rev Fr Psychanal 89*(1) : 263-270

Cet ouvrage a été mis en pages par

<pixellence>

ISBN 978-2-13-087773-8 – ISSN N° 0035-2942
CPPAP N° 0122 T 81218
Dépôt légal : janvier 2025

Revue éditée par Humensis

170 bis, boulevard du Montparnasse, 75014 Paris

PEFC
10-31-1510
Certifié PEFC

Achevé d'imprimer en février 2025 par Corlet - 14110 Condé-en-Normandie
N° d'imprimeur : 25010772 - Imprimé en France